信息安全问责制度研究
——国际比较与借鉴

佟林杰 著

燕山大学出版社
·秦皇岛·

图书在版编目（CIP）数据

信息安全问责制度研究：国际比较与借鉴 / 佟林杰著 . —秦皇岛：燕山大学出版社，2021.8

ISBN 978-7-5761-0208-6

I. ①信⋯ II. ①佟⋯ III. ①信息安全－责任制－对比研究－世界 IV. ①G203

中国版本图书馆 CIP 数据核字（2021）第 140774 号

信息安全问责制度研究——国际比较与借鉴

佟林杰 著

出 版 人：陈　玉

责任编辑：朱红波

封面设计：刘韦希

出版发行：燕山大学出版社 YANSHAN UNIVERSITY PRESS

地　　址：河北省秦皇岛市河北大街西段 438 号

邮政编码：066004

电　　话：0335-8387555

印　　刷：英格拉姆印刷(固安)有限公司

经　　销：全国新华书店

开　　本：787mm×1092mm　1/16	印　　张：18	字　　数：336 千字
版　　次：2021 年 8 月第 1 版	印　　次：2021 年 8 月第 1 次印刷	
书　　号：ISBN 978-7-5761-0208-6		
定　　价：72.00 元		

目　录

导　言

一、研究背景

随着计算机和信息网络技术的飞速发展，全球正在由网络时代向大数据时代迈进。根据 We Are Social 和 Hootsuite 联合发布的 2019 年数字报告显示：全球总人口76.76 亿中移动手机用户数为 51.1 亿，网络用户数为 43.9 亿，社交网络和社交媒体活跃用户数量为 34.8 亿。截至 2020 年 3 月，我国网民规模为 9.04 亿，互联网普及率达64.5%，手机网民规模达 8.97 亿，移动网络用户占网络用户总量的 99.2%。网络的快捷性和共享性给全球公众在学习、生活和工作方面带来了极大的便利，同时网络也悄然改变着社会公众的行为习惯和消费模式，例如：传统的现金和刷卡支付模式正逐步被二维码支付、指纹支付以及刷脸支付等新型支付方式所取代，既有效地降低了纸张的使用量和资源的浪费，同时也减少了现金偷盗等违法犯罪行为的发生，对于政府社会公共安全治理效率的提升起到了积极的推动作用。此外，互联网的普及和应用也极大推动了全球教育和科研事业的发展与进步，各国专家学者可通过网络进行在线学术交流、学术资源共享等。随着互联网应用领域的不断拓展，社会公众、社会组织以及政府等对于互联网技术和设备的依赖程度不断提升，我们在享受互联网带给我们便利和诸多好处的同时，互联网的信息安全弊端也在逐步显现，诸如个人隐私泄露、网络欺诈以及对公民网络数据的恶意收集与分析等问题层出不穷，网络信息安全问题越来越受到社会公众以及各国政府的关注和重视。

美国著名未来学家阿尔温·托夫勒在其著作《第三次浪潮》中指出："电脑网络的建立与普及将彻底改变人类生存及生活的模式，而控制与掌握网络的人就是人类未来命运的主宰。谁掌握了信息、控制了网络，谁就拥有整个世界。"[1]该著名论断充分说明了人类发展与网络信息之间相辅相成的关系，合理合法且有序地利用网络信息将会对人类发展产生积极的促进作用，反之，如果非法或不正当地利用网络信息将会造成无法挽回的后果甚至是灾难。所以，社会公众在享受网络信息所带来的巨大财富和便捷时，也应该对网络信息安全尤其是个人网络信息安全风险和隐患予以重视。对于社会公众个体而言，网络的普及和应用以及公众对于移动网络设备的依赖是导致公众个体信息安全风险和隐患的源头，而大数据分析的应用则成为公众信息安全风险爆

---

① TOFFLER，Alvin. The third wave[M]. New York：Bantam Books，1990.

发的导火索和助推器。目前公众网络数据的采集途径主要包括互联网平台、电子商务平台以及社交网络和媒体平台等，移动智能设备终端以及 App 软件无时无刻不在监控着公众的日常行为和生活，公众的日常行为、生活以及消费数据会被 App 或移动智能终端设备进行记录并上传至运营主体的服务器，从而给社会公众的个人网络信息安全造成了极大的风险隐患。加之社会公众的网络信息安全防范意识淡薄，从而导致信息泄露、信息欺诈等问题与日俱增，网络信息安全风险和隐患一旦发生必然会对公众的生活、工作产生消极的影响；对于企业而言，一旦企业发生信息泄露事件，必然会导致公众对该企业的信任度下滑，甚至可能会导致企业失去一大批已有的或潜在的客户。因此，在网络信息数据作用和地位日益凸显的今天，企业信息和数据安全问题是关乎企业生死存亡、公众信任度以及经济利益的关键性问题；对于国家而言，网络信息安全已经成为国家安全的重要组成部分。没有网络信息安全就没有国家安全，习近平总书记提出的新的国家安全观以及国家安全体系中将信息安全与政治安全、军事安全等并列，标志着我国国家信息安全体系建设已经成为我国国家安全体系中的重要组成部分。

网络信息技术的飞速发展是网络信息安全问题的起源，由于技术都是人为创造和发明的，任何技术都必然存在其局限性和技术的瓶颈，网络信息技术亦如此，这也就导致目前的网络信息安全问题无法通过技术革新进行完美的预防和解决。由于我国网络信息安全研究起步较晚，导致我国在网络信息安全体系建设进度与水平方面与西方发达国家存在一定的差距。同时，我国近年来网络信息诈骗和网络隐私信息的泄露事件频频发生，导致社会公众对于网络信息安全的关注度以及对政府网络信息安全监管的要求不断提升。在公众网络信息权益意识不断提升以及我国网络信息安全保护形势日益严峻的双重作用下，政府在网络信息安全治理领域的作用就需要凸显出来。虽然我国历届中央政府及领导集体均十分重视我国网络信息安全的发展与体系建设，先后制定出台和实施了包括《中华人民共和国网络安全法》《电信和互联网用户个人信息保护规定》以及《信息安全等级保护管理办法》等在内的一系列法律法规，但是从目前我国各级政府网络信息安全治理现状来看，其网络安全治理能力和水平与公众的需求相去甚远，网络信息安全问题的治理依然任重而道远。习近平总书记指出，网络信息安全是共同的，而不是孤立的，维护网络信息安全是全社会共同的责任，需要政府、企业、组织、广大网民共同参与，共筑网络信息安全的防线。本书研究的出发点也源于此，网络信息安全问题的治理需要多方协同，而政府是多方协同的发起者和主导者，因此如何通过构建完善的信息安全问责体系以保证政府在网络信息安全治理过程中始终不偏离既定的航向和预期的目标就显得尤为重要。

二、研究目的和意义

党的十八届三中全会明确提出"设立国家安全委员会，完善国家安全体制和国家安全战略，确保国家安全"。2014 年习近平提出总体国家安全观的思想，其核心内容之一即网络信息安全，明确指出：要树立正确的网络信息安全观，加强信息基础设施网络安全防护，加强网络安全信息统筹机制，建立多边、民主、透明的全球互联网治理体系，构建网络空间命运共同体。信息安全问责制是国家网络信息安全制度建设的重要内容，也是网络信息安全的重要保障。然而，目前我国信息安全问责理论研究和实践经验相对匮乏，而西方发达国家在网络信息安全治理和问责制度体系建设方面已经积累了比较丰富的经验。在此背景下，尽快深入开展对西方发达国家信息安全问责理论、法律制度体系及运行体制机制的考察和比较分析具有重要的理论意义和现实意义。

（1）理论意义。基于国际比较视角开展对多国信息安全问责制度的理念发展与实践探索的梳理和比较，一方面有助于拓展问责理论体系的研究范围，丰富问责理论的研究内容并拓展其研究的边界；另一方面有利于推进我国信息安全问责制度以及理论体系的建立和发展。从政治经济和社会文化背景差异出发，开展信息安全问责制度体系构建、运行机制、问责主体以及制度设计等全方位的比较和典型案例研究，可以深入探究各国信息安全问责制度建设与运行中的成功经验和失败教训，基于对多国信息安全问责制度的比较归结出具有国际共性的信息安全问责理论以及具有国别差异的特色信息安全问责实现路径，为我国信息安全问责理论体系和信息安全问责制度的建立和完善提供借鉴和参考。

（2）现实意义。具体体现在三个方面：首先，有助于维护社会组织和公众的网络信息安全，降低由于网络信息泄露对社会组织和公众所造成的利益损害。同时建立完善的信息安全问责制度体系还能够畅通社会组织和社会个体在网络信息权益遭到损害时的追诉渠道，提高全社会的网络信息安全防护意识。其次，有利于推动经济社会的可持续发展。信息化和经济社会的融合发展对于实现经济发展由高速增长到高质量增长的转型起着关键性作用，网络信息安全与信息化发展相辅相成，缺一不可，信息化的发展离不开网络信息安全的保障，而网络信息安全保障水平的提升又需要依靠信息化的不断发展。因此，对于信息安全问责制度的研究能够为信息化发展提供坚实的保障，进而实现经济社会的可持续发展。最后，有助于维护国家网络安全和社会稳定。通过对信息安全问责制度的研究能够有效地督促政府相关职能部门及时制定与网络信息安全相关的政策制度，持续完善我国信息安全问责法律法规体系，提高依法治理网络信息违法犯罪的执行力度，从而保证社会的基本稳定与长治久安。同时，通过健全网络信息安全保障机制能够有效地避免国家重要机密信息的泄露，依法保护国家网络空间利益，维护国家网络空间安全。

综上所述，本书的研究目的是基于国际视野从各国政治经济制度差异背景出发，对西方发达国家信息安全问责制度体系、运行机制以及问责要素等进行比较分析，一方面在理论上厘清西方发达国家信息安全问责制发展的基本模式、特征及各国的共性及差异；另一方面归纳信息安全问责制构建的成功经验，为我国信息安全问责制度理论和实践体系的构建提供借鉴和参考。

三、国内外研究综述

问责的概念最早始于政府公共事务领域，尤其在政治学和公共管理领域的应用最为广泛，英文为 Accountability，国内学者将其翻译为"责任""责任制""问责"等。美国著名经济学家道格拉斯·诺斯将制度定位为：制度是一种社会游戏的规则，在经济生活中的作用在于它能够降低交易成本来促进交换的发展和市场的扩大[1]。对于问责制国内学者可谓见仁见智，顾杰认为问责制就是责任追究制，是国家民主政治的重要组成部分，由选举和任命产生的政府官员就必须对自身的言行所产生的负面影响承担相应责任[2]；蒋晓伟认为问责制是现代国家依法追究因失职而造成不良后果的公职人员的责任，明确政府内部责任分工，提高行政效率的政治制度[3]；周亚越则认为问责制指特定的问责主体针对公共责任承担者承担的职责和义务的履行情况而实施的并要求其承担否定性后果的一种规范，同时其强调要将问责制与引咎辞职、上问下责以及行政惩罚进行有效区别，这是理解问责制的首要环节[4]。随着问责制理论的研究和实践应用的探索，问责制理论体系在不断完善，逐步衍生出行政问责制、教育问责制、学术问责制、生态问责制、网络问责制以及信息安全问责制等多学科研究方向，本书选择对行政问责制与信息安全问责制理论研究进行梳理和归纳。

（一）行政问责制度理论研究

国内外学者对于行政问责制度理论的研究可归纳为行政问责制的内涵、行政问责制度构建以及行政问责制度的困境与对策三个层面。

第一，在行政问责制内涵研究方面。在西方公共行政领域大部分研究学者对于谢菲尔茨在 1985 年《公共行政实用词典》中的界定比较认可，在该著作中将行政问

---

[1] 道格拉斯·C 诺思. 制度、制度变迁与经济绩效[M]. 上海：上海人民出版社，2014.
[2] 顾杰. 论我国行政问责制的现状与完善[J]. 理论月刊，2004（12）：5-9.
[3] 蒋晓伟. 要重视中国特色问责制度的建设[J]. 检察风云，2005（6）：32.
[4] 周亚越. 行政问责制研究[M]. 北京：中国检察出版社，2006.

责的范围界定为"由法律或组织授权的高管必须对其组织职位范围内的行为或其社会范围内的行为接受质问并承担相应责任";《公共行政与政策国际百科全书》中则将行政问责的概念进行了重新界定:"问责指委托方和代理方之间的一种关系,即获得授权的代理方有责任就其所涉及的工作绩效向委托方作出回答"。国内学术界对于行政问责制的概念界定可归结为公众对政府进行问责的异体问责制度与行政系统内部对内部官员进行问责的同体问责制度两个方面。以顾杰教授为代表的学者认为行政问责制属于异体问责的一种形式,指公众对政府所作出的行政行为进行质疑的制度化的规范,其溯及范围不仅包括行政错误、行政违法,同样包括能力不足、渎职、越权、尸位素餐等行为。周亚越认为行政问责的客体不应仅限于政府领导,应当扩展至政府各职能部门及政府派出机构的工作人员和直接责任人。以韩建琴教授为代表的学者则认为行政问责是一种内部监督机制,主要指对现任各级政府及其职能部门负责人在其管辖职责范围内由于其行政行为对行政管理相对人合法权益产生损害的,依法进行内部监督和责任追究的制度①。

　　第二,在行政问责制度构建研究方面。任何事物的发展都是循序渐进的过程,行政问责制度在构建过程中一直在缓步前行,行政问责制度本质上是公共权力约束机制,该制度存在的主要目标是通过约束公共权力、监督行政行为以实现为公众更好地提供公共服务。陈党认为行政问责制度建立的法理基础主要包括人民主权理论、责任政府理论以及权力制约理论;段振东从新视角探求我国内部行政问责的合理性基础,提出应从行政机关内部加强行政监察问责、完善审计问责、加快行政伦理立法三个方面发展和完善内部行政问责制度②;张成立认为我国行政问责制建设亟须转变立法理念,应坚持的基本原则包括依法立法、权利保障、监督制约、责权统一以及程序正义五个方面③;徐国利认为行政问责的问责原则应以过错原则为主要归责原则,同时在责任判定过程中要辅之以违法违规原则和过错推定原则以保证规则结果的客观性④;伍洪杳提出无缝隙行政问责运行机制包含需要行政问责的启动机制、执行机制、救济机制和监督机制等,上述机制的良好运行需要以建立无缝隙对接和无缝隙监督为前提⑤。

① 韩剑琴. 行政问责制—建立责任政府的新探索[J]. 探索与争鸣,2004(8):20-21.
② 段振东. 内部行政问责的合理性基础及制度完善[J]. 学术探索,2013(12):31-35.
③ 张成立. 试论行政问责立法的基本理念[J]. 齐鲁学刊,2014(5):92-96.
④ 徐国利. 论行政问责的责任与归责原则[J]. 上海行政学院学报,2017,18(1):25-33.
⑤ 伍洪杳. 无缝隙行政问责运行机制的构建研究[J]. 湘潭大学学报(哲学社会科学版),2019,43(5):31-35.

第三，对行政问责制度困境与对策的研究。肖光荣通过对我国行政问责制度发展的研究指出我国行政问责制度在建设过程中存在重官轻民、重执行轻决策、重内部轻外部问责以及重错误问责轻无为问责等问题，导致上述问题的原因可归结为问责理念偏差、问责法律体系不健全、实施保障机制不完善以及公众参与度不足等，提出要完善问责法律法规体系，建立问责评估机制，加强信息公开力度，建立问责监督机制和申诉机制等；李勤莲认为我国行政问责制实施过程中存在问责主体单一、权责不对等、问责程序不规范以及问责法律体系不健全四个方面的问题；王杰认为由于制度的不完善，行政问责面临问责对象不明晰、问责执行力度不足以及问责程序不规范等诸多问题，应从加快问责立法、提升问责主体权威、规范问责程序以及健全问责实施保障机制等方面推动我国行政问责制度的发展和完善；庞明礼认为行政问责基于治理对象和权力边界的双外部性的问责，上述双外部性限制了行政问责的效度，要克服行政问责的双外部性带来的局限性需要明晰问责主次、合理分配权责、建立权力清单制度、建立问责约束和监督机制以及强化行政问责的公众参与等[①]。

（二）信息安全问责制度理论研究

21世纪以来，随着全球信息化水平的不断提高，世界各国围绕信息获取、利用和控制的国际竞争日趋激烈。西方学者在信息安全问责和监管领域研究成果较为丰富，可梳理为以下四个方面：（1）在基本理论研究方面，对信息安全责任的认知过程是由个体道德责任向政府公共责任演变的过程，政府成为信息安全责任的担当者和恒定问责客体。美国学者E. G. Wood认为："政府是信息安全的责任主体，其有责任和义务构建信息安全保障体系。"日本学者砂田薰认为："信息发展和政府政策密不可分，政府对信息安全的问责更是行政职责所在。"（2）在信息安全问责制度设计的研究方面，美国以Parker为代表的功能主义研究者认为信息安全是基于良好的信息安全政策，信息安全政策将允许组织在制定和维护其安全策略时具有灵活性和针对性。日本东京大学滨田纯一从政府责任角度出发，提出信息安全问责包括电信及通信政策的所有内容，官僚的权限在信息安全政策中应提高比重但要更注重责任的追究。（3）信息安全问责制构建的影响因素研究方面，日本学者河内久美子对信息安全问责的关键影响因素进行了系统分析，她指出信息安全问责评估机制的不健全以及信息安全问责渠道的多元化对于信息安全问责会产生重要的影响，此外，信息安全问责还容易受到执行人员主观意愿和理解能力的影响而产生问责偏差。（4）在信息安全问

---

① 庞明礼，薛金刚. 行政问责的困境与出路：基于双外部性的分析视角[J]. 学习与实践，2017（6）：12-18.

责机制研究方面，组织结构优化以及组织信息安全文化是西方发达国家生态问责的重要特征。日本学者山碕良志从提高政府管理效率角度提出信息安全涉及政府税制改革与社会保障整合改革，信息安全问责体系要打破部门的纵向分工体制，促进整个政府信息安全问责执行。美国学者 Koskosas 采用了社会组织的观点，通过关注信任、文化和风险沟通之间的相互关系来调查信息系统安全管理，并对信息安全形成了系统概念，此时信息安全和问责制度也结合起来，信息安全不仅是政策更是考核工具。综上所述，西方学者不仅对信息安全问责的基本理论、制度和影响因素等问题进行了较为深入的研究，而且还提出了基于内部组织结构优化和组织文化调整等建立新型问责模式的理论设想，其研究成果的深度、广度和前沿性均较强。

　　国内对信息安全问责制研究起步较晚，中国知网以信息安全问责或信息安全监管为题名的 87 篇文章中，剔除新闻类稿件，归为学术论文（含学位论文）的仅 40 余篇。国内学者研究可概括为三个方面：（1）对信息安全问责法律体系的研究，郑颖从立法、组织机构及制度运行等角度提出了信息安全问责立法规范完善途径；王益民分别对信息管理法、数据法和网络信息安全法等立法作了初步分析，并从政策环境、执法能力、理论研究及政务网络信息安全等方面提出对策建议。（2）对信息安全问责制度体系构建面临困境的研究，韩欣毅认为当前我国没有系统的信息安全问责程序，而且存在信息安全责任难以界定、信息安全问责法律缺位以及信息安全问责执行力不足等问题，提出应转变政府信息安全问责方式；刘妍宏认为我国信息安全问责制度建设面临顶层设计缺失、法律体系有待完善、信息安全技术国产化缺乏统筹规划以及信息安全管理方式亟待优化等方面的问题。（3）对信息安全问责制构建的国外经验借鉴的研究，赵晖在借鉴美国信息安全问责构建经验的基础上，提出从设立信息安全问责的专门协调机构、明确信息安全问责机构及职责以及健全信息安全问责公众参与机制等构建我国的信息安全问责体系[①]；盖宏伟认为美国联邦政府已经形成以《信息自由法》《网络安全法》以及《联邦信息技术安全评估框架》等为核心，各机构信息安全问责辅助性法律法规为支撑，联邦政府、立法和司法机构以及社会问责主体的政府信息安全问责法律和组织体系。同时从信息安全问责执行机制、信息安全问责监督纠察机制、信息安全诉讼机制以及信息安全绩效评估机制四个方面描述其信息安全问责运行机制[②]；王康庆提出我国应借鉴日本信息安全战略体系的发展模式，从完善网络安

① 赵晖，龚丹丹. 美国网络地理信息安全监管及其对我国的启示[J]. 理论探讨，2015（4）：139-143.
② 盖宏伟，袁佳杭. 美国联邦政府信息安全问责制度体系及借鉴[J]. 情报理论与实践，2018，41（8）：149-153.

全法律法规、加快网络信息基础设施建设以及建立健全网络信息安全管理机构三个层面推进我国信息安全战略体系的构建[1]；肖军通过研究俄罗斯信息安全体系的建设，期待能够为构建具有中国特色的信息安全框架出谋划策，主要从俄罗斯信息安全法律架构、主体架构、运行架构、合作架构、人才架构等方面分析了俄罗斯信息安全体系，并提出我国需要从提升信息安全体系建设战略高度、完善和细化信息安全法律法规体系、加强信息安全国际合作、加强信息安全技术自主创新以及培养信息安全领域技术人才等[2]。

综上所述，国外对于行政问责制度的理论研究体系相对健全，在信息安全问责制度建设实践探索方面西方发达国家积累了更多的经验和教训。反观国内，关于行政问责制度的研究成果较为丰富，研究的视角、方向以及内容等较为全面和系统，但是对信息安全问责制度方面的研究不够全面且不够深入准确，对于信息安全问责制度的构建过程和基本模式还未形成统一认识，加之我国信息安全战略起步相对滞后，因此，我国在理论研究和实践探索方面均有待提高。此外，对于信息安全问责体系研究基本是基于国内或西方某一国家展开的系统研究，目前主要集中于美国、日本、俄罗斯以及英国等国家的信息安全体系或信息安全问责制度等方面，虽然从研究成果数量到质量均呈逐年递增的趋势，但是研究成果的绝对量仍较低且基于多国信息安全体系的比较研究相对匮乏，所以本书试图基于国际比较的视角，对西方发达国家中实践经验相对丰富的国家信息安全问责制度进行比较研究，探究并比较各国信息安全问责的制度内容、运行机制以及评估机制等，并提出对我国信息安全问责制度建设的经验借鉴和启示。

四、本书的研究方法、内容安排及理论创新

本书以信息安全问责制度为研究对象，以典型国家的信息安全问责制度体系内容为主线，以探寻各国信息安全问责制度发展规律及与其他制度互动发展规律为目的。文献研究是本课题研究的首要方法，搜集、鉴别和处理大量的一手文献资料是本课题研究的前提和基础。除了通过各种学术数据库资源、国家图书馆馆藏图书以及谷歌学术等学术资源以外，还将主要通过各典型国家官方政府网站、各类网络开放数据库以及各种学术搜索引擎进行资料的收集。另外，还会通过电子邮件的方式与国内外相关专家和学者沟通，争取获得最全面与典型国家信息安全问责制度建设和发展相关的最

---

[1] 王康庆，蔡鑫. 日本网络信息安全战略体系实证研究及启示[J]. 辽宁警察学院学报，2017，19（2）：13-19.

[2] 肖军. 俄罗斯信息安全体系的建设与启示[J]. 情报杂志，2019，38（12）：134-140.

新资料。比较研究和案例研究法也是本书研究过程中的主要研究方法，系统地研究美国、英国、日本、俄罗斯、加拿大、印度和新加坡等国家信息安全问责制度及其变迁。案例分析是贯穿全部研究过程的基本方法，由于本研究无法通过实验或实证研究得出可靠结论，因此借助目前搜集到的文献与资料进行分析，而案例能够更具体和形象地展现抽象的信息安全问责制度。比较研究法同样是本书研究过程中不可或缺的重要研究方法，由于各国信息安全问责制度发展路径各具特色，加之各国在政体、经济发展水平以及社会文化方面存在巨大差异，只有通过比较分析才能把握不同国家在不同经济发展阶段的信息安全问责制度的发展规律，即不同国家信息安全制度变迁的内在联系。这将有助于帮助我国有效汲取各国信息安全问责制度发展的经验和教训，从而为我国建立科学合理且符合我国国情的信息安全问责制度服务。

本书将系统研究美国、俄罗斯、英国、日本、加拿大、印度和新加坡七国信息安全问责制度及其变迁规律。笔者之所以会选择上述七个典型国家进行比较研究，主要是基于以下三方面的考虑：首先，根据联合国《2017 年全球信息安全指数》的调查报告显示，在全国所有国家中我国的信息安全指数排名在第 32 位，上述所选的典型国家信息安全指数排名均在前 25 名以内，其中新加坡排名第一。各国的信息安全问责制度建设和发展历程必然能够给我国的信息安全问责制度建设提供有益的经验借鉴。其次，基于不同国家政体形式进行的选择。其中英国、日本和加拿大属于议会制君主立宪制政体，新加坡和印度的国家政体为议会共和制政体，美国政体为总统共和制政体，俄罗斯政体为半总统共和制，上述政体形式基本涵盖了世界范围内主要资本主义国家的政体形式，通过比较不同政体国家信息安全问责制度的发展历史与内容体系，能够为我国建立符合国家政体和国情的信息安全问责制度提供有益的经验。最后，出于人口规模与国际环境的相似性考虑。除新加坡人口基数较少外，所选典型国家的人口基数均在 7000 万及以上，其中俄罗斯、印度以及日本等国家的人口规模与地理位置以及国际环境与我国相仿，比较研究上述国家在信息安全问责制度发展过程中的经验和教训对于我国信息安全问责制度建设大有裨益。

本书除导言和结束语外，共分为十章，具体内容如下：

第一章系统论述了信息安全问责制的概念、原则及理论基础。本章从信息和信息安全的概念入手，系统分析了大数据时代信息安全的特点。对问责制的源起和功能进行了梳理，对信息安全问责制的概念和基本原则进行了系统研究。信息安全问责制的理论基础包括治理理论、公共选择理论和新公共服务理论。

第二章研究了美国信息安全问责制的历史发展与框架体系。本章首先从政治、经济和社会文化层面对美国信息安全问责制形成的原因进行了分析，按照年代对美国信息安全问责制的发展演变历程进行了系统梳理。然后从美国信息安全问责制的法律体系、信息安全问责制的问责主体、信息安全问责运行机制以及信息安全问责实施保证机制四个方面对美国信息安全问责制的制度框架进行了深入剖析，并归结出美国信息安全问责制的特点及其对我国信息安全问责制构建的借鉴与启示。

第三章研究了加拿大信息安全问责制的历史发展与制度框架。本章首先从"信息高速公路"计划导致的信息安全风险、隐私权法对于信息安全保护的局限性、维护国家社会公共安全以及提升政府公信力和威望的需要三个方面对加拿大信息安全问责制形成的原因进行了分析，按照年代对加拿大信息安全问责制的发展演变历程进行系统梳理，指出当前加拿大信息安全管理中存在的诸多问题。然后从加拿大信息安全问责的组织机构构成、信息安全问责的法律法规体系、信息安全问责的主体构成以及信息安全问责的运行机制四个方面对加拿大信息安全问责制的制度框架进行了深入剖析，并归结出加拿大信息安全问责制的特点及其对我国信息安全问责制构建的借鉴与启示。

第四章研究了英国信息安全问责制的历史发展与制度框架。本章首先从信息安全防控难度不断增加和信息与网络安全在国家安全战略体系中地位逐步提升两个方面对英国信息安全问责制形成的原因进行了分析，按照时间顺序对英国信息安全问责制的发展演变历程进行系统梳理。然后从英国信息安全问责组织机构、信息安全问责法律体系、信息安全问责主体构成、信息安全问责实施保障机制四个方面对英国信息安全问责制的制度框架进行了深入剖析，并归纳出英国信息安全问责制的特点及对我国信息安全问责制构建的借鉴与启示。

第五章研究了日本信息安全问责制的历史发展与制度框架。本章首先从隐私权到个人信息安全的拓展、信息产业飞速发展导致的信息安全风险以及数字化转型中的信息安全风险因素增多三个方面对日本信息安全问责制形成的原因进行了分析。从政治维度和学术研究维度对日本信息安全问责制构建的理论基础进行了研究，按照时间顺序对日本信息安全问责制的发展演变历程进行了系统梳理。然后从日本信息安全问责组织机构、信息安全问责法律体系、信息安全问责主体构成、信息安全问责运行机制四个方面对日本信息安全问责制的制度框架进行了深入剖析，并归纳出日本信息安全问责制的特点及对我国信息安全问责制构建的借鉴与启示。

第六章研究了俄罗斯信息安全问责制的历史发展与制度框架。本章首先从信息安全威胁不断增加和保障国家信息安全的现实需要两个方面对俄罗斯信息安全问责制形成的原因进行了分析。以俄罗斯联邦政府的确立为起点，按照时间顺序对俄罗斯信息安全问责制的发展演变历程进行系统梳理。将俄罗斯信息安全问责制度的构建基础归结为政治基础、法律基础、技术保障基础以及实施保障基础四个层面。然后从俄罗斯信息安全问责组织机构、信息安全问责法律体系、信息安全问责主体构成、信息安全问责实施保障制度四个方面对俄罗斯信息安全问责制的制度框架进行了深入剖析，并归纳出俄罗斯信息安全问责制的特点及对我国信息安全问责制构建的借鉴与启示。

第七章研究了新加坡信息安全问责制的历史发展与制度框架。本章首先从以公众需求为中心的行政理念、电子政府建设带来的信息风险以及提升政府资源利用效率和协作能力的重要途径三个方面对新加坡信息安全问责制形成的原因进行了分析。从政治维度和学术研究维度对新加坡信息安全问责制构建的理论基础进行了研究。以新加坡独立建国为起点，按照时间顺序对新加坡信息安全问责制的发展演变历程进行简单梳理，并对当前新加坡的信息安全形势进行了分析。然后从新加坡信息安全问责组织机构、信息安全问责法律体系、信息安全问责主体构成、信息安全问责运行体系四个方面对新加坡信息安全问责制的制度框架进行了深入剖析，并对新加坡信息安全问责制的特点与对我国信息安全问责制构建的启示进行了归纳和总结。

第八章研究了印度信息安全问责制的历史发展与框架体系。本章首先从政治、经济和社会文化层面对印度信息安全问责制形成的原因进行了分析。从政治维度和学术研究维度对日本信息安全问责制构建的理论基础进行了梳理研究。以印度信息和隐私保护法律体系的完善为基础，以信息安全管理机构建设为参考，按照印度信息安全法律体系和信息安全管理机构的完善过程对印度信息安全问责制的发展历程进行了系统研究。然后从印度信息安全问责制的法律体系、信息安全问责制的问责主体以及信息安全问责运行机制三个方面对印度信息安全问责制的制度框架进行了深入剖析，并对印度信息安全问责制进行评价并归纳出对我国信息安全问责制构建的借鉴与启示。

第九章对主要国家的信息安全问责制进行比较研究。在前面各章对美国、英国、加拿大、日本、新加坡、俄罗斯和印度等国家信息安全问责制介绍和分析的基础上，本章着重对各国信息安全问责的形成原因、发展历程、组织机构、问责主体以及运行机制等多方面进行了系统比较研究，以期从中发现信息安全问责制发展的一般规律，进而归纳出对我国信息安全制构建的借鉴与启示。

第十章研究了中国特色信息安全问责制建构的思想基础和构建路径。首先对我国信息安全问责思想进行梳理，重点阐述习近平信息安全问责思想内容体系。然后对我国信息安全问责制的构建动因、重要性以及实践探索，信息安全问责制构建的理论基础和现实困境进行了系统剖析。最后在明确我国信息安全问责制构建原则和目标的基础上，提出构建我国信息安全问责制的具体路径。

本书的创新之处表现在：（1）在案例和比较分析研究的基础上，提出我国信息安全问责制度建设的基本路径与方向，明晰各职能部门的信息安全治理的权责分配。（2）在大数据和云计算普遍应用于各个商业、政治和生活领域的背景下，探寻信息安全问责制度发展的一般规律将有助于提高信息安全问责制度的有效性和科学性。（3）通过对各国信息安全问责思想和理论的梳理、分析和比较，归纳出国际信息安全问责的理论流派、研究动态，进而明确信息安全问责制建构的一般理论基础，为我国信息安全问责制度体系建设提供理论参考和借鉴。（4）体制机制是法律制度运行的载体，决定着法律制度运行的方向和效果。本书通过对保障各国信息安全问责制有效运行的体制机制的重点分析与比较，归纳概括出各国信息安全问责制在实践中运行差异的内在特征，这对于我国信息安全问责制度的建设更具有直接的参考价值。

第一章　信息安全问责制及其理论基石

第一节　信息安全概述

一、信息的定义

信息就是对客观事物的反映，从本质上看信息是对社会、自然界的事物特征、现象、本质及规律的描述。从经济学视角看，信息也可视为资源的一种，是人类知识和智慧产生的源泉。英文信息一词来源于拉丁文 informatio，原意是解释、陈述。人类自诞生以来就在创造信息、传播信息、积累信息和利用信息。信息普遍存在于自然界、人类社会和人的思维之中。信息的概念是人类社会实践发展的深刻概括，并且信息的概念会随着历史阶段的发展以及科学技术的进步在不断地完善和调整。根据查阅我国历史文献发现，信息一词在我国首次使用并记录是在唐朝，诗人李中在《暮春怀故人》中的诗句"梦断美人沉信息，且穿长路倚楼台"中出现的信息一词为消息和音信的含义，信息的此含义一直沿用至 20 世纪中叶，此后随着科学技术的飞速发展，信息的深层次内涵才被逐步拓展和应用。"信息"一词在英文、法文、德文、西班牙文中均是"information"，日文中为"情报"。"信息"作为科学术语最早出现在哈特莱（R. V. Hartley）于 1928 年撰写的《信息传输》一文中，信息论之父美国数学家香农（Shannon）在其 1948 年发表的论文《A Mathematical Theory of Communication》（《通信的数学理论》）中对信息的概念进行了全新的界定："信息是用于消除随机不确定性的东西。"该定义被公认为信息的经典性定义并广泛加以引用。

哲学视角的信息可以从本体论的维度进行解释，信息是事物运动的状态和运动的方式，与是否被人脑所反映无关，信息不因人们是否认识而转移和改变。例如：信息安全领域中的网络病毒作为事物运动的状态和运动的方式，无论人类是否对其有全面的了解和认识，都不能改变网络病毒存在和产生影响的现实情况，更不会由于人类认知的有限性而自动消失。因此，本体论意义的信息与观察者（通常包含人类、生物与机器等）无关。正是由于信息不是事物本身，所以信息可以被复制且共享，同时也可以被观察者予以收集、加工、传播、存储和使用。从认识论的维度对信息的解读与从本体论视角的解读不尽相同，基于认识论视角将信息认为是观察者对事物运动状态和运动方式的反映，对于同一种运动状态和运动方式，不同的观察者所能获得的信息则仁者见仁、智者见智。对于同样的信息，有的人能够获取重要的且积极的信息，而有的人从同样的信息中则一无所获。例如：对待个体隐私信息泄露的现象，有的公众会通过个别的隐私泄露事件发现当前信息安全保护的漏洞和不足，而有的公众联想并担忧个人的隐私信息是否安全，同样地还有部分公众仅仅将其与其他新闻信息和社会事件进行并列，仅仅关注事件的始末却并未对其进行深入思考认识。

在人类的发展历史上，信息一致是社会经济活动中的重要组成部分，在人类的认识和实践探索中起着重要且不可替代的作用。人类社会发展的历史就是人们在后期信息和加工信息的基础上形成的知识和智慧并将其进行传承、传播并付诸实践的过程。在农业经济时代和工业经济时代，由于受信息加工和传播手段水平的限制，信息的价值和深层次内涵并未完全展现出来，而随着以计算机技术为核心的信息通信技术的飞速发展以及人类社会的持续进步，特别是经济社会互动范围的日趋拓展与信息交互的频率加快等，信息才逐渐成为与物质和能源并列的支撑现代信息化社会存在和发展的重要支柱。信息、物质和能源三者之间存在着密切的联系，没有物质和能源，事物运动的状态和方式将无法呈现，更谈不上信息的产生；而信息的收集、加工、传播、存储与使用等过程都需要物质和能源的支持。在现代社会，信息逐步成为推动社会经济发展和技术进步的最具潜力要素。同时，随着信息化进程的加快以及信息社会的来临，信息必将成为社会系统中最具活力的战略资源。1973年，美国哈佛大学教授丹尼尔·贝尔在《后工业社会的来临》一书中，首先从根本上揭示出，随着人类社会的发展，社会资源发生了战略性转变。在工业社会里，战略资源是资本和劳动，而在未来的新社会里，最重要的战略资源则是信息和知识。他写道："广泛地说，如果工业社会以机器技术为基础，后工业社会则是由知识技术形成的。"①

信息可以从不同的角度分为多种类型。从事物运动的状态和运动的方式划分，可以分为信息产业、信息安全、信息社会、信息经济等；从信息的性质来划分，可以划分为语法信息、语义信息、语言信息等；从信息所涉及的学科和领域进行划分，可分为政治信息、经济信息、文化信息、社会信息等；从信息的主客观角度进行划分，又可以分为主观信息和客观信息。除此之外，信息还可以根据多种标准进行多维度的划分，在此不一一进行赘述。

二、信息安全的定义

人们对于信息安全的认识与时代发展阶段相关，信息安全最初主要用于军事、商业和国家外交方面，而随着计算机网络的普及和应用，信息安全问题逐渐为广大网民所熟识，科技的进步和时代的发展推动了信息安全保护技术的升级，但同时也给信息

---

① 丹尼尔·贝尔，高振亚. 后工业化社会的到来[J]. 未来与发展，1982（3）：41-44.

安全防护带来了更多的风险和挑战。20 世纪 80 年代，计算机和网络技术的发明彻底改变了世界发展的格局，在计算机和网络技术应用初期，公众对于信息安全的认知仅仅停留在保护数据和计算机设备的阶段。20 世纪 90 年代，信息网络和计算机开始真正走进公众的生活、学习、工作活动中，公众对于信息安全的认识趋于复杂化。网络技术的应用普及不仅改变了公众的生活，政治、经济、军事等均建立在信息化网络基础之上，任一网络终端用户都能成为信息安全的隐患节点，因此，信息安全不仅关系到个体、组织以及国家安全，甚至会对全球生态安全产生威胁和影响。

（1）国际标准化组织（简称 ISO）的定义

信息安全为数据处理系统建立和采取的技术和管理的安全保护。保护计算机硬件、软件、数据不因偶然的或恶意的原因而受到破坏、更改、泄漏。

（2）美国信息安全管理部门对信息安全的定义

美国信息安全管理部门基于两个维度对信息安全的概念进行界定。基于技术和管理维度的定义，美国国家安全电信和信息系统安全委员会（简称 NSTISSC）将信息安全界定为：对信息、系统以及使用、存储和传输信息的硬件的保护所采取的相关政策、认识、培训和教育以及技术等必要的手段。基于信息安全内容维度的定义：信息安全指确保存储、传输和使用数据过程中不被其他客体有意或无意窃取、破坏以及遗失。主要包括信息基础设置安全、数据安全、程序安全以及系统环境安全四个方面。

（3）专家学者对信息安全的定义

学术界对于信息安全的界定也是随着时代的发展而不断变化的，但是基本可归结为两类观点：一类观点认为信息安全是计算机安全概念的延伸和拓展，是计算机安全中的一种具体类型，指防止信息被故意或偶然地非法泄露、更改、破坏等行为，最终目标是保证信息的完整性、可用性以及保密性；另一类观点基于国家安全视角进行界定，认为信息安全是指国家社会信息化状态和信息技术体系不受外来的威胁和侵害。持此观点的专家学者主要将关注的焦点集中于社会信息化所带来的信息安全问题。

综上所述，本书将从宏观和微观两个维度对信息安全进行界定。基于微观维度的信息安全指信息产生、制作、传播、收集、处理直到选取等信息传播与使用全过程中的信息资源安全，对信息安全最主要的关注点集中在信息处理与存储安全、系统安全、系统信息安全和网络社会整体安全四个方面。而基于宏观维度的信息安全指通过政策、法律、行政等手段以确保国家社会信息化状态和信息技术体系不受外来威胁与侵害。运行系统的安全、系统信息的安全和网络社会的整体安全，包括物理安全；网络安全，硬件、软件的安全；数据和信息内容的安全；组织和人的行为安全；信息系统基础设施与国家信息安全。

三、信息安全的类型

基于技术层面考量的信息安全主要包括物理安全、网络安全、系统安全和应用安全。第一，物理安全。也称作实体安全，是保护计算机设备、设施（网络及通信线路）等免遭地震、水灾，或在有害气体和其他环境事故中受破坏的措施和过程。第二，网络安全。指网络上信息的安全，也就是网络中传输和保存的数据，不受偶然或恶意的破坏、更改和泄露，网络系统能够正常运行，网络服务不中断。保障网络安全使用的典型技术包括密码技术、防火墙、入侵检测技术、访问控制技术、虚拟专用网技术、认证技术等。密码技术是信息安全的核心和关键，主要包括密码算法、密码协议的设计与分析、密钥管理和密钥托管等技术。防火墙主要用来加强网络之间访问控制，防止外部网络用户以非法手段通过外部网络进入内部网络来访问内部网络资源，保护内部网络操作环境的特殊网络互联设备。入侵检测技术主要用于检测损害或企图损害系统的机密性、完整性或可用性等行为的一类安全技术。访问控制是按用户身份及其所归属的某预定义组来限制用户对某些信息的访问。分为自助访问控制技术（DAC，Discretionary Access Control）、强制访问控制技术（MAC，Mandatory Access Control）以及基于角色的访问控制技术（RBAC，Role-based Access Control）三种类型。虚拟专用网（VPN，Virtual Private Network）是在公用网络上建立专用网络的技术。虚拟专用网的实现技术包括密码技术、身份认证技术、隧道技术等。认证技术主要用于确定合法对象的身份，防止假冒攻击。其基本思想是通过验证被认证对象的属性来达到确认被认证对象是否真实有效的目的。第三，系统安全。主要指计算机系统的安全，而计算机系统的安全主要来自软件系统，包括操作系统的安全和数据库的安全。第四，应用安全。指应用程序在使用过程中和结果的安全，它是定位于应用层的安全。应用安全包括 Web 安全、电子邮件安全等。Web 安全是在服务器与客户机基于超文本方式进行信息交互时的安全问题。Web 安全威胁主要包括黑客攻击、病毒干扰、Web诈骗、网上钓鱼等。电子邮件的安全隐患主要包括垃圾邮件、病毒侵犯、邮件爆炸、邮件被监听等。

从本质层面看，无论何种分类方式其最终目标都是要维护信息系统和信息网络中的信息资源免受各种类型的威胁干扰和破坏。美国国家信息基础设施的文献中，对于信息安全的基本属性进行了明确规定，主要包括可用性、可靠性、完整性、保密性和不可抵赖性[①]。信息安全的上述属性可从以下两方面加以理解：一方面，要维护信息运行系统的安全，这也是信息安全的前提和基础。运行系统的安全维护除了技术层面

---

① 张泽忠. 通信网的信息安全[J]. 电信科学，1997（12）：6-9.

保障以外，更需要规章制度、管理者责任和风险意识、公共政策以及公众的参与与配合等多方的支持和协作。另一方面，要维护系统信息的安全，即存储或记录于信息系统或数据库的信息和数据自身的安全，这是信息安全的最终目标和落脚点。系统信息安全可分为信息存储安全和信息传输安全，信息的存储安全指信息在静态状态下的信息和数据安全，信息的传输安全指信息和数据在流动状态下安全。总而言之，信息安全并非仅仅是针对信息和数据的泄露、损坏的防护，更重要的是增强信息和数据的隐私性和保密性的观念和意识，主动地最大限度地降低信息安全风险爆发的概率。

四、大数据时代信息安全的特点

在 20 世纪 80 年代，乌尔里希·贝克在其著作《风险社会》中将后现代社会诠释为风险社会，他认为风险社会的主要特征在于人类面临着威胁其生存的由社会所制造的风险。我们身处其中的社会充斥着组织化不负责任的态度，尤其是风险的制造者以风险牺牲品为代价来保护自己的利益[①]。风险社会的特点包括整体性、不可感知性、全球性以及自反性等，与传统社会风险大相径庭，而且科技的进步和时代的发展速度越快其风险产生的概率越高。风险社会理论是人类对于快速发展社会的自我反思，对总结大数据时代信息安全的新特点具有重要的启示和借鉴。大数据时代的信息安全由于其所涉及的物质形态、时间和空间状态以及内容等要素均在不断变化和重构，因此催生了新时代信息安全的新特点，这些特点主要体现在规模安全、泛在安全、跨域安全、综合安全与隐性安全五个方面[②]：

第一，规模性。大数据时代万物万联的特征改变了信息传播的形态，全球网民的所有网络行为无间断地被记录和存储，数据的总量正在以难以想象的速度增长。2020年，全球数据总量达到了 60ZB（1ZB=10 亿 TB=1 万亿 GB），其中中国数据量增速迅猛，预计 2025 年中国数据量将增至 48.6ZB，占全球数据量的 27.8%。巨量数据信息在网络终端和数据中心的汇集直接加剧了信息安全的风险，传统的信息安全关注的焦点往往集中在国家、政治和军事信息安全领域，而随着大数据时代的到来，个人信息安全正面临着前所未有的风险。近年来个人信息安全事件的频发成为社会常态，社会公众与各国政府从最初的置身事外，到自我保护积极应对，直至针对信息安全问题的未雨绸缪，也反映了全球范围内信息安全形势在日趋严峻，这就是大数据时代信息安全的新特点之一。各国频发的公民个人信息泄露事件在对公民的个人利益产生巨大

---

① Ulrich Beck. Risikogesellschaft. Auf dem Weg in eine andere Moderne[M]. Berlin：Suhrkamp Verlag，1986.

② 王世伟. 论大数据时代信息安全的新特点与新要求[J]. 图书情报工作，2016（6）：5-14.

影响的同时，也使得各国政府在公众中的公信力和形象不断下滑，各国政府在信息安全风险防范和应对方面正承受着前所未有的压力。

第二，泛在性。现在社会的发展离不开数据的支持和保障，大数据正逐步成为推动现代社会发展和进步的重要动力，同时数据信息中所涉及的各类安全信息也在无形中渗透到人类生活、工作的各个领域，这些安全信息和数据在不被挖掘和进行关联分析的情况下不会产生任何负面的影响，但是一旦有别有用心的个体、组织或国家将巨量的数据信息进行有目的性的深度挖掘和关联分析，那么巨量的数据中所隐藏的各类安全信息将无所遁形。笔者认为在大数据时代，网络空间治理的方式应由传统的静态治理向动态治理转变，治理的理念也应由以往的被动治理理念向主动防御理念进行转变。例如：2018年，美国知名运动应用程序 Starva 在社交软件上公开了十亿用户的位置热力图（类似于个人运动轨迹记录数据）。这次分享活动事后导致了许多国家军事基地以及敏感地区的信息位置遭到泄密。而事后多国军方严禁在役军人使用各类运动 App 的禁令也间接证实个人运用信息数据不仅会导致个人隐私泄露，而且可能会对军事安全和国家安全产生极其严重的负面影响。大数据时代不仅改变了人们的工作模式、生活方式，同时也打破了时间和空间对于人类行为的限制，移动互联的网状结构形态给信息传播提供了多种渠道，信息传播的多样性、灵活性和便捷性加速了信息传播的速度，但同时也给信息安全源的锁定和信息安全监管提出了新的挑战。例如：网络虚假信息可能来源于个别网民的无心之举或恶作剧，但网络虚假信息在传播过程中如经过恶意篡改并与部分真实信息相融合，在这种情况下该信息被广泛传播且信息接收和阅读群体对信息的真实度无从分辨的情况所引发的一切后果应由谁承担责任。

第三，跨域性。20世纪80年代，经济合作与发展组织（简称OECD）将数据跨境流动界定为个人数据跨国界的传输。随着经济全球化的发展，全球各领域跨国合作的日益频繁，数据跨境流动已不仅限于个人数据。诚然，数据有序跨境流动可以实现全球数据资源的共享共用，能够有效推动全球社会经济的发展与技术进步，但数据跨境流动的潜在风险也不容小觑。数据跨境流动风险主要体现在数据传输、存储和应用三个环节。传输方面，数据跨境过程环节多、路径广、溯源难，传输过程中可能被中断，数据也面临被截获、篡改、伪造等风险；存储方面，受限于数据跨域存储当地的防护水平等因素，容易出现数据泄露等问题；应用方面，跨境数据的承载介质多样、呈现形态各异、应用广泛，数据所在国政策和法律存在差异、甚至冲突，导致数据所有和使用者权限模糊，数据应用开发存在数据被滥用和数据合规风险。跨境数据流动涉及个人、企业和国家信息安全和利益，具体体现在三个方面：首先，数据跨境流动可能会引发用户数据易被泄露、滥用等问题。个人数据跨境流动中，可能出现经由移动设备诸如苹果手机、Google Chrome 浏览器等收集未经授权的离线数据，这些数据包括用户个人信息、银行卡、信用卡、购物历史和网上访问记录等隐私。例如：2020年，美国亚利桑那州已对谷歌提起诉讼，该诉讼认为，即使用户禁用了相关应用程序的位置追踪，谷歌也会在某些其他的应用程序（例如天气或其搜索引擎）中在后台进行位置追踪。诉讼指出，只有当用户进一步研究 Android 系统设置并关闭系统的位置追踪时，谷歌才会停止暗中搜集位置数据。此行为严重侵犯了公众的隐私信息权。其次，数据跨境流动可能会给企业带来技术管理、资产管理和组织管理上的问题。技术管理上，跨国企业使用境外数据中心或云平台，由于大量数据向这些平台汇集，易成为黑客攻击的目标。如黑客通过恶意入侵云平台，常驻用户网络，长期进行盗取、篡改数据等活动。资产管理上，受到数据所在国政策、法律等限制，跨国企业的境外分支机构存在商业信息被披露的风险。组织管理上，跨国企业利用境外政策和制度上的漏洞发展灰色业务，给行业管理带来新挑战。最后，跨境流动数据通过深度挖掘和分析可能会对国家安全产生威胁。全球网络互联、信息互通，国际经贸、技术等多领域合作使跨境服务和数据流动日益频繁，数据留存境外时间更长、体量更大、涉及范围更广。这些数据经分析处理，能反映国家相关行业和领域的情况。大数据已成为决定未来发展潜力的国家战略性资产，各国对数据跨境流动、收集和深度挖掘行为都极为重视。

第四，综合性。大数据时代融合、跨界、协同成为时代的代名词，包括政务管理、城市治理以及民生服务等公共领域正在享受数据积累和分析所带来的便捷和优势。习近平总书记以前瞻性的视角，从主持中央各项工作以来，其信息思想在时代的基础上逐步发展并被赋予了新的时代特色。2018 年 11 月 7 日至 9 日，第五届世界互联网大会在浙江乌镇召开。此次互联网大会的主题是"创造互信共治的数字世界——携手共建网络空间命运共同体"。目前，我国倡导发起的世界互联网大会在国际上扮演着越来越重要的角色。互联网发展具有无国界、无边界的特点，利用和发展好互联网，进行网络空间的国际合作是重要一步，进而逐步构建网络空间命运共同体。中国向世界发出倡议，提出推进全球互联网治理体系变革的中国方案，受到全世界范围内的高度评价和广泛赞誉。网络的迅速发展把整个世界联系起来，网络作为信息传播的主要载体，给世界各国带去便利的同时，我们也应该注意到，各国的信息安全已成为新时期国家安全的重要组成部分。信息安全与国家安全和国家发展紧密相联，广大人民群众的工作生活也离不开信息安全。习近平总书记指出，在信息技术发展日新月异的信息时代，我国的政治领域、经济领域、文化领域甚至军事领域等都与网络安全息息相关，对此我们要做到总体布局，协调各方，创新发展，把我国建设成为网络强国。习近平指出：

"必须坚持总体国家安全观，以人民安全为宗旨，以政治安全为根本，以经济安全为基础，以军事、文化、社会安全为保障，以促进国际安全为依托，走出一条中国特色国家安全道路。""综合统筹的总体安全观"强调的是国家总体安全，包括非传统安全领域的一些重要方面。更加突出的是国家安全层面的宏观表现和顶层设计，也更加注重信息安全和网络安全的落实工作。综合统筹的总体安全观体现了一种辩证思维，也是主要矛盾和矛盾的主要方面的哲学视野，它深刻揭示了网络安全在国家总体安全中的重要作用。在当今信息化的社会，由于网络本身具有广泛渗透性、全域性和综合性的特征，因此，国家安全的建设与网络安全二者密不可分。网络安全是国家安全的保障。综合统筹的总体安全观体现了网络安全治理综合统筹的新思想，同时也为我们认识网络安全的新特点和新趋势奠定了基础，为有效解决网络治理中的统筹与协同问题指明了方向。

第五，隐蔽性。大数据环境下信息安全的隐蔽性主要表现在以下三个方面：首先，信息数据冗余。由于全球网民活动频繁，新的信息数据在持续产生且存储，所产生的信息数据中混杂着大量的无效数据，这就给数据挖掘和分析工作带来了极大的困扰，要在海量信息数据中首先对信息数据有无价值进行分类整理，然后才能通过特定技术和方法进行关联分析和深度挖掘。信息数据的冗余问题不仅增加了数据挖掘和分析的成本，同时也降低了提取有价值信息数据的效率。其次，信息传播形态。大数据在信息通信网络技术的支持下，信息数据传播的形态发生了极大的改变，由传统的点对点、点对面的传播形式转变为交叉无序传播，信息数据在传播过程中随时面临着遗失、篡改以及转移的可能性，难以有效确定信息数据的传播源，从而导致信息数据传输的主客体之间形成无形的鸿沟，从而客观上割裂了信息数据传输的双向互动性，无法实现信息数据的有效反馈。最后，信息侵权的隐蔽性。目前大数据在新型行业领域被广泛应用，而新兴行业领域的大部分客户群体对于信息安全仅仅停留在初级认识阶段，对于信息侵权行为完全不知情也毫无防范意识。例如：2018年，支付宝在发布年度账单的时候，在未经用户同意的情况下默认勾选了"同意《芝麻服务协议》"，该选择与查看年度账单并无关联，但同意这个协议则代表允许支付宝收集用户的信息包括第三方保存的信息，支付宝在没有告知消费者的情况下就默认勾选该选项，造成了一些用户的隐私泄露。无独有偶，2013年，斯诺登披露了美国代号为"棱镜"的秘密项目，美国监听任何在美国以外地区使用参与计划公司服务的客户，或是任何与国外人士通信的美国公民。"棱镜"监控的主要有10类信息：电邮、即时消息、视频、照片、存储数据、语音聊天、文件传输、视频会议、登录时间和社交网络资料，所有细节都被政府监控。通过棱镜项目，国安局甚至可以实时监控一个人正在进行的网络搜索内容。微软、雅虎、谷歌、Facebook、Pal Talk、YouTube、Skype、AOL、苹果等全球知名互联网企业均参与其中。如果不是斯诺登的爆料，美国的监听计划网还会在全球范围内正常运转，因此，大数据时代的信息安全问题并非耸人听闻，而是关乎个人和国家安危的重要战略方向，其隐蔽性值得重点关注。

第二节　信息安全问责制概述

一、行政问责制概述

（一）行政问责制源起与发展

西方行政问责制源于古希腊和古罗马时期的监察制度，现代西方行政监察制度始于17世纪的英国资产阶级革命，伴随着资产阶级革命的完成，西方国家逐步建立了健全的现代监察制度，并在理论研究和实践探索的过程中不断丰富现代监察制度体系的框架。目前，主要西方发达国家的行政问责制度较为成熟和完善，具体体现在以下四个方面：一是明确问责前提，合理分配权责；二是健全行政问责制度的法律和制度体系；三是设立专门行政问责制度执行和监督机构；四是实施政务信息公开并积极吸纳公众参与与监督。行政问责制度的主要思想源泉主要包括社会契约论、人民主权论以及善治与法治理论。

首先，社会契约论。由霍布斯和洛克提出，但将社会契约论集大成者为卢梭，其所著《社会契约论》成为构筑近代西方民主政治合法性和合理性的理论基础，同时社会契约论也是现代行政问责制度构建的逻辑前提。卢梭在《社会契约论》中详细阐述了政府权力正当性，他指出人类在进入私有制社会后，由于个体利益分配不均衡而产生矛盾、冲突和对立，而上述行为的产生必然引发社会秩序的混乱，严重者会威胁到所有人的个人利益，因此人们通过签订契约的形式以公意约束保障个体的社会自由及利益。同时，人们再与国家和政府订立契约，将公意约束实施的权力进行让渡，其最终的目标是维护全体公民的公共利益。契约的订立意味着国家和政府获得了合法行使公共权力，同时也承担着与公共权力相对应的职责和责任，一旦公共权力的行使违背了维护公共利益的初衷，全体公民可依靠订立契约收回其共同让渡的公共权力并追究其所应承担的责任。

其次，人民主权论。卢梭提出的人民主权理论是建立在社会契约论基础上的，是行政问责理念的核心价值。现代资本主义国家在建立过程中需要与封建专制制度和思想进行斗争，而其斗争的武器则为人民主权论。根据社会契约论，全体公众之间、公众与政府之间通过订立契约的形式让渡部分公共权力以保证整体公共利益不受损失，因此，从本质上看，政府权力的最终归属主体仍是社会公众，而政府则是公共权力的使用者。从政治学视角看，人民作为抽象性政治概念是不可能行使具体的公共权力的，因此只有将公共权力赋予特定的主体予以实施，而这一特定主体即为政府。既然政府公共权力来源于人民的让渡，那么政府就需要对人民负责并自觉接受任人民的监督，以保证公共权力的形式符合人民的公意。

最后，善治与法治理论。20 世纪 70—80 年代，西方国家政府的行政效率持续低下，财政赤字问题无法有效解决，西方国家将治理理论作为提高政府行政效率的法宝，善治理论正是为了挽救治理的失败而产生的。善治理论的核心宗旨在于维护公众利益，是将公共利益最大化的公共管理过程①。善治理论强调改变政府为唯一权力中心的治理模式，提倡建立多中心的社会治理体系，强调政府、社会以及公民之间的良性互动。善治理论包合合法性、责任性、有效性、回应性、公民参与性、公正性以及廉洁性等基本要素。上述内容不仅是善治理论的基本要素，同时也是政府责任及行为规范的重要组成部分。行政问责制的推行要建立在信息公开透明的前提下，以快速、有效地回应公众诉求为基本准则，在保证公众知情权和参与权的基础上，实现政府治理达到良好状态。可以说，善治理论丰富了行政问责制的内涵，推动形成同体问责、异体问责以及第三方问责相结合多主体问责模式。法治化是人类社会的理想治理状态，法治的基本原则就是要合法合理地使用公共权力，将政府主体的自由裁量权控制在可控范围内，需要通过制定严格的制度和规范程序以保证法律法规的有效执行，任何滥用公共权力的违法行为都将受到法律的严惩。法治理论为行政问责制构建限定了行为边界，要求政府主体及其公务人员要严格按照法律规定在法律允许的职权范围内有效地管理国家和社会事务。

我国的行政问责思想源于古代的监察制度，封建社会监察制度是保证国家长治久安的重要制度之一。我国封建社会的监察权主要包括谏诤权、弹劾权、司法权和审计权四个方面，由此可见，我国在封建社会时期就已经初步构建了行政问责制度的实践框架。但是古代的监察制度与现代的行政问责制存在本质的区别，封建社会的监察制度其核心价值和目标为惩治官吏腐败和制衡皇权滥用以维护封建王朝统治的稳定性，而现代行政问责制度是以人民的公共利益最大化为核心，以提供高质量的公共服务、公共产品为目标。从我国封建社会的发展历史来看，凡是监察制度能够实际发挥作用的时期均能够推动社会经济文化的繁荣发展，诸如"开元盛世""文景之治""光武

---

① 孙洪波. 行政问责制的学理解析[J]. 社会科学战线，2013（7）：279-280.

中兴"等。反观朝代更迭频繁且监察制度形同虚设的时期，社会秩序极其混乱。自秦朝以后，虽然我国监察机构的名称和组织结构在不断调整和变化，但监察体系始终能保证基本监察权的行使，从而为我国现代行政问责制度的建设提供了思想源泉。

我国现代行政问责制最早起源于香港，2002 年香港特别行政区颁布实施高官问责制，从而开创了我国地方政府进行行政问责制度探索和建设的先河，并得到了中央政府的重视和关注。从国家层面看，我国中央政府在 2003 年非典疫情结束后出台了《突发公共卫生事件应急条例》，该条例首次以法律的形式明确了各级政府及卫生管理部门在突发公共卫生事件应对和处置过程中所应承担的责任和义务。2004 年颁布实施的《全面推进依法行政实施纲要》明确提出要建立政府决策责任追究制度、行政执法责任制度以及行政复议责任追究制度等。此后，天津、海南、重庆、浙江等地政府先后颁布了政府行政问责与行政首长问责相关的暂行规定和试行办法，将政府各部门的行政领导以及参照执行的部门副职、派出和直属机构的领导人员纳入问责对象范围。2009 年 7 月，中办、国办共同制定的《关于实行党政领导干部问责的暂行规定》发布，我国的行政问责开始由"弹性问责"向"制度问责"转变，各地方关于行政问责的制度研究和规范也开始进入快车道。而随着行政体制机制改革的不断深入发展，各级政府对行政问责制度的重视程度也越来越高，不断加大对行政负责人的问责力度，使行政问责制度的运行呈现良好态势。

随着行政问责制度的发展，问责主体范围已经由行政领导拓展至全体公务人员，由传统的单纯错误问责向不作为问责转变，问责的主体也趋于多元化，除了传统的问责形式外，舆论媒体和公众问责正逐渐发挥着越来越重要的作用，尤其是随着网络的普及和应用，网络平台成为公众对政府不作为行为问责的首选之地。行政问责制度的有效推行在一定程度上抑制了政府机关某些不作为现象，有效促进了各级政府行政能力的提升。但是，自行政问责制度实施以来，在取得成效的背后仍存在诸多不足，如问责主体仍以政府机关为主导，企业、社会组织以及公众直接参与问责的情况较少，行政问责取证难度大导致司法问责无法有效发挥作用，新闻媒体的地位决定其难以对政府部门失职行为进行行政问责以及行政问责程序缺乏统一标准和规范性不足等问题。此外，问责范围较窄、责任界限不清、问责缺乏透明度和公信力也是行政问责中经常出现的问题，上述问题会导致社会公众对行政问责工作产生不满情绪，将减弱行政问责带来的社会效应。随着我国民主政治建设进程不断推进以及公众权利意识的不断增强，我国政府必将推进更加完善的行政问责制度来加强对于公共权力运行的约束以及对行政责任的监督。

（二）行政问责制的内涵

美国学者杰·M. 谢菲尔茨（Jay M. Shafritz）主编的《公共行政实用辞典》中将问责的范围界定为："由法律或组织授权的高官，必须对其组织职位范围内的行为或其社会范围内的行为接受质问，承担责任。"[①]对于行政问责制的概念界定目前学术界存在多种观点，通过对已有成果的梳理将代表性观点归结为三类：

第一，将行政问责制界定为一种常态化的政府机制。周仲秋认为行政问责制是政府履行行政职能、承担行政责任的自律或自我约束机制[②]。该观点倾向于行政问责制是基于政府主导的以"自愿问责"为核心理念的内部监督和约束机制。周亚越认为，行政问责制是特定的问责主体针对各级政府及其公务员承担的职责和义务的履行情况而实施的并要求其承担否定性后果的一种规范[③]。刘重春将行政问责制界定为对政府及其职能部门行政领导的责任追究制度，制度要素包括问责主体、问责客体、问责程序以及问责实施与效果等关键环节[④]。

第二，将行政问责制界定为现代政府管理改进机制。行政问责制度是政府出于强化行政职责、提升政府行政效率和公共服务质量而建立的有效改进机制与制度安排。强恩芳认为行政问责制是对政府承担行政职能的行政责任人在未充分履行职能或履职不力的情况下进行责任追究并进行相应惩处的制度[⑤]；高志宏从行政问责内容的视角对行政问责制进行了概念界定，他认为行政问责制是对在工作职责范围内由于主观故意或过失导致其职能未有效履行且造成严重不良影响和经济损失的直接责任人进行责任追究的制度，该定义倾向于关注行政问责制度实施的过程，但是并未对主观故意或过失的界定标准、职责有效履行评价指标等进行明晰的界定；唐铁汉将行政问责制的问责范围进行了拓展，他认为行政问责制是针对政府及其职能部门行政领导所产生的一些行政行为以及由此产生的后果所建立的责任溯源制度。他认为行政问责制度本质上就是行政机关和政府部门内部的权力约束制度，以对政府官员权力运行和行政行为规范为基础，最终实现权为民所用的根本目标。

第三，将行政问责制界定为一种科学原理。康之国将行政问责制视为民主政治发展的必然，是公共行政理论与中国社会主义建设实践相结合的产物，是改善我国政治生态的必然选择。该定义倾向于行政问责制度建立是行政学学科发展到特定阶段的必

---

① Shafritz Jay M. Classics of public administration[M]. 北京：中国人民大学出版社，2004.
② 周仲秋. 长沙首推行政问责制：政策文本解读及其分析[J]. 理论探讨，2004（3）：93-95.
③ 周亚越. 论我国行政问责制的法律缺失及其重构[J]. 行政法学研究，2005（2）：85-91.
④ 刘重春. 民主行政视野下的问责制[J]. 政治学研究，2005（2）：117-121.
⑤ 强恩芳，刘中. 论行政责任制的异化及矫正[J]. 领导科学，2009（10）：12-13.

然产物，是顺应时代需要和政府需求应运而生的。王杰认为行政问责制彰显政治行政领域的多重价值，对于塑造行政责任理念、深化行政领导体制改革、净化政治生态以及推进法治政府建设等有着重要的理论与实践意义[①]。彭富明认为行政问责制是行政管理实践发展到一定阶段的必然产物，其基础为民主和法治，其目标在于减少政府行为过错与提高行政效能。

上述定义从不同视角对行政问责制进行了阐释，本书在对各位专家和学者研究成果借鉴的基础上提出行政问责制的概念界定，本书认为：行政问责制是在现在民主政治环境下，行政问责主体按照法定程序，强制性要求政府职能部门行政领导及行政行为直接责任人对其行政行为、行政决策以及行政结果进行解释、正当性辩护以及接受失职惩罚的制度。从该定义中我们明确了行政问责制的制度要素，主要包括行政问责主体、行政问责客体、行政问责内容、行政问责程序以及行政问责结果五个方面。

第一，行政问责主体。行政问责制度要有效建立和推行，首先需要发起者和主导者，也就是要明确行政问责的主体是谁。行政问责不仅仅是上级对下级的内部行政问责，因此其问责主体不仅包括政府行政部门，还包括立法机关、司法机关以及公民社会三大部分。按照问责主体的不同，将行政问责划分为政府部门内部问责、立法机关问责、司法机关问责以及社会问责四种类型。在实际的制度执行过程中，行政问责的各主体之间并非各自独立运行，需要协同配合，共同形成问责合力，从而发挥行政问责制度的作用。

第二，行政问责客体。根据《公务员法》的相关规定以及现代社会行政权力运行的特点，本书将行政问责客体的范围限定在拥有和执行国家法定行政权力的政府行政机关行政领导及普通公务人员，虽然行政问责客体的范围扩展至所有拥有和使用行政权力的公务人员，但是问责针对的主要群体仍然以负有直接或间接责任的行政机关领导为主。

第三，行政问责内容。行政问责内容围绕行政机关行政行为展开，围绕行政机关依法享有的行政决策、执行、监督三项基本权力，结合行政权力运行中的突出问题，确定了问责范围，主要包括行政决策、行政执行、行政监督、行政执法、行政复议五个方面。对在履行上述行政行为的过程中出现错误决策、滥用职权、拖延执行、推诿扯皮、不作为等上述任何问题且造成经济损失或不良社会影响的直接责任人、直接领导者以及间接领导者进行问责。

第四，行政问责程序。程序是任何一项健全的法律制度所必备的要素，正是程序

[①] 王杰. 我国行政问责制理论与实践问题再思考[J]. 江西师范大学学报（哲学社会科学版），2016，49（5）：44-50.

决定了严格的法治与恣意的人治之间的基本区别①。行政问责的程序，即通过什么样的程序对官员进行问责。其关键是要实现责任划分的法制化和责任追究的程序化，责任要体现到位到人，否则就会出现由于弹性过大，而最终无法实施。对于问责的程序，至少应该包括问责的启动程序、责任的认定程序、问责的回应程序及责任追究程序。

第五，行政问责结果。围绕行政行为规定问责范围，在问责责任定位上，将问责的责任定位于法律监督和纪律监督之外的不履行、不正确履行法定职责的行为，规定了责令公开道歉、停职检查、引咎辞职、责令辞职、免职五种问责方式，弥补了现有法律监督和纪律监督的空白，形成了行政责任追究、党政纪处分、法律惩处依次递进的三位一体的责任追究体系。对有些违法违纪行为，在依据《行政机关公务员处分条例》等有关规定处理的同时，还要求视情节进行行政问责。

（三）行政问责制的功能

行政问责制度的建设和完善对于推进国家民主法制化进程、规范政府制度安排以及构筑社会问责文化体系具有重要的推动作用②。

第一，推进国家民主法制化进程。我国社会主义民主政治的发展与政治制度体系的完善密不可分，而行政问责制则是国家政治制度的重要组成部分，行政问责制以其全面的监督和救济功能为我国民主政治法制化的推进提供了良好的契机。现代社会随着经济的快速发展，政府的职责范围在不断扩大，其介入的新兴领域逐渐增多，随之而来的就是行政权力的日益膨胀，权力的无限膨胀导致的结果必然是腐败，因此，行政问责制度的建立正是出于对日益膨胀的现代行政权力运行约束的需要。我国自1978年实施改革开放政策以来，许多领域变革的完成都是由政府主导的，在此过程中行政权力膨胀显而易见，虽然中央政府也试图通过健全法律法规和制度体系进行内部约束和监督，但是由于行政权力边界模糊、问责制度体系不健全、内部监督的执行效果不佳以及行政权力运行不够灵活等导致大部分情况下权力的合理合法运用需要依靠行政权力拥有者的道德自觉和自律，但是依靠个体自律和责任意识显然无法有效地约束和规范行政权力的运行，基于此行政问责制的建设恰好能有效地弥补我国行政权力运行约束和监督机制不足的现实困境，推进我国民主政治法制化的进程。

第二，规范政府制度安排。现代政府以民主政治为基础，以完善的权力控制机制为保障。行政学创始人威尔逊在《国会政体》中作出如下表述："和立法同等重要的

---

① 周亚越. 论我国行政问责制的法律缺失及其重构[J]. 中国行政管理，2005（2）：67.
② 董向芸，沈亚平. 问责制的理论基础和现实功能[J]. 河北大学学报（哲学社会科学版），2011，36（4）：118-123.

事是对政府的严密监督。一个有效率的被赋予统治权力的代议机构，应该不只是像国会那样，仅限于表达全国民众的意志，而还应该领导民众最终实现其目的，做民众意见的代言人并且做民众的眼睛，对政府的所作所为进行监督。"①从威尔逊的上述阐释来看，行政问责制作为政府实现行政权力自我控制、监督和自律的结合机制，以强化约束和监督的方式推进了政府制度建设的规范性。公共权力来源于社会公众维护公共利益的需要而选择的权力让渡，因此，公共权力在其合法的运行范畴内要最大限度地服务和维护社会公众的公共利益，同时也需要承担与所行使公共权力相对等的行政责任。从一般意义上来看，行政问责制还兼具行政行为和公共权力监控的独特功能，主要体现在两个层面：其一，监控的广泛性。与问责类型中司法问责、立法问责以及社会问责相比，行政问责无论从时效性、便捷性还是从问责的有效性等方面都具有相对优势，主要就得益于问责监控的广泛性特点，只要存在行政行为不合法、行政权力行使不正当的行为均可立即启动问责程序，进行问责溯源和追踪，将影响和后果降低最低。其二，问责监控的全面性。行政问责针对行政权力的运行以及在运行过程中由此所产生的全部行政行为和行政结果，其监控的全面性不言而喻。综上所述，通过行政问责制建设可以推进政府内部行政组织结构、权力运行结构以及内部监督监察制度等不断改进和完善，而对于行政问责制度本身而言其制度改进和完善的主要防线包括厘清问责的主客体和问责边界、规范问责的程序以及增强问责执行的效果等多个方面，只有如此才能减少权力行使的盲目性和随意性。

第三，构筑社会问责文化体系。社会问责文化体系建设是行政问责制建设的隐性功能，并非随着问责制度的建立就能完成。众所周知，文化体系建设需要得到社会公众的认可和接受，在认可和接受的基础上自觉参与问责制度建设并对其他人产生影响，因此，社会问责文化体系建设任重而道远，需要循序渐进。结合当前国家民主政治发展的阶段，本书将社会问责文化体系建设过程划分为三个阶段：第一阶段，明确行政问责制度的"惩""防"要义。行政问责制既是上级对下级的管理，同时也是对行政行为责任人失职的惩处，但是惩处仅仅是问责制度建设的核心价值之一，而行政问责的另一核心价值为"防"，即预防和防控的含义。对于行政行为失当和行政权力行使不规范等情况，"惩"只是事后监督的重要手段，而"防"则是避免类似情况重复发生的根本措施，因此，行政问责制的建设要重视"惩"的具体方式的建设，更应该重视"防"的具体措施的制定。而针对"防"最重要的则是行政理念的转变，要通过强化责任意识、服务意识以及问责意识，提高公务人员和行政权力行使主体的自觉

---

① 威尔逊. 国会政体[M]. 熊希龄，吕德本，译. 上海：商务印书馆，1986：1641.

性、自律性以及综合素质等，从而实现惩前毖后、防患未然的目标。第二阶段，深化民众对行政问责制的理解。权责对等原则是政府行使公共权力所应遵循的基本原则之一，通过行政问责制度的建设能够有效地促进该原则的实现，而明确的行政责任标准是构筑社会问责文化的基础和前提。行政责任的范畴主要包括行政过程与行为结果是否偏离行政目标、是否造成公共利益与政府形象的损害等后果、是否由不可抗力导致，以及是否与行政领导的决策和命令有关四方面内容。第三阶段，以现代行政理念为基础，构筑社会问责文化体系。当行政问责制度在实施过程中产生良好效果且该效果还处于不断累积的过程中，那么久而久之公众就会将行政问责制视为一种常态化的制度。就如我国 2013 年十八大以来所开展的反腐败运动，在反腐败初期大部分社会公众认为此举是新的中央政府的新官上任三把火，实施一段时间取得良好效果和社会反响后就会终止或中断，但是自 2013 年至今反腐运动已经深入人心，社会公众习以为常，由此构建了良好的反腐文化，营造了政府公务人员"不能腐、不敢腐、不想腐"的良好反腐败文化氛围。社会问责文化建设应如反腐败制度建设一样，持之以恒地将行政问责贯彻到日常的行政工作中，主动进行信息公开，让公众深入了解行政问责制度建设所取得的成绩、效果，最终实现问责文化深入民心，同时将行政问责制度建设与反腐败制度建设相结合，以问责促反腐，以反腐建问责，形成我国不同制度体系间的协同发展，共同推进国家政治制度体系的不断完善和健全。

二、信息安全问责制概述

（一）信息安全问责制的概念

隐私概念的出现要早于信息，在人类创造和发明文字之前就已经形成了隐私意识，当时对隐私的认知停留在"私人的且不宜示人的事物"层面，而信息安全的概念则是在 20 世纪 80 年代以后随着计算机和互联网的出现而产生的隐私概念的拓展概念，信息安全本质上还是专注于对于隐私信息的保护，因此信息安全问责的概念要从隐私保护的历史开始。隐私在我国属于舶来词，英文表述为"privacy"，《牛津高级英汉双解词典》中将该词解释为：一种不被他人观看或打扰的独处状态以及不被公众所关注的自由状态[①]。Warren 和 Brandeis 在《论隐私权》成果中提出的隐私权的概念将隐私阐释为独处的权利；Altrnan 认为隐私是人们允许接触某一自我或其群体的选择性的控制机制；Westin 将隐私分为四类：（1）隐居，即与外界隔绝；（2）亲密无间，即只向亲密朋友或知己泄露隐私；（3）匿名，即不期望被他人识别；（4）自我

---

① Wehmeier. 牛津高阶英汉双解词典[M]. 北京：商务印书馆，2008.

克制，即指一种心理自我克制以防止不必要的骚扰。从社会学学科视角看，隐私实际上是一种普遍社会现象，它的存在是各种不同文化的显示，只是它的表现形式和程度上有所不同。

隐私保护在漫长的历史发展中并未形成制度化体系，虽然在历史发展的各个阶段都有涉及关于隐私保护的个别性政策和法律规定，但是从未将隐私作为一项基本权利进行制度化规范。法律意义上隐私权的确立始于美国 19 世纪末期，美国法学家 Warren 和 Brandeis 在《哈佛法学评论》上发表了一篇名为《隐私权》的学术论文，在理论上宣告了隐私权的诞生，随后隐私权开始成为学术界研究的焦点。隐私权的诞生是社会发展到一定阶段的必然产物，是信息技术的发展和信息传播方式带来的结果，同时也标志着隐私保护进入了需要外力救济的时代，这种信息技术影响隐私以及信息安全秩序的现象，在现代社会表现得尤为明显[①]。隐私权保护的发展历程是复杂而缓慢的，隐私权概念的提出是隐私权保护理论研究的开始，1960 年普洛塞尔教授通过对 300 多个案例研究提出隐私侵权类型理论，对侵害隐私权的案件做了类型化的划分：侵害他人的幽居独处或私人事务；公开揭露使人困扰的私人事实；公开揭露致使他人遭受公众误解；为自己利益而是用他人姓名或特征。《侵权法重述第二版》第 652 条采纳了这四种侵犯隐私权的形式，隐私侵权类型的分类为隐私侵权的司法诉求打开了一扇门，推动了隐私保护制度的发展。通过对隐私保护的起源和隐私权发展的分析，我们可以获得诸多启示，新技术和环境对于隐私的冲击是显而易见的，隐私保护仅仅是信息安全保护中的一个重要组成部分，仅仅在单一的隐私权保护领域的制度推进和司法诉求都一波三折，对于信息安全其他领域的保护就可想而知，信息安全保护环境的复杂性、信息安全问责的隐蔽性以及信息主体的安全意识淡薄等均加剧了全球范围内的信息安全局势。

大数据是一种规模在获取、存储、管理与分析等方面远超常规数据库软件工具能力范围的数据集合。大数据具有海量的数据规模、快速的数据流转、多样的数据类型与价值密度低四大特征[②]。大数据给我们的生活、工作和思维带来了急速变革，移动互联的发展、智能终端的普及以及新型传感的应用等渗透到全球的每个角落，而信息技术的创新形式——大数据呈现的是超乎想象的信息处理能力。由网民不断创造的新的数据信息中潜藏的价值刺激了各路竞争者对数据信息的深度挖掘，大数据成为新时代的经济资产，但是同时我们应该认识到大数据可能会对我们的信息安全产生的冲

---

① 徐艺心. 信息隐私保护制度研究：困境与重建[M]. 北京：中国传媒大学出版社，2019.

② Mcafee A，Brynjolfsson E，Davenport T H，et al. Big data：The management revolution[J]. Harvard business review，2012，90（10）：61-67.

击和威胁。大数据对公众信息安全能够产生的威胁具体体现在四个方面：首先，网上行为的定位追踪。大量的实证研究揭示出社交媒体、电子商务平台以及其他移动终端不断通过新的且不为公众所熟知的技术对社会公众的网络行为进行定位和跟踪，而此种行为在隐私政策中却并未提及。例如，2003 年 5 月，朱某向南京市鼓楼区人民法院起诉百度公司，朱烨认为，百度公司未经其知情和选择，利用网络技术记录和跟踪朱烨所搜索的关键词，将其兴趣爱好、生活学习工作特点等显露在相关网站上，并利用记录的关键词，对其浏览的网页进行广告投放，侵害了其隐私权，使其感到恐惧，精神高度紧张，影响了正常的工作和生活。2014 年 10 月，南京市鼓楼区人民法院对本案作出一审判决，认定百度公司利用 Cookie 技术收集朱某信息，并在朱某不知情和不愿意的情形下进行商业利用，侵犯了朱某的隐私权，对朱某要求百度公司停止侵权的诉讼请求予以支持。一审宣判后，百度公司不服原审判决，向南京市中级人民法院提起上诉。在二审判决中，法院认为百度公司收集的数据信息的匿名化特征不符合"个人信息"的可识别性要求，最终判定百度网讯公司的个性化推荐行为不构成侵犯朱某的隐私权。事实上，在信息安全问责法律法规体系尚未健全之前，要想证明网络平台和社交媒体的信息搜集行为的不当性和违法性难度较大。其次，云计算中的信息安全隐患。随着云计算服务的广泛应用，网络、应用程序以及数据终端所产生的大量数据信息均转移至第三方服务商，第三方服务商通过创建虚拟边界计算云构建数据信息的安全模型，这种共享安全模型也存在一定的风险隐患，诸如不安全的应用程序接口、共享的数据漏洞、数据丢失和泄露以及内部工作人员的主观恶意行为等均是云计算安全模型可能面临的风险隐患。再次，公共权力对个人信息的采集与监控。公民个人信息的采集是正常的社会现象，为了保证国家社会管理的有效性，公民个人信息的采集是有必要的。但是，随着大数据时代的来临以及智能设备在政府部门中的广泛应用，政府出于社会治理的需要对公众在众多领域诸如医疗、教育、税收、社会保障等方面的个人信息进行采集，所涉及内容较广且真实性较高，最重要的是无须经过被采集人同意。如果对政府的巨型数据库中单一社会主体的数据信息进行关联分析，那么可以瞬间描绘出其详细完整的人格图像，而公众对于信息的被采集的内容、用途等甚至一无所知。2013 年美国的"棱镜门事件"所涉及的群体不仅包括本国公民，同时涵盖基本所有与美国有相关经济和外交关系的国家的公民。最后，数据分析和利用缺乏正当程序保障。对于行为与数据信息的搜集多数情况下信息主体并未真正同意，而且数据的搜集、整理和使用均未在公众的监督之下，加之预测性分析技术的应用能够准确地对个体的行为模式和选择偏好进行判定，这有可能会导致欺诈或歧视行为的发生，而对于大部分网络企业和数据服务商并未建立相应的程序和伦理保障或审查制度，可以说在数据应用和监督领域缺乏必要的控制和监管。

综上所述，大数据时代信息安全面临着前所未有的挑战和威胁，而现代社会的网络生态结构为用户-平台-政府的三元结构，其中平台发挥着联通枢纽的作用，政府是信息安全规则的制定者与信息安全治理权力的执行者，而用户和平台均为政府的监管对象，因此，在网络信息安全日趋严峻的当下，构建信息安全问责制度就显得尤为必要。信息安全问责制度是行政问责制度在信息安全领域的拓展和延伸，问责的本质和内涵并未发生改变，因此，本书将信息安全问责制界定为：在大数据和云计算环境下，信息安全问责主体按照法定程序，在法律允许的职权范围内强制性要求信息安全主管部门行政领导及行政行为直接责任人对其信息安全监管领域的行政行为、行政决策以及行政结果进行合理解释、正当性辩护以及接受失职惩罚的制度。信息安全问责理论上应包含国家信息安全问责、个人信息安全问责、社会信息安全问责等多种类型，由于国家信息安全管理部门是由独立于行政系统之外的单独行政部门管辖，因此本书中将研究的重点集中在个人信息安全问责与社会信息安全问责两方面。

（二）信息安全问责的基本原则

信息安全问责的基本原则是贯穿于信息安全管理的立法、执法、司法各环节，在信息安全问责法制建设过程中贯彻始终和必须遵循的基本规则。信息安全问责作为信息安全保护制度体系的重要组成部分，除了应当遵循我国社会主义法制的一般原则外，还应遵循以下特有原则。

第一，预防为主的原则。从手段上讲，积极预防的方式和过程一般比产生消极后果再补救要简单和轻松许多；另一方面，从后果上看，各种信息数据一旦被破坏或者泄露，往往会造成难以弥补的损失。信息安全关键在于预防。信息安全问题，应该重在"防"，然后才是"治"，增强用户防范意识是减少网络安全隐患极其关键的一环。因此对于信息安全管理而言，信息安全问责制度是实现信息安全管理的重要途径和手段，而信息安全防范和信息安全意识提升才是根本目标。

第二，突出重点的原则。在信息安全管理过程中，凡涉及国家安全和建设的关键领域的信息，或者对经济发展和社会进步有重要影响的信息，都应有明确、具体、有效的法律规范加以保障。《中华人民共和国计算机信息系统安全保护条例》第四条规定，计算机信息系统的安全保护工作，重点是维护国家事务、经济建设、国防建设、尖端科学技术等重要领域的计算机信息系统的安全。同样在信息安全问责工作中，也应突出重点进行问责，在国家信息安全、个人信息安全以及政府信息公开领域的信息安全以及商业企业的信息安全等各领域要按照信息安全危害和影响等级进行问责，而衡量信息安全危害和影响等级最重要的标准为以国家利益和公共利益为主，以私人利益和经济利益为辅。

第三，主管部门与业务部门相结合的原则。由于涉及领域广泛，信息安全问责更显现出其兼容性和综合性。通常，不同领域的部门，一般负责其相应领域的信息安全管理工作，并对因管理不善造成的后果承担法律责任。我国的《网络信息安全法》在很多方面体现出主管部门与业务部门相结合的原则。在信息安全保密方面，由于国家秘密分布在国家的各个领域，如国家机关、单位业务部门涉及的国家安全和利益、涉及经济建设的许多事项都可能会成为国家秘密，因此，保密工作与各业务部门的业务工作的联系非常紧密，没有业务部门的配合，保密工作的落实是非常困难的。所以，必须把保密工作主管部门和业务工作部门结合起来。实践证明，这是做好保密工作的根本途径，因而成为一项重要原则。

第四，依法问责的原则。对于信息安全不能仅仅强调技术，仅仅依靠网络自身的力量，更应该加强问责管理。从早期的加密技术、数据备份、防病毒到近期网络环境下的防火墙、入侵检测、身份认证等，信息技术的发展可谓迅速。但事实上许多复杂、多变的安全威胁和隐患仅仅依靠技术是无法解决的。由于信息安全问责工作的复杂性以及涉及主体的多元性，依法问责就显得尤为重要。所谓依法问责就是要求各个部门和相关工作人员严格按照法定的程序和内容开展信息安全问责工作，增强信息安全主管部门与其他各职能部门之间的协调配合，从而将信息安全问责工作纳入法治化建设的轨道。

第五，问责信息公开原则。信息公开指信息安全主管部门通过多种渠道依法公开安全问责的流程、结果以及处理依据等，允许公众通过查询、阅览、复制、下载、抄录、收听等方式，依法享有信息安全管理部门机构所掌握的非涉密信息。信息公开原则是落实宪法保障公众知情权的具体体现，是实现民主政治的必然要求，同时也是规范信息安全问责主体自由裁量权的重要手段。信息公开和信息安全问责最终的目标是一致的，都是要塑造透明、高效、负责的政府形象。在信息公开的条件下，公众在得到信息安全主管部门及其公务人员不作为或乱作为的信息时，就可以在第一时间进行投诉或举报，从而启动信息安全问责程序。同时信息公开原则也可以帮助社会公众明确信息安全问题的危害，帮助其树立信息安全风险意识和问责意识，当个人信息安全权益受到侵害时选择合法的方式去维护和挽回自身的利益。

第六，明确问责程序原则。明确问责程序原则是信息安全的前提和基础，如果在问责开始前并未明确信息安全问责的程序，那么信息安全问责工作将无法有效开展。目前全世界各国并未形成统一的问责程序规范，通过对西方部分发达国家信息安全问责的基本程序的归纳，可以得出信息安全问责程序主要包含问责投诉机制、问责运行机制、问责评估机制、公民参与机制以及问责申诉机制等几个主要方面。

第三节　信息安全问责制的理论基础

一、治理理论

（一）治理理论的实践基础

在国家产生之前，原始部落居民就通过氏族、部落以及部落联盟的形式集体进行生产、共同保卫家园，这可以视为人类在公共管理领域探索的开端。在进入阶级社会后，国家和政府成为公共事务管理的主体。国家的职能包政治统治职能、社会管理职能以及维持社会生产和生活秩序的职能。在封建社会，社会生产力水平相对较低，社会公共事务的管理内容相对单一，该时期政府公共管理带有浓厚的政治色彩，任何管理行为和方式都是以维护封建阶级的统治为最终目标。正如恩格斯所说："政治统治到处都是以执行某种社会职能为基础，而且政治只有在它执行了它的这种社会职能时才能维持下去。"随着封建社会向资产阶级社会过渡，尤其是工业革命的完成，生产力极大提升以及产业经济的飞速发展，导致政府所承担的公共管理职责和事物逐步增多，范围逐步扩展，公共管理阶级统治的色彩逐渐淡化，进而获得了政治统治的独立性。19世纪末20世纪初，为了新阶段对于公共管理的需求，政府行政权力迅速扩张，大量介入国家和社会事务，出现了行政国家现象。建立在政治-行政二分法基础上的官僚行政成为这一时期管理公共事务的组织工具。随着公共事务的增多，政府的管理职能也随之扩展，政府规模急剧膨胀。到20世纪70年代，部分国家政党与行政学研究开始对官僚行政体系产生怀疑，由此引发了各国政府对国家和社会、政府与市场边界的重新调整，开始关注国家的核心竞争力、政府的合法性以及公共部门对公众的回应能力，治理能力的提升成为该时期西方各国政府改革的主要特点。最初以戴维·奥斯本和特德·盖布勒为代表的行政学家提出企业家政府理论，主张政府管理的企业化，强调将市场机制引入公共服务领域，掀起了重塑政府运动。但进入20世纪90年代后，经济全球化和分权化的趋势极大改变了公共管理的生态环境，社会关系日益复杂多变，相互依存的程度不断加深，在这种背景下，片面依靠市场竞争机制来改造公共管理的做法捉襟见肘，因此合作网络治理理论应运而生，开始成为公共管理的主要形式。

（二）治理理论的研究途径

第一，政府管理途径。该途径将治理等同于政府管理，侧重从政府部门的角度来理解市场化条件下的公共管理改革。新公共管理是对 20 世纪 70 年代以来西方政府改革运动的总结，被许多学者视为政府治理新模式。随着西方各国由工业化向后工业化社会转变，以官僚科层制为代表的传统行政模式也面临着诸多现实发展困境。因此，以提高官僚行政有效性、追求三 E（Economy，Efficiency and Effectiveness）为目标的新政府改革运动在西方国家公共管理部门迅速蔓延。尽管西方各国政府改革的动因、议程、战略、策略以及改革的范围、规模、力度有所不同，但改革的基本取向趋于一致，主张引入市场竞争机制以提高公共管理水平及公共服务质量。著名的行政学家胡德将新公共管理的主要内容概括为：即时的职业化管理、明确的管理目标和绩效评估、强调产出控制、实行部门分权、引入市场竞争机制以及强调运用私营部门的管理风格和方法。国内学者在 20 世纪末期也开始从政府管理的角度研究治理理论，毛寿龙教授在《治道变革：90 年代西方政府发展的新趋向》中提出治道是在市场经济条件下政府如何界定自己的角色、如何运用市场方法管理公共事务的道理。治道变革指西方政府如何适应市场经济有效运行的需要来界定自己的角色，进行市场化变革，并把市场制度的基本观念引进公共领域，建设开放而有效的公共领域[①]。

第二，公民社会途径。治理是公民社会的自组织网络，是公民社会部门（或第三部门）在自主追求共同利益的过程中创造的秩序。埃利诺·奥斯特罗姆通过对案例研究证明了以依赖关系为基础，不同的社会主体在对公共池塘资源进行管理时能够构建自组织管理网络，进行自主治理，从而能够有效避免搭便车、规避责任或其他机会主义行为的发生。在西方国家，公民社会的自组织网络领域具有更宽泛的含义，被视为是由自愿追求公共利益的个体、群体和组织组成的公共空间，涉及非政府组织、志愿性社团、行业协会，以及公民自发组织等第三部门，莱斯特·萨拉蒙认为大量的公民社会组织是 20 世纪最伟大的社会创新，自治、自愿、私人、非利润分配是公民社会部门的基本特征。自组织的网络主要从公民社会部门的角度来分析治理，将治理看成是横向联合的公民参与网络，是一种社会中心论的治理观。我国学者俞可平教授认为民间组织独立行使或参与政府公共事务管理过程便是治理的过程，治理和善治的本质特征是公民社会组织对社会公共事务的独立管理或与政府的合作管理[②]。

第三，合作网络途径。该途径试图整合政府管理途径与公民社会途径，强调治理是政府与社会通过合作的方式所组成的网状管理系统，一方面继承了自组织网络的主要观点，将治理看作相互依存状态下的管理，将公民社会部门看作治理的主体，从而确立了多中心公共管理体系。另一方面也吸收了政府管理途径的重要观点，认为在合

---

① 毛寿龙. 治道变革：90 年代西方政府发展的新趋向[J]. 北京行政学院学报，1999（1）：27-30.
② 俞可平. 治理和善治：一种新的政治分析框架[J]. 南京社会科学，2001（9）：40-44.

作网络中政府与其他主体地位平等，需要通过平等协商、协作以及融合多元主体资源实现公共管理的目标。综上所述，治理就是对合作网络的管理，指以实现社会公共利益为目标，通过政府部门、非政府组织以及公民自组织部门等多元主体协作的方式共同对单一主体所无法完成的公共事务进行管理的过程。对政府而言，治理就是管理方式由统治向掌舵的变化；对于非政府组织而言，治理就是由监督到主动参与的变化；而对于公民来说，治理就是享受公共产品和服务转向提出新的公共产品和服务需求的变化。

随着各行业数字化转型的不断深入，数据共享和交换成为常态，流动数据使得信息安全风险贯穿不同系统、多个阶段，新问题、新隐患层出不穷。而目前大数据时代下的信息安全和数据治理的一个重要特征就是，无法使用传统的管理模式，必须走协同治理的道路。这也意味着需要政府、行业、企业、第三方机构以及公众等发挥各自优势，形成有效的配合，才能建立适应当今数字时代发展特征的信息安全体系。

二、公共选择理论

作为公共政策研究的经济学途径的典型，公共选择理论是在研究现实经济问题的推动下，通过对传统市场理论的批评而产生的，并且成功地运用了经济学的分析方法，坚持"经济人"假设，采用个人主义的方法论，用交易的观点来看待政治过程。布坎南认为："公共选择是政治上的观点，它把经济学家的工具和方法大量应用于集体或非市场决策而产生。" 按照另一个公共选择学者缪勒的说法，公共选择理论可以定义为非市场决策的研究，或简单地定义为将经济学运用到政治科学，它所使用的是经济学的方法，其基本假定是经济学的"经济人"假设，即人是自利的、理性的效用最大化者。

公共选择是研究集体决策的科学。这有两层含义：一是集体性。单个人自己的决策不在考虑范围之内，但凡是有人群的地方集体决策就不可避免，因而公共选择成为必需的；二是规则性。决策就是制定规则，在人与人之间存在偏好差异的情况下，必须制定规则以使人们的行为协调起来，因此，人们必须进行决策以选择那些能够反映和满足一般人偏好的规则。公共选择研究的集体决策范围包括国家、政府、国防、警察、消防、教育、环境保护、财产权分配等政治问题。

公共选择理论提出了不同于作为新主流经济学的凯恩斯理论的解释。凯恩斯理论完全肯定政府经济的干预，认为市场经济的内在缺陷必然导致经济衰退和严重失业，而国家的干预是弥补市场缺陷的唯一良策。公共选择理论认为，人们必须破除凡是国家政府都会全心全意为公共利益服务的观念，不应视政府为应公众要求提供公共物品的机器，而要看到政府既是由个人选出的，也是由个人组成的群体。因此，选举规则和个人的多元目标追求是决定政府行为的重要因素，在任何不合理的选举规则下产生的政府以及政府官员为满足不合理的个人追求而采取的行动，都将把经济状况和社会福利引入恶化的境地。

皮科克将公共选择理论的研究范围划分为三大政治市场：初级政治市场、政策供给市场和政策执行市场。在初级政治市场上，政治家把政策卖给选民，选民则为政治家支付选票。这个市场上的供求分析构成公共选择理论的基本原理，这些原理包括分析各种不同的投票制度的结果，如一致同意的选举制度、少数服从多数的选举制度、中间投票人定理等。在政策供给市场上，官员为了实现当选政府的政策目标将提供不同的行政手段。对这些手段的供求分析构成官员经济理论、政府增长理论和政府失灵理论等。在政策执行市场上，主要分析政策执行给一些人带来的影响。如纳税人、领取福利的人、获得行业补贴和养育补贴的人、向政府供给商品的人，这些人或多或少被动调整自己的行为来适应法律的要求。

三、新公共服务理论

新公共服务理论最早由帕特里夏·英格拉姆和戴维·罗森布鲁姆提出，他们认为新公共服务将重新定义政府的职能。然而当时并未引起共鸣。20世纪中后期，西方学者掀起了一场以市场化为取向，以推行"绩效管理"和"顾客导向的新公共管理改革"为目的的改革运动。虽取得了很大成就，但随之而来的是社会各界的批评和质疑。罗伯特·B.登哈特夫妇在《新公共服务：服务，而不是掌舵》中对新公共服务理论进行了全面系统的阐述。随着人们对自由民主的认知越来越深刻，新公共管理理论已经不能满足人民在社会活动中的需求。新公共服务理论是在对新公共管理理论批判基础上建立和产生的，对民生价值和公共利益有着更高的关注度和重视。新公共服务理论主张服务的核心是以公民权利和利益以及公益性服务作为行政管理服务的宗旨，而不是以市场效益作为核心价值。

新公共服务理论的主要思想包括三个方面：第一，民主社会的公民身份理论。该理论指出公民与政府之间的关系，政府的责任是保护公民的合法权利和利益。随着教育水平的提高，公民的集体意识和对国家社会的归属感越来越强，公民的社会意识已超越了个人私利而关注的是公共利益。政府应转变对公民的态度，重新定位公民在政府事务中的角色，政府和公民是共同协作发挥政府职能的伙伴，享有同等的权威。行政管理人员应以公民的合法权益和利益为更高追求，增强社会责任心和对公民的信任度。第二，社区和市民社会模型。该理论认为社区和市民的关系应该是市民能够参与到社区活动中，行使话语权，实现自身价值和利益。而政府的职能则是在此过程中帮助创立和支持社区。政治体系的形成是建立在公民广泛参与之上的，是各种组织协会以及政府团体共同作用的结果。这种组织活动，激发了公民在社会和政府活动中的积极性，从而为公民权利的实施和利益的保障提供了社会基础。在该模型中，政府在创造促进体系形成，将公民与社会关联起来的过程中起着重要作用。第三，组织人本主义和组织对话理论。该理论指出社会中的个体不是独立存在的，而是需要彼此之间相互依靠、相互了解的，所以行政人员和公民之间进行真诚、公开、公平的对话是十分有必要的。促进公众平等和谐的对话是重建公共领域合法性以及恢复公共官僚机构的活力的基础，从而使公民的需求和权益得到最大程度的关注。新公共服务理论是在对新公共管理理论进行补充完善的基础上形成的，该理论以公民为中心，重视民主，把公民的权利、公民的需求和公共利益作为服务的宗旨。

新公共服务理论的内容主要包括：第一，政府是服务而不是掌舵。该理论强调了政府以及政府工作人员的主要职能是全心全意为人民服务，而不是官僚权力权威的施行者。政府行政人员的主要工作是为广大群众服务，听取并解决群众所面临的各种问题和需求，发挥好政府为人民服务的职能。第二，建立集体的、共享的公共利益观念。要求行政人员必须致力于建立集体的、共享的公共利益观念意识。该理论认为，政府应为群众创造一个和谐、真诚、公平的对话平台，把公共利益作为努力的目标。同时积极引导并鼓励公民参与进来，一起为实现公共利益而努力。第三，战略思考与民主行动。要认识到集体的重要性，集体洞察力构成了社会洞察力，因此满足公共需要的政策和方案，可通过集体协作得以有效地实现。登哈特认为，实现公民的集体意识，需要细化并规定政府和公民的角色和责任，并制订具体可行的方案。此外，政府要唤起民众的集体责任感，共同为社会创造更多的机会和价值。第四，为公民而不是为顾客服务。该理论明确指出公共利益不是个人私利的集合，而是为实现集体利益和价值共享进行努力。因此，政府要关注民生，听取民意，为满足公民的需求和利益而努力，公民也要主动承担一定的社会责任，发挥自己作为公民的权利和义务，与政府一起建立一个和谐、平等、互信的互动平台。第五，责任并不简单。行政人员不仅要关注市场，还应关注宪法法律、政治规范、职业标准、社区价值以及公民利益。政府作为服务部门，所承担的责任是非常复杂的。此外，行政人员也在被一系列复杂的制度和标准所影响。因此，公民的利益和需求在影响政府工作人员的同时，工作人员的态度也在影响着公民内心对政府的期望和评判。第六，重视人而不只是重视生产力。组织应当由人来管理，通过共同领导和合作，促进组织和社区发展，充分发挥其社会责任。该理论认为，政府服务的前提是尊重公民。同时指出公务员的工作极其复杂，且面临着巨大挑战。因此，分享领导权得到了政府和公民的一致赞同，这样行政人员与公民的关系更加平等，彼此尊重，公民的参与也使政府服务上升到了更高的层次。第七，公民权和公共服务比企业家精神更重要。该理论认为，行政人员要摒弃官僚主义作风，尊重公民并与其分享权力，使政府与人民处在平等对话的地位。因此，政府的行为比企业家更高尚，他们把公民看作社会的主体，注重公共利益，而企业家则看重效率和利益，注重个人利益。

第二章　美国信息安全问责制的发展与启示

第一节　美国信息安全问责制的历史沿革

一、美国信息安全问责制构建的原因

信息安全问责制的产生和发展是多种因素共同作用的结果，是行政问责制度发展到一定阶段的必然选择，同时也是保障社会和公众信息安全的重要手段，美国信息安全问责制产生的原因可从政治、经济以及社会文化三个层面进行分析。

（一）政治层面

美国独立自主的政治和法律体制是信息安全问责权力获得法律保障的前提和基础，美国的公众和国家之间关系密切又松散、信任又质疑，公众与政府的信任关系主要体现在美国公民对于国家的行政理念高度认可，并对美国法律体系内的明确规定内容自觉地遵守和执行；而松散和质疑的关系主要体现在当国家和政府的行政行为和方式存在违反宪法精神或出现法律授权之外的行政行为或活动时，公民会运用其尚未让渡的部分权利进行示威、游行以及起诉等，以实现对危险行为或法律授权之外行政行为效果的撤销及问责。正是在这一良性的公民-国家关系影响下，美国的政治和法律制度具有高度的独立性特征，同时对于国家、政府职能部门及其公务人员在进行国家治理、社会管理以及公共服务的过程中严格自觉遵守法治化的原则，不会肆意侵犯公民的合法权利，这是自美国建国以来就已经存在的民主传统。随着公民隐私权益以及信息安全意识的觉醒，信息安全作为公民的一项基本权利也逐步得到承认和保护，信息安全最初体现在对公民隐私权的保护方面，隐私权的法治化进程也并非一帆风顺，是多个具有高度权利意识和法制观念的个体通过不断的呼吁、起诉以及提交提案等才使得美国联邦政府联邦法院以及州政府和州法院等对隐私权承认和保护。随着信息产业发展以及技术创新的频率加快，公民的网络行为和政府的个人数据收集行为造成了大量的数据存储，而公民的关注焦点也逐步从个人隐私权保护向个人信息安全保护过渡，美国政府在信息安全保护领域试图通过完善法律体系、制度建设以及公民参与等方式提高公民的满意度，但是近年来相继曝出的"棱镜门事件""美国商业服务巨头Dun&Bradstreet的52GB数据库资料泄露事件"以及"美国佐治亚州政府办公室的数

据泄漏事件"等信息泄露和信息监控事件，使得公众对于美国联邦政府的执行力以及管理能力开始产生怀疑，因此，在上述背景下，美国政府加快推进信息安全问责制的建立，通过完善信息安全问责法律体系、理顺信息安全问责运行机制、强化信息安全问责执行机制以及健全信息安全问责评估机制等对信息和数据泄露事件进行责任溯源，以实现保障公民信息安全的最终目标。

（二）经济层面

美国的信息安全问题的直接导火索在于信息互联网产业的飞速发展，美国在信息互联网产业的发展过程中经历了三个阶段：首先，产业发展膨胀期，1998—1999年，美国的信息互联网产业方兴未艾，各大互联网公司纷纷上市，海外资金大部分回流至信息互联网产业。其次，产业发展破灭期。2000年，互联网产业的泡沫破裂，加之亚洲金融危机过后经济处于恢复发展期，美国大量资金外流，导致美国信息互联网产业发展进入萧条发展阶段。据不完全统计，在互联网泡沫破灭的三年内，只有不到50%的互联网公司存活了下来。最后，产业恢复发展期。信息互联网行业的泡沫并未影响公众对于互联网的使用，全球互联网用户从1995年的2000万人增长至2003年的5亿人，而且克林顿政府在信息技术基础设施建设以及信息互联网技术创新方面加大了支持力度。2004年成为美国信息互联网产业发展的转折年，电子商务巨头亚马逊公司的电商渠道逐步健全和畅通，社交媒体新兴势力Facebook公司成立运行，并在短时间内获得了大量注册用户。在互联网巨头和新兴互联网公司的双重推动下，美国的信息互联网由复苏逐步转向了快速发展。2007年，苹果手机问世，划时代的产品设计让智能手机真正步入商业化，智能手机使得互联网接入不再受到时间、空间的限制，互联网的应用需求被进一步打开。美国信息互联网产业的发展为公众的生活提供了便利，提高了人们的生活质量，但同时随之而来的是公民的信息安全也遭受着前所未有的威胁，政府、技术公司以及互联网企业等对信息互联网技术的滥用导致部分公民的信息遭到侵犯和泄露，给普通公民的正常生活和工作带来了极其负面的影响。随着信息互联网产业进入平稳发展期，社会公众在经历了对互联网的探奇阶段之后逐渐回归理性，归于平静，开始对信息互联网产业的无边界渗透进行信息安全反思，开始对信息安全威胁和风险产生忧虑，对政府在信息安全领域的行政职能的履行不满情绪也逐步增加，在此背景下如何建立健全信息安全保护和问责制度就成为平息公众情绪以及提高公众满意度的重要途径，美国的信息安全问责制度便应运而生。

（三）社会文化层面

美国的社会文化以崇尚个人主义和自由主义为主导，美国的社会文化氛围是信息安全问责制建立的重要基础。美国位置在北美洲大陆，自哥伦布发现美洲大陆至今也不过才500多年的时间，美国建国至今240多年，因此美国的社会文化环境主要受西方资本主义国家的影响。虽然在地缘位置上与欧洲诸多国家相距甚远，但是建国初期的大部分居民均为欧洲移民或移民后代，从文化传承的角度来看，美国的社会文化与欧洲发达国家的社会文化差异不大。众所周知，西方文明的集中发源地在古希腊文明，自由、平等、权利意识等民主政治的核心概念均来源于这片沃土。伊壁鸠鲁学派提出的"肯定自我意识的自由"等观点大肆宣扬公民精神的自由和独立性。而后经过众多哲学家、政治学家的不懈努力，到近代资产阶级革命之后终于摆脱了宗教和政府对于公民自由精神的束缚，并将自由精神作为资本主义国家建立的核心精神，而上述精神随着移动被传承至美洲大陆。随着近代市民社会理论的出现，重视公民个人价值的自由主义精神成为社会组织和团队形成契约精神的主要支撑，与此同时，美国公众的隐私观念也开始出现萌芽。1873年，英国哲学家斯蒂芬在其著作《自由、平等与博爱》中从哲学学科视角对隐私观念进行了系统阐述，他认为隐私的边界和本质无法清晰界定。虽然英国率先提出了隐私的概念，但是在隐私权的保护方面美国走在了世界的前列，如前所述，美国是首个承认并通过宪法规定保护隐私权的国家，这主要得益于美国公民在个人权利意识方面的相对领先优势。美国凭借先进的政治制度和后发优势先后完成三次工业革命，尤其是第三次科技革命给美国公众的工作和生活带来了翻天覆地的变化，但同时也对公民信息安全造成了严重的威胁。面对信息安全威胁，美国公民的高度敏感的权利意识觉醒，开始积极捍卫个人和组织的信息安全的权利，美国联邦政府适时地推进信息安全管理体系的完善以及信息安全问责制度的建设。到目前为止，美国的信息安全问责制度体系虽然已经相对健全，但是与公众的信息安全需求间还存在较大的差距，信息安全保护任重而道远。

二、美国信息安全问责制构建的理论基础

美国信息安全问责制度构建的理论基础可从政治维度、学术研究维度以及实践探索维度三个方面进行剖析：

第一，从政治维度层面看。三权分立是西方一种关于国家政权架构和权力资源配置的政治学说，主张立法、行政和司法三种国家权力分别由不同机关掌握，各自独立行使，相互制约制衡。在美国，行政权指政府，立法权指国会的上下议院制度，司法权指法院，三者互相制衡。罗斯福新政时期，行政权力全面扩张，确立了以总统为中

心的新三权分立格局。三权分立和制衡制度是美国政治体系的基石，而问责制度是美国民主宪政体制的重要组成部分，美国的问责体系较为健全和完善，根据所涉及领域的不同可划分为行政问责、教育问责、生态问责以及学术问责等多种类型。美国问责体系的客体范围涵盖所有联邦行政部门及其所属行政官员，其所承担责任亦可细分为个人责任和角色责任。但是不容忽视的是，无论是任何领域的行为或活动必然涉及大量的信息传递和交流，而部分信息是非公开性质的甚至是绝密性质的，因此从该层面看，信息安全对于任何领域都显得极为重要。有鉴于此，美国历届政府都将信息安全及信息安全问责和管理制度作为其行政工作的重要内容。

第二，从学术研究维度层面看。美国学术界对于政府信息安全问责制度的研究从未停止，以 Parker（1981）为代表的功能主义研究者认为信息安全是基于良好的信息安全政策，信息安全政策将允许组织在制定和维护其安全策略时具有灵活性和针对性；E. G. Wood（1983）、Hirschheim（1986）、Backhouse（1989）等学者分别从政府部门视角出发，开始寻找信息安全的责任主体并对信息安全开发原则进行研究；Dhillon（1996）从语境和人类角度来检查信息系统的安全性，并根据他们稳定的行为模式来看待组织。在这样做时，可以将模型中捕获实现同步，合作行动所需的交互作用。到此时为止，大多数关于信息安全的研究文献都集中在信息安全的技术特性上，关心人们归因于他们的社会情境的主观意义。进入 21 世纪，信息安全问责制强调社会技术设计，注重运用检查表、风险分析和评估方法以解释人类角色、行动、目标和政策方面的安全问题。Koskosas 和 Paul（2003）采用了社会组织的观点，通过关注信任、文化和风险沟通之间的相互关系来调查信息系统安全管理，并对信息安全形成了系统的概念，此时信息安全和问责制度也结合了起来。信息安全不仅是政策，更是考核的工具。Mary J. Culnan（2012）通过对现行社交媒体平台与电子商务平台隐私规制政策和办法的系统研究发现，"通知与选择"的隐私规制成为目前互联网企业的首选方式，但是上述方式将更多的精力和关注点集中在信息安全事件发生后的善后处理以及责任分配，并未或较少提及如何防范信息安全风险，因此他提出要建立信息安全问责制度以降低信息安全风险，提高信息安全管理人员的风险意识。同时建议创建更加灵活的信息和隐私数据的委托方式，改变传统的"命令-控制型"委托方式。Marianne Loock、Elmarie Kritzinger、Eric Amankwa（2019）基于问责的视角对美国信息安全政策合理性进行了研究，研究表明：美国信息安全政策在制定合理性方面问题较少，在信息安全政策执行过程、执行效果以及执行评估与反馈等方面存在诸多弊端，因此，美国信息安全政策应以问责为基础进行合理化审查，重点针对信息安全政策的执行及其后续环节，从而最大限度地提高信息安全的保护水平。

三、美国信息安全问责制的历史发展

（一）美国信息安全管理的组织机构

第一，首席信息官制度（CIO）。美国是世界上首个提出并设立首席信息官制度的国家，在 20 世纪 80 年代，随着美国国内信息技术的快速发展与广泛应用，信息开始在美国政府各机构间泛滥，1984 年里根总统负责的信息差距的调查报告中提出"结构真空"现象，即政府中无人协调和管理信息的选择和流通，以致政府各部门陷入"错误信息"和"重复筛选"的困境之中。该报告提出，造成此种现象的原因主要在于缺乏信息管理的专门人才和机构，解决途径就是要在政府机构中设立一名信息资源管理的高级官员，全面负责本部门信息资源的管理、开发和利用。最初设立的首席信息官并不拥有参与决策权，仅仅是负责对信息资源的管理职责。以法律形式体现首席信息官制度是 1995 年颁布的《信息技术管理改革法》，同年实施的《克林格-柯汉法案》提出了政府首席信息官所应该具备的 10 项核心能力标准，主要包括卓越的领导能力、沟通能力、合作和协作能力、敏感、诚信、决策果断、人际关系协调能力、良好的信息素养和能力、熟悉政府业务流程以及有较强的战略观和全局观。根据法案的建议同时出于保证首席信息官能够胜任岗位职责，政府与高校专家共同制订了针对性的培养计划，对首席信息官进行系统培训。2002 年颁布的《电子政务法》对首席信息官的职责进行了明确规定，主要包括制订战略规划和计划、监控信息化规划和项目的实施、管理和开发利用政府信息资源以及提升部门的信息化实现能力。在上述一系列的法规与政策指导下，美国首席信息官制度不断完善和健全，成立了 CIO 委员会，由联邦政府各部委中的正副首席信息官组成，主要职责是保证联邦政府部门内部之间、政府和公众之间的有效联系和沟通。首席信息官制度有效地增强了美国政府部门的信息资源管理能力。

第二，隐私和公民自由委员会（OPCL）。隐私和公民自由委员会的行政长官为首席隐私和公民自由官（CPCLO）。OPCL 的主要职责是通过审查、监督和协调各部门隐私行动来保护美国公民的隐私和自由；以 1974 年《隐私法》、2002 年《电子政务法》以及 2014 年《联邦信息安全法》的隐私条款为法律指导为国家安全部门提供法律咨询和指导，以确保其隐私行为合法性；开发并提供部门信息安全和隐私保护培训，协助 CPCLO 制定部门隐私政策，向总统和国会提交与隐私相关的调查和建议报告，并审查新闻部的信息处理惯例，以确保此类惯例与保护隐私和公民自由相一致。国家安全局内部专门设有独立的隐私办公室与公民权利与自由办公室，每一个办公室都配有专业人员来研究处理这一复杂领域的相关事务。每一个试点项目在实施前都会

向社会公众公布详细的隐私影响评估报告。国家安全局同时向公众提供各项目的介绍并接受大众对于项目具体措施的问询。所有这一切都将有助于推动的计划能在确保隐私和公民自由自始至终得到密切关注的同时得到进一步的发展。

第三，首席信息安全官（CISO）。首席信息安全官的主要工作是确保政府各机构在信息安全方面采取正确的政策和举措，保持美国政府在21世纪网络安全领域的领先地位。首席信息安全官及其领导的团队被安排在总统预算与管理办公室，直接向首席信息官汇报工作。在信息技术方面美国一直处于领导地位，在有关信息安全测评认证方面美国也是发源地。为了帮助美国联邦首席信息安全官了解网络需求，美国首席信息安全官委员会（CISOC）和首席信息官委员会（CIOC）编写发布了《首席信息安全官手册》，该手册内容主要包括术语表、美国政府网络安全与风险管理方法核心要素（美国国家标准与技术研究院NIST发布的《改进关键基础设施网络安全的框架》、网络安全劳动力框架、CISO应当履行的具体职责（联邦信息安全管理法案要求、美国国家标准与技术研究院NIST标准等要求）以及应遵循的框架、指南、政策和要求、资源管理等内容。

（二）美国信息安全问责制发展历程

美国的信息安全问责制度的发展以美国信息和隐私保护法律体系的完善为基础，按照美国信息安全法律体系的完善过程，本书将美国信息安全制度的发展历史划分为三个阶段：

第一，萌芽阶段（1980年之前）。该阶段信息安全问责制度尚未建立，对于信息安全的关注主要集中于隐私权与隐私权保护领域，该阶段最主要的信息安全管理特点就在于属于被动防御，对于侵犯隐私权的行为往往是事后追责而非主动防御，而对于公民而言，由于当时的信息安全问责意识相对淡薄，部分公民在隐私安全受到侵犯和损害时对于维权和诉讼流程并不熟悉，这客观上也助长了隐私侵犯行为的增加。1966年实施的《联邦信息公开法》对于信息隐私也有相关规定，该法案规定中对于涉及人事和医疗个人信息以及以执行法律为目的所收集的个人信息，如果以上两类个人信息的公开会构成个人隐私侵害，那么上述两类信息可以免于公开。1974年制定的《隐私权法》是美国行政法中保护公民隐私权和了解权的关键性法律，对行政机关主要包括联邦政府的行政各部、军事部门、政府公司、政府控股的公司以及行政部门的其他机构等（如隐私保护研究委员会、管理与预算办公室）对个人信息的采集、使用、公开和保密问题作出详细规定，以此规范联邦政府处理个人信息的行为，平衡公共利益与个人隐私权之间的矛盾，但国会、隶属于国会的机关和法院、州和地方政府的行政机关不适用该法。通过《隐私法》，美国个人信息保护理念一方面承认并保护公民对其个人信息存在的重要利益，特别是与信息相关的隐私权益；另一方面也承认政府机关为了依法执行职务或其他掌握公民信息的机构为了实现特定公共利益而使用个人信息的必要性。两者之间必须保持适当的平衡，在实现公共利益的同时亦能最大限度地保护公民的隐私权益。此后，围绕《隐私权法》先后制定了一系列与信息隐私保护相关的法律。由于该阶段处于工业化时代向后工业化时代的转型阶段，美国信息安全立法处于起步阶段，而行政问责的理念刚刚兴起，尚未拓展至信息安全领域，因此，该阶段主要信息安全涵盖信息自由、数据保护以及保护个人隐私保护等方面。

第二，起步阶段（1981—2001 年）。20 世纪 80 年代以后，美国的信息化产业发展规模不断扩大，社会的信息化水平也在逐步提高，传统的被动防御式的信息安全保护体系已经不适应时代的发展和社会的需求，因此导致政府在信息安全保护方面的公众满意度不断下滑。因此，美国联邦政府开始将信息安全立法的中心下移，将立法的关注点转移到能够维持信息安全管理可持续发展的领域，先后制定并颁布了《金融隐私权法案》《金融服务现代化法案》《健康保险隐私及责任法案》《有线通信隐私权法案》《电视隐私保护法案》《电子通信隐私法》《公平信用报告法》《有效保护隐私权的自律规范》以及《儿童在线隐私权保护法案》等。从上述法案可以看出，该阶段对于信息安全技术研究管理、信息安全管理体制以及信息技术与信息安全等领域较为关注。该阶段与上一阶段相比，政府对于信息安全保护的重视程度不断提高，针对信息安全领域的法案制定的主动性逐步增强。虽然该阶段在重视程度、主动性以及立法方面都取得了显著的效果，但是依然没有设立相应的信息安全管理机构，信息安全管理的职能仍分散在联邦政府、州政府以及各职能部门中。对于公众而言，面对日趋完善的信息安全法律体系，其对信息安全的担忧却并未有丝毫减退，主要是由于政府的多元管理导致信息安全管理制度执行效果不理想，政策的执行主体在执行过程中缺乏统一的信息安全标准作为参考，面对处于临界点的信息安全问题往往无所适从。与此同时，行政问责理念在美国各级政府的应用取得了良好的效果，对于提升政府行政效率、提高公众对政府的满意度具有积极的推动作用。在这种情况下，部分专家和学者建议将行政问责的范围拓展至信息安全领域，由此推动了信息安全问责制的建立和发展。

第三，发展和完善阶段（2002 年之后）。在该阶段随着大数据技术的应用以及移动智能设备的普及，网络信息安全成为政府和公众关注的新焦点。而传统的信息安全保护框架"告知与同意"的时代局限性日趋明显，主要体现在数据搜集的隐蔽性、数据服务监管的无序性、行业间数据界限模糊以及数据存储与数据应用主体的分离等都对传统的信息安全管理模式提出了挑战。美国政府认为，大数据时代的隐私保护应当关注于使用责任制，使数据的采集者和使用者对数据的管理及其可能产生的危害负责，而不是狭隘地将其责任定义为是否通过正常途径采集数据。与前两个阶段相比，该阶段在信息安全立法方面的进度有所放缓，主要颁布的法律包括《美国联邦信息安全管理法案》《网络安全信息共享法案》《物联网网络安全和隐私风险管理指南》等，但这并不代表美国政府对于信息安全就听之任之，相反美国政府正是充分认识到单纯依靠法律体系的完善无法从根本上遏制信息安全问题的发生，需要通过建立相应的问责制度才能保证信息的记录、存储、应用安全。对于美国政府而言，在该阶段重点关注的领域可归结为三个方面：首先，数据保存与处理的安全责任。公民有权要求自己的数据得到安全和负责任的处理；当个人数据有误或敏感性数据交叉可能存在对公民个人不利影响的情况下，公民有权对个人数据进行格式化；公民有权合理限制企业对个人信息的收集和保存。其次，健全信息安全问责制。公民对个人信息和数据拥有优先处置权，在公民默认由信息和数据存储主体进行数据和信息处理的情况下，组织应对其雇员进行相关专业技能的培训并定期进行绩效考核和评估，同时需在组织内部建立相应的监督机制，最终的目标是保证公民数据和信息在合理合法的范围内应用。在问责制背景下，政府应加强内部需要控制和问责机制的建设，涉及公民数据搜集和使用、公民信息和数据公开以及公民信息和数据处置等方面，必须建立严格的责任追究程序，以保证公民信息数据的安全性，同时提高政府部门及其工作人员的信息安全保护意识。最后，积极推进信息安全保护的国际合作。美国政府在加大隐私保护执法力度，也在积极呼吁推进信息和数据隐私保护的国际合作。各国应在隐私信息和数据保护价值取向一致的基础上承认彼此的隐私保护框架，多国共同参与跨境流动信息和数据安全的程序与行为准则的制定，同时加强信息安全执法国际合作，提高跨域信息和数据犯罪的治理效率。

第二节　美国信息安全问责制的框架体系

在本节中将对美国信息安全问责制的内容体系进行系统阐述，主要包括美国信息安全问责制的法律体系、信息安全问责制的问责主体、信息安全问责机制以及信息安全问责实施保证机制四个方面的内容。

一、美国信息安全问责制的法律体系

美国从国会到联邦政府到州政府，在信息安全立法和建立规章制度方面进行的努

力是别的国家不可比拟的，如表 2-1 所示，美国目前与信息安全和信息基础社会保护相关的法律法规共有 20 多部，归结起来，其政府信息安全问责方面的主要法律主要涉及信息安全管理、信息安全标准、政府信息安全管理以及国家网络安全四个方面的内容。

表 2-1　美国信息安全和信息基础设施保护的现行法律法规

领域	立法时间	法律名称	主要内容
政府信息安全方面	1966 年	信息自由法	涉及对政府信息的获取、公开方式、可分割性，以及相关的诉讼事宜
	1987 年	计算机安全法	规定美国国家标准及技术研究所（NIST）负责开发联邦计算机系统的安全标准
	1991 年	高性能计算法	建立满足安全需求的联邦高性能计算程序，并要求 NIST 为联邦系统建立高性能计算的安全与隐私标准
	1996 年	信息技术管理改革法	规定设立首席信息官职位；授予商务部发布安全标准的权力，要求各个机构开发和维护信息技术架构；要求公共管理和预算办公室（OMB）监督主要信息技术的购买，并与国土安全部部长协商，公布 NIST 制定的强制性计算机安全标准
	2000 年	政府信息安全改革法	规定联邦政府部门在保护信息安全方面的责任，此法明确了商务部、国防部、司法部、总务管理局、人事管理局等部门维护信息安全的具体职责，建立了联邦政府部门信息安全监督机制
	2002 年	联邦信息安全管理法	为联邦信息系统创建了一个安全框架。强调风险管理，倡导建立由 OMB 监督的中央联邦事件中心，负责分析安全事件并提供技术帮助，通知机构运营商当前和潜在的安全威胁及漏洞
	2002 年	网络安全研发法	赋予国家科学基金会和国家标准与技术研究院开展网络安全研究的职责

领域	立法时间	法律名称	主要内容
政府信息安全方面	2002 年	电子政务法	用以指导联邦信息技术管理的基础性立法，其中包含在 OMB 下设电子政务办公室、政府和私营部门之间开展相关专业人才交流等多项网络安全方面的内容
	2009 年	网络空间政策评估报告	强调保障美国政府的网络系统安全
打击计算机犯罪方面	1970 年	金融秘密权利法	对金融业务计算机中存储的数据进行限制
	1984 年	伪造连接装置及计算机欺诈与滥用法	美国通过的第一部关于计算机安全与犯罪的法案，规定了禁止对联邦、银行、各州及对外贸易计算机系统的各种攻击
	1984 年	联邦计算机安全处罚条例	规范计算机犯罪的专门性法律
	1986 年	计算机欺诈与滥用法	宣告未经授权访问"联邦利益"计算机，及未经授权破解计算机口令为犯罪行为，以及交易盗窃的计算机密码为违法行为
保护个人隐私方面	1974 年	隐私权法	规定联邦机构限制个人可识别信息的披露，要求机构提供访问个人信息记录的权利
	1986 年	电子通信隐私法	禁止未经授权的电子窃听，对信息传输安全、存储安全和监视合法性进行的规定
	1998 年	儿童网上隐私保护法	规定了网站经营者必须披露其隐私保护政策，声明寻求儿童监护人同意的时间及方式，以及违反儿童隐私保护应承担的责任
	2001 年	医治保险携带和责任法	保护病人的电子健康记录，并提出保护的具体标准。规定了行政保障措施、物理保障措施、技术保障措施及安全责任的分配问题
保护关键基础设施方面	1996 年	国家信息基础设施保护法	规定未经授权进入受保护的计算机系统并通过各种形式进行恶意破坏行为，利用电子手段对他人和机构进行敲诈行为，或是试图这样做的行为都要受到刑事指控

（续表）

领域	立法时间	法律名称	主要内容
保护关键基础设施方面	2002 年	国土安全法	明确了国土安全部的职责和组织体系、信息分析和基础设施保护、首席信息官管理职责，及加强在国土安全保护方面的合作等
	2003 年	关键基础设施标识、优先级和保护	对美国关键基础设施的重要资源进行优先级排序和保护
	2009 年	网络空间政策评估报告	强调保障美国政府的网络系统安全
保护关键基础设施方面	2010 年	国土安全网络和物理基础设施保护法	涵盖了部门责任义务的遵守、个人隐私保护和数据泄露应对、网络安全教育和技术研发、重要电力基础设施保护和漏洞分析、国际合作、打击网络犯罪以及采购与供应链安全等内容
	2010 年	国家网络基础设施保护法	规定在国防部建立国家网络中心，设立主管职位直接向总统报告安全事件，建立国家网络安全项目预算全国性的网络防御应急基金，建立政府与私营部门之间协作的网络防御联盟，分享彼此的网络安全威胁信息，并互相提供技术支持

第一，信息安全问责制度的基础——《信息自由法》。《信息自由法》（Freedom of Information Act）是美国关于联邦政府信息公开化的行政法规，颁布于 1967 年，分别于 1974 年、1986 年和 1996 年进行了修订，主要内容涉及对政府信息的获取、公开方式、可分割性，以及相关的诉讼事宜等。其主要内容是规定民众在获得行政情报方面的权利和行政机关在向民众提供行政情报方面的义务：①联邦政府的记录和档案原则上向所有人开放，但是有九类政府情报可免于公开；②公民可向任何一级政府机构提出查阅、索取复印件的申请；③政府机构则必须公布本部门的建制和本部门各级组织受理情报咨询、查找的程序、方法和项目，并提供信息分类索引；④公民在查询情报的要求被拒绝后，可以向司法部门提起诉讼，并应得到法院的优先处理；⑤这项法律还规定了行政、司法部门处理有关申请和诉讼的时效。《信息自由法》是美国信

息安全的根本大法，奠定了美国信息公开和信息安全问责制度的基础，成为其他信息安全类法案的基础。

第二，信息安全问责制度的技术标准和规范——《联邦信息技术安全评估框架》。2000年，美国首席信息官委员会发布了《联邦信息技术安全评估框架》。它是由美国国家标准与技术局、计算机安全分区系统和网络安全小组为安全、隐私和关键基础设施委员会所准备。联邦信息技术安全评估框架为机构官员提供了一种确定与现存政策相关的安全项目的现状及其改进目标的方法。该框架没有提出新的安全需要，但是提供了一个一贯而有效地运用现有政策和指导的工具。此外，《联邦信息技术安全评估框架》还可以用来评估给定的一个资产或一套资产的安全控制状况。这些资产包括信息、个人系统（例如，主要应用程序、通用支持系统和关键任务系统）、支持操作项目的一组逻辑相关的系统或操作项目本身（例如空中交通管制、医疗保险和助学金）。对所有资产的安全控制和所有这些资产所依赖的互联系统进行评价，可以勾勒出一个机构部门和整个机构的安全状况。

第三，信息安全问责制度的核心——《联邦信息安全管理法案》。2002年的《电子政府法案》包含《联邦信息安全管理法案（FISMA）》。FISMA要求政府机构和部门要设置信息管理和信息系统的基本安全目标来提高安全性，强制实行了联邦信息处理标准（FIPS）。法律强制规定不允许各机构放弃FIPS。FISMA取代了1987年的计算机安全法（Computer Security Act），从而使计算机信息安全提升了一个等级。

2014年，为加强美国抵御网络攻击的能力，《联邦信息安全管理法案》进行了更新和修订，提出将建立对联邦计算机网络的实时、自动监控，减少在安全审查过程中所需的文书工作量，明确保护联邦计算机网络安全的各机构角色；该法案从 FISMA法案改革开始着手，重要举措包括：规定主任和部长在信息安全问责中的权力和职能，明确联邦机构责任，同时政府内部进行年度独立评估，成立联邦信息安全事件中心，建立国家安全系统，研发联邦数据泄露应对指南，加强隐私泄露规定，对国家信息安全进行重新梳理。

第四，信息安全问责制度的保障性法律——《网络安全法》。《网络安全法》是美国当前规制网络安全信息共享的一部较为完备的法律，其中首次明确了网络安全信息共享的范围包括：网络威胁指标和防御性措施两大类，重点关注网络安全信息共享的参与主体、共享方式、实施和审查监督程序、组织机构、责任豁免及隐私保护规定等，并通过修订2002年《国土安全法》的相关内容，规范国家网络安全增强、联邦网络安全人事评估及其他网络事项。重要条款包括：第103～111条提到在信息安全共享领域，规范联邦政府信息共享内容，各部门同时共享网络威胁指标和防御性措施；

第 203～211 条提到还要增强国家网络安全，明确国家响应框架，减轻国土安全部数据中心内部网络安全风险的报告，同时加强评估关键基础设施多重并发的网络事件；第 223～229 条、第 303～305 条和第 401～407 条提到建立先进的内部防御，加强内部评估和报告工作。同时增强联邦信息安全人事评估，注重其他移动设备安全研究和增强应急服务。进一步完善国际网络信息安全犯罪的逮捕和起诉机制。在金融信息、互联网信息和医疗卫生等行业的信息安全内容都有重新的界定和保护。

此外，美国还相继制定了多部辅助性法律，主要包括《网络安全人员评估法案》《隐私权法》《电子通信隐私法》《政府信息安全改革法》《信息系统保护国家计划》以及《信息时代的关键基础设施保护》等数十部相关法律法规，共同构成了美国联邦政府信息安全问责的法律体系。

二、美国信息安全问责主体

（一）政府内部问责

第一，联邦政府问责。2016 年，奥巴马政府公布《网络安全国家行动计划》，从提升网络基础设施水平、加强专业人才队伍建设、增进与企业的合作等五个方面入手，全面提高美国在数字空间的安全。包括：提议在国会 2017 财政年度预算中拿出 190 亿美元用于加强信息安全，第一次设立联邦首席信息安全官（CISO），下令成立国家网络安全促进委员会、联邦政府隐私委员会等。同时任命美国网络安全协调员协调处理美国信息网络安全事务。成立网络战司令部，都直接对美国总统负责，发生信息安全问题或事件时会第一时间进行工作跟进，协调并纠责处理。除了另设专门机构，总统也直接实施行政命令进行信息安全问责，如 2013 年美国总统奥巴马发布行政命令——改善关键基础设施的网络安全，通过加强与关键基础设施的所有者和运营商的合作，有助于实现这些目标，以促进网络安全信息的共享，并协同制定和实施基于风险的标准。总统对隐私和公民自由保护状况进行阶段性问责，同时采取措施保护公民权利。

第二，行政辅助性问责。信息安全辅助性问责主体包括 17 个独立或分属各行政部门的情报机构，由国家情报总监办公室领导其余 16 个机构。独立机构包括中央情报局、国家情报总监办公室，国防部：美国空军情报监视及侦查局、军事情报部队、国防情报局、国家地理空间情报局、国家侦查局、国家安全局、美国海军情报办公室，能源部：情报及反情报办公室，国土安全部：情报及分析办公室、美国海岸警卫队调查处，司法部：联邦调查局国家安全科、美国缉毒局国家安全情报办公室，国务院：

情报及研究局，财政部：恐怖主义及金融情报办公室。各信息安全机构具体业务向其部门内主管负责。比如，军方情报机构顶头上司是主管情报的副国防部部长。而中央情报局则直接向总统汇报。除中央情报局局长向国家情报总监办公室汇报外，其他成员机构主管均只向各自的上司负责，而这些上司都是直属总统的内阁成员。通过他们之间的信息安全工作交流，包括宏观合作规划和为具体行动召开的常规性工作会议，确定信息安全问责实施情况，并负责具体行动执行。

（二）立法和司法机构问责

第一，立法机构问责。美国实行立法、司法、行政三权分立的政治制度，所以立法和司法机构都会对政府行为进行监督和问责。美国国会是美国的立法机构，在下级设立美国政府问责局，负责调查、监督联邦政府的规划和支出，也对政府信息安全政策的实施情况进行审计和监督，调查结果直接提供给美国国会，对美国国会负责。美国立法机构对政府的制衡机制配合法律规定，使得美国政府问责局的工作权限可以深入政府内部，保障信息安全的实施状况，随时发现问题，向国会上交报告，在维护信息安全问责制中作出了很大的贡献。

第二，司法机构问责。美国的司法机关也是对政府进行信息安全问责的主体之一，通过联邦最高法院的司法审查权对信息安全事件和问题进行纠责，发现责任主体，追究法律责任。同时通过处理信息安全类的公诉和民诉来维护美国信息安全。联邦最高法院是美国联邦司法体系中的最高审判机关，拥有特殊的司法审查权，同时美国宪法规定最高法院的法官实行终身制，非经国会弹劾不得免职，避免了司法机关因受到行政压力而影响司法公正的现象发生，使其可以根据司法审查制度的相关规定，就政府的有关信息安全行为是否违反宪法中关于信息安全的规定与标准进行审查，并进行责任追究和问责。凡是与之相违背的信息安全行为将被宣布无效，行政机关由此将承担相应的行政责任。

（三）第三方问责

第一，非政府组织问责。如互联网安全联盟，其要求并提供政府和国会都要接受的必要的关于网络安全的培训。2015年，互联网安全联盟向立法者、决策者和两个主要政党提交了一本"网络安全社会契约书"，提出了106个信息安全政策建议以及十二步的高层建议计划，指出了网络安全和信息安全的问题和改进建议。

第二，企业或咨询机构问责。美国涉及公共信息收集的私营企业都会有信息安全部门的设立，用于信息安全状况审查和维护，如 IBM security 和 Dell secure works，都会对信息安全可能出现的问题进行监控，并对可能出现的信息安全隐患进行收集和回报，确保信息安全和网络安全。埃森哲咨询公司是全球最大的信息技术管理公司，为美国政府机构以及军队提供信息安全的评估，提高政府绩效水平。毕博管理咨询公司致力于服务政府机构和其他组织，是美国26家政府部门中21家的主要系统集成服务提供商，主要监控美国信息安全健康状况。同时还有盖洛普公司替联邦政府收集处理民意测验调查/咨询，测量政府信息和公共信息安全度。

（四）社会公众问责

第一，公众问责。信息安全关乎美国每个人的正当权利，美国宪法和其他法律也都规定了美国公民有信息自由，同时也给予其维护信息安全的责任和权力，当美国公民发现任意政府部门或者机构甚至个人有违反信息安全的行为时，都应且必须第一时间向相关部门举报，同时美国对举报人的保护措施也十分缜密，充分保障个人安全。普通公民可以提请法院对某项政府机密进行审查，以决定其是否能够公开。同时注重进行公民不服从和公民请愿非暴力抗议行动，美国公民发现某一条或某部分法律、行政指令是不合理或危害信息安全时，主动拒绝遵守政府或强权的若干法律、要求或命令，保障信息安全和对某项措施和可能带来隐患的政策进行反映和表达自己的某种想法。普通公民在信息安全领域应用这种权利十分广泛，也为美国信息安全筑起了无形的屏障。

第二，舆论媒体问责。美国媒体对重大信息安全问题有充分的报道权，譬如"棱镜门"事件发生后，《经济学人》的一篇评论认为：在民主制中从事监视活动，其正当性依赖于知情同意，而非盲目信任。保守派评论员戴维·布鲁克斯（David Brooks）在《纽约时报》专栏文章《孤独的泄密者》中对斯诺登"背叛基本的信任合作""破坏社会纽带"的种种指控，媒体对重大信息安全丑闻的揭露，正是在刺激责任人安分守法，防止责任人对信息进行筛选和操纵。

三、美国信息安全问责机制

美国信息安全问责制比较成熟，其中信息安全问责执行机制、信息安全问责监督纠察机制、信息安全诉讼机制和信息安全绩效评估机制构成其骨架，是美国信息安全问责制的基本运行机制。

（一）信息安全问责执行机制

信息安全问责制下，行政机关内部、司法部门和社会公众都是信息安全事件得以揭露的主体，然后经由行政和立法部门的调查来确定事件的性质并录入系统，针对事件查伪来进行具体问责，包括问责对象和问责决定，适时引入司法部门介入，最后结果要予以公布和归档总结，从而形成问责总体流程，并针对问责实施状况进行各部门的绩效评估。具体的问责流程如图 2-1 所示。

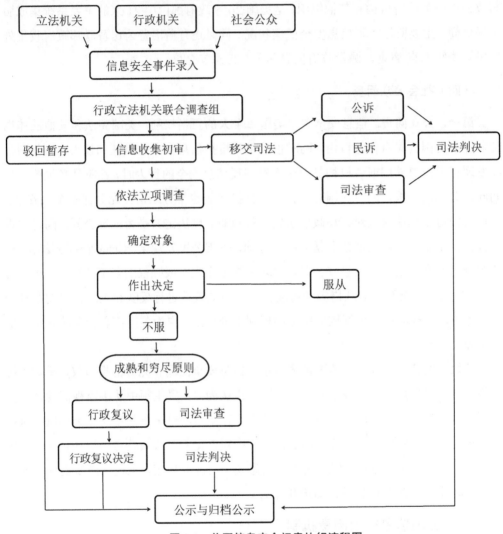

图 2-1 美国信息安全问责执行流程图

（二）信息安全问责监督纠察机制

美国的信息监督机制是美国信息安全问责制的重要一环，信息安全问题的由来就是对于信息资源的不重视和监督力度的不足，从而造成信息泄露、信息失真甚至信息贩卖，美国的信息监督机制就是由内到外、由表及里对公共权力、公共部门所掌握的公共信息的安全状况进行严格监督，防范从源头的犯罪。美国负责信息审计的执行机构是美国政府问责署，是一个独立机构，对国会负责，以中立的精神开展工作，其前身为美国审计署，所以除了监控财政收支情况之外，美国政府问责署更肩负着调查联邦政府信息安全状况的统计工作。政府内部、非政府组织（NGO）和商业机构也会对联邦政府的信息安全进行统计，清查安全漏洞，找出信息安全隐患，监督美国信息安全。由于美国的权力关系和政党制度，分权和制衡思想普遍深入人心，这就决定了信息安全一旦出现问题，会有不同的权力主体对问题进行纠责，美国的信息安全纠察机制发挥着重要作用。首先是立法部门会成立专门工作组进行专项问题的深入调查，并找出责任主体。与此同时，联邦政府内部各部门会成立联合调查组，综合各方资源进行专案处理，结合社会公众和第三方提供的线索，使社会公众会参与到立法机构和行政部门的执法工作，从而共同构成了信息安全监督纠察机制。

（三）信息安全诉讼机制

美国要求在有危害信息安全的事件时，关联人必须第一时间向有关机构报告，如果事件重大而关联人未及时履行相关义务，就要承担相应的法律责任，因此形成了信息安全民诉和公诉机制。当发生危害信息安全事件时，美国检察院和每一个美国公民都要采取措施，维护信息安全责无旁贷。

第一，公诉机制。公诉是指公诉人对犯罪嫌疑人的犯罪行为向法院提出控告，要求法院通过审判确定犯罪事实、惩罚犯罪人的诉讼活动。在美国，公诉人在联邦最高一级是 DOJ（Department of Justice），中文译成司法部，但并非像法院那种司法机关的概念。各州公诉人最高机关很多叫作 Attorney General's Office（AGO），性质和 DOJ 类似。两者的最高长官都称为 AG。无论是 DOJ 还是 AGO，在三权中都属于行政权，AG 一般算作内阁成员而非独立行政机构。再往下的话，基本上都是有 District Attorney（地方检察官）。同样也算作行政分支。同时联邦上诉法院分设在全国 11 个司法巡回区，受理本巡回区内对联邦地方法院判决不服的上诉案件，以及对联邦系统的专门法院的判决和某些具有部分司法权的独立机构的裁决不服的上诉案件。美国发生信息安全事件时，公诉人或公诉机构就会对嫌疑人或机构进行证据的收集并适时提起公诉，维护信息安全。

第二，民诉机制。民事诉讼程序采用辩论制，独任审理；部分诉讼，特别是侵权诉讼等由陪审团裁断，法官判决。刑事诉讼程序的特点是：联邦和若干州保留大陪审团审查重罪起诉的制度；非法取得的证据不得采纳；广泛使用审判前的"答辩交易"，辩护时民事案件中的原告、被告律师，刑事案件中的公诉人和被告律师相互对抗争辩，法官不主动调查，仅起"消极仲裁人"的作用。

第三，司法审查制度。作为联邦原则正式确定，始于 1803 年联邦最高法院的"马伯里诉麦迪逊案"。首席法官 J. 马歇尔代表法院认为，违宪的法律不是法律，宪法取缔一切与之相抵触的法律，明确宣布国会 1789 年颁布的《司法条例》第 13 条违宪，从而确立了法院拥有审查国会通过的法令的职权，逐步形成司法审查制度。这一制度成为维护统治秩序、实行权力制衡的一种政治手段，以后为许多国家所仿效。

（四）信息安全绩效评估机制

美国是最先实施政府信息安全绩效和信息安全环境项目评估管理的国家之一，包括对政府员工和政府政策都有相对应的绩效评估政策。美国国会于 1993 年颁布了《政府绩效与结果法案》，规定了政府进行绩效评估的法定程序和基本要求，政府部门相继建立了适合本机构的绩效评估体系，形成了较完备的生态绩效评估制度，以下主要列举政府对信息安全项目的绩效评估和总检察长办公室对政府绩效进行评估的方法。政府对信息项目进行绩效评估时最常使用的方法为逻辑框架法。这种方法是以绩效的管理为评估基础，层次分明，分析出项目的绩效水平和各环节间的关系，找出影响绩效的因素，从而提高绩效水平和管理能力。另外，美国行政系统内部设有专门的监察机构，即总监察长办公室，负责对政府进行监督和绩效评价。并且每年都会发布政府绩效报告，通过具体的评价方法和制定评价指标，对政府的绩效进行客观、系统性的评估。

四、美国信息安全问责制的评价与启示

（一）美国联邦政府信息安全问责制度的评价

美国信息安全问责制坚持信息公开和保护个人隐私相结合，所有美国信息安全类法案均规定了信息公开的范围和个人隐私保护的具体内容，同时加强信息筛选和屏蔽技术。禁止个人信息和公共信息的贩卖和交易，从而尽可能规避因信息不对称造成的信息安全类犯罪。同时美国政府信息安全问责的法律体系和主体层次较为完备，美国信息安全类法案种类繁多，层次性强，从政府、金融到教育，从国会整体立法到各州都有相应制定的法令条例，同时配合相应的程序法，使得法律的适应范围和权威性大大提高，促进具体执法工作的积极进行，使立法和执法紧密相联，有很强的针对性和实用性。同时美国信息安全问责制也顺应时代的发展，注重重新修订相关法案，使得问责制科学有效。问责主体的多元性与配合性，包括立法机关、司法机关和行政机关内部都设有多个专门的信息安全问责机构，且公众参与贯穿在多元化主体问责的过程之中，与各问责主体相互配合，相辅相成。美国政府信息安全问责机制运行有效，可

行性强，信息安全的监督机制、纠察机制、诉讼机制和绩效评估机制已经日趋成熟，配合相应的配套制度和保障措施，保证问责机制充分发挥作用。此外，美国信息安全问责制度体系中社会力量作用不可忽视，如民间的咨询和调查机构或商业组织发布信息安全状况调查，指出安全隐患和漏洞，大型企业成立信息室，随时监控自己掌握的信息安全，同时民众也大胆揭发有可能造成信息安全出现问题的组织或者个人，为维护整体信息安全做着自己的努力。

（二）对我国构建信息安全问责制的启示

第一，不断健全和完善信息安全管理和问责方面的法律法规。我国的信息安全类立法起步较晚，信息安全问责制度没有成形，针对信息安全类犯罪，大多套用别的法律准则，套用别的罪名，同时效力针对性和权威性严重不足，而且没有层次和门类分别，缺乏具体的执行规定，经常发生诸如社保信息泄露、银行征信泄露和电话诈骗，所以我国应借鉴美国生态问责制中的法律建设，从系统到具体门类，进行立法，规定政府责任和法律责任主体，明确法律程度和途径，保障问责主体权力，使信息安全问责规范化、法制化和程序化。

第二，提高问责对象的针对性与问责力度。信息安全问责制主体以及主要目标就是找对问责对象，这也是问责制存在的意义，尤其是信息安全问责制。目前我国法律规定和行政具体实施大多都只对责任人有强调和针对性，很少针对其他责任人，信息安全问责应加强对行政机关和权力主体的检查力度，对信息安全类行政行为的影响进行系统全面的评估，加强对问责对象的责任界定，同时加强问责力度，把离任审计和终身追究落实到信息安全问责之中，真正使问责发挥功效。

第三，注重多部门协作，建立威胁信息共享及应急支持机制。美国信息安全问责制度中，注重部门合作，将政策执行、监督、管理等权力分配给多个部门，包括 DHS、OMB、国防部、审计署、商务部、司法部等，并且根据现实需要不断增设专门机构，协调各方携手保护信息安全。还注重标准的制定，在多部法律中提到制定相应标准保护信息安全，例如规定 CIO 委员会与 NIST 协作制定安全标准，NIST 制定高性能计算的安全与隐私标准等。我国应重视机构设置和安全标准制定，建立威胁信息共享，并建设应急支持机制，使各方资源得到充分利用。

第四，扩大政府部门在网络监管中的权限，并明确其职责任务。总结美国信息安全问责制度可以看出，美国规范信息安全的制度经历了一个从预防为主到先发制人，从控制硬件设备到控制网络信息内容的演化过程。其中政府的作用重大，不容忽视，作为权力主体，要在明确责任的前提下，适时扩大其职权，增大工作范围，并在行政机关内部设立专门的信息安全问责机构，并且保证其财政和人事任免方面的独立性。加强政府工作的相关配套制度和保障措施，要把信息安全保护作为对地方政府进行绩效考核的重要指标，从而减少地方执法行为的阻力，确保信息安全问责制度切实可行。尽快出台环境公益诉讼制度的实施细则，确保新法的有效性和权威性以及信息安全问责的可行性，满足应对与日俱增的信息安全风险与挑战的需求。

第五，健全信息安全问责保障机制。首先，提高问责力度，严厉问责处罚。目前我国问责力度较轻，"问而不责"现象严重，对责任人没有起到惩戒作用，对追责人也不能起到鼓励作用，严重影响问责制度的后续执行。针对当前我国问责制度实施状况，应该整顿问责队伍，提高责任的追究力度，严肃问责态度，加大问责处罚，使人不敢犯法，不去挑战信息安全底线。其次，健全配套制度和保障措施。针对问责制度，要建立健全举报人保障机制，同时结合其他法律，做到相互配合，相互促进，规范问责执行过程中的权力运行，做好信息安全监控，加强公示公告，共同保障信息安全问责制积极健康运行。最后，创新信息安全保护技术和系统。随着科技进步，出现了很多新型犯罪手段和方式，政府应更加注重培养信息安全技术人员，同时联合互联网企业开发信息安全保护技术和系统。建立从入侵检测、弱点分析到威胁分析的深度融合技术，从技术上尽量规避信息安全事件的发生。

第三节　美国信息安全问责典型案例

近年来美国发生的信息泄露和侵权事件层出不穷，例如美国海军陆战队成员逾2万份高度敏感数据泄露、Facebook 公司 5000 万用户信息遭泄露、Under Armour 健身应用遭黑客攻击致 1.5 亿用户数据泄露、YouTube 非法收集儿童信息、美国数据公司 4800 万网民资料泄露、美国亚利桑那州和伊利诺伊州选民数据库信息泄露、美国邮政服务（USPS）的网络系统遭到黑客攻击致 80 多万员工个人数据泄露等，类似上述的信息泄露、信息侵权等事件极大地困扰着美国各级政府及信息安全管理部门，健全的法律体系、完善的信息安全管理制度在信息安全事件面前都显得不堪一击。本书将通过案例分析的方式对美国信息安全管理以及信息安全问责制度进行反思，从而明确美国信息安全问责制的未来发展方向。

一、案例描述：Equifax 数据泄露事件[①]

在美国有三大征信机构（The Consumer Reporting Agency，简称 CRA），分别是

---

① The Economist. The Equifax data breach：Once more. [J]. The economist，2017.

Equifax、Experian、TransUnion，征信机构收集消费者的信息，对其进行分析以创建信用评分和详细报告，然后将报告出售给第三方，并以此赢利。Equifax 成立于 1899 年，在 1965 年成为一家上市公司。目前在全球拥有 10300 名员工，并在北美、南美、欧洲以及亚太的 24 个国家开展业务。在 2017 年数据泄露时，Equifax 拥有 8.2 亿消费者和 9100 万家企业的信用信息。Equifax 自 2005 年以来总共收购了 18 家公司，这些收购使 Equifax 成为世界上最大的私人信用跟踪公司之一，但与此同时，大量的敏感信息使得 Equifax 成为黑客攻击的主要目标，姓名、出生日期、地址、社会保障号码、驾驶执照等，这些个人识别信息（Personally Identifiable Information，简称 PII）由于其潜在的高价值，在电信诈骗、金融欺诈、恐怖行动等其他犯罪中有重要用途，已成为网络犯罪世界中最有价值的商品之一。

2017 年 2 月，Apache 软件基金会收到了关于 Struts 多个版本中发现漏洞的第一份报告。一名安全研究员发现了该漏洞，并通过其安全邮件列表向 Apache 报告了该漏洞，Apache Struts 项目管理委员会（PMC）公开披露了 Struts 漏洞。2017 年 3 月国土安全部的计算机安全应急小组（U.S.-CERT）向 Equifax 发出了一份关于需要修补 Apache Struts 漏洞的通知。包括全球威胁和漏洞管理（GTVM）小组和首席信息安全官 Susan Mauldin 在内的 Equifax 多名员工收到了此邮件。随后，Equifax 使用 McAfee 漏洞管理器工具应用这个识别特征，对其外部面向互联网的系统进行了两次扫描，未能发现识别出公司正在使用的带漏洞的 Struts 版本。2017 年 5 月，入侵者利用 Struts 漏洞成功进入了 Equifax 的内部网络，由于 Equifax 未对存储中的文件进行访问控制，攻击者获取到了敏感的配置文件，包括未加密的应用程序使用的连接数据库的用户名和密码，攻击持续了 76 天之后才被 Equifax 的员工发现，原因是 Equifax 有安全设备可以监控到网络里的异常流量。根据事后调查报告显示，Equifax 的 SSL 解密设备上的证书已经过期了，根据设备的配置，证书过期不会影响流量的正常传输，但是却会影响入侵检测与防御系统，因为它们无法分析加密的流量。2017 年 8 月，Equifax 确定有大量的用户数据被侵害，在 Mandiant 安全公司的支持下，完成了大约 1.43 亿受影响的消费者的名单。2017 年 9 月，Equifax 宣布公司发生了一起"网络安全事件"，影响到大约 1.43 亿美国消费者，包括姓名、社会安全号码、出生日期、地址和驾驶执照、209000 个信用卡号码和 182000 份用户信用报告申诉文件。Equifax 公司向各州的官员发送信件披露了数据泄露情况，解释了泄露情况和 Equifax 公司为保护消费者所采取的措施，以及该州可能受到影响的居民的大约人数。2017 年 9 月，Equifax 宣布公司的 CIO（首席信息官）、CSO（首席战略官）、CEO（首席执行官）退休，终止了高级副总裁、Equifax 全球平台首席信息官 Graeme Payne 的职务。

二、Equifax 数据泄露事件的反思

Equifax 数据泄露事件在美国社会引起了极大的不满以及反思，公众对于信息安全表示担忧，同时建议提高相关政府部门加强信息安全监管水平以及加大问责力度。本书将 Equifax 数据泄露事件暴露出美国政府和企业在信息安全管理领域的诸多不足的反思归结为三个方面。

第一，组织内部结构不合理。Equifax 数据泄露事件发生时，该公司的 CSO 不是向 CIO 或 CEO 进行汇报，而是向 CLO（首席法务官）报告，CLO 则是公司内部信息安全部门的实际负责人。在这种组织结构下，信息安全技术人员和安全管理部门之间存在着不可跨越的鸿沟，双方缺乏信息的共享、流动以及沟通，双方的协作大多发生在处理问题时，例如当因安全需要信息安全技术人员授权对网络进行更改时，这种不一致和缺乏协调主要归结为组织结构设置不合理。而且，Equifax 的 CEO 没有把网络安全放到很重要的位置，CSO 也不被认为是高级领导层成员，在每次的高管会议上，CSO 并不会定期参加会议，会议上讨论的各种议题，信息安全仅占很小一部分。普华永道在 2018 年发布的一项研究结论显示：由于当前信息安全对公司的重要性，CSO 更趋向于直接向 CEO 或董事会报告，而不是向 CIO 报告，这样的情况越来越普遍，这项研究发现，调查对象中，24% 的 CSO 向 CIO 报告，40% 的 CSO 直接向 CEO 报告。在泄露事件发生后，Equifax 将 CSO 变更为 CISO（首席信息安全官），同时将 CIO 变更为 CTO（首席技术官），CISO 和 CTO 都向 CEO 汇报。从组织内部视角看，组织结构不合理是导致 Equifax 数据泄露的重要原因，而美国政府在信息安全问责领域也存在同样的问题，联邦政府目前设置的信息安全管理和问责职能部门主要包括联邦首席信息安全官委员会、国家网络安全促进委员会、联邦政府隐私委员会、网络安全协调官委员会以及白宫网络安全办公室，上述职能部门相互之间并无隶属关系，基本处于不同职能部门，而且上述职能部门所面向的上级主管机构也不尽相同，白宫网络安全办公室、国家网络安全促进委员会和联邦政府隐私委员会直接向总统进行汇报，首席信息安全官委员会直接向国防情报局汇报。缺乏系统的信息安全管理和问责组织机构是当前美国信息安全问责制进一步完善和健全的重要阻碍，美国联邦政府应从 Equifax 数据泄露事件得到反思，应该从设立信息安全管理和问责机构、明确信息安全管理和问责程序、明晰信息安全问责权力边界以及拓展信息安全问责客体范围等诸多领域构建更加完善的信息安全问责制度体系。

第二，信息安全保护策略和执行有明显差距。Equifax 的补丁管理策略表现出来的策略开发和执行之间的脱节尤为明显。此策略定义了不同的角色和责任，并为修补

过程制定了指导方针，根据该策略，业务所有者将被告知修补的必要性，并负责批准停机时间用于修补。系统所有者负责安装补丁，然后应用程序所有者负责确保正确安装了补丁。然而，除了指定角色，并没有指定具体负责的人。策略还要求系统所有者和应用程序所有者订阅外部来源的漏洞公告，但是缺乏对系统所有者和应用程序所有者的正式指定也意味着没有任何一种机制可以确保每个人都遵循这一订阅要求。同时，公司缺乏一个全面的、准确的资产清单，缺乏对 IT 资产的管理，也造成了修补过程中的遗漏。如果一个组织不知道它的网络上有什么，它就不知道哪里需要修补。其实在 2015 年的审计过程中，Equifax 就已经了解到了在管理策略中的差距，但是在 2017 年发生泄漏事件前仍没有进行有效的改进。另一个在策略开发和执行之间存在差距的例子就是 Equifax 的证书管理，公司清楚地意识到缺乏更新 SSL 证书的流程。过期的证书限制了入侵检测和防御系统的作用，如果能够在更早的时间看到来往于 ACIS 平台的可疑流量，也许就可以减轻甚至防止这次数据泄露。信息安全保护政策和法律体系的完善与信息安全满意度提升之间并非绝对的同比例增长关系，在美国信息安全问责亦是如此。如前所述，美国目前虽然已经形成了以《信息安全法》和《网络安全法》为核心的信息安全问责法律体系，同时在信息安全问责执行机制、诉讼机制等方面都比较完善，但是在信息安全问责执行领域未取得有效的进展和成效。以本书所分析案例为例，Equifax 数据泄露事件中国土安全部的计算机安全应急小组曾通过邮件的方式敦促其进行漏洞的检测和改进工作，但是在后续的实践发展中没有再看到政府相关部门的参与，直至数据泄露被正式公开并确认，才由美国联邦调查局开展事件调查。如何界定政府信息安全管理部门在信息泄露事件中的责任则基本未涉及，仅仅是 Equifax 几位高管退休和离职作为善后，并对涉及数据和信息泄露的消费者予以补偿。这样的问责结果不能有效达到信息安全问责制的预期，是信息安全问责制在未来发展中需要重点关注的领域，如何提高信息安全的防御和保护水平才是信息安全问责制的最终目标。

第三，公民个人数据保护法律体系有待健全。个人数据安全是大数据时代信息安全的重要组成部分。据美国媒体报道，"剑桥分析"公司在美国 2016 年大选期间，通过不正当手段获取 8700 万用户数据。虽然"剑桥分析"被宣布破产并停止运营，但是留给社会公众的问题却并未得到有效解决。对商业公司窃取私人数据从事政治和商业利益交换如何进行遏制和问责，脸书公司用户数据滥用丑闻曝光前，已有多家商业公司被曝出发生信息失窃事件，涉及上千万用户的数据。根据皮尤中心 2017 年的民意调查数据显示：近 65% 的美国公民表示经历过信息和数据被盗事件，近 50% 的公民认为当前的个人数据安全状况堪忧。美国公民和部分国会议员认为导致上述情况的主要原因在于美国目前尚未制定与个人数据保护相关的法律法规，目前在个人数据保护领域仅存在一些零碎的法规，保护私人用户金融操作、医疗记录等方面的信息，但缺少系统且完整的全国性立法。尽管部分议员在国会中建议从联邦政府层面对数据安全和保护进行立法，但始终缺少足够的政治支持，主要原因在于当时执政的共和党与美国互联网行业及相关知名企业的关系密切，受利益集团的影响，共和党总体反对加强信息和数据监管。随着公众数据安全关注度不断提高，加之欧盟相关数据和信息监管措施的出台，美国国会启动相关监管立法的压力与日俱增。

第三章　加拿大信息安全问责制的发展与启示

第一节　加拿大信息安全问责制的历史沿革

计算机与网络的普及和运用，大量的资料愈发容易为公私部门搜集和使用，跨国境的数据流通也在信息技术的发展下更加便捷，从而使各国政府对信息安全问题较为重视。加拿大联邦政府在信息安全方面以《信息安全法》《隐私法》《信息利用法案》和《情报公开法》等为保障，以司法问责、议会问责、政府内部问责和选民问责为主体。同时以加拿大国家安全和情报审查机构，加拿大安全情报局、加拿大公共安全部、安全情报审查委员会和加拿大联邦法院等机构进行问责工作。通过借鉴加拿大联邦政府信息安全问责的经验，启示我国完善信息安全问责专项机制，设立专职问责机构，开发信息问责工具，加强信息安全问责文化建设。

一、加拿大信息安全问责制构建的原因

推动加拿大信息安全问责制构建的原因主要包括"信息高速公路"计划导致的信息安全风险、隐私权法对于信息安全保护的局限性、维护国家社会公共安全以及提升政府公信力和威望的需要三个方面。

（一）"信息高速公路"计划导致的信息安全风险

加拿大毗邻美国，美国于1993年提出"信息高速公路"计划，受美国影响加拿大于1996年启动"信息高速公路"的政策和行动计划。加拿大政府认为，由于本国地广人稀，亟须建设能够联通所有公民的信息网络，而且加拿大信息产业发展以及信息技术创新方面也位于世界前列，实施"信息高速公路"计划具备坚实的经济和技术基础。根据当时的预测，加拿大要建设完成"信息高速公路"大概需要累计投入200亿美元。加拿大政府认为，政府主导前期的建设投入，但是仅仅依靠政府的投入会延缓建设进度，需要吸纳企业和社会组织共同参与该计划实施，共担风险和共享建设成果。为保证企业和社会组织参与的积极性，加拿大政府努力营造公平的社会竞争环境，鼓励在基础设施、产品和服务上开展竞争，同时创造竞争和刺激投资的环境，以满足"信息高速公路"建设中对于新技术和新服务的需求。加拿大政府采取多种措施帮助参与"信息高速公路"建设的企业开发和销售其特色产品，并鼓励其走出国门积极开拓国际市场。加拿大政府所采取的具体措施可概括为四个方面：制定加拿大信息产业

发展战略；推进信息数字化进程；鼓励和支持特色信息产业建设；妥善解决"信息高速公路"中的知识产权保护问题。加拿大政府提出"信息高速公路"建设的基本目标包括：必须保证人人能上网、在新的电子信息环境下要保证公民的隐私安全以及在信息网络中对不良信息和内容进行有效控制。

加拿大"信息高速公路"计划对于本国的信息化水平、产业结构优化以及公民的生活质量的提高确实起到了显著作用，但是部分学者和信息安全技术专家对于"信息高速公路"建设中的个人信息保护问题提出了质疑和忧虑。他们普遍认为，新技术的应用和普及所带来的信息安全风险不可避免，可以依靠外部的制度和法律约束以及行业内部的自律实现风险的有效降低，但是从加拿大目前的信息安全立法体系来看，保护个人信息的法律和制度体系既不完善也不全面，无法有效解决公民在生活中所面临的信息安全问题。而且，在信息安全保护日趋国家化的今天，美国和欧洲等国正在加紧制定和实施新的信息安全技术标准，加拿大政府如果不紧跟国家信息安全保护的步伐，实现信息安全技术标准和立法体系的国家化，那么无论对于国内信息产业的发展还是政府公信力的提升都会带来一定的负面影响。因此，加拿大政府开始着手进行个人信息和数据保护方面的法律法规和制度体系的完善，而信息问责制是保证信息安全法律法规和政策能够有效实施的重要监督和约束机制，同样是信息安全管理制度中的重要组成部分。

（二）信息和隐私保护法律和政策的局限性

加拿大对于个人隐私和信息的保护要追溯至 20 世纪 70 年代左右，当时公共部门和私人组织正处于利用信息技术识别和存储个人信息的初级阶段，对于个人信息的保护主要采取立法的形式。与信息安全保护相关的法律制定都必须以信息理论为基础，当时的法律法规对于个人隐私和信息的保护集中于以下几个方面，具体包括：公众对个人信息的知情权、修改权；个人的信息和数据应用需要出于合法目的；个人信息和数据在政府信息公开中的适度公开原则；对个人信息和数据的保护措施等方面。由于受加拿大历史文化和政治环境等多方面因素的影响，加拿大的私人组织在个人信息保护方面并未受到过多的监督和约束，直至 1996 年，加拿大司法部长提出要在 2000 年实现私人组织和部门内部信息安全保护体系的建设。1993 年制定的《魁北克 68 号法案：关于私人机构中的个人信息保护法案》明确提出对个人信息权进行保护，个人信息和数据的收集应当经过当事人的同意或允许，任何擅自存储、买卖和传播个人信息和数据的行为均属于违法行为。

隐私权是公民的基本人格权利，但随着信息产业和互联网技术的发展，公民的信息安全和隐私保护问题显得愈发困难，网络信息安全是隐私权在网络领域的拓展，因此信息安全逐渐取代隐私权的概念，个人的信息不仅局限于传统的隐私信息层面，同时还包括个人以互联网为媒介所产生的所有数据和信息，这些信息和数据具有很强的识别性，传统的信息和隐私法律和政策对于上述信息安全类型的监管显得力不从心，甚至在某些领域仍然是空白，所以想利用传统隐私权保护法和信息安全法来保护网络个人信息和数据不太现实。因此，推进加拿大信息安全保护方面立法体系的完善以及传统信息和隐私保护法律的修改已经成为大势所趋。

（三）维护国家社会公共安全、提升政府公信力的需要

近年来随着社交网络和移动社交媒体的普及应用，传统的信息交流方式已经被云端的在线交流所取代。在信息交流方式发生根本改变的现代社会，我们在享受信息传播速度快以及信息共享所带来的优势的同时，也在逐步失去对于信息的控制力，尤其体现在个人信息的控制方面。当我们在使用互联网或移动社交媒体时所产生的数据和信息以特定的方式在后台进行存储和记录，而作为当事者的网络用户对此却一无所知，主要原因是在应用这些移动社交媒体之前所谓的默认隐私政策，但是大部分用户并未对上述隐私政策进行详细的阅读和了解就点击了确认键，这无形当中就增加了个人信息和数据的非法利用风险和安全隐患。信息和数据安全问题不仅会对公民个人的经济财产甚至是生命造成严重的威胁，同时对政府的行政职能的发挥也会产生重要的影响。

一方面，从政府公共服务维度看。加拿大政府需要通过信息网络建设，提升政府的公共服务水平和行政效率，但同时信息安全问题也关系到国家国防安全以及社会稳定。假如政府的信息网络系统遭到黑客攻击，那么包括司法、行政、立法以及其他所有的政府职能部门将无法正常运转，整个国家将在瞬间陷入混乱和无序状态。而且政府为了实现公共服务质量和行政效率的不断提高，将大量的公民个人信息转化为数字化形式存储到计算机或服务器当中，政府信息系统当中存储的公民个人信息具有完备性和真实性的特点，一旦上述信息被不法分子盗取或由于行政人员的主客观原因造成信息的泄露或损失，将会对公民的人身财产安全造成严重的威胁，同时也会影响政府的公信力。美国的"棱镜门"事件引发了多国的普遍关注，加拿大也应该从"棱镜门"事件当中吸取教训和反思，因为加拿大同样是美国对外监听的主要国家之一。因此，对于加拿大而言，要特别重视信息和网络安全的建设。

另一方面，从公民个人维度来看。信息网络的建设，尤其是移动互联网的快速发展，给公民的个人生活带来了极大的便利，使公民的生活质量得到大幅度的提高。2015

年的一份调查报告显示：加拿大公民月平均上网时长45小时左右，人均月观看视频数量291个，80%的家庭购买了高速上网服务，85%的民众通过网络获取新闻信息。由此可见，网络的应用已经渗透到加拿大公民的日常生活当中，因此对于加拿大公民而言更需要安全的网络环境。此外，加拿大的社会文化崇尚自由交流和共享个人观点，这些都需要以互联网和移动媒体为载体才能够实现。信息交流、信息传播和信息存储的方式，给现代社会的信息安全带来了许多无法预见的安全风险和隐私漏洞，如果没有完善的法律规制以及制度保障，那么对于公民的个人信息而言无疑相当于暴露于所有人的目光之下。综上所述，加拿大信息安全制度体系的完善是当前对公民个人信息进行有效保护的最直接和有效的方式和途径。

二、加拿大信息安全问责制构建的发展历程

本书通过对加拿大信息安全问责制发展历程的梳理，将加拿大信息安全问责制度构建的历程划分为萌芽阶段、初步发展阶段和完善阶段。

（一）萌芽阶段（1911—1982年）

由于历史的原因，加拿大一直属于英国的殖民地，直到1867年在美国的帮助下才实现自治，但是作为一个传统的英联邦国家，加拿大的各项制度法律和政策深受英国政府的影响。在信息安全管理领域也不例外，1939年加拿大政府制定的《官方秘密法》与英国政府所颁布的《官方秘密法》完全一样。该法案的主要内容包括间谍犯罪和错误的信息披露两个方面的主要内容。随着时代的发展，虽然政府议员与社会公众要求修改和完善《官方秘密法》的呼声不断增加，但是由于加拿大谨慎和故步自封的政治文化的影响，该法案自1939年制定之后，基本没有进行任何形式和内容的修改。直到1966年，加拿大邻国美国通过了《信息自由法》，此时加拿大政府在《官方秘密法》的修订和政府信息公开计划推进方面才有所松动。1969年，加拿大政府信息公开运动的先驱保守党议员杰拉尔特·鲍德温向加拿大国会提交了信息公开法案草案，在该草案中提出要设置与信息公开相关的职能机构以及改变传统的行政决策模式。虽然该草案最终没有获得国会通过，但是却对加拿大政府内部改革产生了积极的影响。1970年，加拿大政府设置政府协调机构，主要职责包括处理与信息公开相关的社会事务。随着加拿大政府信息公开制度的不断完善以及公开信息的不断拓展，政府信息公开中的个人隐私保护问题开始受到政府和公众的关注，如何有效地保护政府信息公开当中涉及个人隐私或当事人不愿公开的信息成为加拿大政府迫切需要解决的问题。最终加拿大政府在1982年相继制定实施《信息获取法》《隐私保护法》以

及《个人信息和电子文件保护法》等相关法律。在该阶段，加拿大信息安全问责制度处于萌芽状态，关于信息安全保护的相关规定分散在各主要的法律法规当中。

（二）初步发展阶段（1983—2004 年）

随着加拿大信息化水平的不断提高以及社会公众对于知情权和隐私信息法律体系建设的诉求不断增强，加拿大政府议员也开始关注《官方秘密法》在知情权和隐私信息保护方面的不足。1986 年，加拿大法律改革委员会的工作报告中明确提出《官方秘密法》这部法律明显已经滞后于时代的发展和社会的需求，并且该法案当中的许多条款可能已经违反了《加拿大权利与自由宪章》的规定。但是加拿大政府置广泛的批评和社会压力于不顾，依然坚称《官方秘密法》符合加拿大当前的社会现实以及国家治理的需要。直至 2001 年"9·11"恐怖袭击事件爆发，加拿大政府在制定《反恐怖法》的过程当中，将《官方秘密法》作为《反恐怖法》的第二部分进行了修改，并将《官方秘密法》改为《信息安全法》。虽然加拿大政府对信息安全管理的相关法规进行了名称的修改，但是《信息安全法》中部分条款受到了公众的强烈质疑和批评。2004 年发生的渥太华公民报记者泄密案直接引爆了社会公众的愤怒情绪，由于加拿大皇家骑警队怀疑渥太华公民报记者所撰写的文章是根据秘密档案的内容整理而成，属于严重的泄密行为，因此依据《信息安全法》对其住所进行了搜查，但是公众和社会组织确认为加拿大皇家骑警队违反了宪法对表达和出版自由的保护，随后渥太华公民报及当事记者将加拿大皇家骑警队起诉至法院。经法院审理判决，《信息安全法》第 4 条第 1 款第 1 项、第 3 款、第 4 款第 2 项无效，上述条款严重违反了《加拿大权利与自由宪章》的第 7 条之规定，同时负责该案件的审理法官还表示将提请议会填补信息安全管理领域的立法空白。加拿大《信息安全法》存在的弊端和不足主要包括官方和秘密信息的概念缺乏明晰的界定、公共部门的自由裁量权过大以及刑事处罚过重等。从该阶段信息安全问责制度的发展状况来看，加拿大信息安全问责制度依然停留在政府机关内部问责的状态，通常由信息安全管理职能部门依据内部行政法规或相关法律进行处理。

（三）完善阶段（2005 年至今）

加拿大政府非常重视信息和网络安全能力的建设，2004 年就制定了国家信息安全政策。在信息安全政策的指导下，加拿大成立了综合威胁评价中心并出台了网络安全战略，该战略将指导加拿大政府开展网络安全活动，以保护加拿大人的数字隐私、安全和经济。该战略制定的主要目标是通过不断改进法律政策、加强公私合作和国际合作来改善对不断演进的网络安全威胁的侦察和反应能力。与此同时，加拿大政府还积极推进信息和网络安全的国际合作，于 2012 年宣布与美国共同启动网络安全行动计划。

加拿大政府分别于 2013 年和 2018 年分两次发布网络安全战略。在 2018 年版的网络安全战略中，加拿大政府提出建立加拿大网络安全中心、设置国家网络犯罪协调部门以及开展自愿网络认证计划等一系列保护公民信息和隐私安全的重大举措。加拿大网络安全中心将由加拿大通信安全机构、公共安全部门、加拿大共享服务局等众多信息安全管理机构抽调网络和信息安全管理和技术人才构成，该中心主要职责包括信息和网络安全的监管、为公众提供信息和网络安全方面的咨询服务、进行信息和网络安全技术层面的研发以及开展信息安全问题的治理等。国家网络犯罪协调部门隶属于加拿大皇家骑警队，该部门的设立将有效提高加拿大皇家骑警队进行信息安全刑事调查的能力，并为重大信息安全事件调查提供专业的技术支持。从该阶段可以很明显地看出，加拿大的信息安全问责制度已经进入司法问责阶段，由政府内部问责向司法问责的拓展标志着加拿大信息安全问责正式进入规范化、法制化和程序化的轨道。虽然在该阶段加拿大信息安全问责主体呈多元化发展趋势，但是多元主体在协同问责方面的能力相对较弱。

三、加拿大信息安全管理存在的问题

加拿大信息安全管理工作以信息安全法律法规为基础，以信息安全战略为指导性的方针政策。加拿大信息安全战略强调各政府部门之间要分工协作，在信息安全管理工作中要鼓励和支持企业社会组织以及公民的参与，共同营造良好的信息网络环境。加拿大的信息安全管理工作确实取得了显著的成效，网络犯罪、黑客攻击以及信息泄露等方面的犯罪案件呈逐年下降趋势，但这并不意味着加拿大信息安全管理工作就无懈可击，本书将加拿大信息安全管理工作存在的不足归结为以下四个方面。

（一）信息安全管理的财政支持力度不足

众所周知，对于政府而言，任何职能的有效履行都建立在财政资金支持充足的基础之上，而对于加拿大信息安全管理工作而言，加拿大政府无论是在财政预算的编制，还是在实际财政资金的拨付方面与欧美等其他发达国家相比差距极大。以 2012 年政府在信息安全管理工作方面的财政拨付为例，加拿大政府计划在未来 5 年累计拨付 2.45 亿美元来进行信息安全网络的建设和监管工作，而同年英国在信息安全管理工作当中的投入为 6.5 亿英镑，美国在信息安全网络建设和监管方面的投入为 14 亿美元，

从上述数据对比可以很明显地看出加拿大政府在信息安全管理方面的财政投入与英美等国相比还有较大差距。信息安全网络建设和管理经费的不足导致的直接结果就是加拿大网络技术设备的更新滞后于时代的发展，加拿大公共安全部的部分官员也充分认识到设备陈旧与信息网络安全人才的匮乏是制约当前加拿大信息网络建设水平的主要阻碍因素。因此，加大财政支持力度，是保证加拿大信息安全管理水平提高的首要基础和前提。

（二）信息安全法律法规和政策执行乏力

从行政系统内部维度看，"加拿大网络安全战略 2010—2015 年行动计划"中对各职能部门的具体信息安全职责范围进行了明确的界定，但是从各部门的执行来看，执行效果并不好。以加拿大网络事件反应中心为例，该中心承担着对加拿大全国网络环境的监管工作，但是该中心自成立以来 7 年间部分职能部门对于本部门的具体职责仍然不是特别明晰，加之网络监管设备的运行时间的有限性，该中心的网络监管设备每天只运行 15 小时，每周运行 5 天，没有实现全天候 24 小时的网络监控，如此的监控模式难以充分监控网络威胁和风险。负责网络监管职能的部门尚且如此，其他的各职能部门的工作情况可想而知。据初步统计，加拿大与信息安全管理职责相关的职能部门至少有 13 个，但上述职能部门目前在信息共享和沟通方面都存在困难，更不要提进行协作治理，例如加拿大通信安全局负责的是保护政府信息系统安全，理论上该部门应该在发生网络威胁和网络风险时第一时间将风险信息告知网络事件反应中心，由网络事件反应中心协助其进行网络风险的消除和网络威胁的治理，但在实际的信息安全管理过程当中，通信安全局从未及时向网络事件反应中心提供过风险信息或威胁信息。从行政系统与外部系统的交互来看，加拿大信息安全管理职能部门并没有实现与私人企业和其他社会组织在信息安全领域的信息共享，无法将风险信息在第一时间传达给私人企业或社会组织，从而导致后者的损失程度加大。同时对于私人企业和社会组织而言，当其发现内部的网络威胁或信息安全风险时，也没有畅通的渠道能够及时地将风险信息传达至对应的信息安全职能管理部门，双向闭塞的政府与社会组织之间的沟通渠道导致政府在信息安全管理方面的职能不能很好地发挥。

（三）信息安全国际协作的主导性较弱

在当前网络全球化的时代，加拿大政府可以凭借其先进的互联网技术以及完善的信息安全网络，参与国际信息安全体系的建设，并发挥主导作用，但是加拿大政府虽然制定了积极参与国际协作的信息安全政策却并未很好地执行，在相关的信息安全国际协作规定中，只是提及要积极拓展本国的信息安全国际协作，但并未具体提及和哪些国家在哪些领域开展何种类型的合作。加拿大外交和国际贸易部承担着对外事务的管理工作，但是其并未被赋予在信息和网络安全协作方面必要的权力，相应地其在外交事务当中也较少提及与其他国家和区域开展信息安全的协作工作。目前加拿大政府仅仅与美国和欧洲部分国家在信息安全方面开展了合作，而对于亚洲和南美洲等新兴的信息产业和互联网国家在信息安全领域的合作较少。此外，由于加拿大政府长期实行的是跟随美国信息安全战略发展的理念，这导致其在信息安全领域的自主性和主导性方面能力较弱。加拿大政府为了配合美国的信息安全行动，保护美国和加拿大共有的关键信息基础设施，提出所谓的"网络自由"，上述一系列举动都使得加拿大很难根据自身的实际情况来制定本国的信息安全国际发展战略，只能依附和跟随美国的信息安全战略。在2013年的"棱镜门"事件曝光之后，加拿大政府也并未对美国监听其国家和公民的行为提出任何的质疑和反对，这引起了加拿大国内公民强烈的不满。美国和加拿大之间这种不对称的依附关系，必然会影响到加拿大未来信息和网络安全的建设和信息安全政策的执行。因此对于加拿大政府而言，应尽快地提高本国的信息安全的自主性以及在国际信息安全体系建设当中的主导性。

（四）信息安全战略调整的滞后性

信息安全监管工作并非一劳永逸，由于信息技术革新的频率在不断加快，信息安全的风险类型、威胁以及网络攻击的方式都处于不断变化和发展当中，因此信息安全监管工作不能有一丝一毫的懈怠。要紧随信息技术更新的步伐，适时地调整信息安全管理的重点方向以及监管方式。加拿大政府自2010年发布网络安全战略以来，到2013年才对网络安全战略进行了调整和更新，信息安全战略的更新速度远远滞后于信息和网络环境的变化速度。在2013年调整完信息安全战略之后，直至2018年加拿大公共安全部才发布了新版的信息安全战略。从加拿大信息安全战略的更新周期和更新内容等方面来看，加拿大的信息安全战略调整滞后性非常明显。2018年新公布的信息安全战略将指导加拿大政府开展网络安全活动，以保护加拿大人的数字隐私、安全和经济。该战略还将加强加拿大打击、抵御网络犯罪以及提高本国的网络安全弹性。加拿大新版国家网络安全战略将为促进创新和经济增长以及加拿大的网络人才发展提供资金，并提出建立加拿大网络安全中心和国家网络犯罪协调部门，网络安全中心将整合现有网络业务，为政府部门、关键基础设施运营商以及公共和私营部门提供专家咨询和服务，以加强该国的网络安全。国家网络犯罪协调部门隶属于加拿大皇家骑警队，主要职责在于支持和协调加拿大各地警察部队之间的网络犯罪调查。此外，加拿大还将开展一个新的自愿网络认证计划，该计划将罗列出帮助企业了解和应对网络威胁的最佳实践，通过这种方式来增强企业的网络安全弹性。从上述信息安全战略更新的内容可以看出，增加的条款以及设置新的信息安全管理机构，都是为了解决之前已经发现和明确的信息安全管理监管以及问责问题，但缺乏对未来加拿大信息安全管理工作的统一规划预测和分析。加拿大信息安全战略的调整始终立足于现在，关注过去，但并未展望未来，对于加拿大信息安全战略的前瞻性和持续性会造成严重的影响。加拿大政府要想实现本国信息安全管理水平的提高，就必须立足于未来，以前瞻性的眼光制定本国的信息安全战略。

第二节　加拿大信息安全问责制的框架体系

加拿大信息安全制的框架体系主要包括信息安全问责的组织机构构成、信息安全问责的法律法规体系、信息安全问责的主体构成以及信息安全问责的运行机制。

一、加拿大信息安全问责组织机构构成

由图 3-1 可以看出，加拿大信息安全问责组织机构主要包括国家安全与情报审查局、加拿大安全情报局、加拿大公共安全部、安全情报审查委员会、议会委员会以及联邦法院等。

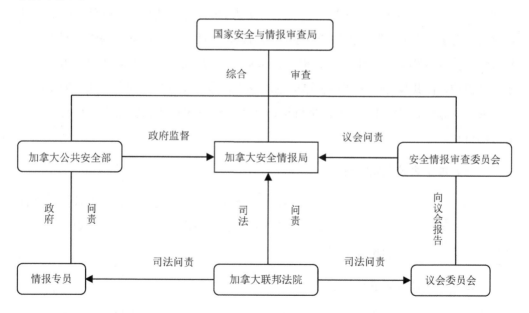

图 3-1　加拿大信息安全问责组织机构图

（一）国家安全与情报审查局（NSIRA）

加拿大国家安全与情报审查局将审查加拿大安全情报局（CSIS）和通信安全机构（CSE）的行动，相当于国家安全局。除此之外，NSIRA 还能够审查涉及国家安全或情报的任何联邦部门或机构的活动，包括加拿大皇家骑警（RCMP）。NSIRA 取代了安全情报审查委员会（该委员会目前只对 CSIS 的活动进行事后审查）。此外，国家安全与情报审查局将每年直接为总理编制一份全面的国家安全报告。NSIRA 代表了一项历史性变革，可以对加拿大政府的所有国家安全和情报活动进行全面和综合的审查。NSIRA 将由一个由 7 名成员组成的委员会领导，该委员会根据总理的建议与反对党领导人协商任命。NSIRA 将确保加拿大的国家安全机构遵守法律，并确保其行动合理和必要。它将拥有完全和独立的权力来确定它将审查哪些政府活动，包括对正在进行的活动的审查。NSIRA 的调查结果和建议将通过机密报告提供给相关部长。它还将向议会提交一份未分类的年度报告，总结向部长们提供的调查结果和建议。

（二）加拿大安全情报局（CSIS）

加拿大安全情报局依据法案来进行具体问责，CSIS 的职责是调查涉嫌构成加拿大安全威胁的活动，并向加拿大政府报告这些活动。CSIS 还可以根据明确的法律要求和部长指示采取措施减少对加拿大安全的威胁。根据详尽的程序从联邦法院法官处获得与"刑法"规定的警察机构的要求相似的权证，拥有防止民众权利受到侵犯的严格程序，如获取档案、税申报表、福利和保险信息等。CSIS 没有逮捕的权力，不属于执法机构，但其具有隐藏文档和原信息的权力，具有调查权。加拿大通信安全机构（CSE）是与 CSIS 密切合作的情报机构，使用高级卫星技术获得更多的信息，掌握更多的资料。

（三）加拿大公共安全部

加拿大公共安全部提供政策，就与公共安全有关的问题向公共安全部长提供咨询和支持，包括国家安全、应急管理、警务和执法、互操作性和信息共享、更正和有条件释放、原住民警务和预防犯罪。

（四）安全情报审查委员会（SIRC）

安全情报审查委员会成立于 1984 年，是一个独立的外部审查机构，向加拿大议会报告加拿大安全情报局（CSIS 或服务处）的表现。议会赋予 CSIS 非凡的权力，可以侵犯个人隐私。SIRC 确保合法和适当地使用这些权力，以保护加拿大人的权利和自由。为此，SIRC 检查服务的运作并调查投诉。通过准备高度敏感的 CSIS 活动的"快照"，SIRC 帮助议会确定 CSIS 是否有效履行其职责。SIRC 的工作首先是为了让加拿大人了解 CSIS 是否以尊重加拿大核心民主价值观的方式调查国家安全威胁。它还可以为政策制定者和立法者提供有关 CSIS 绩效的专家建议。加拿大安全情报服务法案（CSIS 法案）继续指导 SIRC 在评估 CSIS 对议会授予的授权和权限的表现方面所做的工作。

（五）议会委员会

议会委员会通常被视为整个政府进程中的另一个参与者，是下议院或参议院不可分割的一部分。议会不受"隐私法"的约束，并有权提交它认为是必要的任何文件。这一原则在加拿大确立是通过 1867 年的宪法法案，该法案通过了"特权豁免和权力"，在联邦时期英国下议院加入加拿大法律。发送记录的权力已由下议院委托给其下议院会议常规委员会。当委员会享有作为议会组成部分的权力时，这些权力确实非常充分。如果委员会的调查涉及议会权限范围内的主题事项，并且也在委员会自己的参考指令范围内，委员会实际上有无限的权力强迫证人出席，这是其授权充分的例证之一。

（六）加拿大联邦法院

联邦法院是加拿大的国家审判法庭，它听取并审定联邦法律纠纷，包括对加拿大政府的索赔，私人当事人之间的民事诉讼。联邦法院的管辖权包括省际和许多联邦-省级纠纷，移民和难民事务，知识产权诉讼，公民身份上诉，竞争法案件等。联邦法院系统平行于省和地区法院系统和联邦法院组成上诉法院。

二、加拿大信息安全问责的法律法规体系

（一）《信息安全法》

《信息安全法》是加拿大信息安全问责体系的基础性法律。加拿大的信息安全法是从保密法发展而来的。加拿大的第一部保密法源于英国的《1890 年官方保密法》，其后经过几次修改，到 2001 年加拿大通过了《反恐怖法》，在该法的第二部分对《1939 年官方保密法》进行修改，并改名为《信息安全法》[①]。《信息安全法》的主要特点包括四方面：第一，细化了间谍犯罪的概念，对国外组织、外国势力和外国实体等给予明确的定义，同时，增加了恐怖主义集团的概念；第二，增加了特别业务信息概念，

---

① 邓小红，肖振东. 加拿大全面审计基金委员会的职能和作用[J]. 审计月刊，2016（8）：39-41.

是对以往秘密信息范围的扩张，增强了对政府的信息保护；第三，增加了永久涉密人员概念，无论涉密人员离职或现职，都对特别业务信息有终身保密的义务；第四，增加了公共利益豁免制度，对犯罪行为进行了详细的描述。这四方面的内容是《信息安全法》与"保守派"作斗争换来的结果，为加拿大信息安全奠定了法律基础。

（二）《隐私权法》和《信息获取法》

大数据时代，使得数据的获取更加便利，但伴随而来的就是隐私受侵害的问题。加拿大联邦有两大隐私法：1982年的《隐私权法》和2000年的《个人信息保护和电子文件法》①。《隐私权法》中将个人信息权纳入隐私权的保护范围中，信息权包含知情权和信息自决权，关涉到个人信息如何公开、公开的方式、公开对象及公开的目的等。加拿大设立隐私专员和信息专员对信息进行保护。《信息获取法》是加拿大政府信息公开的一部重要的法律，与《隐私权法》几乎同时颁布，其目的是保障公众对政府信息的知情权，政府鼓励公众通过多种方式获取信息，并设立信息专员，帮助联邦政府处理信息获取中的纠纷问题。《隐私权法》和《信息获取法》以及后来的《个人信息保护和电子文件法》共同构成了加拿大保护隐私权和知情权的核心法律。

（三）《个人信息保护和电子文件法》

2003年12月，珍妮弗·斯道达特被任命为加拿大国会"个人隐私权保护委员会"专员。专员的主要工作就是监督《个人信息保护和电子文件法》的实施。委员会要保证法律得到应有的尊重，在法律赋予公民的权利被侵犯时，维护受害人的权利和对其实施法律救济。《个人信息保护和电子文件法》为商业化经营的个人征信机构、个人信息供应商、交换个人信息的机构、个人信息使用机构等（以下简称"机构"）的活动建立了法律规范，力图在个人希望保护自己的个人信息和社会合法利用个人信息之间建立一种平衡的关系。《个人信息保护和电子文件法》的实施是分阶段进行的。自2001年1月1日起，法律先行在全联邦范围内对若干行业进行规范，例如银行、通信和交通行业。在这些行业的商业活动中，必须遵守法律的规定，保护消费者和雇员的个人信息。在各省之间以至加拿大全境，对存储和经营个人信息的商业机构，其相关业务行为都要受到法律的约束。对加拿大境内三大领地内的所有私营机构，法律也开始生效。但是有两种情况是例外，一种例外的情况是当存在类似的省级法律或省级法律有类似的条款时，对该省机构的规范通常应该遵循该省的法律；另一种例外情况是商业活动方面的例外，即《个人信息保护和电子文件法》规定范围之外的情况。《个

---

① 冯梅笑. 我国和加拿大政府审计信息公开比较[J]. 会计之友，2014（19）：45-49.

人信息保护和电子文件法》并不对雇员的个人信息进行全面的保护，除非雇员是联邦政府雇员或正在为联邦政府服务的人员。《个人信息保护和电子文件法》要求任何个人信息经营机构都能够尊重 CSA 行为规范确定的"公平信息利用原则"，具体法律体现包括承担保密义务的原则，确定采集和使用个人信息目的原则，当事人同意原则，有限采集原则，限制使用、披露和存储原则，准确性原则，保证个人信息得以安全保存原则，公布使用方法原则，当事人知情权原则以及接受申诉并核实信息原则 10 个方面。

（四）《信息利用法案》

《信息利用法案》是加拿大联邦政府信息管理政策的重要组成部分，其中包括对各行各业信息利用的法律性规定，如信息利用的方式、利用的权限、利用的时期、利用的目的等作出了相关规定。《信息利用法案》为信息安全问责体系提供了理论依据，加拿大联邦政府可以凭借此法案的规定，对有悖于此法案的人员或组织进行合理问责，增加问责的真实性和权威性。

此外，加拿大政府还相继制定了多部辅助性的法律，如《信息自由和个人隐私法》《向隐私专员署提交隐私影响评估报告的指南》《开放政府指令》等，它们共同构成了加拿大联邦政府信息安全问责制的法律框架。在政策制定方面，2009 年，加拿大政府发布的最新《政府安全政策》是维护国家信息安全的重要工具，对信息技术安全维护的总需求、操作性和技术性安全标准以及实践方案作出了明确规定，为信息系统安全审计问责开展提供了方向和依据。

三、加拿大信息安全问责的主体构成

（一）司法问责

加拿大的法院等级共分三类，第一级即省审判法院，该法院法官一般由省政府任命；第二级是省上诉法院；第三级是加拿大最高法院[①]。后两者法院的法官由加拿大联邦政府任命。审判法院是基层法院，95% 以上的诉讼案件由其审理，省上诉法院是审理比较严重的民事和刑事案件以及受理下级法院的民事和刑事上诉案件。联邦法院是最终的上诉法院。除了这三类法院外还有一些特种法院，由联邦设立，比如加拿大联邦法院和税务法院等。加拿大联邦法院专门受理联邦政府或针对联邦政府的索赔以及审理联邦财政厅的裁决。作为法治国家，加拿大有着相对健全的法律体系，其在信息安全问责中发挥着重要的作用。加拿大各级法院均有司法问责权，通过行政诉讼来实现。司法问责主要指对政府的行为进行问责，同时也为政府问责提供制度性保障。

---

① 秉泽. 加拿大信息安全法：在保守与开放之间[J].保密工作，2011（3）：11-13.

如《防止利益冲突法》《游说法》《政府监察官法》等对监察官在行政事务中的责任和权力作了规定[①];《议员行为准则》《财产申报制度》和《回避和离职后行为限制制度》等法律政策对官员的行为方式、工作态度和原则等作出了详细规定。

另一方面,司法问责还包括法官的问责。加拿大的法官拥有诉讼豁免权,这是加拿大法院体系独立性的一个重要表现。所谓诉讼豁免权就是法官对其具有决定正常后果的豁免权,承担法律和政治责任的决定中,政治责任不会影响法官的责任,使其可以公正客观地履行职责。其主要问责形式包括免职、通过审判公开实现问责、由公众和同行进行评价。联邦设立的司法理事会是专门处理对法官的投诉的机构,该理事会由36名法官组成,加拿大的最高法院首席大法官负责主持,司法部部长具有对法官免职的建议权,向参众议院提出要求后由加拿大总督来执行法官的免职。以上这些法律制度及问责机制共同为行政问责提供了制度保障,构成了信息安全问责的司法问责部分。

(二)议会问责

加拿大的议会属于立法机构,由女王、参议院和众议院组成,所有的立法必须经过这三个组成部分[②]。加拿大联邦每年用134个检查日来检查政府的行为。联邦议会下设有独立的监察机构,只对议会负责。议会问责的主要行使者包括三个:第一,行政监察专员。经过严格选拔和任命的监察专员对政府官员的违法渎职行为、行政程序的合理性,申诉案件的处理和法律制度的完善等方面进行监察。专员必须经过议会2/3以上人数同意方能撤换或罢免,任期一般为6年。第二,审计署。联邦审计署成立于1878年,是加拿大最高的国家审计机关,隶属于国会众议院,负责对联邦政府的各个部门和除了邮政局、中央银行之外的多数国有企业进行审计,并向议会、领土立法机构、国有企业的董事会、政府和加拿大人民提供客观的信息、建议和评断[③]。针对各级政府的不同工作和项目,审计署主要进行财务收支审计和绩效审计,其隶属于议会,独立于政府之外,不受行政机关的限制。其作用是为了让行政机关在资金和权力的使用上更加谨慎,是加拿大对政府问责的重要支柱之一,是加拿大廉政建设的重要支撑。通过向议员们提供详细可靠的情报,又通过议会对政府问责,同时将相关信息公开,形成社会舆论,产生问责效果。第三,调查委员会。其工作程序一般为通过对案件展开调查,搜集相关的证据并递交议会进行辩论,问询相关人员,审查必要账目,受议会的直接领导,并随案件结束而自动解散。第四,议会委员会。公共安全和国

---

① 许春尧. 加拿大个人信息保护法律制度及借鉴[J]. 韶关学院学报,2008,29(11):17-20.
② 严明,刘琳. 加拿大电子政务中的信息安全管理[J]. 电子政务,2006(9):24-28.
③ 徐亚文. 加拿大的司法审查制度[J]. 清华法学,2006(1):76-103.

家安全常设委员会审查和研究公共安全部及其机构的政策和计划，其中包括CSIS。

（三）政府内部问责

政府内部问责是信息安全问责体系的重要内容，主要是通过政府内部的监察机构实现的。加拿大联邦政府按照管理领导关系建立了一系列的监察和评价机构，用于评价和促进政府在信息保护方面的绩效表现和政策实施情况。如政府内部审计问责、联邦财政委员会问责和公务员纪检问责等。加拿大公共安全部问责是政府问责的主力代表。加拿大公共安全部（PS）的任务是保护加拿大人免受一系列风险，如自然灾害、犯罪和恐怖主义。加拿大公共安全部成立于2003年，旨在确保负责国家安全和加拿大人安全的所有联邦部门和机构之间的协调。该部门设有政府运营中心，作为国家应急响应系统（NERS）的枢纽。加拿大网络事件响应中心（CCIRC）是专门的网络事件处理机构，协助国家响应。需要与联邦政府就网络安全问题进行互动，可以随时联系网络事件响应中心。

除了专职问责机构以外，加拿大政治制度中有一个独特的设计即公共部门操守专员，任职于操守专员办公室，有自己基本的责任清单。其职责是鼓励责任文化的培植与公共部门责任的落实，在行使职权的过程中有权不受其他组织和个人的干扰且问责对象广泛。操守专员的调查过程极为缜密，对相关事宜高度保密，调查结束后对受理时间、调查过程以及最终结论形成报告发回有关部门，并向公众公开，接受监督。同时还可以通过建立情报专员（IC）加强监督。加拿大政府提议设立一名情报专员（IC），在其行为开始之前授权某些情报和网络安全活动。IC将负责监督加拿大安全情报局（CSIS）和通信安全机构（CSE）的某些活动的授权，并完全独立于政府。

（四）社会问责

第一，公众问责。社会公众在一个国家中始终扮演着重要的角色，选民是其发挥作用的主要表现形式。领导人员的选举、制度法规的出台、舆论导向的倾斜等无一不需要公众的力量。在加拿大，由选民选举产生议员，议员组成议会，议会产生内阁。选民在信息安全问责机制中的作用是不可替代的。在现实生活中，选民通过电话、信件、电视、广播等上访方式，将自己的意见或需求反馈给相关议员，专门负责与选民接洽的议员会对选民的意见进行收集整理，形成文案，上报议会。议会通过详细的了解调查，对政府未能履责的行为进行问责。在这一过程中，选民通过约束议员的行为，进而制约议会，从而对政府进行问责。

第二，社会组织问责。在加拿大的政治生活中有多个党派共同参加，主要包括保守党（现执政党）、自由党、新民主党及绿党等[①]。反对党的作用体现主要包括两个方面：第一，反对党与执政党互相合作，为其提供可供选择的政治方案；第二，通过对执政党的行为和政策进行监督和问责，促使其进行改革。具体落实是通过举行公开讨论和特别委员会审查的方式，促使政府将行政过程和政策公开化，并对调查中发现的问题及时采取补救措施。

第三，舆论媒体问责。在加拿大，公民有言论和出版自由权，并且这种权利有宪法和法律的保障。政府的行政执法活动需要对公民公开，这是对公民知情权的维护，公民有权发表意见。在这一过程中，新闻舆论监督是促使公民知情权、建议权顺利实现的有效方法。独立性是新闻舆论机构的主要特点，只对社会和公众负责，不受任何机构和个人约束。在新闻舆论机构中有专门负责追踪报道政府在信息保护方面的行政行为和相关政策的组织，通过曝光政府在信息保护中的不当行为或不作为，引起社会的广泛关注，促使其进行改正。

四、加拿大信息安全问责的运行机制

（一）信息安全问责执行机制

加拿大信息安全问责的执行流程如图 3-2 所示，在图中可以很明显地看到，加拿大总理作为国家最高行政权力机关的负责人承担着信息安全监管和问责的部分职能，但是由于其事务繁多，所以在信息安全监管和具体问责环节起的作用主要是引领和战略指导的作用，但即使如此也对信息安全问责的执行提供了坚实的政治保障，对各信息安全问责的职能机构具有有效的监督和约束作用。在信息安全问责的执行流程图中的各信息安全问责职能机构之间为虚线，表示相互之间并非直接的隶属关系，虽然所列举各机构在行政级别、组织机构隶属等方面并非完全一致，但是各职能机构之间能够通过加拿大公共安全部以及加拿大安全情报局的协调实现在信息安全监管和问责领域的有效分工协作。在具体的问责过程中，根据案件的性质以及类别进入不同职能机构的问责程序，对于行政系统内部的信息安全问责在未触及法律的前提下可以依照行政法规对其进行行政处罚，对违法情节严重的进入司法程序，由联邦法院进行审查和审理，并依据法律法规的具体规定和量刑原则进行司法问责。在最后环节，需要对信息安全问责结果进行绩效评价，保证信息问责惩处的合法性和公平性，同时总结信息安全问责过程中存在的问题，为以后的信息安全问责执行提供经验借鉴。

---

① 孙光明. 加拿大：从保密法到信息安全法[J]. 信息网络安全，2005（9）：40-42.

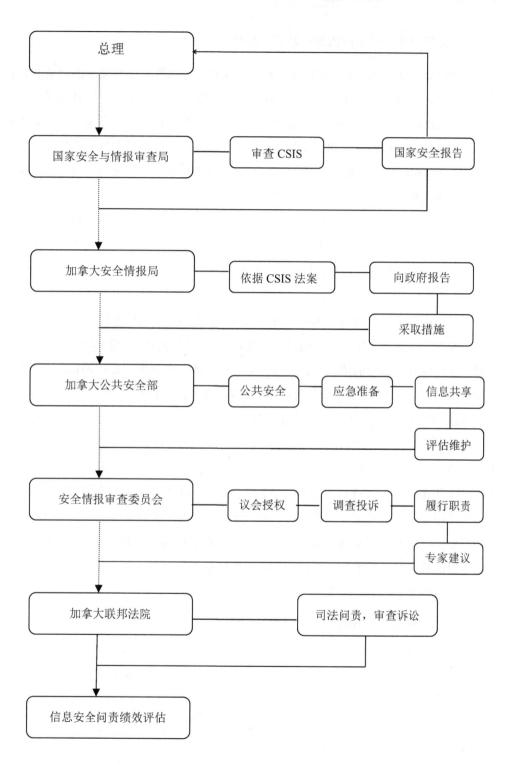

图 3-2　加拿大信息安全问责执行流程图

（二）信息安全问责申诉与行政诉讼机制

《信息安全法》和《个人信息保护和电子文件法》均提及信息安全的问责客体在收到问责处理结果之日起 15 个工作日内可以向上级行政主管部门提出复议或申诉请求，上级行政主管部门应按照法定的复查程序对信息安全问责全过程进行审查，以确保信息安全问责过程的公平和公正性。如信息安全问责客体对于申诉处理结果仍然存在异议，可以向联邦法院提起行政诉讼。加拿大的申诉制度是诉讼制度的前置程序和环节，加拿大的申诉专员按照权力来源不同可分为传统型申诉专员和执法型申诉专员。信息安全问责的申诉主要涉及传统型申诉专员，传统型申诉专员具有权力来源的特殊性、监督工作的独立性、监督工作的自主性、监督方式的便民性以及监督结果的有效性五个方面的特点[1]，加拿大联邦在不同公共行政管理领域分别设立了不同的申诉专员，各领域申诉专员的管辖范围仅限于对各领域政府的不当行政，信息安全问责的申诉主要由信息安全管理领域的申诉专员负责，申诉专员制度不仅是一项主要对失当行政行为进行监督与实施救济的法律制度，更是一种替代性纠纷解决机制。当申诉调解无法达成双方满意的情况下，信息安全问责客体可申请进行行政诉讼。加拿大信息安全问责诉讼机制即信息安全问责的客体如果认为问责理由不成立或在问责过程中存在违规甚至违法行为的情况下可以对信息安全问责工作人员或信息安全问责机构提起诉讼以执行法律的行为[2]。信息安全问责客体的诉讼权是法定的权力，《加拿大刑法典》规定：任何人只要有充分的理由相信某人犯罪都可以起诉到省法院或者治安官，除非在法律中有特别规定的要求或者障碍[3]。但是，加拿大信息安全问责诉讼范围只适用于简单信息安全问责案件，相当于我国刑事诉讼中简易程序审理的案件。那些严重的信息安全问责违规或违法案件还是由皇家检察官提起诉讼。信息安全问责行政诉讼的程序与一般的诉讼程序相同，主要包括提起追诉、追诉受理、法庭审理及判决、上诉及复审等诸多环节，在此不再进行赘述。

（三）信息安全问责绩效评估机制

加拿大的绩效评估主要针对政府部门信息安全和信息安全部门的绩效，联邦审计长公署是最高审计机关，具有联邦政府拥护的公信力，独立于政府之外行使监察权[4]。

---

① 刘欣琦. 加拿大申诉专员制度及其启示[J]. 理论月刊，2016，411（3）：88-94，113.

② James S Mallet. Enforcing Environmental Law：A Guide to Private Prosecution[J]. Victoria：Environmental Law Centre，2004：10.

③ 王彬辉. 加拿大环境公民诉讼制度及对我国的启示[J]. 湖南师范大学社会科学学报，2014（3）：86-92.

④ 黄欣. 加拿大情报公开法的制定过程及特点——兼论对我国相关立法的启示[J]. 华东师范大学学报（哲学社会科学版），2004（2）：21-27.

其评估流程分为四个阶段：第一阶段，计划阶段。在前期所做的评估大纲基础上制订详细的评估方案，要考虑评估方法的可行性、社会公众的关注度、政治敏感度等相关要素，使制订的方案切实可行，能够提供一定的指导作用。第二阶段，执行阶段。在详细方案的指导下具体实施，对搜集掌握的证据进行分析辩证，依据评估标准判定信息安全等级，并针对问题提出改进意见。第三阶段，报告阶段。将绩效评估的背景、结果、存在问题、改进意见编制成绩效报告，在评估覆盖范围内沟通交流，求得改进。第四阶段，复查阶段。在绩效评估后定期进行复查，检验问题是否改正、意见是否有效、信息安全是否得到改善，为信息问责注入螺旋上升的"血液"。

第三节　加拿大信息安全问责制的特点与启示

我国已迈入大数据的轨道，行进过程中产生了诸多信息安全问题，对人们的日常生活和工作产生了严重的影响。大数据技术和信息安全间的联系得到了广泛重视。加拿大联邦政府是世界上较早关注信息安全建设的国家，在信息安全方面有着相对成熟的运行机制，通过对加拿大联邦政府信息安全问责机制的研究，结合我国的具体国情，为我国政府信息安全管理工作和信息安全问责体系的建设提供一定的借鉴。

一、加拿大信息安全问责制的特点

第一，完善的顶层设计。完善的顶层组织结构设计是加拿大信息安全问责的前提和基础。加拿大信息和网络安全监管与问责机构主要包括加拿大通信安全部、加拿大网络事故响应中心、加拿大皇家骑警队以及加拿大安全情报局。上述各职能部门以《信息安全法》和《个人信息保护法》为基础，分工协作，各司其职。加拿大通信安全部主要负责跟踪国外信号情报，保护加拿大政府电子信息和通信网络；加拿大网络事故响应中心主要承担预防和减少网络威胁事件的发生以及在信息和网络安全事件事后善后处理职责，该部门是加拿大的国家网络协调中心。加拿大皇家骑警队是专门打击信息和网络犯罪的行政机构，其下属的信息和网络安全协调中心以及计算机犯罪预防中心，在信息和网络安全的防护与问责领域发挥着重要的作用。加拿大安全情报局是加拿大最重要的安全情报职能部门，该部门主要负责收集和分配情报信息给相应的政策制定者。除了政府机构，加拿大的信息和网络安全监管还强调行业自律，通过设立行业规范，培养市场自治能力，增强政府监管的效率。综上所述，目前加拿大已经构建了较为完整的信息安全问责的顶层架构，在加拿大信息安全问责组织结构框架下的各职能部门按照各自在信息安全监管和问责领域所承担的具体职责进行有效的分工协作，最终目标为有效保障国家和社会公众的信息安全，提升公众对信息安全管理职能部门的满意度。

第二，重视电子政务建设过程中的公民个人信息保护。政府信息的公开化和透明化是现代政府机构改革的必然趋势，同时也是公众监督和约束政府行政行为的重要途径。政府在社会治理和公共服务方面起着主导作用，在推进电子政府和智慧政府的建设过程中同样需要大量地收集和存储公民、企业以及社会组织的各类数据和信息，如何有效地保障公民的个人隐私信息安全就成为政府和公众尤为关注的问题。1983年实施的《信息访问法案》为政府机构控制下的信息设定了访问权限和相应的访问原则，这样对于政府收集和存储的个人信息在访问权限和审查程序上就有了法律约束保障。此外，为了保证政府系统内部的信息和网络安全，还设立了首席信息官职位，主要负责电子政府的建设。

第三，健全的信息安全应急管理体系。信息和网络关键基础设施的建设和保护工作是信息和网络安全管理工作的基础和前提。为了保证信息和网络安全管理工作的顺利开展，加拿大政府专门制定了《关键基础设施国家战略和行动计划》。在保护信息和网络关键基础设施的同时，通过对信息和网络关键基础设施信息系统状况的调查，加拿大政府制定了《应急管理法案》。该法案制定的主要目的是提高各信息和网络安全管理职能部门应对信息和网络安全威胁和风险的应急反应能力，同时强化各职能部门之间的分工协作和信息共享。该法案的制定和实施是加拿大信息安全应急管理体系当中的关键环节。为了推进各信息和网络安全管理职能部门之间的信息共享，加拿大政府还出台了相关的配套法律法规，主要包括《应急管理法案下的信息共享和保护》和《识别和标注加拿大政府保密的关键基础设施共享信息》等。《公共安全和应急防范部法案》的制定主要是为了规范信息和网络安全管理职能部门在应急管理当中的职权范围、权责分配以及问责程序和内容。此外，为了有效规避风险，加拿大政府还定期对关键部门的信息和网络安全风险状况进行总体评估，并将评估结果反馈给相关职能部门，并通过政府信息公开平台向社会进行公布。

二、对我国信息安全问责制构建的启示

第一，完善信息安全问责机制，加强法律制度约束。信息安全需要良好的问责制度保驾护航，加拿大联邦政府的信息安全问责机制相对健全和完善，相比之下，我国的信息安全问责机制缺乏足够明晰的法律制度支持，应该加强立法和执法力度。通过加强基础性立法、行业性立法、行政措施、行业自律以及国际协作等方式来完善信息安全问责机制，同时可借鉴加拿大政府在档案、出版、首席信息官制度、教育信息化、

注重后台信息安全方面出台专项法律制度，提供具体科学的指导。法律的出台不仅仅是为了信息化程度的提高、信息安全的保障，也为了促进公众对政府的监督，拉近政府和公众之间的距离。要切实推进政务公开，关注信息公开的范围、方式和效果，真正做到尊重和保护公众的知情权，让公众更好地监督政府。政府也可以通过小范围试点政策来探寻信息公开和安全保障的有关政策，待取得实效后再扩展至全国范围。

第二，设立专职问责机构，提高信息问责专业性。当前，我国的信息安全问责主要以行政同体问责为主，并未设立独立的专职问责机构。行政问责内部存在权利滥用及问责失职现象。加拿大联邦政府设立审计署等专职问责机构给了我们很大的启示。结合我国具体国情，可以加强人民代表大会的问责力度，对政府内部问责进行结构上的调整，将监察和审计机关独立出来，不受其他机关的限制，独立行使监察和审计的权力，提高问责的专业性。另一方面，构建基于风险管理的框架（COBIT）[①]，了解可能对信息安全造成威胁的内部和外部因素，从计划和组织、获取和实施、交付和支持以及监控和评估四个方面着手，发挥管理者在整体信息安全方面的前瞻性作用，凭借敏锐的洞察力和领导力感知风险，及时作出应对。同时，考虑员工的身份、层级、相互之间的关系以及异常行为对信息安全的影响，确保安全的信息环境。

第三，开发信息安全问责工具，凸显信息问责技术性。提高信息安全问责质量，仅凭专业问责机构或者法律约束是难以实现的，高效率的问责工具是问责过程中必不可少的桥梁。加拿大联邦政府建设的地理空间数据基础设施，实现了基于位置的信息共享，依据需求制定的共享信息系统，能够对信息安全进行良好的防御。因此，我国也应该加强信息安全问责工具的开发，提高信息安全管理系统的质量[②]，优化问责流程，加强电子政务的科学化和高效化，让一体化办公的覆盖范围更加广泛，探索科学先进的问责方法，做到信息安全问责系统的全覆盖，统筹规划，修复漏洞，填补盲区，创造 1+1>2 的效果。

第四，注重问责文化培养，重塑信息安全观。问责文化主要指社会舆论的作用，其构成部分来源于社会公众和大众传媒。我国社会公众对信息安全缺乏关键性的认知与理解，甚至不明晰信息安全的涵盖内容，由此提醒我们应该加强信息安全问责文化建设。我国公民拥有言论自由和监督建议的权利，可以对政府及监察部门进行合法监督，并发表自己的建议，反馈给有关部门。另一方面，要切实发挥社会舆论的监督制约作用，保障政府的信息公开，积极发展政务公开的相关项目，让阳光政府走进生活，促进政府问责的有效进行，确保问责机关切实回应公民的问责诉求。加大全社会范围

---

① 安小米，刘静. 加拿大政府的信息管理政策[J]. 城建档案，2004（1）：43-47.
② 周健. 加拿大《隐私权法》与个人信息的保护[J]. 法律文献信息与研究，2001（1）：1-3.

内信息安全问责知识传播，从基层开始，设立信息安全问责部门，配备信息专员和相关基础设施，鼓励和支持地方成立信息安全问责小组，确保每一个地方都能接触到信息安全的相关消息。

三、加拿大信息安全问责典型案例

（一）案例描述

加拿大统计局（Statistics Canada）成立于1971年，并取代加拿大统计自治局，是加拿大联邦政府委托生产统计数据，以帮助更好地了解加拿大人口、资源、经济、社会和文化的机构，其总部位于渥太华。它被经济学家认为是世界上最好的统计组织。加拿大统计局负责加拿大几乎所有方面约350种调查，还承担加拿大人口普查。根据加拿大法律规定，每家每户必须完成加拿大人口普查表格。2006年5月，互联网人口普查版本被第一次广泛使用。最近一次人口普查在2011年5月展开，网上是收集统计数据的主要方法。2018年被Global News曝出向全国9家银行询问了50万加拿大人的隐私数据，而这50万人都不知情.统计局计划从加拿大的金融机构收集的信息，包括金融交易数据、SIN号码等敏感信息，以建立新的资料库，其中包括账单支付情况、自动柜员机提款记录、信用卡付款、电子汇款乃至账户的结余等信息和数据。而数据收集来之后，这些信息和数据都将进入统计局的资料库。据统计局宏观经济学总监James Tebrake表示，统计局从2018年1月份就开始向这9家银行询问相关资料了，被调取资料的50万人是在全国人口当中随机抽取的，占比达到了20%。隐私保护专员针对该事件开展调查，主要调查的方向为统计局的信息收集行为是否已经触犯《个人信息保护法》和《信息安全法》的相关法律规定。加拿大统计局负责人Anil Arora表示，统计局引起争议的获取消费者使用银行服务信息的计划将暂停施行，因为要等加拿大保护个人隐秘信息专员公署对这一计划进行的调查结束。

（二）对该事件的各界回应

统计局：在事件被媒体曝光之后，加拿大统计局宏观经济学总监Tebrake指出，采用这种新的收集方法的一个原因，是统计局发现人们对调查的反应很低。收集到的数据将用于跟踪家庭支出和消费趋势，比如加拿大人在国外消费的频率，以及旅游业发展的趋势。一旦这些数据由加拿大统计局编辑，为了删除身份信息，这些数据将被匿名保存。"我们并不是有意隐瞒加拿大人，我们对收集的数据和收集方式完全透明。我们向加拿大人保证，人们的隐私是受到尊重的。"

学术界：渥太华大学专门研究信息法的教授Teresa Scassa说，尽管这可能是合法的，但从未经过测试或公开辩论。法律从来没有真正考虑过这么大规模的事情。

银行协会：加拿大银行协会发言人 Aaron Boles 在一封电子邮件声明中称，协会正在与会员们合作，以了解统计局这一请求的性质，考虑下一步行动。

政府官员：安大略前任隐私专员 Ann Cavoukian 对这项举措感到震惊，并表示政府机构建立个人银行信息数据库的做法，引发了严重的隐私担忧。"如果大多数人都认为，统计局或其他任何政府部门获取了他们所有的财务信息、账单和活动，他们都会非常震惊。"毕竟医疗和财务记录目前是加拿大公民最为敏感的个人数据。

（三）问责结果

加拿大统计局在给银行的信件中表示：个人层面的金融交易数据将仅用于统计目的，然而，有几家大银行仍未同意提供这些信息。虽然统计局根据《隐私法》和《统计法》可以访问这些数据，但这些银行认为，这项数据收集项目仍在拟议中，仍处于探索阶段，统计局无法强迫银行披露这些信息。根据《个人信息保护和电子文档法》（PIPEDA）的一节，组织可以获得授权，"在个人不知情或未经其同意的情况下，向已确定其获取个人信息合法权力的政府机构披露个人信息"。虽然加拿大统计局一再强调银行转账数据的收集不会被用于商业用途，更不会被泄露，但是隐私专员丹尼尔·塞里恩（Daniel Therrien）经过调查还是认定统计的行为存在并未建立在当事人同意原则基础上，而且上述数据的收集也并非出于国家安全需要，属于非必需的数据收集，要求统计局立即终止数据收集计划。最终加拿大统计局在公众和联邦隐私专员的压力下，放弃了收集 50 万加拿大家庭银行信息的计划。

隐私专员办公室在该事件的调查报告中指出，虽然公共目标可能是合理的，但加拿大统计局并没有证明它试图收集的所有个人信息都是实现其目标所必需的。它也没有证明入侵性较小的替代办法是不合理的。虽然加拿大统计局已经采取了措施，以隔离和尽量减少获取数据的机会，防范外部威胁行为者，并且承诺可以改进其安全保障措施，以减轻内部威胁漏洞，但这并不能完全保证用户数据的绝对安全。隐私专员办公室指出，如果加拿大统计局要从私营部门公司大规模获取个人信息可以通过两种方式：第一，应更新该《统计法》，使加拿大统计局拥有明确的合法权力，这一权力将建立在对技术及其对隐私影响的理解的基础上；第二，更新《隐私法》和《个人信息保护和电子文件法》，这两部法律负责监督许多加拿大企业。目前加拿大信息安全监管仍以自律监管为主导，行业守则和道德规则是有其地位的，它们可以增加透明度和一致性，但它们既不具有法律约束力，也不能强制执行，也不能取代为了公共利益而通过的国家制定的规则。没有具有约束力的附属规则，组织有太多的自由裁量权来适用他们认为合适的原则，有时使这些原则变得空洞。这相当于自我监管，过去几年已经显示出这种方法的风险和局限性，因此，加拿大政府应建立具有问责效力的法律，即向监管机构（独立的第三方）证明的问责制。在商业模式不透明、信息流动日益复杂的当今世界，当个人不知道一种可能伤害他们的做法时，他们不太可能提出申诉。

第四章　英国信息安全问责制的发展与启示

第一节　英国信息安全问责制的历史沿革

英国是世界上网络和信息化建设最先进的国家之一，英国政府充分认识到网络与信息安全对国家发展的重大意义，最早将网络与信息安全提升至国家战略高度。英国不追求网络空间主导地位，将主要精力集中在维护本国网络和信息安全以及提升信息和网络产业的核心竞争力等方面，用以构建安全、可靠与可恢复性强的网络空间和确保英国在网络空间的优势地位，从而促进并实现英国的经济繁荣、国家安全和社会稳定。

一、英国信息安全问责制构建的原因

随着互联网产业的迅猛发展和普遍应用，政府管理、商业运营、社会发展以及公众生活等领域与互联网产业的联系愈加紧密。与此同时，信息和网络安全问题开始给国家、企业以及公众带来严重的威胁和挑战。而英国作为信息化和网络化建设水平较高的国家，其所面临的信息和网络安全问题极具典型性，这就是信息安全问责制产生和形成的直接原因。通过对英国信息安全管理现状的梳理，可以将英国信息安全问责制产生的原因归纳为两个层面：

（一）信息安全防控难度不断增加

信息安全问题的出现要早于计算机和互联网产业的兴起。从个体层面看，信息安全问题是由隐私权的保护扩展到隐私信息的保护，直至互联网的兴起引发的网络信息安全问题才被公众所关注。从国家安全层面，信息安全自古就是国家战略层面的重要关注领域，只不过大部分集中于军事和国防安全领域。当信息安全问题成为全社会关注的社会问题，信息安全才逐步突破原有的局限，成为影响社会稳定和国家安全的综合性问题。英国信息安全问责制建立的直接推动力就是信息安全防控难度的不断提升。在信息通过网络进行传输的初期，信息的传输是其首要特性，得益于尤利乌斯·恺撒所设计的秘密代码传输方式，当时的信息传输安全性无须担忧。在贝尔发明电话以后，由于电话无法进行加密传输，所以电话的产生可以视为现代信息安全问题的起源。当时为了保证电话信息传输的安全性，英国政府制定了禁止窃听的法案。20世纪50年代，第一代计算机成功应用，在计算机产生和应用初期由于使用范围的局限性以及操作的复杂性，因此并未产生较多的信息安全问题，直至1980年，个人计算机的诞

生标志着互联网时代的开启，计算机的使用人数飞速增长，加之各国政府办公自动化战略的相继实施，信息安全防护的范围进一步扩大，不再仅仅关注硬件设备的安全以及技术人员的操作流程，而是将关注的焦点集中在信息传输、储存和使用过程中的各种新型信息安全问题。1988 年罗伯特·莫里斯创造出了第一条蠕虫病毒，虽然无害但却给信息安全管理者带来了极大的恐慌。随后包括英国在内的多个国家开始通过立法的形式规范互联网的信息传输以保证信息安全。1990 年以后，开放系统和移动计算的出现，将全球的信息化建设推向了发展的快车道，但是同时也带来无尽的风险，网络病毒、分布式拒绝服务和恶意代码等方式成为信息安全的直接威胁，此时的信息安全防护技术开始关注网关安全防护，由此催生了防火墙技术的诞生和广泛应用。进入 21 世纪以后，信息安全形势发生了巨大变化，黑客群体开始通过网络攻击、信息和数据窃取等方式谋求经济利益，初期将目标锁定在政府和商业、金融组织等领域，后来随着移动网络技术和智能设备的出现，黑客开始实施无差别攻击，包括个人和各类组织的网络终端和移动设备终端，这仅仅是信息安全防护的冰山一角，诸如信息侵犯、信息泄露、信息窃取以及信息篡改等推动着信息安全保护的范围在不断拓展，加之各种不确定因素对信息安全体系的冲击，导致当前英国信息安全防控难度在不断增加。而且随着新的发展和创新，新的信息安全风险因素还会增加。因此，对于政府而言，信息安全重点应转向战略治理。信息安全的防御需要依靠政府的主导，不断完善信息安全相关法律法规，提高信息安全保护技术以及推进信息安全制度建设。

（二）信息和网络安全在国家安全战略体系中的地位逐步提升

网络时代，信息已经成为国家战略资源的重要组成部分，而网络安全也逐渐受到英国政府的重视。英国政府在 2009 年提出首个国家网络安全战略，时任英国首相布朗表示要将网络安全建设与其他国防安全建设放到同等重要的位置。受国际网络恐怖主义的影响，2009 年，从国防安全角度出发，英国将面临的国家安全威胁划分为军事危机、恐怖主义、网络威胁以及自然灾害四个类别。由此可见英国政府对于网络安全的重视程度。一方面，英国政府对网络安全的重要性有充分认知。2009 年发布的《国家安全战略》中就提道："政府、企业和公民可以享有安全的网络空间及其带来的全部利益。通过国内外合作了解和应对网络风险，抓住机遇提高英国的网络整体安全性和应变能力。"①英国政府认为网络应用所能够带来的回报远高于网络安全维护的成本，因此不能因噎废食，由于担心网络威胁和网络信息安全问题就阻止网络技术

---

① 从培影. 国际网络安全合作及对中国的启示[J]. 广东外语外贸大学学报，2012，23（4）：76-79.

的研究和应用。英国国防部将网络安全与传统国防理念相融合，指出未来的战争形式可能会因为网络的应用而发生质的变化，所以英国政府要不断增强网络空间的主导以保证英国的国防安全。2011 年发布的《国家网络安全战略》明确提出，将在未来 4年内拨款 6.5 亿英镑用于提升英国整体网络安全水平，以政府通信总部为核心成立监测网络，努力提高英国网络安全水平[①]。另一方面，信息和网络安全已成为英国国防安全体系中的重要成员。阿尔文·托夫勒在《第三次浪潮》中提出："谁掌握了信息，谁控制了网络，谁就将拥有整个世界。"[②]当前信息和网络安全问题已经成为全球性问题，在此种国际背景和形势下，英国政府的国家安全观开始发生改变，英国政府要捍卫自己在国防安全领域的领先地位就必须不遗余力地加强信息和网络安全建设。

二、英国信息安全问责制构建的发展历程

以信息安全的保护范围为标准将英国信息安全问责制的发展划分为三个主要阶段：

第一，初步发展阶段（1989—1997 年）。1911 年英国颁布实施的《公务员保密法》中第 1 章第 2 条明确规定：任何未经授权披露政府信息的行为均构成犯罪。上述法律条文首次以追责的方式对信息安全进行保护，虽然此时的信息安全的范围仅限于政府机密信息和国防信息，尚未涉及公民个人或社会组织的信息，但却标志着信息安全问责制初具雏形。但随着社会的发展与时代的进步，英国媒体和公众对于政府信息的保密制度愈发不满，1972 年的《弗兰克报告》率先提出废除政府保密制度，1978—1984 年下议院议员多次提出政府信息公开法案，但均未获得通过。20 世纪 80 年代中期发生的迪斯戴尔案、庞廷案以及怀特案引发了公众和政府对于政府信息保护制度的反思和争论。在巨大的舆论和社会压力下，英国政府于 1989 年对《公务员保密法》第 2 条规定进行了调整，政府保密信息的范围缩小至国家安全、国防外交以及法律执行等领域。1984—1988 年间，英国政府相继制定并出台了包括《个人资料获得法》《医疗报告获得法》以及《环境和安全信息法》等多部法律法规，进一步拓展了公众信息自由权利。1992 年，英国工党内的法律人士起草《信息权利法案》，但并未获得议会通过。1997 年，英国工党和自民党都承诺在大选获胜后会进行信息公开法案的制定，最终工党领袖布莱尔赢得了当年的大选，并在第二年按照承诺开始起草和制定《信息公开法》，最终该法案在经过微调后正式施行，即为 1999 年颁布实施的《信息自由法》。该法案的主要任务是保证政府信息公开和公共利益保护之间的利益平衡，并通过制定相应程序、制度以保证在信息公开过程中公共利益不会受到损害。《信息

---

① 刘权. 信息安全的英国之鉴[J]. 中国经济和信息化，2012（10）：28-30.
② 阿尔文·托夫勒. 第三次浪潮[M]. 黄明坚，译. 北京：中信出版社，2018.

自由法》的颁布实施有效地推进了英国政府信息公开制度的发展和完善，同时对于信息安全问责制的发展客观上也起到推动作用，例如政府信息官的设置、信息权的保护、违反信息获取程序的处罚等都为信息安全问责制的完善提供了借鉴和参考。

第二，快速发展阶段（1998—2008 年）。1998 年颁布实施的《数据保护法》，对数据合法和合理使用提出了 7 条指导性原则：包括公平、合法地处理数据；必须出于专业和法律的目的，才能获取和使用数据；数据的获取必须是适量和相关的，不能随意扩大范围；在需要使用数据的地方，需要保持准确，并及时保持更新；数据获取不能与个人的权益相冲突；注意数据安全；仅提供给有足够的数据保护措施的其他国家①。为了有效地应对网络犯罪和网络威胁，英国政府于 2000 年颁布《调查权力规范法》，法案中明确规定：为了更好地维护国家安全和网络公共秩序，授权相关执法机构有权对包括互联网信息在内的所有信息进行合法的监控，同时为了保证公众的隐私信息不受侵犯，明确规定了执法机构行使信息监控权的前提条件和法定程序。《电子通信法案》《电子签名法》和《电子商务法》中均涉及个人相关信息的保护和应用等条款，主要是基于维护公众利益的角度出发设置的信息保护条款，客观上推动了信息安全问责制度的缓慢发展。2005 年正式实施的《信息自由法》规定，对于英国境内的任何人都有权对英国所有公共机构的信息进行了解和查阅，同时规定涉及国家安全、商业机密和个人隐私的信息不属于了解和查阅的范围。《数据保护法》和《信息自由法》为信息安全问责制奠定了坚实的法律基础。2003 年，英国政府在欧盟颁布的《隐私和电子通信指令》的指导下制定了本国的《电子通信和隐私条例》，该条例中对于信息和数据保护的规定更为详细。例如该条例规定：未经用户同意的信息和数据传播和应用于商业营销的行为均为违法行为，包括利用 Cookies 数据对网络用户行为进行追踪也需要经过网络用户的同意。为了约束和监督互联网平台自觉遵守上述条例，英国信息专员办公室于 2011 年制定《cookies 和类似技术使用规则指南》，以帮助互联网企业了解条例的相关内容。英国信息专员办公室是为了有效落实信息和数据保护相关的法律法规而专门设置的职能机构，该机构拥有独立性，主要职责包括公民知情权的保护、推动公共部门的信息公开以及保护公民的隐私和信息安全。此外，英国政府对于企业信息安全管理也作出了明确规定，对于涉及个人数据处理、存储和应用的社会机构和企业，都必须设置信息管理员岗位（至少 1 名），该岗位从业人员非兼职从事组织内部的信息管理工作，每年在信息专员办公室注册，当组织内部出现信息和数据风险问题时要及时向信息专员办公室进行汇报。

---

① David Bainbridge, Graham Pearce. The UK data protection act 1998-Data subjects' rights[J]. Computer Law & Security Review, 1998, 14（6）：401-406.

第三，完善发展阶段（2009年至今）。在2009年之后，英国的信息安全保护已经上升至国家安全战略的层面，因此，英国政府以及社会各阶层对于信息安全的重视和关注达到了前所未有的程度，这就为信息安全问责制的建立提供了重要的政治基础和保障。2009年6月，英国政府发布首个网络信息安全国家战略文件《英国网络安全战略：网络空间的安全、可靠性和可恢复性》，同时宣布成立"网络安全办公室"和"网络安全行动中心"，前者负责协调政府各部门网络安全计划，后者负责协调政府和社会机构计算机系统安全保护工作，由此提出新的网络管理结构。该战略致力于减少信息漏洞来缓解信息安全事件的不良影响，致力于广泛搜集各种情报来提升国家对网络信息安全的保障力度，致力于完善信息安全知识、政策和提高技术人员能力来改进政府信息安全决策机制。该战略文件还指出要加强多方面合作，包括政府部门之间的合作、政府与私营企业之间的合作和国际合作等，力图建立起一个多领域的网络安全组织架构，同时强调重点培养英国公民的信息安全意识和维护信息安全的能动性。随着网络与信息安全的发展变化，促使英国更好地保护本国信息安全，英国政府于2010年10月发布两个战略文件：《国家安全战略：不确定时代的强大英国》和《战略防御与安全审查》，两个文件将网络攻击确定为一级威胁，引起各方的高度关注。第一版战略的出台标志着英国政府应对网络空间和信息安全的威胁迈出了第一步，也为英国的网络与信息安全战略建设奠定了坚实基础。2011年11月，英国政府推出了新的英国网络与信息安全战略文件《英国网络安全战略：在数字世界中保护和促进英国的发展》，同时启动"国家网络安全计划"，用以支持国家网络安全战略的实施。该战略突破了维护网络安全本身的固有思维，试图借助构建安全和充满活力的网络空间环境来促进英国的经济发展，增强网络与信息对经济发展的驱动力，提升网络与信息安全产业的竞争力，创造网络安全新的商业机遇。该战略详细描绘了英国2015年网络安全前景和行动方案实施细则，包括政策导向、执法体系、机构合作、技术培训、人才培养、市场培育以及国际合作七大方面。虽然第二版安全战略取得重大成就，显著改善了英国的网络与信息安全局面，但与迅速变化发展的网络空间相比，该战略并没有达到领先挑战所需的变革规模和速度，并且英国政府于2015年11月发布《安全战略、战略防御与安全评估：安全繁荣的英国》确认网络安全风险仍是英国经济和国家安全的一级威胁，并且这种威胁的规模和复杂性正在增加。作为网络安全的全球领军者，英国政府将推出强硬和创新的措施解决网络与信息安全威胁。2016年11月，英国政府发布新版国家网络安全战略《国家网络安全战略（2016—2021）》，该战略计划投入约19亿英镑用于提升网络与信息安全防御技术水平，加强信息安全建设；强调了防御、威慑和发展三大要点，涵盖八大方面。为更好地适应新的时代发展要求，2017 年 3 月，英国政府发布了《英国数字化战略》，对国家发展数字经济和实现数字化转型作了全面部署，并提出至 2025 年实现数字经济对国家经济贡献值高达 2000 亿英镑的总体愿景。该战略设定了明确渠道和方式以帮助英国在启动并推进数字化业务和试用、实施新型技术研究方面占据优势地位，其中的战略任务包括"让英国提供全球最为安全的在线生活与工作环境"。

2017 年英国推出新《数据保护法案》，该法案将替代 1998 年颁布的《数据保护法》，该法案将信息和数据"同意规则"设置得更为严格，信息和数据的获取权、迁移权和删除权更为严格，执法力度将进一步加强，信息专员将有权确保消费者得到适当保护，具体体现在增加个人信息控制权、健全信息安全组织机构、拓宽信息安全监管执法者权限以及健全司法信息和数据处理机制[①]。首先，在增强个人信息和数据控制权方面，新的法案规定当处理个人敏感数据时，"同意"必须非常明确，模糊的词汇和表达将视为不同意。在个人数据获取方面，新法案将使个人更加容易向数据控制者要求披露与其相关的数据，并且不得收费。此外对于数据可携权、被遗忘权以及用户画像的规定都倾向于提高和增强公民对于个人信息的实际控制权。其次，健全信息和数据安全组织管理机构。原有的机构设置并未发生变化，但是机构的职责有所增加，新法案明确提出在信息和数据安全管理中要提高问责性，减少官僚主义。帮助企业降低违反数据保护规定的风险，避免相关罚款和声誉损失以及简化行政办公流程等。最后，拓宽信息安全监管执法者权限。信息安全监管执法者在原有执法权的基础上新增了调查权、民事处分权、刑事处罚权等，上述权力的增加和拓展充分体现了英国政府对于信息安全的重视。

第二节　英国信息安全问责制的框架体系

英国的信息安全问责框架体系主要包括信息安全问责组织机构、信息安全问责法律体系、信息安全问责主体构成、信息安全问责实施保障机制四个组成部分。

一、英国信息安全问责组织机构

（一）内阁办公室和政府数字服务局

内阁办公室作为英国数据治理的核心机构，承担的主要职责包括确保数据治理政策有效地实施和执行，协同国家国防和安全情报部门维护国家信息和网络安全，协助英国政府处理网络安全危机事件，为政府各领域改革提供建议和专家支持，确保为公

---

① 邓辉. 英国新数据保护法案：改革计划[J]. 中国应用法学，2017（6）：173-190.

众提供高标准的公共服务，提高政府信息公开以及政府权力运行的透明度，加强对政府工作人员的信息和网络安全知识和技能培训，不断提高政府公务员队伍整体的信息和网络安全风险意识和防御能力。政府数字服务局成立于 2011 年，隶属于内阁办公室。政府数字服务局的成立旨在推动政府数字化转型，推进政府数字技术部长小组和中央政府权力下放，由主管部门的数字、数据和技术领导者负责专门性事务的管理工作。政府数字服务局的主要职责包括提供高质量的、连续的信息和网络安全实践指导与咨询，制定和管理数字服务、数据开放和技术操作规范等标准；构建和支持通用平台服务，维护和改进跨政府平台和工具；支持跨政府数字、数据和技术专业建设，提升政府数字能力等。

（二）信息专员办公室

英国信息专员办公室（Information Commissioner's Office，ICO）是一家直接向英国议会提出建议的非政府部门公共机构，由英国司法部主办。它是独立的监管办公室（国家数据保护机构），负责包括《数据保护法》《隐私和电子通信规例》等相关法案的执行。信息专员办公室内部下设信息专员管理委员会、运营部、战略与规划部、战略决策部以及技术政策与创新部。目前信息专员管理委员会由 5 人组成，包括信息专员 1 名，为信息专员办公室的最高行政长官，下设 4 个副职分别管理 4 个具体职能部门。管理委员会的主要职责是协助信息专员在法定职权范围内履行其法定职责，不断提高行政职能部门的行政效率。管理委员会每季度召开一次会议，就影响组织战略方向、重大的信息安全风险以及信息专员办公室职责范围内的其他事项向信息专员提出建议。同时根据组织战略和计划审查进度，对执行团队管理中存在的重大问题提出改进意见。

1998 年的《数据保护法》赋予了信息专员极大的行政权力，信息专员拥有参与制定二级行政法规和具体时间操作指南的权力、对数据保护活动的监督权以及审查权、对数据侵权案件具有独立执法权和参与司法审判的权力，可以说信息专员集立法、行政和司法权于一身。虽然信息专员权力巨大，但由于信息专员工作的复杂性和能力范围的局限性，在英国信息专员通常会将信息专员办公室的领导职责划分给管理委员会，由管理委员会承担信息专员办公室的行政决策，这种集体决策的模式将最大限度地提升信息专员办公室行政决策的科学性和合理性，同时信息专员还会通过权力下沉的方式拓展下设职能部门管理和执行人员的自由裁量权，如部分信息监管权、财务审查权以及采购权下放至基层管理和执行人员，信息专员办公室的决策结构如图 4-1 所示。

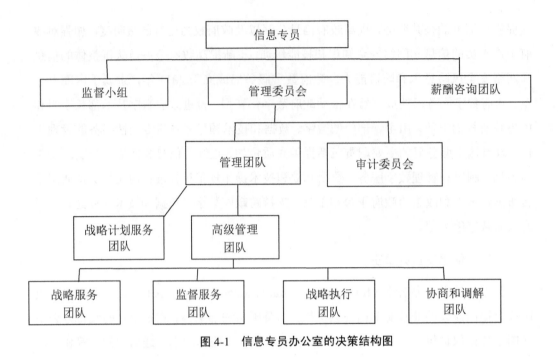

图 4-1　信息专员办公室的决策结构图

（三）政府通信总部

英国政府通信总部是英国秘密通信电子监听中心，相当于国家安全局，缩写为GCHQ。政府通信总部与英国军情五处、秘密情报局共同构成了英国情报信息和安全机构，政府通信总部主要负责从各种通信和传输信息中获取安全情报，军情五处负责对国内安全情报的搜集，秘密情报局负责对国外情报的搜集。英国政府通信总部，是英国从事通信、电子侦察、邮件检查的情报机构。该机构拥有密码专家、数学家、科学家、语言学家、普通工作人员等约1.3万人，其中约一半人在总部，其余在国内外各地和使领馆的监听站中。政府通信总部的主要任务是通过电子装置对其他国家的秘密活动进行远距离监视、截收、搜集及破译外国各种密码、信号，从中获取情报，并负责为政府编制密码，保护其通信安全。在政府通信总部下与信息和网络安全相关的职能部门包括国家网络安全中心、网络安全办公室和网络安全行动中心。

第一，国家网络安全中心。2017年成立的英国国家网络安全中心是一个为英国公共和私营部门提供咨询和支持，以避免网络威胁的政府组织，是政府通信总部的一个下属机构。目前，政府通信总部的工作内容涵盖多个领域，包括协助执法机构解决严重犯罪、网络威胁、恐怖主义以及间谍活动等与国家和国防安全密切相关的方面。其中在网络安全和网络威胁应对方面主要由国家网络安全中心负责。国家网络安全中心由三个网络安全组织合并而成，分别是网络评估中心、英国计算机应急响应小组和政府通信总部的信息安全小组。国家网络安全中心自 2017 年成立以来，以国家"网络安全"为工作理念，主要负责应对各种网络攻击和网络威胁、打击网络犯罪、修复网络安全漏洞、降低网络安全风险、实时监测全国网络环境、进行网络安全教育培训、向上级主管部门及信息安全管理职能部门提出与网络和信息安全相关的指导性意见和建议定期发布权威报告等，国家网络安全中心已成功地在维护英国国家网络安全方面展现了巨大的价值。

第二，网络安全办公室。英国时任首相布朗认为网络安全威胁已经成为当今世界影响到社会、经济和政治安全的重大威胁，所以他于 2009 年提出设立网络安全办公室和网络安全行动中心。网络安全办公室工作人员主要由军情五处、军情六处和其他职能部门人员抽调组成。网络安全办公室主要负责协调政府各部门网络安全计划的制订，具体的职责包括制定网络信息安全战略、管理网络信息安全相关事务以及保障信息安全和网络安全战略的有效实施。到目前为止，网络安全办公室的作用已经得到初步显现，在英国国家信息安全保障方面起到了重要的作用。英国首相布朗设置网络安全办公室的初衷绝不仅仅是重复现有的信息安全管理职能，而是在现有信息安全管理职能的基础之上，拓展和改进现有信息网络安全管理，网络安全办公室的首要目标是维护英国政府职能部门以及国防信息和网络安全，最终目标是要实现全国政治、经济、文化、生活等多领域的信息和网络安全。2011 年英国政府发布第二个网络安全战略，在该网络安全战略中明确要求将网络安全办公室的网络安全职责合并至英国政府内阁办公室。

第三，网络安全行动中心。英国政府认为，国内的网络安全威胁主要来自其他国家的黑客攻击以及有组织的网络犯罪集团。英国首相布朗认为英国完全有能力对上述威胁网络安全的行为予以反击。鉴于此，布朗于 2009 年设立网络安全行动中心，该行动中心隶属政府通信总部。主要负责协调政府和民间机构主要电脑系统安全保护工作，网络安全行动中心的具体职责包括国家网络安全防御、社会网络安全服务以及网络空间的安全监管。国家网络安全防御主要包括替英国内政部、国防部、情报局等国家安全机关处理网络安全威胁、抵御网络攻击等相关事务。社会网络安全服务主要包括为政府职能部门、社会组织、企业以及普通社会公众提供必要的网络安全服务，具体体现在网络安全政策的宣传教育、网络安全专业技术支持以及网络安全事件的通报等。网络空间的安全监管主要是通过对英国境内网络安全形势以及网络安全信息监控，定期汇总并提交信息和网络安全形势报告，对英国网络安全行业的发展趋势、问题以及改进提出建议。

二、英国信息安全问责法律体系

健全的信息安全问责法律体系是英国信息安全问责制的基础和保障，英国在信息安全法律法规建设上起步早、发展快，并且根据时代发展不断更新，在隐私和个人数据保护、电信管制、网络安全监控和密码管制等诸多方面都有系统的法律，建立了较为全面的法律框架，形成了独特的信息安全法律保障体系。在信息安全问责制建设方面发挥着重要作用的法律法规主要包括《隐私和电子通信条例》《网络与信息系统安全指令》以及《数据保护法》等。

（一）《隐私和电子通信条例》

《隐私和电子通信条例》的制定赋予公众在电子通信过程中的特定隐私权，主要针对推销电话、垃圾电子邮件、短信和传真、Cookies 和类似技术、通信安全、交通和位置数据安全等涉及个人隐私信息的领域进行保护。该条例与传统的隐私保护规则相比有五点明显的变化：第一，信息安全监管对象和范围的扩大。该条例适用的范围是提供和使用电子通信服务（单独的或者作为其他服务的附属功能）中处理电子通信数据，以及对与终端用户的终端设备相关的信息的保护。监管对象方面将移动智能通信软件诸如 WhatsApp、Facebook 等纳入信息安全监管对象。在信息安全监管范围方面该条例的适用范围不仅包括英国内部企业，而且约束英国境外企业，只要其向英国境内的终端用户提供电子通信服务的供应商均在信息安全监管的范围之内。第二，隐私保护规则愈发严格。该条例将为保护个人通信的自由和权利建立基础性的规则，保护对个人数据的处理。对于社会公众而言，任何电子通信数据都属于隐私信息，除条例规定的例外规定外，对于任何电子通信数据如短信、电子邮件、通话等的收听、截取、存储、监控、扫描或者其他类型的拦截行为都是被禁止的，对于电子数据的处理和应用需要首先征得数据主体的同意。第三，保护用户的网络行为习惯数据信息。该条例规定利用终端设备的处理和存储能力，从终端用户的终端设备（包括其硬件和软件）收集信息，是被禁止的，除非有正当理由或征得用户同意。此外，如果网站或移动 App 利用信息记录程序或者其他类似技术获取或者追踪用户行为习惯，同样要以用户的同意为首要前提。与传统的隐私保护规则相比，该条例在隐私规则设置方面更为明确和具体并为公众提供个性化私人设置（即隐私设置选项）。第四，对电子通信元数据的保护。对于公众信息安全的保护由电子通信内容拓展至元数据，元数据是为了传输、分配和交互电子通信内容而在电子通信网络中处理的数据，包括用来追踪和确定通信来源和目的地的数据，在电子通信服务过程中产生的设备地理位置的数据，以及来电的时间、地点、通话持续的时长等数据。元数据当中包含过多的个人隐私信息，未经用户同意元数据必须被删除或者进行匿名化处理。第五，网络和电子通信服务运营主体要履行信息安全风险告知责任。在公众成为网络和电子通信服务客户前要对可能造成信息安全风险的网络威胁和操作进行事先告知，当网络或电子通信服务提供者无法采取措施应对此信息安全风险时，应当将可能的救济措施告知用户，包括可能需要的费用的说明。

（二）《网络与信息系统安全指令》

该法案旨在加强基础服务运营者、数字服务提供者的网络与信息系统安全，要求履行网络风险管理、网络安全事故应对与通知等义务，要求加强成员国间合作与国际合作，要求在网络安全技术研发方面加大资金投入与支持力度。第一，该法案强调合作与多方参与，确立了多层次的合作框架，包括国际层面的合作以及政府机构与私营部门之间的合作，从而整合各方资源着力提升对网络安全威胁和事故的应对能力。第二，确立网络安全事故通知和信息分享机制。互联网从业企业负担公民数据泄露的通知义务，同时需要通知相应的信息安全和网络主管机构，并通过信息分享机制提高社会整体对网络安全威胁和事故的响应和应对能力。第三，对数字服务提供者采取"轻监管"思路，避免过度监管对互联网行业发展产生不利影响。中央政府及信息安全主管机构不得针对数字和网络服务提供者施加其他更为严格的信息安全和告知义务，信息和网络主管机构只有在明确证据证明数字服务提供者未履行义务时才能开展监管活动并对其违法违规行为进行相应的处罚。

（三）数据保护法

2017 年 8 月，英国数字文化媒体和体育部共同发布了一份名为《新的数据保护法案：计划的改革》的声明，通过新的数据保护法案以更新和强化数字经济时代的个人数据保护。根据该法案，同意规则（rules on consent）将更为严格，数据的获取权、迁移权和删除权也将更为严格，执法力度将进一步加强，信息专员将有权确保消费者得到适当保护。新的数据保护法案发布目的是：对于公民个人数据资料的使用撤销同意变得简单、容易；允许人们要求拥有他们资料的公司删除数据信息；只有经父母和监护人同意，他们孩子的数据才能被使用；需要明确同意才能处理敏感的个人资料；扩大"个人数据"的定义包括 IP 地址、互联网 Cookies；更新并强化数据保护法来察觉数字经济的变化；让个人更容易、更自由地要求一个组织披露它所持有的个人数据；便于客户在服务提供者之间移动数据。2018 年 5 月，欧盟《网络与信息安全指令》的新法律正式生效，目的是保证英国在关键行业提高网络信息安全。根据新规定，组织有义务、有责任向相应的主管部门汇报信息安全事件，由上级评估其采取的安全举措是否得体，为提高安全性，当局有权发布有法律保障的指令。新规定指出：对未能采取措施保护自己免受网络攻击的行业组织处以巨额罚款，比如能源、交通、健康和其他关键领域公司如未能实施最强有力的保障措施，可能会被处以高达 1700 万英镑的罚款。2018 年 6 月，英国政府与国家网络安全中心合作，推出了一套新的最低网络安全标准，要求政府"部门"，包括公司企业、政府机构、非政府公共机构和承包商必须遵守。《数据保护法》第 2 章第 33～38 条明确规定了数据保护的原则，具体包括：数据保护第一原则指为了任何执法目的的处理个人数据都必须合法且公平；数据保护第二原则指执法目的是个人数据在任何情况下都必须被具体明确正当地收集以及收集的个人数据不能以不符合其收集的目的的方式进行处理；数据保护第三原则指为任何执法目的而处理的个人数据必须准确相关且不会过多超过与预期处理目的相关的量；数据保护第四原则指出于任何执法目的的要处理的个人数据必须准确并且在必要时更新至最新日期，考虑到其他处理的执法目的，必须采取全部合理步骤来确保不准确的个人数据被毫不延迟地删除或纠正数据保护；数据保护第五原则指出于任何执法目的处理的数据必须只能被保留不超过其基于该目的的进行处理之必要的期限，必须设立适当的时间限制，以定期审核继续出于任何执法目的而持续存储的个人数据的必要性；数据保护第六原则指应当采取适当的组织和技术措施，确保以适当的安全方式处理出于任何执法目的而处理的个人数据。

三、英国信息安全问责主体

英国信息安全监管并非仅靠某一部门或机构，而是形成政府、国家安全部门和社会等多元责任主体，针对网络与信息安全的不同问题，分别采取监管机制和措施，由此形成了各责任主体密切联系、互相配合的管理体系，确保英国信息安全建设，打造信息安全强国。

（一）议会问责

议会问责主要包括质询、不信任投票以及调查三种具体的问责形式。

第一，质询。根据英国的宪法规定，议会的下议院可以针对政务大臣进行质疑和询问，而被质询客体需要以书面或口头的形式予以答复。英国的政务大臣作为政府系统中的高级别官员同样需要对自身的行政行为和言论承担相应的行政责任。为了适应 21 世纪政府职能迅速扩张的发展形势，下议院设立了与政府工作相对应的 14 个专门委员会，其中国防委员会与数字文化媒体体育委员会均肩负着信息安全问责的职责,国防委员会对政务大臣及主要职能部门领导的国防信息安全进行监督和问责,而数字文化媒体体育委员会主要承担对政府信息安全和社会信息安全的监督和问责工作。在下议院开会期间,上述委员会分别就政府的委员会负责领域的问题向相关政府官员提出质询,在质询和辩论过程中发现政府信息安全管理中存在的问题,并督促信息安全管理部门加以改善。

第二,不信任投票。不信任投票是指议会以投票表决的方式对内阁的施政方针或阁员、部长的行政行为表示信任与否的活动。最初议会问责的主要形式是弹劾,但随着时代的发展以及司法制度的健全,弹劾的程序愈发烦琐,因此,弹劾制度逐渐淡出议会问责的内容行列,取而代之的则是进行不信任投票。不信任投票程序的对象包括内阁施政方针、内阁阁员以及主要政务部门部长。对于信息安全而言,引发不信任投票的主要原因可归纳为两个方面:一方面,内阁关于信息和网络安全方面的施政方针、政策以及某项重大信息安全决策出现明显违背宪法精神和法律法规的情况下,议会成员通过不信任投票对其行为、决策等进行及时的纠正;另一方面,内阁成员或各政务部门负责人存在明显的渎职、失职以及过错行为的情况下,要启动相应的问责程序,而且英国内阁实行连带责任制,因此,对于内阁成员而言,不信任投票是相当严厉的问责措施。

第三,调查。调查在英国政治生活中极为常见,调查由议会发起,是针对信息安全政策或法律法规执行过程中政府公职人员所表现出的各种负向行为进行分析并得出相应处罚结果的过程,议会会指派或委任某个委员会或议员开展调查工作,被调查者可进行自我陈述和辩护。随着英国司法体系的不断完善,目前议会的调查过程越来越多地采取司法手段。根据调查的目的、方式以及事件等可以划分为特别调查、专门性调查、听证调查以及委员会调查等。

(二)政府内部问责

第一,信息安全管理机构问责。英国政府非常注重对网络与信息安全的保护,将网络安全视为国家安全的最高层次,政府层面也积极行动,力求在世界上占据网络空间的主要地位,所以英国政府在网络与信息安全方面具有不可回避的责任。对于网络与信息安全的管制,主要集中在网络犯罪、儿童色情和隐私保护等方面,英国政府在治理网络与信息安全方面的特色是在不同的领域设立诸多职能机构,比如政府通信办公室,负责对网络信息的内容监控和安全维护,推动创建以信息过滤为基础的网络分级系统,引导终端用户正确选择浏览内容。英国政府及其不同机构分别承担着各自的管理职责,增强政府问责的有效性,减少因问责产生的时间,增强时效性,更好地促进政府分别从不同领域发挥问责作用。英国政府部门还成立专门办公室促进问责工作细化，比如英国内政部设立的英国儿童网络安全理事会，保护儿童免受网络侵害；还有英国内阁办公室的内设机构网络安全和信息保障办公室也是网络与信息安全重要的管理机构，职责包括协调网络安全和信息保障方面的跨政府工作，推动网络安全战略和计划的顺利实施，为英国内阁部长、安全委员会提供信息安全方面的决策支持等。英国政府及其隶属的各个机构和部门承担着重要职责，是网络与信息安全责任体系中不可忽视的重要角色。

第二，信息安全审查机构问责。信息安全审查是指对涉及信息安全的产品和服务进行测试、分析和认证的过程，是确保国家信息安全的重大制度。经过长期的实践，英国建立起对公共部门采购的信息产品进行源代码审查的制度。英国信息安全审查机构主要是电子通信安全组，它的主要职能是对通信、计算机数据等网络与信息领域的安全问题提供建议、指导和协助，起到"组织领导"的作用，从而有效地保护本国信息安全，具体负责确认并签署具有效力的、权威的认证文件，负责组织英国的源代码审查与信息安全认证工作。不过一些技术性较强的审查认证工作由计算机专家安全协会（CESG）认可通过的商业机构负责，如 CGI、Context Information Security 等。在英国，信息安全审查的对象主要是能进入政府及其部门的信息类基础设施、信息产品和服务，只有接受了电子通信安全组的源代码审查并且通过后才可以提供给政府等部门，同时电子通信安全组对于审查结果还遵循分级管理的原则，不同的级别拥有相应的适用范围，根据业务影响分为绝密级、机密级等六级，较好地区分了安全等级和保护等级。英国已建立起完善的信息安全审查流程，首先，设备商要向 CESG 提出服务、产品进入的申请；其次，设备商要向安全组提交代码。设备商完成这一任务后，由 CESG 作出系统审查，然后作出评定。电子通信安全组在信息流动源头进行把关，承担起重要的"开阀门"职责，是责任体系中的重要一环。

第三，行政裁判所监督。英国的行政裁判所是在普通法院系统外，根据法律规定而设立的解决行政上的争端以及发生在公民之间的某些和政策有关的争端的专门裁判组织，其性质属于行政司法机关。在英国，行政裁判所不仅数量大、种类多，而且名称也多种多样，如裁判所、委员会、局和专员等。行政裁判所在信息安全问责方面与法院相比所具有的优势，主要体现在行政裁判人员具有处理行政争议所需要的专业知识和行政经验；行政裁判的程序相对比较简便，办案效率高，且费用低廉；行政裁判所不必遵循先例，在适用法律方面比普通法院具有更大的灵活性。上述这些优点充分保证了行政裁判所有效地解决信息安全问题的行政争议，有力地监督了信息安全公共部门的行政行为。

（三）社会问责

社会问责主要包括行业组织问责、公民问责与舆论媒体问责三种形式。

第一，行业组织问责。英国是长期受自由主义思想影响的国家，其信息安全管理具有"轻政府管制、重行业自律"的特点，一直奉行"监督而不监控"的理念，这在一定程度给予行业组织很大的权力，同时也承担着维护信息安全的重要职责。英国网络服务商成立网络观察基金会，其主要工作是随时监控网民的不正当言论和线上非法行为，协助英国城市警察署等机构解决网络违法犯罪事件，网络观察基金会的管理原则有：第一，普遍适用于其他媒介的法律如刑法、公共秩序法等都可用于网络安全监管；第二，对网络非法内容采取分级认定原则，认定后分别进行标注，这一过程要充分尊重网民的个人意愿，尤其是涉及儿童色情的内容。此外，英国政府在网络安全战略中多次强调加强与私营部门、学术科研机构的合作，有意识地强化行业组织的责任意识，充分发挥行业组织对网络与信息安全的管理作用。

第二，社会公众问责。随着互联网技术的迅猛发展，社会公众在信息安全问责上发挥的作用越来越突出，英国政府注重提高公民的网络安全监督意识，积极鼓励社会各界人士参与网络安全保护行动。社会公众问责方式多样化、问责渠道明确，公众可通过举报电话、电子邮件、传真、互联网等对违法内容进行告发。英国的"三R互联网络安全规则"对实施社会公众问责发挥着重要作用，网络观察基金会从分级认定、举报告发、承担责任三方面来协调实施。首先，公众的举报信息会被转化为标准形式送给基金会，网络观察基金会根据分级认定原则对举报信息进行检验评定。其次，一旦举报信息属实，一方面，通过定位确定信息发布的地点和人员，通知其删除非法信息，如果当事人不服从且情况严重时，可将其移交执法机构进行处理，同时通知网络提供者对非法信息进行删除，最大限度减少非法信息的危害；另一方面，将检测结果汇报给举报人。社会公众的力量强大，是维护英国网络与信息安全责任体系中的中坚力量。

第三，舆论媒体问责。英国宪法明确规定新闻媒体具有相对独立性，这样就有力地推动了英国新闻媒体发挥其问责功效。长期实践来看，英国新闻媒体对网络与信息安全的维护确实发挥了强大的舆论监督作用：一方面，新闻媒体及时发布、报道和讲解国家网络安全战略、信息安全法律法规和政策措施，使人民群众了解国家信息安全政策，提高公民的信息安全保护意识和防范意识，强化公民的责任感；另一方面，新闻媒体对网络犯罪、信息泄露等违法行为进行报道，及时惩治不法分子，警示公众。舆论媒体的问责至关重要，效果明显，是责任体系里不容忽视的主体。

综上所述，英国在运行程序上注重顶层设计和战略规划，其设置核查源头代码的安全组织，这包括政府、国家安全部门、社会各行业组织和公民个人信息[①]。总体运行程序的实施规程为确定问责对象及所处的范围和结构，分领域设立诸多安全机构，预设应对相关信息安全事故的标准措施。最后对问责实施总体结果进行鉴定与认证、录入系统并公示，具体的英国信息安全问责制运行程序流程图如 4-2 所示。

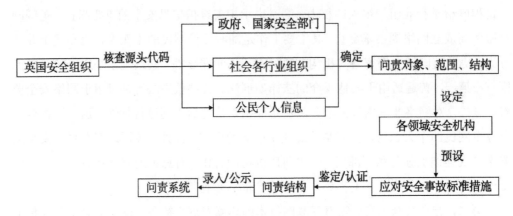

图 4-2　英国信息安全问责制运行程序流程图

四、英国信息安全问责制的实施保障机制

（一）信息安全审查制度

当前世界信息化程度不断提高，国与国之间的竞争日趋激烈，而信息安全审查制度则成为国家信息安全的首道制度屏障。在众多的发达国家中，英国和美国的信息安全审查制度最为完善和健全，但是英国和美国的信息安全审查制度还存在一定的差异，主要在于英国的信息安全审查程序比美国更为透明和公开。这主要是由于一方面英国本土的知名信息技术企业较少，政府采购的信息技术产品往往需要依赖进口，而另一方面国家和社会的信息安全也需要有效保障，因此，英国政府在实践中探索出对公共部门采购的信息产品进行源代码审查与托管的系列制度。信息安全审查主要是对与国家安全相关的信息技术产品进行分析以明确其是否存在信息安全隐患的行为过程。目前英国采用的是信息技术产品的源代码审查制度，源代码是信息技术产品的核心要素，通过对源代码的审查能够及时发现信息技术产品在开发过程中的漏洞以及隐藏的功能，从而将信息安全风险消灭源头。目前英国信息安全审查的组织机构为英国政府通信总部，只有通过政府通信总部的信息安全认证才能够为英国政府部门使用。对于进口的信息技术产品的信息安全审查并非以自愿原则为基础，而是具有政府强制

---

① 盖宏伟，宋倩. 英国网络信息安全问责制度与启示[J]. 中国集体经济，2018（15）：167-168.

性审查措施，提供信息技术产品的生产企业如果不能接受对其产品的信息安全审查，那么该产品将会被拒绝在英国本土进行销售，对于英国本土企业同样也要接受信息安全审查，如发现本土企业销售未经信息安全审查的信息技术产品将视为违法。

英国政府对于信息技术产品的源代码审查产品范围主要包括操作系统、通信产品、访问控制类产品、系统防火墙、路由器以及服务器等多类产品，涉及几乎所有的互联网产品和信息技术产品的生产企业，比较知名的企业包括微软、甲骨文、苹果、华为、戴尔、思科、赛普乐以及富士通等国际互联网和信息通信产业巨头。对于源代码的审查的目的是对信息安全进行隐患排查，并非将先进的信息技术产品拒之于国门之外，因此，英国政府除了加强信息安全审查制度，同时也对信息的流程进行了明确的规定，以此来保证信息技术产品生产企业的核心商业机密不被泄露。信息安全审查的具体流程包括：首先，信息技术产品生产企业向隶属于政府通信总部的通信电子安全小组提交信息安全审查申请，并交付产品源代码和可执行代码；其次，通信电子安全小组会通过各种测试和验证对产品生产商所提交的源代码和可执行代码进行检测，具体的测试方法和方式是不会对产品生产商公开的；再次，根据检测结果，通信电子安全小组会提出关于产品的各种问题以及疑问，需要产品生产商予以解答，只有解答得到信息安全认证中心的认可才能通过信息安全审查；最后，信息安全认证中心对产品的所有测试数据和软硬件结构进行归档和备案，以防止产品生产商在通过审查后对原有的结构和数据进行修改。

（二）信息安全问责的监督机制

信息安全问责的监督以监察员制度为核心，监察员制度包括监察专员和司法监察专员两类，从而实现行政监督和司法监督的有机融合。

第一，监察专员。信息安全的监管和保护需要以严密的网络监控为前提和基础，如果没有有效的制度约束信息安全监管和工作人员的行为很容易造成对公民信息权、数据权和隐私权的侵犯，因此，信息安全问责制度就成为信息安全职能部门工作人员的监督和约束制度，那么对于信息安全问责的执法人员又如何进行有效的监督，保证其在问责执法和问责处理的过程中不会出现违规或违法的行为，这就需要依赖英国政府所建立的监察员制度实现。监察专员由英国首相直接任命，但其并不隶属于任何行政部门，是独立于政府之外的监察机构。监察专员的任职需要满足两个基本前提，一是有高级司法职衔的现任或曾任官员；二是需要获得英国大法官、威尔士大法官、北爱尔兰大法官以及英格兰最高民事法庭庭长的联合推荐。监察专员的任期通常为3年，任期届满需由首相进行重新任命，监察专员由议会对其进行监督，如发现监察专员存在能量不足或监察失当的情况由议会共同商议进行罢免。监察专员主要通过审批信息安全问责的申请实现对信息安全问责过程的事前监督，监察专员主要通过审核、检查以及调查等方式行使监督权。

第二，司法监察专员。司法监察专员与监察专员的任命程序和方式相同，均由首相任命，司法监察专员的任职资格与监察专员的任职资格略有差异，司法监察专员需要具有司法职务的经历并且同时获得四大法官的联合推荐。监察专员和司法监察专员虽然都是行政监督主体且履行行政监督职能，但司法监察专员的监督主体为司法主体，这样的设置有利于信息安全问责过程中的客观和中立。监察专员与司法监察专员属于领导与被领导的关系，监察专员负责监督权的行使，不单单局限在信息安全管理领域，对其他的领域同样具有监督权，而司法监察专员主要负责协助监察专员行使监督权。虽然司法监察专员归监察专员领导，但其自身也保持着一定的独立性，当司法监察专员认为监察专员的工作和行为已经对国家安全和社会公众的利益产生损害时可以拒绝执行监察专员的命令，除了上述例外情况均需服从监察专员的领导。监察专员和司法监察专员的设置可以保证司法监督和行政监督在一定程度上实现权力的相互制约。监察专员制度属于行政监督类型但却可以达到司法监督的效果，其主要原因在于行政监督主体的独立性，监察专员直接对首相负责，行政级别明显高于同类职能部门，能够有效地开展监督工作，监察专员的独立性可以有效地避免其他行政主体的不当干涉。

（三）信息安全问责绩效评估机制

信息安全问责绩效评估制度是国家信息安全问责的组织机构设置以及开展信息安全问责绩效评估活动的规范体系，信息安全问责绩效评估制度对于信息安全问责工作的规划、设计以及运行等都发挥着重要的激励和促进作用。目前从世界范围看，美国和英国已经构建了比较成熟的信息安全问责绩效评估模式。英国的信息安全问责绩效评估体系以内阁办公室和政府数字服务局为核心，以信息专员办公室为主体，政府通信总部协同的跨部门信息安全问责绩效评估体系。从组织结构上看，以政府为核心的内阁构成了英国政府的最高决策层，其下属的内阁办公室负责对包括信息安全监管和信息安全问责在内的所有信息安全管理政策进行协调，国家安全委员会是履行保护国家安全的最高管理机构，对于国家信息安全问责需要国家安全委员会的参与，而对于社会和政府信息安全问责则由信息专员办公室参与。信息专员办公室与信息专员是信息安全监管和信息安全问责工作的执行主体，其评估的范围包括信息安全形势分析和预测、信息安全监管与保护以及信息安全问责与评估等多项职责和任务，在上述职责履行的过程中需要包括财政部、国家安全局、网络安全中心以及其他信息安全管理职能部门的协同配合。

（四）信息安全人才培养机制

无论是信息安全监管与保护，还是信息安全问责的监督与评估都需要具有信息安全基础知识的工作人员。同时由于英国政府在 2009—2016 年三次发布《国家网络安全战略》，明确将信息和网络安全提升至国家战略层面，并且在 2016 年颁布的战略中明确提出英国政府要在未来一段时间内大力培养网络信息安全人才，以提升信息安全的应对能力以及人才队伍的稳定性和持久性。英国政府在推进信息安全人才培养的过程中主要从以下四个方面开展培养工作：

第一，不断健全信息安全人才培养的政策体系。如表 4-1 所示，自 2009 年以来英国政府除了在《国家网络安全战略》中提出建设和培养信息安全人才队伍的规划外，还专门制定了包括《信息安全保障专业人员认证框架》《网络信息安全专业人员认证指南》等一系列支持性政策。

表 4-1　英国信息安全人才培养政策

年份	具体政策与措施
2009 年	发布网络安全战略，建设网络安全专业人才队伍
2011 年	出台网络安全新战略，加强信息安全技能与教育，确保政府和行业提高信息安全领域所需技能和支持；网络信息安全研究院、英国政府通信总部发布《信息安全保障专业人员认证框架》
2013 年	教育部设置新课程确保英国儿童从 5 岁开始就接受信息安全教育；英国 IT 行业技能组织与技术公司合作发起网络信息安全培训计划，在剑桥大学建立全球网络信息安全中心，帮助各国制订应对网络威胁的综合计划
2014 年	英国政府宣布有关计算机的课程进入英国小学教育体系，并且宣布开设免费的网上培训课程；《网络信息安全专业人员认证指南》明确了网络信息安全人员的职责和能力、要求、遴选、培训及管理办法，将网络信息安全专业人员分为七大类
2015 年	将网络信息安全学科纳入学术教育体系，并在 2014 年新增网络间谍硕士学位，在继续教育、高等教育中设置网络安全培训课程
2016 年	《国家网络安全战略（2016—2021）》中将填补网络安全人才缺口，明确为一项长期且具有变革意义的目标，并提出制定专门的网络信息安全人才技能战略
2018 年	英国网络信息安全机构在英国国家网络安全中心的支持下，合作培养天资聪颖的青少年信息技术天才

第二，加强信息安全教育。英国政府在明确了培养信息安全人才的战略和规划后，开始将信息安全教育与网络安全技能学习纳入英国教育体系中。一方面，英国政府在教育体系中设置网络信息安全相关基础或专业课程。将网络信息安全纳入学校教育体系中，信息和网络安全相关课程贯穿小学、初中直至博士阶段的学习，确保儿童从 5 岁开始接受网络安全教育。另一方面，划分了明确的专业方向。英国将网络信息安全人才划分为 7 个方向，主要包括信息安全评估师、信息保障审计师、信息保障架构师、安全和信息风险咨询师、IT 安全官、通信安全官和渗透测试员七大类，并在 2014—2015 年增加了 6 个网络安全硕士专业认证，同时，英国国家信息安全保障技术管理局指定认证机构对安全人员进行能力评估，对信息安全从业人员进行资质管理，不断进行网络信息安全从业资格的规范化和制度化。

第三，创新人才挖掘和培养路径。为了增强英国国内的信息和网络安全人才储备，英国的各信息和网络安全监管部门纷纷通过比赛、培训以及项目的形式进行信息和网络人才的挖掘和培养。例如，政府通信总部实施的"Cyber First 计划"，通过邀请年龄在 11～17 周岁的青少年参加网络安全挑战赛，对比赛获奖者和优胜者重点资助和培养，该计划自 2015 年一直延续至今。英国数字与文化部推出"网络校园项目"，政府将为该项目提供 2000 万英镑资金。该项目将面向年龄在 14～18 岁的 5700 名青少年展开，他们将在未来 5 年时间内每周获得 4 个小时的学习时间，英国将有成千上万名青少年获得网络安全培训的机会，这个具有前瞻性的项目将见证上千名最优秀、最聪明的年轻人接受除基础中学教育之外的先进网络技术学习。诸如此类的竞赛、项目还有很多，在此不进行列举。从英国各信息安全管理部门和对各种信息和网络安全人才项目的支持力度可以看出，英国政府在信息和网络安全人才的培养以及储备人才的挖掘方面可谓不遗余力，这必将成为英国信息和网络安全最坚实的保卫军。

第三节　英国信息安全问责制的特点与启示

一、英国信息安全问责制的特点

第一，信息安全问责顶层设计完善。信息安全问责的前提是要有坚实的政治保障，而完善的顶层设计是英国信息安全问责制度的基石，具体体现在三个层面：首先，健全的信息安全问责组织机构。英国政府、各安全机构都拥有具体的信息安全问责部门，并且支持行业自我管理、自我发展，允许并鼓励社会公众参与问责，保障信息安全，各问责主体之间相互配合、紧密联系，配合相应的问责制度，协调性强，多元问责主体发挥着重要作用。其次，英国信息安全战略完善且可操作性强。英国网络与信息安全战略不断发展完善，形成独有的国家战略制度，不但具有周期性，而且具有长期性，此外，英国政府公布的国家战略操作性强，虽然战略立足于维护网络信息安全，但并不局限于其本身，而是通过对网络安全提出的具体战略方案和实施细则来促进英国经济的发展，一举两得。最后，信息安全问责的规范化和制度化。英国信息安全问责制度具备完善的运行流程，同时配有完善的制度保障，例如在信息安全审查制度下，电子通信安全组对信息安全问责拥有完整严谨的问责程序，灵活的程序、严谨的制度保证着英国信息安全问责的质量和效率。

第二，法律法规健全且具有前瞻性。英国政府信息安全问责法律法规体系健全，种类繁多，涉及个人隐私保护、网络监控、儿童隐私保护等多领域法律，形成严谨的多层次的法律体系，而且英国信息安全法律紧跟时代发展潮流，具有很强的前瞻性，不断更新，适应国情、民情，具有很强的实用性和适应性，使得英国问责制度科学化，问责行之有效。早在 1996 年英国政府就组织互联网行业共同签订行业法规《分级、检举和责任：网络安全协议》，在鼓励互联网行业进行技术创新的同时也要求互联网行业要相应承担保障网络信息安全的责任，如有违反将按照行业法规的相关条款进行相应处罚。英国《电信法》规定：通过信息通信设备和网络设备传递攻击性信息或传播非常无理、下流、淫秽等内容属非法行为。在英国对信息安全监管的过程中部分传统信息安全法律法规已经滞后于互联网时代的发展，在这种情况下英国首相卡梅伦领导的联合政府于 2012 年批准向议会提交互联网监管法规草案。该草案允许政府部门严格监管互联网，允许情报部门依法监听电话、了解短信以及电子邮件的内容，并要求互联网公司向政府通信总部通报用户使用网络的详细情况。

第三，倡导互联网行业自律。英国政府特别重视互联网行业的自律机制建设，英国政府鼓励互联网行业、专业协会协商制定行业规范和行业公约，以保证互联网行业在信息安全保护领域承担起相应的社会责任。1996 年，在英国政府的主导下英国网络服务商成立"互联网监督基金会"，该机构主要负责对网络信息内容的筛查，对于其中的非法网络信息内容或可能造成不良影响的信息内容向网络服务商进行及时的通报并要求其限期整改。同时该基金会还会定期对非法网页链接数据库进行更新并开放查询权限，以便公众和相关政府管理机构能够及时了解。2010 年卡梅伦政府组建后，加强网络监管、净化网络环境就被提上了议事日程。在政府推动和社会舆论压力下，英国电信、天空网络等主流网络服务提供商同意将自动屏蔽色情网页作为所有新用户的默认设置，用户可选择是否关闭该模式。对于现有用户，网络服务提供商会通知他们决定是否增设成人内容过滤器。如果用户不作选择，网络公司将自动激活这个过滤器。

第四，增强公民的信息安全问责意识。根据德勤咨询发布的《2019年英国智能手机报告》显示，英国互联网和智能手机的普及率已超过90%，信息化、数字化和智能化的发展趋势对英国信息安全提出了新的挑战。英国政府充分认识到网络信息安全监管与问责绝不仅仅是政府和行业的事情，还要充分发挥广大网民的社会监督力量。英国鼓励行业组织和公民广泛参与信息安全问责，并成立相关部门和机构，完善相应制度来促进问责的发展。同时，政府通过开展多样化的教育活动，提高网民自我保护和信息安全监督和问责意识，并积极引导网民自觉参与信息和网络安全管理工作。英国尤其重视对儿童及青少年进行信息和网络安全教育，不断健全信息和网络安全教育培训体系。

二、英国信息安全问责制的借鉴与启示

英国作为世界上信息化水平最发达的国家之一，注重网络信息安全战略顶层设计和法律法规体系建设，强化信息安全问责管理，在网络与信息安全维护上取得显著成果。我国信息安全问责制建设方面相对滞后，面对日益严峻的信息化挑战，建议立足我国国情，借鉴英国信息安全问责制度的优势，推动我国信息安全问责制建设。

（一）加强国家信息安全战略体系建设

英国网络安全国家战略随着时代发展不断更新，形成了系统全面的网络与信息安全战略体系。虽然我国对信息安全发展非常重视，但起步晚、发展慢，还没有形成系统的信息安全战略体系，建议将网络与信息安全提升到国家战略高度，加强信息安全管理的顶层规划，对网络与信息安全工作进行总体设计和通盘考虑，明确我国信息安全的发展方向及其在国家战略中的重要地位。首先，加强战略规划前要进行充分调研和广泛征求民意。结合我国新时代的国情，建设具有中国特色的信息安全国家战略体系。其次，制订切实可行的战略实施方案。英国一系列网络安全战略非常注重可操作性，这一点对我国具有非常大的参考价值，我国要充分调动信息安全相关部门的工作积极性，制定出符合实际的实施细则，确保我国网络安全战略的顺利实施。最后，加大政府部门的战略资金投入。英国网络安全战略作用的发挥离不开资金投入，其战略内容无不例外地都包括资金投入，比如2010年国家安全战略投入约6.5亿英镑，2016年国家安全战略投入约19亿英镑，我国也应加大对网络与信息安全的资金投入，确保战略顺利实施，充分激发战略带来的经济收益，促进经济发展、社会稳定。

（二）构建信息安全管理和问责法律体系

保障网络与信息安全离不开法律法规的保驾护航，只有在法律法规完善的前提

下才能为信息安全保护提供有效规范规则以及可操作性的运行程序。英国注重法律法规建设，根据时代发展不断更新相关法律条例，尤其是在公投脱欧后积极调整信息安全法规条例，形成了多层次、全方位的法律体系，在网络与信息安全保护方面发挥着重要作用。而我国信息安全法律建设起步较晚，信息安全相关的法律数量明显不足，信息安全问责制度发展不成熟，针对网络与信息安全类犯罪，多采用普遍使用类法律准则，效力针对性和权威性严重不足。因此，我国应借鉴英国网络与信息安全法律体系建设的经验，结合我国国情，积极推进信息安全立法工作，逐步建立具体的系统的网络与信息安全法规，建立起合理、准确、完整的网络和信息安全法律体系，使信息安全管理能够有法可依。此外，还要积极宣传完善的法律体系，使每一部法律法规家喻户晓，加强公民对信息安全法律的理解，强化法律的威慑作用。

（三）建立多元问责体系，提高问责针对性

英国的网络与信息安全问责并不是仅靠政府力量，而是形成政府、相关部门和机构、行业和社会的多元责任主体。英国政府充分认识到信息安全需要各方的广泛参与，在国家网络安全战略中多次提到增强政府与私营机构、政府与个人、私营机构与个人之间的合作，将信息安全监管的艰巨任务分解和强化。我国政府的管理和服务涉及社会生活的诸多方面，因此在信息安全问责上政府的作用大于社会组织和个人等其他主体的作用，在中国目前还没有建立起多元的信息安全问责主体，大多数还依靠政府内部问责。因此，我国要不断完善问责体系，逐步创建以政府为主，其他国家机关、新闻媒体、社会组织和公民等为辅的多元问责主体，形成多元主体相互配合的问责体系，同时要提高问责的针对性，这就需要细化各责任主体职责，强化责任意识，并注重将问责过程和问责结果适当公开，保证充分发挥问责体系的作用。

（四）健全信息安全审查和保障机制

第一，建立信息安全审查制度。英国政府通过建立信息安全审查机构和一整套信息安全审查制度，对政府采购的信息产品和服务进行安全审查，有效地保障了英国国家的网络与信息安全。目前，网络威胁和网络风险不断严重，我国也意识到并且已经开始实施信息安全审查制度，但发展还不完善，我国要加快健全信息安全审查制度，尤其是对进入政府内部和国家关键基础设施的信息产品和服务。我国要提高技术研发水平，通过高技术严格规范信息源头，还要制定严谨的审查流程，确保审查的精密性等，通过国家、社会共同努力健全信息安全审查制度。第二，健全信息安全保障机制。我国要加强信息安全执行机制，从政府方面加强执行队伍建设，提高信息安全管理队

伍建设水平，形成高效的行政问责；还要开拓多种方式和途径广泛收集意见，推进信息安全不断向前发展，适应新时代的发展要求。

（五）加强信息安全人才队伍建设

第一，推进信息安全人才发展战略的编制进程。一是建议主管部门牵头，相关部门协同统筹编制网络信息安全人才战略，基于已经出台的《关于加强网络安全学科建设和人才培养的意见》（中网办发文〔2016〕4号），在人才专项战略中提出扶持政策和具体实施细则，在战略层面将网络信息安全人才培养的职责落实到各分管部门；确定每年人才培养总体规模、各类人才数量；衔接有关部门确定和调整学科设置要求，分类人才的知识结构要求；确定学校、培训机构等在人才培养体系中的任务分工等。二是明确各分管部门在人才培养中的职责并赋予相应自主权，如指导行业分管领域的教育课程设置，规范分管领域职业培训等。三是设置各分管部门的统筹协调机制，合力推进人才培养。

第二，健全信息安全人才培养体系。首先，在信息安全人才教育体系设置方面需要给予信息安全人才培养更多的关注，并强化人才培养支持力度，建议支持高校建立网络信息安全实验室，为培养学生实践能力提供条件。鼓励企业网络信息安全高端人才到高校兼职任教，为高校提供实践经验丰富的师资力量，支持高校与企业联合，在网络信息安全领域，本科阶段引入更多的实践课学分。其次，在职业培训和资格认证方面，鼓励行业分管部门授权职业培训和资质认证机构，弥补分管行业领域在专业领域的培训及资质认证不足，开展专项领域人才职业培训和资质认证。鼓励企业在满足国家规定的要求下，根据企业产品开发和市场拓展的需要，开展网络信息安全的职业培训和资质认证。最后，通过校企合作、技术培训等方式选才、用才、留才，直接培养社会所需要的信息人才，从而把信息安全人才资源汇聚起来，建设一支素质高、能力强、专业化的网络与信息安全人才队伍。

（六）加强信息安全教育

2018年，教育部印发《关于加强大中小学国家安全教育的实施意见》，意见中明确提出：构建中国特色国家安全教育体系，把国家安全教育覆盖国民教育各学段，融入教育教学活动各层面，贯穿人才培养全过程，实现国家安全教育进学校、进教材、进头脑，提升学生的国家安全意识。信息安全是国家安全的重要组成部分，因此我国也要进一步加快信息安全教育体系的完善。第一，构建完善国家信息安全教育内容体系。制定《国家信息安全教育指导纲要》，科学设置信息安全教育教学的整体架构和主要内容，提出各学段具体的教育内容要求。第二，编写信息安全教育教材。在已有理论课的教材编写中要强化政治安全、经济安全、国土安全、社会安全、生态安全、信息和网络安全教育，将信息安全意识贯穿整个教育全过程。第三，推进国家信息安全教育实践基地建设。统筹利用现有资源，鼓励支持各地遴选建设一批符合总体国家安全观要求的综合性教育实践基地、满足不同领域国家信息安全教育需求的专题性教育实践基地。第四，加强国家信息安全教育师资队伍建设。积极推进国家信息安全教育专业教师培养工作。教育主管部门和学校分级开展教育行政管理者专题培训，重点培育和选拔一批国家信息和网络安全教育教学名师，打造一支以专业教师为骨干、专兼结合的国家信息安全教育师资队伍。

第五章　日本信息安全问责制的发展与启示

第一节　日本信息安全问责制的历史沿革

在信息革命和大数据时代席卷而来之际，以数据和内容为核心的信息价值呈几何级增长趋势，作为提升政府公信力和服务水平的政府信息公开更是甚嚣尘上，政府信息公开作为国家行政机关回应公众对政府信息需求的及时和准确性要求之外，更是对政府信息安全行为进行评估、规制和约束的重要依据。2008年5月我国颁布施行的《政府信息公开条例》使我国政府信息公开维度的延伸和范围的扩展有了法治要求，但信息安全问题也愈发严重，成为社会担忧和关注的焦点。日本的信息公开制度较为成熟，在政府信息安全问责制度体系建设方面较为健全，本节通过分析日本信息安全问责制度的内容与特征，以期为我国政府信息安全管理及问责体系建设提供一定的参考和借鉴。

一、日本信息安全问责制构建的原因

（一）隐私权到个人信息安全的拓展

日本的信息安全保护源于隐私权的保护拓展与完善，而日本隐私权的保护经历了由无到有、由被动保护到主动防控保护、由私法承认保护到以宪法为主导的公法的隐私权保护的发展过程。在日本隐私权保护的标志性开端源于1964年"盛宴之后案件"，在该案件中，原告的起诉理由为被告以原告的生活原型撰写了文学作品《盛宴之后》，而私生活细节的获取方式为偷窥，原告认为被告严重侵犯了个人隐私。法院的判决简述如下：个人尊严保护是近代法的理念之一，同样是日本宪法的基本立足点，只有人格得到尊重和保护，个人尊严保护才能付诸实践，因此，东京地方法院判决赔偿原告损失。在该案件之前，与此类似的案件判决都是以名誉权保护标准为判决依据的，而该案件首次将个人隐私权保护和不被干涉作为判定的依据，被日本法学界认为对国内隐私权保障有重要的理论价值，同样被视为日本隐私权保护的开端。推动日本隐私权走向公众视野并得到政府和法律首要认可要归功于1969年发生的"京都府学联案件"，在该案件中日本警务厅在调查取证的过程中对示威游行的队伍进行拍照，引发了大规模的双方斗殴。日本最高法院对上述案件的判决中指出：依据日本国家宪法第13条之规定：公民拥有个人尊严和追求幸福的权利，即使在行使国家行政权力的过

程中也无权干涉公民的个人私生活，包括未经允许私自拍摄公民容貌和行为违反了宪法的基本精神，因此判定日本警务厅警员的违法行为成立。该案件的判决从宪法层面对公民隐私权进行了肯定和认可，将隐私权由之前的司法权利拓展至公法权利，隐私权的保障对象包括公民个人生活中与公共利益无关且不愿为其他人知晓了解的个人信息、事务以及生活空间和状态等内容。

在"盛宴之后案件"及其之后的一系列案件中，日本法院基本上还是将隐私权定位为一种消极和被动保护的权利，而 1986 年"在日居住的韩国人拒绝在办理居留登记手续时按手印案"的判决中，法院认为指纹为个人具有代表性的生物特征，可通过指纹对不同个体进行区别，因此，指纹信息应当由公民个人自由管理，公民享有不被违背意志强制按手印的自由，因此判决原告胜诉。而"在日台湾人身份调查表订正请求诉讼"案件的判决进一步增强和拓展了公民对个人信息的控制权。该案件中的当事人曾在日本军队服役，其所属部队和日本厚生省在其档案信息中将其列为逃兵，给其在就业、贷款以及生活方面带来了极大的困扰。原告诉至法院请求判决信息不符合事实并对逃兵等细节信息进行删除、更正和修改。法院经过调查核实，证明原告的信息确实存在错误记录，并且该错误信息的放任不管给原告在生活中造成了不利影响甚至是名誉损害，因此判定原告所属部队和厚生劳动省在判决发布后尽快恢复原告名誉，更改和删除对原告生活不利的个人信息记录。该案件判决中公民对个人信息拥有实际的控制权，可以对个人信息进行更改、删除和存储，同样也可以要求政府职能部门以及其他社会组织对非法定保留的个人信息予以删除。由此隐私权的保护范围已经拓展至个人信息保护层面，由传统意义上不为他人所知、不愿或者不便为人所知的个人私事扩展到公民所有的个人信息，包括能够识别出或者可以识别出个人的所有信息。

在司法实践中，日本通过立法手段不断健全对公民隐私权的保护，自 1988 年以来，日本先后制定了包括《关于对行政机关所持有之电子计算机处理的个人信息加以保护的法律》《个人信息保护法》《关于保护行政机关所持有之个人信息的法律》《关于保护独立行政法人等所持有之个人信息的法律》以及《信息公开与个人信息保护审查会设置法》等多部涉及公民个人信息安全保护的法律法规。但是上述法案的适用范围和群体并不完全相同，例如：《个人信息保护法》适用于政府部门和非政府部门规定了保护个人信息的若干共同事项；《关于保护行政机关所持有之个人信息的法律》和《关于保护独立行政法人等所持有之个人信息的法律》适用于政府部门和行使行政职能的特殊法人，而对于非政府部门仍主张以个别法或自律为主。总而言之，日本不但确立了在司法上对隐私权进行保护的规则，而且通过个人信息保护法律法规体系的完善，进一步增强对公民个人隐私权的保护。

（二）信息产业飞速发展导致的信息安全风险

日本的信息产业发展共经历了以下三个阶段：

第一，萌芽阶段（1970 年之前）。20 世纪 50 年代日本政府就致力于信息产业的发展，1957 年颁布的《电子工业振兴临时措施法》成为日本信息产业发展的指导性法律文件。1963 年，日本学者提出未来社会必然是信息社会的言论和观点引起了政府极大的关注和重视，1969 年日本国产大型计算机投入应用，标志着日本在计算机技术领域步入世界领先行列。在该阶段信息资源在市场经营中的重要性逐步凸显，逐步成为各企业的重要战略资源之一，为日本信息产业的发展奠定了坚实的社会基础。

第二，初步发展阶段（1980—1999 年）。在该阶段日本信息产业经历了由发展高潮到低谷再到复苏的发展过程。20 世纪 70 年代，日本政府将信息产业作为国家战略性产业予以支持和鼓励，1971 年计算机产业实现资本自由化和进口自由化以及《特定机械信息产业振兴临时措施法》的颁布和实施等政策共同作用下实现了日本信息产业的飞速发展。到 20 世纪 80 年代末期，日本的信息产业进入空前繁荣的发展时期，1989 年日本信息产业的市场规模就达到了 340 亿美元，信息服务业的营业额占世界总产值的 6%，而日本东芝公司生产的全球第一批笔记本电脑帮助其迅速占领了全球 20%的市场份额。但是到了 20 世纪 90 年代，受亚洲金融危机的影响，日本的经济发展呈现衰退的迹象，长期低迷的市场经济形势对信息产业造成了致命性的打击，日本企业在微处理器、计算机网络、软件等领域的技术优势和市场优势彻底消失，日本的信息产业陷入发展低谷。日本政府为了推动信息产业的发展，先后制定了《行政信息化五年规划基本计划》《日本信息通信基础建设基本方针》以及《经济结构改造计划》等一系列产业提升和复苏计划，不断提高信息产业地位，加强信息基础设施建设。到 2002 年，日本的信息产业复苏计划初显成效，电子信息产品市场规模达 3800 亿美元，在信息技术及产品开发、市场占有率和核心技术等方面，在全球居于领先地位，仅次于美国。

第三，稳定发展阶段（2000 年至今）。进入 21 世纪后，日本政府在经济全球化的背景下更加充分认识到信息产业发展对于国家经济发展以及国家安全的重要性，自 2001 年开始先后制定了"E-Japan 战略""E-Japan 战略 II"以及"u-Japan 战略"。为实现上述战略计划，日本政府编列了高达 733 亿日元的预算。在上述战略计划的推动下，日本 2001—2007 年信息产业增长幅度为 39.6%，2008 年日本信息产业的年增长率为 6.5%，产业规模为 2144.5 亿美元，占当年 GDP 总产值的 12.6%。2007—2010 年，日本的信息产业发展迅猛，伴随着信息安全问题和信息安全风险的增加，日本的信息产业迅速占领全球 12%的市场份额，到 2010 年占全球信息安全产业市场份额的比例为 13%。在全球信息产业链条中，日本在全球信息产业中的作用仍举足轻重。2018年日本信息产业占全球份额的 20.4%，在信息技术硬件领域日资企业占全球份额24.88%，在半导体领域日本的市场销售额占全球总量的 14.32%。

日本信息产业的发展对日本产业结构调整、对外贸易以及对政治和社会生活均产生了重要的影响。在政治领域，随着信息产业的发展、应用以及普及，电子政府和智慧政府建设的公众需求逐步增加，而电子政府和智慧政府的建立需要以收集公民的各项基本生活数据为基础，海量数据的收集、存储和使用对政府信息安全保护工作提出了严峻的挑战。在公民的社会生活领域，信息化的发展极大地提高了公民的生活质量和水平。据统计，2019 年日本的互联网使用人口普及率已高达 90%，以互联网为中心的信息化战略飞速发展，使得日本信息流通的成本与耗时大幅度下降，互联网时代彻底改变了人与人、人与组织之间的关系，网络已经成为公民生活中不可或缺的存在。在信息化建设飞速发展的同时，日本也面临着严峻的信息安全问题，2009 年，日本陆上自卫队现役 14 万官兵的个人信息被泄漏；2018—2019 年间日本政府外雇员工高桥雄一盗窃了神奈川县政府原本准备销毁的硬盘在内的记录媒体 51 个，通过转卖获利 1900 万日元。据不完全统计，日本企业和政府部门的网络 2018 年遭到非法侵入等共 1388 起，共导致约 925 万人份的个人信息泄露。网络犯罪、网络泄密、病毒泛滥和黑客攻击等成为当下日本站政府维护信息安全的重点关注领域。

（三）数字化转型中的信息安全风险因素增多

当下我们生活的时代是信息和数据大爆炸的时代，任何不能顺应时代发展的组织形式均会被淘汰，因此数字化转型是顺应时代发展的必然要求。数字化并不是对组织以往信息化的推倒重建，而是在原有信息化建设基础之上，信息化系统内部的数据和信息资源进行互通、互联、共享以及整合应用。在传统的信息化建设阶段存储了大量的数据，但不同的数据分散在不同的信息系统当中，并没有充分发挥出这些数据的真正价值。而数字化转型就是要将数据视为资产，通过大数据分析和云计算让这部分资产实现保值增值。在数字化转型时代，组织所面临的信息安全风险，除了源于传统的基础设施层面、网络环境层面和系统应用层面以外，更多的风险来源于对信息和数据的安全管理方面。普华永道 2019 年发布的《数字信任洞察报告》中显示，大部分组织和管理者认为数字化转型过程当中最严峻的风险就是数据治理和隐私安全的风险，选择该选项的被调查者占到总调查人数的 28%，产品和服务创新风险与网络安全风险分列第 2 位和第 3 位。导致上述风险产生的根本原因既包括法律和监管体系的不健全，还包括企业内部信息安全体系构建的不完善。

从外部监管的视角看，数字化转型过程当中对各项用户数据的收集、储存和使用风险都在相应地增加，而以政府为主导的信息安全法律法规的相对滞后性以及信息安全监管执行的乏力导致信息安全泄密、侵权以及网络攻击事件频繁发生，对公众的经济财产和人身安全造成了严重的损害。从企业内部数字化转型的视角看，数字化转型过程当中，大部分企业会通过加大大数据、云计算和物联网等新技术的应用推进组织内部的数字化转型。在上述新技术应用的过程当中，基于数据的收集、处理、存储、使用、归档，销毁等不同的生命周期阶段均存在不同程度的信息安全风险隐患，如图5-1所示。综上所述，加强政府信息安全监管和执法力度，健全信息安全法律法规体系，推进信息安全问责制度的构建势在必行。信息安全问责制度的建立既是实现政府信息安全保护职责的重要途径，也是提高企业经济利益增长的主要方式，同时也是满足社会公众信息安全权利诉求的必然选择。

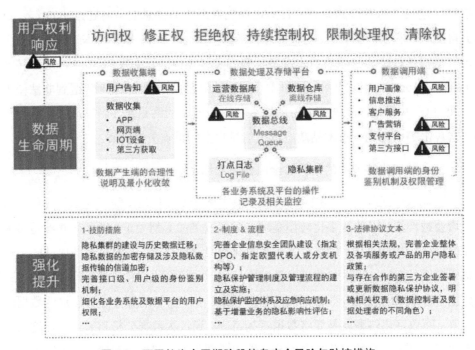

图 5-1　不同的生命周期阶段信息安全风险与防控措施

二、日本信息安全问责制构建的理论基础

日本信息安全问责制度构建的理论基础，可从政治维度和学术研究维度进行理解和剖析。

第一，从政治维度看。"二战"战败后日本放弃天皇制，采用"三权分立"原则，改为议会内阁制。国会是国家的最高权力机关，是国家唯一的立法机关，由众议院和参议院组成。国会对行政、财政、司法拥有监督权，可决定内阁首相人选，有权审议和通过政府预算和国家财政议案，可对玩忽职守和违反法律的法官进行调查和起诉甚至予以罢免，众议院有权通过内阁不信任案；内阁是国家最高行政机关，在内阁总理大臣（首相）的领导下，总揽全国行政大权，领导和监督各级行政机关的工作；最高法院是国家最高司法机关，形式上同国会、内阁处于平行地位，有权决定一切法律、命令、规则以及处分是否符合宪法。日本政府在地方管理方面实行地方自治，其中问责制度便是日本法制宪政要求下的重要组成部分。日本政府信息安全问责范围涵盖所有行政机关及其所属行政官员，承担之责任分为个人与角色责任，惩处据其职责履行效果分为"分限处分"和"惩戒"。政府行为及活动涉及大量的非公开性质甚至绝密性质的信息传递和交流，故日本历届内阁成员都将政府信息安全管理及问责作为政府工作的重要内容。

第二，从学术研究维度看。日本学术界对政府信息安全问责制度的研究从未停止，川北隆雄（1985）从信息传输方式多样化背景下提出，信息安全基础设施发展思维的方式应发生改变，第三方责任调查的引入很有必要。东京大学社会信息研究所的田中淳一教授（1994）从政府责任角度出发，提出信息安全问责包括电信及通信政策的所有内容，官僚的权限在信息安全政策中应提高比重但要更注重责任的追究。20世纪之前的日本政府信息安全研究着重强调在信息安全维护的技术性特征上，而伴随着私人部门思想在公共部门的全面渗透，学术界愈来愈重视社会介入政府信息安全问责的研究，信息安全也开始注重运用风险分析和评估以解释人类角色、行动、目标和政策。砂田薰（2007）从狭义的政策领域角度提出，IT渗透到个人层面，正从产业为中心转为对全社会的政策覆盖，信息发展和政府政策密不可分，政府对信息安全的问责更是行政职责所在。八木隆（2007）从私营部门的角度出发，事后评估政府对新战略的努力状况并与其他国家进行比较，将"PDCA循环"引入信息安全评估专家委员会的评估根据之中，建立用户观点的PDCA循环和性能观点。冈本刚和（2013）从财政部门介入提出，日本信息化中网络数据通信需求扩大，财政部门要积极参与信息政策与责任追究，并在政策中引入竞争原则。奥村裕一（2013）认为，电子政务促进行政管理现代化，政府整体信息安全政策制定中，政府信息安全官（CIO）的监督责任应逐步扩大。大平利幸（2014）从提高政府管理效率角度提出，信息安全涉及政府税制改革与社会保障整合改革，信息安全问责体系要打破部门的纵向分工体制，促进整个政府信息安全问责执行。

三、日本信息安全问责制构建的发展历程

日本的立法体系相当健全，日本政府主张以法治国，几乎在所有领域都制定了相对完善的法律法规体系，在信息安全监管和问责领域也不例外。虽然日本的信息安全起源于对隐私权的保护，由于法学界对于隐私权立法的研究成果颇丰且比较明确，因此本书不再对隐私权立法进行赘述，而是从日本信息安全相关的立法起步开始进行梳理。

由于日本在地方管理方面实行的是地方自治制度，在信息化发展较快的20世纪70年代，日本部分地区的信息化发展速度较快，在其信息化快速发展的过程中部分地方政府和地方公共团体开始意识到信息不仅会带来便利和优势，同时也会带来风险和隐患，因此日本少数地区公共团体开始尝试建立地方个人信息保护自治条例，最早对个人信息保护进行立法的地区为德岛市，德岛市于1973年制定了《关于保护电子计算机处理的个人信息的条例》，由此开启了日本信息安全保护的法制化的进程。由于受到1982年中央政府行政管理厅报告的积极影响，福冈县的春日市在1984年制定了《春日市个人信息保护条例》，神奈川县川崎市于1985年制定了《川崎市个人信息保护条例》，随后各地方政府纷纷加快个人信息保护相关法律法规的制定进程。同地方政府积极推进个人信息保护立法相比较，日本中央政府在信息安全立法方面的态度极为谨慎，由于考虑到全国性的信息安全法所涉及的利益群体较多且利益关系复杂的现实情况，日本政府决定在行政机关个人信息保护立法领域先进行探索和尝试，因此日本政府于1988年出台了《行政机关计算机处理个人信息保护法》，该法案对个人信息的保护有两个限制性原则：一是该法案仅适用于中央和地方行政机关，对其余领域并不适用；二是该法案中对于个人信息的保护行为仅限于应用计算机处理个人信息的过程，而不适用于人工处理个人信息的行为。从上述两个基本限定条件就可以看出日本政府对于个人信息安全保护的谨慎态度，将适用范围限定为行政机关内部以及以应用计算机为主要媒介的个人信息保护，具有明显的局限性，虽然无法完全实现所有领域的个人信息保护，但毕竟推动了日本信息安全法律体系的完善。随着时代的进步和社会的发展，日本政府发现《行政机关计算机处理个人信息保护法》已经不能满足公众对于个人信息保护的需求，因此，日本政府在1998年开始对个人信息保护进行法制改革，并于1999年制定了《个人信息条例》，2001年修改为《个人信息保护法》，并建议将《行政机关计算机处理个人信息保护法》修正为《行政机关个人信息保护法》，并同时制定《独立行政法人个人信息保护法》《信息公开、个人信息保护审查会设置法》以及《行政机关个人信息保护法等施行准备法》。上述五个法案在2003年经国会审议通过，定于2005年4月1日起正式施行，从而标志着日本信息安

全管理和问责的法律框架体系基本形成。

日本信息安全问责的立法既融合了欧美信息安全问责法律体系的特点，又兼具了本国的政治、经济和社会文化特色，因此，本书将日本信息安全问责的立法特点归结为两个方面：

第一，混合型的信息安全问责立法模式。日本民族和政府的学习和创新精神，在信息安全保护和问责立法领域体现得淋漓尽致。1988 年制定的《行政机关计算机处理个人信息保护法》充分吸收了美国《隐私法》的立法理念，在保证公民信息安全权益不受公共权力损害的前提下，将信息安全保护和问责的范围限定在行政机关处理个人信息的过程，这样的立法设定比较符合当时日本的经济发展水平以及公众的诉求。随着欧盟 1995 年制定的《个人数据保护指南》开始实施以及国内对于个人信息安全保护立法呼声不断高涨的社会压力，日本政府准备对个人信息保护法进行修正，并倾向于学习欧盟的个人信息保护理念和立法模式。日本政府加快个人信息安全立法的修正进程主要原因在于对国际化信息安全保护趋势的分析、担心个人信息保护立法的水平与国际无法接轨会影响到日本的对外贸易以及维护国内公民的信息安全权益等多个方面。通过日本政府在 2003 年通过的 5 项关于个人信息安全保护和问责的法律，可以看出日本在信息安全立法方面，既融合了欧美国家的立法精神和原则，同时又充分坚持了自身的制度传统。日本个人信息保护的立法模式是对美国模式和欧盟模式的折中，既注意到本国行业自律机制的有限性和法制化的必要性，又没有一味迎合欧盟对个人信息实施全面保护的要求，试图在保护个人信息与保障信息自由流动之间寻找平衡①。

第二，独特的信息安全问责组织机构设置。日本政府在信息安全问责组织机构的设置方面，既没有效仿欧洲国家设置独立的信息安全问责机构，也没有像美国一样完全不设置任何独立的机构。日本政府在 1988 年《行政机关计算机处理个人信息保护法》中明确提出要设置个人信息保护审查委员会，该委员会的机构性质既不是行政机关也不是司法机关，而是具有一定行政属性的咨询机关。随着日本国内信息安全法律体系的不断健全，尤其是 2005 年实施的《日本信息公开与个人信息保护审查会设置法》以后，日本政府决定将个人信息保护审查委员会机构调整为信息公开和个人信息保护审查委员会。审查委员会由 15 名委员组成，委员由内阁总理大臣任命，任期为3 年，可以连任。公民对个人信息公示决定、个人信息订正决定不服的可以提出不服申请，而对该不服申请进行裁决的长官应当向个人信息保护审查会咨询，主要法律依据包括《行政机关信息公开法》《独立行政法人行政信息公开法》《行政机关个人信

---

① 姚岳绒. 日本：混合型个人信息立法保护[N]. 法制日报，2012-06-19（010）.

息保护法》以及《独立行政法人个人信息保护法》等。从信息公开和个人保护审查委员会及信息公开和个人信息保护职责于一身的特点来看，与英国的信息专员办公室有些许类似，但是与英国信息专员办公室所不同的是组织性质，英国的信息专员办公室虽然不是行政机关，但是是类行政机关，可以理解为是行政机关的延伸或派出机构，而日本的信息公开和个人保护审查委员会的性质定位为政府的咨询机关。此外，信息公开和个人保护审查委员会仅接受法律所规定的特定法律主体行政机关和独立行政法人的咨询和信息保护。

第二节　日本信息安全问责制的框架体系

日本政府信息安全问责制的框架体系主要有信息安全问责的组织机构、信息安全问责的法律法规体系、信息安全问责的主体以及信息安全问责的运行机制四个部分。

一、日本信息安全问责制组织机构

2000 年，日本"IT 立国"政策开始启动，根据《高度信息通信网络社会形成基本法》日本政府设立 IT 战略总部，由内阁总理兼任 IT 战略总部部长，其余国务大臣为 IT 战略总部成员，主要负责日本信息化战略的具体实施和落实。2005 年，IT 战略总部决定以内阁为主导，涵盖信息安全中心、总务省、警察厅、文部科学省以及法务省等在内的政府信息安全管理相关职能机构共同建立网络信息安全会议制，各职能部门最高负责人定期参加该会议，并集中学习和讨论国外信息安全治理的相关法律法规或制度政策，并且根据日本本国的国情制定信息安全管理的政策和法律。

第一，信息安全中心。2005 年，IT 战略总部决定在内阁官房设立信息安全中心，主要负责处理与网络信息安全管理相关的事务。信息安全中心的具体职责可归纳为三个方面：首先，负责在信息公开平台共享被举报的各种网络信息安全违法和网络信息安全侵权行为和信息，并及时通报各种信息安全侵权和违法行为的处罚结果；其次，负责制定网络信息安全会议上所提出和制定的各项信息安全方针和政策，在具体执行的过程中要注重加强各职能部门在信息安全监管方面的协作能力，推进各部门之间的信息共享和人员的顺利沟通；最后，负责信息安全管理法律法规以及政策的普及和宣传工作，主要包括政务信息公开、宣传培训以及舆论媒体的宣传等多种宣传方式。信息安全中心与其余职能部门间并非隶属关系，信息安全中心所承担的职能更多地体现在上传下达、政策执行以及协调各部门之间关系等方面。

第二，内阁府。日本内阁府是政府行政部门的最高决策机构，内阁中的过半数成员必须为国会议员。日本宪法规定："行政权属于内阁。"然而，内阁负责控制和协调众多的政府部门和其他的中央行政机构，并授权这些部门和机构执行和管理日本中央政府的日常事务。日本本内阁府和各省厅委共同组成中央省厅，目前，日本的中央政府机构按照金字塔结构的级别制开展工作。内阁成员负责设定各省厅委内部职位的权限。日本内阁府在政府组织机构体系中属于政府部门的最高决策机构，其所管辖的领域涉及政治和社会生活的各个领域，而在信息安全管理领域，内阁府主要负责与青少年信息安全保护相关的政策的制定。内阁府作为青少年信息安全保护的主要行政执行机关，一直致力于通过加强与各道县政府的合作进行青少年信息安全的有效保护，在长期探索中发现，外界干预和约束对于青少年信息安全的保护效果远不及信息安全教育所带来的效果好，因此内阁府从源头抓起，将信息安全教育融入日本中小学教育体系，同时不放松对网络环境的维护和营造，尽最大可能降低负面信息对青少年成长产生的消极影响，同时不断提高青少年的信息安全意识。

第三，总务省和警察厅。总务省和警察厅由于部门职责的限制和约束分别承担信息安全监管职能中的部分职责。总务省主要侧重于对网络信息安全内容诸如移动信息、垃圾邮件以及诈骗信息等信息内容的治理职责，总务省以《特定电子邮件法》为法律依据，通过与官民合作的形式对网络信息内容进行分类分级，同时鼓励和支持非政府组织和民间组织开展的推广网络信息内容安全计划的项目。警察厅主要侧重于承担网络信息安全监管和治理职责，具体职责包括两个方面：一方面，对违法网络信息进行严厉查处，尤其关注未成年人员网络色情信息领域的监管和治理工作，对于违法网络信息一经发现，立即查处，尽最大可能为网民营造清朗的网络环境；另一方面，在全国范围内开展有关网络信息内容安全的宣传以及实地演习如何防范网络不良信息渗透。

第四，个人信息保护委员会。2017年，日本国会通过《个人信息保护法》修正案，在该修正案中将原本分散在各职能部门中的信息安全监管、治理和问责权全部转移至个人信息保护委员会，确立了个人信息权利保护的一体化监督体制。日本个人信息保护委员会的专门化设置，与利用个人信息的主体发生变化密切相关。最初对个人信息权利的立法保护以监督行政机关为目标，这种体制设计与计算机技术的发展趋势息息相关。在20世纪80年代计算机在商业和生活领域的应用和普及率较低，而政府部门已经开始广泛应用计算机技术对公民个人信息进行管理，自然引起学术界对政府公共权力有可能过度收集与控制公民个人信息现象的警惕，日本政府由此开始专门针对利用计算机处理个人信息的政府行为进行规范。但随着计算机商业应用的不断增多，与行政机关信息安全保护法律体系相对健全相比，对民间和商业领域的个人信息保护法律体系建设就显得相对滞后，当时的日本政府在商业领域个人信息保护立法方面存在顾虑，主要是担心商业领域的个人信息保护立法会影响市场的活力以及国家经济的增长，同时其认为存在信息安全漏洞的商业企业或互联网平台会通过市场机制实现自我淘汰。正是基于上述两方面的考量，日本立法机关设计出兼顾统一立法和民间行业自律个人信息保护委员会制度。根据《个人信息保护法》中明确的"保护个人权益利益，兼顾个人信息有用性"的基本原则开展个人信息保护工作，个人信息保护委员会由委员长与8位委员组成。个人信息保护委员会的主要职责包括对行政机关、企业以及其他社会机构等可能收集和存储个人信息的组织进行信息安全监督；认定和监督个人信息保护认证机构；开展信息安全保护领域的咨询工作；设置专职岗位接受公众、组织或行政独立法人的信息安全投诉案件处理；对信息安全风险进行标准制定和评价；开展信息安全问责制度的实施等。

二、日本内阁政府信息安全问责主体构成

日本自"二战"后经过非军事化和民主化改革，确立了立法、行政与司法三权分立的议会内阁体制。国会、内阁和最高法院相互制约与监督，参与到政府信息安全问责之中，此外独立行政法人、第三方和社会公众等构成政府信息安全问责主要体系，稳健的组织架构、持续的授权、合格人员服务，大大加强了问责压力，使得日本信息安全管理和问责得到了稳步的发展。

（一）政府内部问责

第一，内阁问责。日本政府信息安全问责中心部门为内置于内阁秘书处的国家信息安全中心（NISC），对国家信息安全应急系统和责任追究负有双重责任，政策制定问题则由内阁总理大臣和内阁官房长官担任主席的国家安全保障会议（NSC）和信息安全政策委员会（ISPC）决定。根据NSC和ISPC确定的正式方向，由NISC和IT战略本部合作，结合政府机构统一标准小组对国家的行政机构进行审计，政策由各部委执行，使得信息安全问责机制有效运行。在内阁秘书处领设的政府机关信息安全监测和应急小组（GSOC）全天候24小时收集和分析政府信息安全系统，对信息系统内部状况进行渗透测试，检查和改进政府信息系统，保障信息安全问责准确有效。

第二，行政辅助性部门问责。总务省（MIC）、人事院（NPA）、财务省（MOF）、经济产业省（METI）、个人情报保护委员会（PPC）、国家警察厅（NPA）和防卫省（MOD）服务于国家信息安全中心，发挥问责辅助作用。总务省注重行政部门业务合规性检查和审计；人事院（NPA）根据编制和实施公务员计算机应急响应小组

（CSIRT）培训和安全培训计划，通过自查和审计工作，推进政府 PDCA 循环；财务省分年度进行信息系统检查，通过对国家信息安全机构进行信息安全管理审计，提供信息安全问责财务数据，支撑信息安全问责制度运行；经济产业省与日本情报处理推进机构（IPA）合作，从 JISEC（信息安全评估与认证体系）用户角度来执行评估和认证程序，利用私营经营者的知识，进行采购利益相关者的研究采访，积极推动信息安全公共关系活动，促进政府信息安全问责执行；个人情报保护委员会（PPC）全面执行《个人信息保护法》，监督和审计国家个人信息违法事件；国家警察厅全天候监控信息网络安全，成立信息安全对策队处理信息安全案件，提高信息问责实效；防卫省在信息系统开发中提供认证功能、访问控制功能、路径管理功能等各种功能，制定通信系统处理和信息收集分析程序以便为权力机关在问责过程中提供支撑。

（二）立法和司法机构问责

第一，立法机构问责。日本议会内阁制度中，国会拥有对政府的监督和问责权力，国会议员有权就内阁制定实施的信息安全政策和议案向内阁提出质询，并有权对政府机构和员工进行审查和追责，且证据或证人须强制提供。调查权是日本的国会监督权的重要组成部分。日本法律明确规定，任何人原则上都应答应各议院提供书面证据或到场作证之要求。问责实施主体是国会专门成立常任委员会来行使调查权。日本《众议院规则》第 94 条和《参议院规则》第 74 条规定，常任委员会在会议期间，经议长承认，对属其管辖的事项行使国政调查权。此外，日本议会还通过行使财政控制权进行监督问责。，审议和通过政府信息安全预算和财政议案，宪法规定，必须根据国会的决议行使国家财政的权，预算、补充预算和决算都须经国会审议并通过。

第二，司法机构问责。司法机构是日本政府信息安全问责的重要主体之一，检察机关审查委员会能够对政府制定的信息安全法规政策等是否合法进行审查。日本最高裁判所是最高审判机关。《日本国宪法》第 81 条规定：最高法院是拥有决定一切法律、法令、规则或处分是否符合宪法权限的终审法院。其通过"违宪审查制度"对政府信息安全作业进行监督和问责，以确保政府严格规范其行为，另外日本国民可以基于司法公正原则对法官进行审查，保障信息安全和信息安全问责效果。

（三）第三方问责

第一，独立行政法人问责。信息安全类独立行政法人通过制定个别设置法，独立于行政机关，将政府"规划"与"实施"职能分立，引入市场竞争原理，辅助信息安全问责。日本情报处理推进机构（IPA）通过"目标管理"及"业绩评价"制度对信息安全政策和机构进行调查，公开评价结果。为确保独立行政法人评价的客观性，总务省设立专门政策评价委员会，会同各省厅设立的信息安全独立行政法人营运评价委员会来评鉴业务绩效，为信息安全机构和干部绩效考核及赏罚提供依据。

第二，企业或信息咨询机构问责。企业和信息咨询机构也是日本政府信息安全问责中的重要一环。日本信息和互联网企业主动进行信息安全风险识别，成立信息安全委员会，并指定首席信息安全官（CISO），监控其信息安全控制系统，进行审查和改进工作，并会进行教育培训来提高员工道德和安全意识。日本信息安全运营商集团和日本信息安全管理协会等信息咨询机构则会提供信息咨询，通过信息安全问题的收集，披露政府信息安全政策，监督政府信息安全执行，提出信息安全建议，提高政府信息安全问责针对性与有效性。

（四）社会公众问责

《日本国宪法》明确规定日本国民可以对权力机关是否违宪进行监督和审查，通过政治参与和社会舆论迫使权力机关改变不当作业。另外日本颁布出台多项法律保障了公民的信息安全监督权，在公众的预案参与、过程参与、末端参与中，提出自己的意见，通过投票表决的方式阻止不利于信息安全发展政策作业。同时日本各大报纸、电视、广播、网络等媒体上都有信息安全平台，并且在网站上设有信息安全专题，这些网络媒体可以披露政府的信息安全政策，在舆论压力和公众监督的大环境下，日本政府信息安全问责制度得以有效运行。

三、日本内阁政府信息安全问责法律法规体系

日本从国会信息安全立法到行政机关的信息安全战略文件发布，呈现出间隔短、操作强的动态治理特征，归结起来其政府信息安全问责法律与战略体系主要涉及国家网络安全、政府信息安全管理和信息安全标准等内容。

（一）信息安全问责制度的法律基础

《高度情报通信网络社会形成基本法》是日本信息安全问责制建立的法律基础。日本国会于 2000 年颁布实施《高度情报通信网络社会形成基本法》，该法是日本政府信息安全管理法制化和规范化的标志，也是政府信息和电信网络安全可靠的开始。该法从政府信息公开、公民信息安全权利和政府信息安全责任界定方面进行了原则性的规定，如第 7 条到第 10 条，在建立先进的信息通信网络社会中，国家和地方公共实体要促进公平竞争，结合自身在先进信息网络社会形成中的角色，组建先进的信息通信组织部门，制定先进的信息通信网络社会政策，并有责任消除阻碍因素来维护信

息安全；第 13 条规定政府应当采取必要的立法或财政措施促进信息通信网络社会形成，保障全民信息安全；第 19 条要求政府严格制定信息安全审查条例，优化信息部门编制和统计数据公布，妥善保护信息产权，促进消费者权益保护和电子商务发展；第 20 条要求加速行政信息化进程，提高行政管理透明度，提高信息通信技术在公共领域的运用；第 23 条推进信息安全技术创新，制订跨部门计划，依托产学研合作，编制行政管理机构费用估算政策，强调相应评估等。该法为日本内阁政府信息安全步入法制化和规范化进程，为政府信息公开和政府信息安全问责制度建成奠定了基础。

（二）信息安全问责制度的技术标准和规范

"动态治理"下的政府信息安全战略是日本信息安全问责制度的技术标准和规范。鉴于信息交流与传递的新特性，日本政府采取动态治理理念，分三阶段制定发布了多份信息安全规章及战略，采取了一系列信息安全措施，推动了信息安全发展。

第一，初始阶段。这一阶段从 2000 年到 2005 年。IT 战略本部于 2001 年制定出台"电子日本战略 2001"，并在 2004 年更新为"电子日本战略 2004"，从信息基础设施维护上强调政府的信息安全责任，推动消除现有行政机制的僵化，利用政府管理资源，重建最大化成本效益机制。2003 年 10 月日本经济产业省制定了《信息安全总体战略》，从国家层面提出建设事故前提型社会系统；强调公共政策的功能性和依赖性，依据《信息安全管理基准》和《信息系统安全对策基准》将"信息安全检查"列为信息安全问责制度的基本原则；2005 年信息安全中心发布《关键基础设施信息安全措施行动计划》，规定了从事相关领域工作的部门对关键基础设施进行保护的责任，并制定了对失职行为和单位的责任追究办法。

第二，全面实施阶段。这一阶段从 2006 年到 2012 年。日本信息安全政策委员会分别于 2006 年和 2009 年发布实施了两份《国家信息安全战略》，规定了安全日本战略要求下的政府信息安全问责责任，以"预防"和"可持续性"为原则，建立快速稳定的响应系统，引入国际安全标准和规范，强调社会参与、军民共建和与企业的合作共享等；日本信息安全政策委员会在 2010 年出台《日本保护国民信息安全战略 2010—2013》，强调政府在信息安全维护作业中的领导地位，通过建立信息安全问责机制，降低公众信息风险，保障全民信息安全；日本政府信息安全政策会议 2011 年将对政府信息安全基准《政府机构信息安全对策统一基准》分割为《统一管理基准》和《统一技术基准》。以《管理基准》加强常态系统管理，以《技术基准》灵活应对信息技术的高速发展变化。

第三，强化拓展阶段。这一阶段自 2013 年至今。2013 年 6 月，日本信息安全中心出台《网络安全战略》，强调与经济财政政策委员会合作，全面管理信息技术，强调政府部门对信息安全系统进行统计和审查；2013 年 11 月，日本信息安全政策委员会发布《网络安全合作国际战略》，提出政府信息安全问责工作中同步信息安全标准，开展网络空间国际合作；2015 年，网络安全战略本部更新《网络安全战略》，提出了信息自由流通要求下法治监督的必要性，通过政府和社会第三方的合作，更新信息安全规范；网络安全战略总部在 2017 年 8 月发布《网络安全 2017》，在个人信息保护的执行、信息安全人力资源开发资质体系、信息安全审计、信息安全评估和认证系统信息相关标准的标准化（ISO / IEC JTC 1 / SC 27）和用于实现高可靠性计算环境的安全标准（TCG）方面进行贯彻和加强。

（三）信息安全问责制度的保障性法律

《网络安全基本法》是日本信息安全问责制的保障性法律。日本国会 2014 年 11 月表决通过了信息安全问责一部重要的保障性法律：《网络安全基本法》。本法是对已经出台 13 年的《高度情报通信网络社会形成基本法》的补充更新，赋予了 IT 战略总部监督权限，可以调查日本政府各省厅的网络安全对策是否妥当，使政府机构层面的信息安全问责制度得到法制地位，同时该法为保证信息安全问责执行效果，出台了一系列保障性条款：第 13 条为国家行政机构的问责制度作了法制定位，保护政府信息安全问责执行效果；第 24 条对国家行政机关拟定和实施网络安全战略草案作了规定，且编制网络安全标准措施，根据这一标准对政府行政机关和独立行政机关政策进行评估和审计；第 30 条中为保障信息安全问责有效执行，有关行政组织和地方公共机构负责人可以向网络安全战略司令部提出和其他机构合作等请求。

（四）信息安全问责制的关键性法律

《个人信息保护法》是日本信息安全问责制的关键和核心性法律，是信息安全问责制实施过程中的指导性纲领。该法案的立法宗旨和目的：鉴于随着高度信息通信社会的不断发展，对个人信息的利用显著扩大，本法特就个人信息的正当处理，对其基本理念、政府制定的基本方针以及其他个人信息保护措施的基本事项作出规定，对国家及地方公共团体的职责等予以明确，同时，对个人信息处理从业者应遵守的义务等作出规定，以期在确保个人信息有效利用（例如，一些对个人信息正当且有效的利用，有助于创造出新的产业，并实现富有活力的经济社会及富庶的国民生活等）的同时，对个人的权利和利益加以保护[1]。日本的《个人信息保护法》于 2005 年 4 月开始实施，

---

[1] Jones Day. Personal Information Protection Law in Japan[J].2016.

2014 年 12 月进行了修正，修正后的《个人信息保护法》于修正当日即日生效。《个人信息保护法》结构上是由 6 章 59 条以及附则 7 条构成。第一章规定了制定本法的目的、基本理念；第二章规定了国家和地方公共团体的责任和义务；第三章是有关个人信息保护对策的规定；第四章规定了个人信息处理事业者的义务；第五章是法律适用的例外；第六章是罚则[①]。2014 年《个人信息保护法》修正的主要内容包括来自第三方信息的适当获取、内部加强信息安全管理措施、加强对委托者等的监督、明确信息的共同使用目的以及增加公众本人容易理解的法律说明等。

此外，日本还相继制定出台多部辅助性法律，主要包括《特定电子邮件法》《信息通信网络安全信赖性基准》《致力于信息安全问题的政府作用、功能的修正》和《政府机关关于信息安全的统一基准》等一系列政策法规，共同构成了日本政府信息安全问责的法律体系。

四、日本政府信息安全问责运行机制

日本政府信息安全问责制发展至今，形成了以信息安全问责执行机制、信息安全问责监督纠察机制、信息安全行政救济制度、信息安全诉讼机制以及信息安全绩效评估机制为完整链条的基本运行机制。

（一）信息安全问责执行机制

日本政府信息安全问责执行过程包括制定、引入、运用、评价和修正五个环节。首先由国家信息安全中心依据年度信息安全战略制定信息安全问责标准和实施准则，而后各政府机构进行引入和信息安全管理，年末以信息安全报告的形式向信息技术战略总部进行反馈，然后会计检查院进行审计与评价，提出优化目标，对执行过程中的问题进行修改论证，提出修改方案以供下一年度的政策制定和引入。信息安全问责制下，行政、立法、司法部门、第三方和社会公众都是信息安全事件得以揭露的主体，然后经由行政和立法部门的调查来确定事件的性质，确定问责对象作出问责决定，适时由司法部门介入，从而形成问责总体流程。日本政府信息安全问责执行流程如图 5-2 所示。

（二）信息安全问责监督纠察机制

信息安全监督力度不足、不重视信息资源造成日本本土信息泄露、信息失真甚至个人信息贩卖等严重社会问题，信息安全问责监督纠察机制就是由内到外、由表及里

---

① 谢青. 日本的个人信息保护法制及启示[J]. 政治与法律，2006（6）：152-157.

对公共部门领域所掌握的公共信息的安全状况进行严格监督，责任纠察，防范信息安全违法违规行为。具有独立性质的会计检查院和各地方检查委员会，通过检查权、建议与惩处权，以现场审计或后续调查的方式审计政府机构信息安全政策和对行政机关信息安全收支账目、审计结果以报告形式上交国会。另外地方检查委员会没有行政决定权，针对违法违规行为及个人不作出处理，立法部门会成立专门工作组进行专项问题的深入调查，并找出责任主体。与此同时，政府内部各部门会成立联合调查组，日本政府内部的国家信息安全中心设有情报安全对策推进会议，小组成员对各政府部门的信息安全执行反馈报告进行解读并审计，综合各方资源进行专案处理，结合社会公众和第三方提供的线索，使社会公众会参与到立法机构和行政部门的执法工作，从而共同构成了信息安全监督纠察机制。

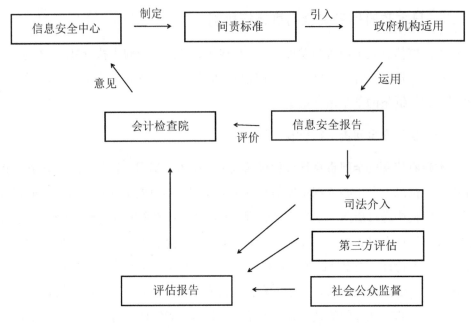

图 5-2　信息安全问责执行流程图

（三）信息安全问责行政救济机制

行政救济制度具体指根据日本《行政不服审查法》的相关规定对行政机关或独立行政法人的行政处分存在异议的可以提出不服申请，具体包括异议申请、审查申请以及再审查申请三种类型。日本的信息安全问责行政救济制度由信息公开及个人信息保护审查会（以下简称：审查会）制度和行政不服制度构成。日本行政机关或行政相对人针对个人信息保护的请求作出行政处分后，被处分主体如对处分结果不服或有异议，可以根据《行政不服审查法》提出不服申请，由相应的行政机关依法按程序进行调查和处理，在对不服申请的再次处理前需要向审查会进行咨询并启动相应的调查惩处，审查会的调查程序主要包括：第一，不服申请主体进行自我陈述。审查会在不服申请提出后需要给予不服申请人自我陈述的机会，自我陈述的方式通常为口头陈述，经审查会同意，不服申请参加人可辅助不服申请人进行陈述。第二，不服申请主体提出个人意见。在陈述完毕后，不服申请主体可向审查会提出个人的申请诉求或处理结果修改意见，但个人意见的提出要在规定的时限内完成。第三，不服申请主体可申请资料阅览。为了避免在审查过程中可能出现的不公正现象，法律规定不服申请主体有权向审查会要求对个人已提交的资料和意见进行阅览，在无正当理由的情况下审查会无权拒绝不服申请人的阅览请求。第四，审查会审查结束后需要对咨询厅咨询的问题提出咨询报告，并将报告抄送传达至不服申请主体并主动向社会进行公布。对于审查会所做出的处理结果，不服申请主体不能依据《行政不服审查法》提出不服申请。如果不服申请主体依然对处理结果存在异议可以直接向法院提起诉讼以维护自身的合法权益。

（四）信息安全问责诉讼机制

日本发生信息安全违法违规行为时，责任关联人必须立即向有关机构报告，在后续主要涉及信息安全公诉、民诉、裁判员制度和司法审查制度。当发生危害信息安全行为时，日本法制系统需采取必要措施，维护信息安全责无旁贷。

第一，诉讼机制。日本在组织上分为司法审判机关的裁判所和负有侦查和提起诉讼的监察厅，奉行"起诉便宜主义"，赋予检察官自由裁量权。日本最高检察厅认为检察官的业务范围是，检察官应当对收集到的证据进行充分论证后，最终决定是否向裁判所提起诉讼，即决定是否起诉嫌疑人的权力只能由公诉的主宰者检察官享有。日本法律中规定检察官应当根据掌握的证据在确信嫌疑人能够获得有罪判决的高度可能性下才提起诉讼。日本检察审查会制度，有力地保障了检察系统的公正性。日本发生信息安全事件之后，日本检方会立即对行政违法违规行为进行证据的收集并适时提起公诉。由于信息数据资源的属性，在金融领域产生一定量的信息安全经济案件，日本针对企业和政府部门的数据不正当交易行为会进行适当的民事诉讼，维护日本信息安全。

第二，裁判员制度。2009年正式生效的在刑事审判中实行国民参与的裁判员制度，从司法审判过程出发增强司法透明度。日本裁判员制度是由职业法官与随机抽取的裁判员组成合议庭进行审理裁决，使得刑事审判程序、法律适用等构成的审讯过程可视化得以实现。审判由书面审判主义转向当事人诉讼追行主义。在对政府信息安全造成严重损害的部门及其行为进行责任追究时的诉讼事宜中裁判员制度的引入，使国民参与涉及信息安全的司法程序，无疑是一剂确保国家信息安全的良药。

第三，违宪审查制度。继受于美国司法审查制度的日本违宪审查制度，由特设的宪法法院进行的抽象性危险审查和普通法院针对国家具体行为违宪作业进行的审查，在执行过程中附随性质明显，《日本国宪法》第81条规定："最高法院为有权决定一切法律、命令、规则以及处分是否符合宪法的终审法院。"但日本最高法院很少就行政首长行为违宪参与判决。日本法院在对内阁政府信息安全政策发动司法权时必须依托具体的诉讼案件，严格遵守二重基准的法理和最小合理性和中间合理性审查基准。从顶层出发维护日本信息安全，保障政府信息安全问责的有效性。

（五）信息安全问责绩效评估机制

日本针对政府信息安全行为进行系统的目标管理和绩效审核，包括对政府信息安全政策与行政机关及其员工都有相应的绩效评估政策，通过强调政府绩效评估来维护行政机构及其政策有效性。日本政府于2002年正式施行《关于行政机关实施政策评价的法律》，界定了政策评价的对象和内容，明确了政府机构作业的事先评价与事后评价相结合评价方式，并对政府绩效评估和评估报告的制作和提交作了明确要求。日本实施政府绩效评价的组织机构为总务省，负责审查和评估各政府机构及其政策的评价工作。在下属行政机构中，要求从部门规划、所辖范围的政策制定和政策执行效果等进行自我评价和总结，对问题进行目标管理，并选中重点评估对象。政府对信息项目进行绩效评估时最常使用的方法为逻辑框架法。评估的基础是政府部门的绩效考核和绩效管理的实际水平，从而分析政府的政策制定和执行水平，评估政府绩效水平并剖断评估各环节干系，得到影响政府绩效管理的目标群体并对其进行判辨说明。《关于行政机关实施政策评价的法律》第19条也明确规定：政府向国会提交每年政策评价反馈的报告。接受国会对政府政策评价的监督。除此之外，日本《国家行政组织法》《内阁府设置法》《地方自治法》等都规定了政府层面进行政府绩效评价的细则与要求。《国家公务员法》《地方公务员法》则针对公务人员的定期和平时考核内容，从职业道德、工作和学习能力以及个人具体政策执行状况等方面进行公务员绩效评估，公务员在行政作业中未能认真履行职责，影响政府行政行为和效率的违法违规行为，要接受"分限处分"或"惩戒"的处罚。《国家公务员伦理法》也明确了公职人员需要恪守的行政伦理原则，包括：虔诚服务全体国民、不以公谋私和私自行使职权损害国家和社会利益。这都从组织层面保障了政府信息安全问责的效果。

日本政府信息安全问责制坚持促进信息公开和保障信息安全相结合，同时加强如信息筛选和屏蔽等信息安全技术的提升，禁止信息资源交易，规避信息安全类犯罪。日本政府信息安全问责的法律规章体系较为完备，结合动态治理理念下政府发布的各种信息安全规章和战略文件，配合相应的程序法，使得信息安全政策的适应范围和权威性大大提高，促进了具体执法工作的积极进行，使立法和执法紧密相联。此外，立法、司法与行政机构均创建具有信息安全问责职能的部门，加之社会公众力量灵活介入问责全程，体现了日本政府问责主体的多元性与配合性，使得信息安全问责公正透明，问责实效明显。日本内阁政府信息安全问责机制运行在相应的配套制度和保障措施作用下，表现出极强的可行性，政府信息安全监督机制、纠察机制、诉讼机制、行政救济机制和绩效评估机制相互配合，保证了问责机制充分发挥作用。再者，日本第三方机构和企业发布信息安全状况调查，指出安全隐患和漏洞，民众也大胆揭发有可能造成信息安全出现问题的组织或者个人，使得日本信息安全得到全面保障。

第三节　日本信息安全问责制的借鉴与启示

通过对日本信息安全问责框架体系的系统分析可以看出，日本在信息安全监管问责法律法规体系和制度建设方面已经相对健全，在信息安全保护的实践方面取得了良好的效果，对我国信息安全问责制的建立有重要的借鉴和参考价值。

一、日本信息安全问责制的特点

日本信息安全问责制从总体上有如下四个方面的特点：

第一，信息安全问责立法的全面性。从目前日本信息安全法律法规来看，在法律体系中既有以《个人信息保护法》为代表的信息安全管理立法，同时也有以《信息系统安全对策基准》为代表的建设性立法。而且在法律内容的设计上也充分体现了信息安全问责立法的全面性，例如《IT基本法》第3～4条明确指出：发达的网络信息社会的形成对于产业调整、国家竞争力的提升以及人民生活质量的提高具有重要的意义，发达的网络信息社会是国家各项法律政策都需要考虑的现实环境，日本政府在推进发达的网络信息社会形成的过程中要关注中央政府和地方政府各自职责的有效履行以及各级政府之间的协作水平的提升。

第二，信息安全问责范围的广泛性。日本政府根据当前国内所出现的对信息安全存在威胁风险的问题以及已经发生的信息安全典型问题全部纳入信息安全监管和问责的范围之中，例如：电子商务平台的个人信息安全问题、行政机关的个人信息存储问题、手机实名制问题、垃圾邮件问题、诈骗电话和信息问题以及网络攻击问题等，对于上述问题日本政府全部制定了系统化和专门性的法律法规予以规范和约束。在目前信息安全问题尚不十分突出的领域例如在青少年信息安全问题领域并不属于案件高发阶段，日本政府也积极开展相关法律法规和政策的制定，并通过信息安全教育、肃清网络环境以及加强对青少年互联网社交平台的监管等相关措施的实施不断提升信息安全保护的全覆盖。

第三，事前规制与事后救济规定相结合。日本信息安全监管和问责既包括事前规制也包括事后救济，是法律公平性和人本主义的完美结合。从日本信息安全监管和问责的事前规制维度看，法律法规在事前规制中发挥着无可替代的作用。例如，在信息骚扰或垃圾邮件的法律规制方面，为了防止信息骚扰和垃圾邮件问题的发生，日本《特定电子邮件送信合理化法》明确规定电信从业企业对于个人信息保护的应尽义务规范与不作为行为认定标准，对于由于电信从业企业原因造成的个人通信信息诸如手机号、家庭住址等信息出现泄漏或买卖，那么日本政府第一时间追究电信从业企业的责任，轻则罚款并赔偿个人损失，重则会移交司法程序进行相应审理和判决，造成严重社会影响和损失的甚至会影响该企业在行业的生产和发展。为保证行为义务和不作为义务得到履行，相关法规对行政机关进行了较为广泛的授权。例如：总务大臣有权力（主要包括监督权、执行权和调查权等）对信息安全违法主体发布行政命令终止其信息侵权行为，信息主体及通信服务供应主体可以申请对垃圾邮件采取"适当措施"。此外，在法律可及的范围内还对信息侵权和违法行为的损害赔偿责任等问题作出了明确规定。

第四，信息安全问责的官民合作。日本信息安全问责的行政法规呈现出多样化的特点，并且行政法规在法律所不能触及的信息安全末梢环节发挥着重要的作用。日本《IT基本法》第7条对发达的信息网络社会形成过程中官（国家和地方自治体）与民（社会）之间的相互分工进行了明确规定，发达信息网络社会的形成应以民间主导为原则[①]。从日本信息安全问责的领域看，依然是政府在发挥着主导作用，主要原因在于众多的法律和法规将信息安全的实施者默认为政府行政机关，未提供更多的公众和社会组织参与的渠道。在官民合作进行信息安全问责制度建设方面，日本政府已经开始进行有益的探索，在国家信息安全领域，日本政府认为从规范化的角度来看，综合行业、学术界和政府的资源和力量能够有效地提升国家国防信息安全体系建设。日本防卫省致力于在安全领域建立公私合作伙伴关系，2015年建立了"安全保障技术研究推进制度"。该项目在全国范围内寻求合作伙伴，从2017年的应征项目数量看，

---

① 王天华，王福强. 日本信息安全制度管窥[J]. 信息网络安全，2008（9）：63-65.

有 104 个项目参与评选，比 2016 年增长了 73%。从应征项目的来源来看，来自日本宇宙航空研究开发机构等日本公立研究机构的项目共 27 项，来自企业的项目有 55 项，与 2016 年相比企业应征项目数大幅增长。

二、对我国构建信息安全问责制构建的启示

日本十分重视信息安全治理和问责制度建设，并取得了显著的成效。随着信息安全尤其是网络信息安全治理格局的时代变化，未来信息和网络安全的监管形式将呈现复杂性的变化，而且对其变化趋势难以预测和估量。信息安全治理面临着严峻的挑战，世界各国将更加关注和重视网络信息安全战略布局、制度建设、技术创新和国际合作等，全面推进网络信息安全治理升级与发展。目前，我国信息和网络安全面临的形势也日趋严峻，维护信息和网络安全，切实保障互联网产业发展和国民经济生活的正常运转是我国当前面临的重大任务。日本信息安全监管和问责体系的建设经验对我国信息安全战略制定以及信息安全问责制度构建具有重要借鉴和参考价值，具体体现在以下五个方面：

第一，立法和行政部门贯彻动态治理理念。我国信息安全类立法起步较晚，信息安全问责制度没有成型，针对信息安全类犯罪，大多套用别的法律准则，套用别的罪名，同时效力针对性和权威性严重不足。而且没有层次和门类分别，缺乏具体的执行规定。立法部门在制定相应法律法规时应注重变更和新增法律条款，政府在调整信息安全规章和政策的同时，也应对组织机构设置和人员任用进行调整和改进，规定政府责任和法律责任主体，明确法律程度和途径，保障问责主体权力，使信息安全问责规范化、法制化和程序化。

第二，提高问责对象的针对性。信息安全问责目标即为找出问责对象，确定问责结果，目前我国具体执行过程中只强调实施方，而对全体责任方追究力度不足。信息安全问责应加强对权力主体责任追究的针对性，加大问责力度，对信息安全类行政行为的影响进行系统全面的评估，加强对问责对象的责任界定，全力保障问责效果，注重运用离任审计，并将终身问责纳入信息安全问责之中，真正使问责发挥功效。

第三，建立信息安全共享及应急支持机制。日本政府信息安全问责制度中，注重提高包括国家信息安全中心与信息安全政策委员会、财务省、经济产业省、个人情报保护委员会和国家警察厅等协同作业的科学性与专门性，精简交叉行政业务等，协调各方监理信息资源共享机制，并将信息安全标准纳入法律范畴，严格保障信息安全，防止信息犯罪。并建设应急支持机制，促进部门协作，提高信息安全问责实效性。

第四，明确政府职责，适时提高政府权限。信息安全问责应从事后责任追究发展

为事前预警,提高政府信息安全问责的权限,扩大其工作范围,在保证人员任用的独立性之外,提高信息安全问责的有效性。同时要对政府职责进行明确划分,提高政府机构绩效考核质量,加紧制定信息安全诉讼制度的执行程序,确保信息安全问责的可行性,使政府在明确职责之后,满足应对与日俱增的信息安全风险与挑战的需求。

第五,健全信息安全问责保障机制。目前我国问责力度较轻,惩戒效果不明显,问责热情低迷,严重影响问责制度的可持续性。当前我国应该整顿问责机构,提高问责力度,严厉问责处罚,严肃问责态度,建立健全举报人保障机制,建设涵盖问责全程的配套保障体系。做好信息安全监控,加强问责公示公告,系统保障信息安全问责制积极健康运行。提高创新信息技术和人才的培养力度,联合互联网企业开发信息安全保护技术和系统。建立从入侵检测、弱点分析到威胁分析的深度融合技术,从技术上规避信息安全事件的发生,使信息安全问责流畅运行。

三、日本信息安全问责典型案例

(一)案例描述

2014年6月起,日本大型教育集团倍乐生公司的一些顾客,陆续收到了来自其他公司的邮件。倍乐生在得到客户反馈后开始内部调查,并于当年7月初承认,超过2000万份顾客信息遭外泄,内容包括一些孩子与父母的姓名、住址、电话、生日等。这成为日本历史上最大规模的公民个人信息泄露案件。

随后东京警视厅以涉嫌违反《反不正当竞争法》,逮捕了倍乐生公司的一名派遣员工松崎正臣,该员工是与派遣公司签约并到倍乐生公司工作的系统工程师。据交代,松崎正臣由于生活拮据,就想到把倍乐生公司的顾客信息偷偷拷贝出去,并卖给东京的名册公司,总计获利约250万日元(约合16万元人民币)。2016年3月29日,东京地方法院立川支部对松崎正臣下达判决,处以三年零六个月有期徒刑,以及300万日元(约合19.7万元人民币)罚款。判决书称被告将约3000万份个人信息拷贝到自己的手机中,并已卖出了约1000万份。

虽然松崎正臣并不是倍乐生公司的正式员工,但公司丝毫不敢推卸责任,第一时间向全社会道歉,明确表示在这一案件中倍乐生是"加害者",并计划向公司顾客提供总计200亿日元(约合13亿元人民币)的赔偿,同时减免部分课程费用。事件发生后,倍乐生两名董事引咎辞职,时任公司社长原田泳幸再三道歉。2014年7月22日,公司设立"个人信息泄露事故调查委员会",致力于查明原因并制定改善措施,力争尽快恢复客户的信任。虽然这一事件并没有导致顾客财产重大损失,被泄露的信息也只是被转卖到其他社会教育机构,然而这起事件对倍乐生公司的影响却是难以挽回的。一年内公司会员减少近百万人，营业利润同比减少 88%，公司从盈利陷入亏损。到 2016 年上半年，顾客信息泄露事件的影响依然存在。

事实上，日本社会的这种"冷酷无情"足以让任何一家公司在个人信息管理上都不敢掉以轻心，倍乐生公司的教训给日本企业上了一堂生动的信息安全教育课。让信息的泄露者和相关公司都承担不能承受之代价，这些伸向个人信息的黑手才不敢乱动，保管大量个人信息的公司也才能更加重视维护个人信息安全。

（二）日本信息安全问责制的反思

日本极少发生像倍乐生公司这样的事件，绝大多数个人信息泄露事件都是由黑客攻击或丢失存储卡引起的。以倍乐生公司个人信息泄露案件为例，日本经济产业省、总务省、文部科学省等多个政府部门都介入到后续处理工作中。2014 年 7 月，经济产业省就要求倍乐生公司根据《个人信息保护法》提出有关情况的详细书面报告，还向全国的学习塾协会以及业界团体提出要求，强化有关个人信息的管理。总务省也向所有政府机关和独立行政法人提出相关要求。日本关于个人信息保护的法律主要是以《个人信息保护法》为主的 5 个相关法律，这些法律都是 2003 年颁布的。相关法律对个人信息的界定，政府机构等对个人信息保护的责任、义务都有明确的规定。根据相关法律，持有超过 5000 份个人信息的公司企业等就被视为个人信息使用事业主体。个人信息使用事业主体有义务向主管部门报告个人信息使用情况，如果对主管部门提出的改进措施等没有作出适当响应，将面临刑事处罚。然而在保护和利用之间，日本也存在着个人信息安全的漏洞。根据现行法律，作为个人信息使用事业主体的名册公司，在满足一定前提条件下（如本人要求删除时，删除个人信息）可以合法地出售名册，但其获取个人信息的手段很可能是非法的。不过，很多名册公司则辩称不知道这些信息是不正当流出，因而难以被追究责任。倍乐生公司个人信息泄露事件发生后，相关的名册公司却没有被追责。日本内阁官房长官菅义伟就表示，应考虑研究修改《个人信息保护法》。日本内阁府消费者委员会也提出应当加强对名册公司的规范，明确名册公司的责任。

第六章　俄罗斯信息安全问责制的发展与启示

第一节　俄罗斯信息安全问责制的历史沿革

俄罗斯联邦政府历来重视信息安全在国家国防安全和社会经济发展当中的重要作用。俄罗斯联邦政府时时刻刻以信息安全风险和信息安全危机对政府及其工作人员进行鞭策和约束，从法律法规的制定、信息安全管理机构的设置、财政资金的支持、信息技术的保障以及管理理念与管理方式的变革等多层面全方位给予俄罗斯信息安全工作予以最大的支持和保障。目前俄罗斯信息安全防护水平居于世界前列，俄罗斯与我国在信息安全领域开展了全方位的合作，而且俄罗斯国内地理人口和经济环境以及所面临的国际环境与我国都有相似之处。通过对俄罗斯信息安全问责制发展以及框架体系的系统研究，可以为我国信息安全问责制的构建提供有益的借鉴和参考，同时能推进我国与俄罗斯在信息安全领域的深度合作。

一、俄罗斯信息安全问责制构建的原因

俄罗斯在 20 世纪 90 年代初期，由于受到政治格局改变的影响，国内的经济发展速度有所放缓，信息产业的发展也滞后于同时代的其他发达国家。在该阶段俄罗斯的社会信息化普及和应用程度相对较低，信息安全保护的主要领域在于国防信息科技创新信息等安全领域。随着国内政治局势趋于稳定以及经济的逐步复苏，俄罗斯政府凭借其雄厚的工业基础以及科技实力，在信息安全产业以及信息安全管理领域实现了对西方发达国家的追赶甚至是超越。俄罗斯信息安全问责制产生的原因可以归结为两个方面：

（一）信息安全威胁不断增加

20 世纪 90 年代初期，俄罗斯国内的计算机应用和普及率由于受到政府的严格控制相对较低，只有部分科研学者和专业技术人员才能够使用。到 1994 年俄罗斯正式接入国际互联网，同时俄罗斯联邦政府也开启了建设电子政府的序幕。为了有效推进俄罗斯电子政府建设的进度和质量，俄罗斯政府大力推进信息产业的发展以及信息化水平的提高，其采取的最直接有效的手段就是以法律法规的形式加强信息基础设施建设、信息技术人才培养以及信息技术的创新研发。到 2003 年俄罗斯的社会信息化建设初显成效，信息和网络产业的从业人数以及 GDP 总值在不断提升，俄罗斯的信息

产业总体规模也已经跃居世界前列。同年俄罗斯政府建设的电子政府网站也开始进入试运行阶段，到 2005 年电子政府网站的用户数量已经达到 2000 万人左右。伴随着信息化水平的提高以及计算机终端设备的普及应用，各种信息安全问题开始逐步地暴露和凸显。据俄罗斯信息安全报告统计数据显示，每年由于信息安全问题所导致的直接经济损失达 2.5 亿美元。俄罗斯相关信息安全管理部门通过对信息安全风险和威胁要素的分析，得出俄罗斯当前所面临的信息安全威胁和风险因素，主要可以归结为社会公众的信息安全风险意识滞后、国家信息安全监管部门监管乏力以及计算机终端设备自主创新能力和技术水平相对较低等方面。俄罗斯政府对于信息安全领域的诸多问题极为重视，将信息安全问题上升到国家安全战略层面，并陆续采取一系列措施，以缓解俄罗斯信息安全风险发生的概率，例如：俄罗斯联邦政府专门开发专用互联网络，用于各行政职能部门之间的文件和数据传输，并且在传输过程中进行加密处理。俄罗斯信息安全管理部门还专门制定了计算机系统安全评估标准、计算机产品安全评估软件以及计算机系统安全评估标准使用指南等一系列完备的系统安全评估指标。同时还成立了联邦经济信息保护中心，主要承担政府网络以及其他专用网络的信息保护和技术支持工作。但是随着智能时代和移动互联网时代的到来，政府发现所面临的信息安全威胁日趋复杂，由此俄罗斯联邦政府加快了在信息安全管理领域的立法工作，先后制定了包括《电子签名法》《俄罗斯重要信息基础设施安全法》《国际信息交流中俄罗斯信息安全保障措施》《使用信息通信网络时俄罗斯信息安全保障措施》以及《"电子俄罗斯"联邦纲要（2002—2010 年）》等一系列与信息安全监管和问责相关的法律法规。

（二）保障国家信息安全的现实需要

俄罗斯面临着复杂的国际环境，各国间的国际竞争日趋激烈，在这种形势和环境下，俄罗斯需要通过不断增强信息安全防护能力才能有效地保障国家信息安全。在当今世界范围内，美国是俄罗斯的首要竞争对手，尤其是在俄罗斯总统普京上任后，两国军事领域的扩张、争夺与冲突、在经济领域的竞争、在思想文化领域的渗透等将美俄对峙关系推向高潮，2014 年俄罗斯出兵占领乌克兰东部的顿巴斯地区后，美俄关系基本破裂。美俄关系的破裂引发了世界范围内政治格局的重大变动。美俄关系的持续恶化不仅极大压缩了俄罗斯的战略空间，还使俄罗斯的外部环境空前恶化，在美国主导的国际体系中处于被边缘化的态势，对俄罗斯的战略空间、国家安全、世界大国地位与未来都构成了巨大的威胁。俄罗斯发布的《信息安全学说》中明确提出俄罗斯现在面临着极其复杂的信息安全环境，主要体现在以下五个方面：部分外国机构利用俄信息基础设施从事间谍活动；个别国家的情报机构利用信息在其他国家内部制造混乱，以破坏其主权和领土完整；一些国外媒体的报道对俄罗斯国家政策诋毁增多，俄罗斯媒体在国外经常遭到歧视；同时外国情报机构正试图对俄罗斯青年施加影响，以改变他们的传统道德价值观。近年来俄罗斯在金融借贷领域的计算机犯罪案件有所增多，在涉及经济方面的信息安全领域存在很多不足，例如国内工业在电子元件、软件支持等领域很大程度上仍依赖外国信息科技机构。综上所述，推进俄罗斯在信息安全领域制度体系的建设和完善不仅是提升国内民众对政府满意度的需要，同时更是保护俄罗斯国家主权和领土完整，实现政治和社会稳定，并保证俄罗斯公民人权以及重要信息基础设施的安全的需要。俄罗斯信息安全问责制度是信息安全管理制度体系中的重要组成部分，对于信息安全管理总体水平提升具有重要的战略意义。

二、俄罗斯信息安全问责制构建的发展历程

俄罗斯的信息安全的问责理念和制度雏形源于苏联时期与信息安全相关的各项制度和法规，但是自 1991 年 12 月苏联解体，俄罗斯联邦建立之后苏联的部分信息安全法规和政策并没有被延续使用，本书按照时间节点将苏联时期归结为信息安全问责的萌芽阶段，本书对于俄罗斯信息安全问责的梳理自俄罗斯联邦政府的确立为起点，苏联时期的信息安全法律法规以及管理政策不在本书的研究范围中，因此，俄罗斯的信息安全问责制的发展历程可归结为两个阶段：

（一）初步发展阶段（1992—2008 年）

1991 年，随着苏联的解体引发了世界政治格局的巨变，俄罗斯原有的信息安全体系遭到严重的破坏，加上西方发达国家实施对俄罗斯的技术封锁政策，俄罗斯在信息技术领域依靠自主创新，从而导致当时俄罗斯的信息安全防护水平和信息产业发展明显滞后于西方发达国家，同时西方发达国家相继开展以信息化为核心的军事改革，为俄罗斯信息安全制度建设敲响了警钟。俄罗斯政府认识到未来社会信息化将是政治、经济和社会发展的核心和主导，因此，取得信息化建设优势对于国家安全和社会稳定都具有重要的战略意义。因此，俄罗斯政府开始加快推进信息化的法制化和制度化建设进程。1994 年制定了《政府通信和信息联邦机构法》，在该法案中俄罗斯首次将信息安全纳入国家安全管理的范畴，并且明确了信息安全建设的目标、原则以及重要战略意义，这为俄罗斯信息安全制度化建设指明了方向。此外，俄罗斯还相继实施了《数字签名法》《产品和服务项目认证法》《信息化和信息保护法》《国家秘密法》以及《信息保护设备认证法》等一系列与信息安全管理相关的法律法规。上述法

律明确规定俄罗斯联邦政府、国家权力机关、社会企业和组织等必须使用通过国家相关标准认证的信息和通信系统。俄罗斯为了持续推进信息基础设施建设进程、信息产业以及信息技术发展整体发展水平，除了制定信息安全相关的法律法规以外，还在国家战略层面加强对信息安全管理体系的建设，2000 年俄罗斯联邦政府发布了《俄联邦信息安全学说》，这是俄罗斯首个国家信息安全战略性规划，在该规划中俄罗斯将信息安全纳入国家安全战略体系当中，并且对俄罗斯信息安全建设进行了顶层设计和整体战略部署。《俄联邦信息安全学说》中明确了俄罗斯信息安全建设的目标原则、主要内容框架，以及需要建立的相关法律法规和政策体系，奠定了俄罗斯信息安全问责制的政治基础。俄罗斯总统普京对于《俄联邦信息安全学说》给予了高度的肯定，他指出信息资源将成为决定未来世界政治和经济格局的关键性决定因素，而信息安全保护和信息基础设施安全已经成为世界各国信息竞争的关注焦点。除了国家信息安全保障以外，俄罗斯公民对于信息安全保护的诉求也在不断地增加，基于上述两个方面的原因适时制定《俄联邦信息安全学说》是及时且必要的。

俄罗斯除了不断加强与信息安全相关的法律法规体系以外，还不断推进信息化信息安全以及信息产品的标准化和认证体系的建设，以 1925 年苏联建立第一个标准化委员会作为标准化工作的正式开端，俄罗斯的标准化体系建设历程已经经历了近百年的时间，俄罗斯在标准化体系建设方面积累了丰富的经验，在信息安全信息化和信息产品的标准化和产品认证领域也取得了重大的突破和进展，主要包括 1991 年俄罗斯国家标准化、计量和认证委员会的设立；1993 年俄罗斯国家标准《俄罗斯国家标准化体系》生效以及《标准化法》实施；1995 年出台了俄罗斯联邦《信息、信息化和信息安全法》《俄罗斯认证管理规定》和《俄罗斯产品认证程序规定》；1999 年出台了政府决议《发展技术经济和社会信息的分类和编码系统》；2003 年出台了俄罗斯联邦法律《技术调节法》。上述一系列标准和认证体系的建设，为信息安全问责制度的构建提供了技术准则和保障。

（二）完善阶段（2009 年至今）

近年来随着俄罗斯对于信息技术依赖性的不断提高，其所面临的信息安全威胁和风险也日趋复杂化，为了有效地应对信息安全威胁和风险给国家和公众所可能带来的利益损失，俄罗斯信息安全制度化建设方向以及国家层面的信息安全战略规划也需要随之调整和扩展。2008 年，俄罗斯总统普京批准《俄联邦信息社会发展战略（2008—2015 年）》，该战略规划成为俄罗斯未来信息社会建设的重要纲领性文件，同时为了保证上述战略规划的顺利实施，俄罗斯安全会议同年批准《俄联邦保障信息安全领域科研工作的主要方向》，明确了俄罗斯在信息科学和信息安全领域的研究重点，从而为信息安全体系的建设以及信息安全问责制度化体系的完善提供了坚实的技术保证和支撑。2013 年，受国际环境的影响，俄罗斯将信息安全的关注焦点转向了国家信息安全体系和战略的制定，相继颁布了《2020 年前俄联邦国际信息安全领域国家政策框架》。该政策框架细化了《2020 年前俄联邦国家安全战略》以及《俄联邦信息安全学说》等战略性文件，上述战略和规划制定的主要目标就是应对俄罗斯所面对的国际信息安全威胁而非针对国内的信息安全威胁。国外信息安全威胁的有效应对，使俄罗斯在国际竞争中处于相对优势地位，但是国内信息安全威胁应对方面就稍显不足，进而引发了国内民众的不满，因此俄罗斯总统普京提出在建设国际信息安全战略体系的同时也要关注国内信息安全威胁的应对与保护。2013 年制定于 2015 年实施的《俄联邦关键网络基础设施安全》中提出建立国家网络安全防护系统、建立联邦级计算机事故协调中心以及加大对相关责任人、对关键信息系统进行安全风险评估和违法者的处罚力度直至判刑。例如，玩忽职守或违反操作规章导致系统被入侵的信息管理人员可被判 7 年监禁，入侵交通、市政等国家关键部门信息系统的黑客最高可处以 10 年监禁。上述法律规定是信息安全问责制在信息安全管理领域的最直接体现，同时也标志着俄罗斯信息安全问责制度的正式建立。2016 年第二版的《俄联邦信息安全学说》对信息安全和信息领域国家利益等基本概念进行了重新的界定，并对俄罗斯未来在国家信息安全保障领域的基本战略目标和行动方向进行了明确规定。2017 年，普京批准实施《2017—2030 年俄联邦信息社会发展战略》和《俄罗斯联邦数字经济规划》，首次提出要通过立法手段提升网络关键基础设施的自主可控水平。《主权互联网法》是俄罗斯联邦委员会于 2019 年批准实施的与信息安全保护相关的最新法律法规，该法案提出俄罗斯可通过打造域名系统、自主地址解析系统、可信路由节点等措施，实现俄罗斯互联网和本国数据的自主可控，减少对境外网络的依赖。综上所述，在该阶段俄罗斯信息安全问责制度主要体现在立法体系不断完善，主要聚焦在国家信息安全战略以及信息基础设施保护两个层面。

三、俄罗斯信息安全问责制构建的理论基础

俄罗斯信息安全问责制度的构建基础主要可归结为政治基础、法律基础、实施保障基础以及技术保障基础四个层面。

第一，政治基础。完善的顶层设计、健全的政策制度体系以及持续的财政资金投入是信息安全问责制度构建的政治基础。首先，在顶层设计方面，俄罗斯在国家信息安全领域的主要职能机构主要包括俄联邦安全总局、对外情报总局和俄军总参情报

部，由上述部门所主导的信息安全问责流程属于国家机密，一般不会通过政府信息公开平台向公众进行公布，因此不属于本书所研究的范围。在国内信息安全保护以及社会信息安全监管领域的主要职能机构包括国家技术委员会、国家信息政策委员会以及俄罗斯联邦电信、信息技术和大众传媒监督局等。完善的组织机构设置保证了信息安全问责相关法律法规以及政策制度的有效实施。其次，在制度体系建设方面，俄罗斯总统普京要求在全国建立国家信息安全机制，用于监测防范以及消除信息产业的快速发展以及信息化水平提高所带来的信息安全隐患问题。2014 年公布的《俄罗斯联邦网络安全战略构想》提出要健全国内信息和网络产业发展的扶持性政策体系，在该战略构想的指导下，俄罗斯在信息安全、信息技术以及网络安全等领域出台了一系列政策，主要集中在信息和通信技术国家管理体系的完善、信息安全领域专业人才的培养以及信息安全技术的创新研发等领域。最后，持续的财政资金投入是信息安全问责制度得以有效实施的最根本保障。众所周知，任何制度法规的有效施行都离不开财政资金的支持和保障，俄罗斯联邦政府在财政预算中，给予了信息安全管理职能部门在履行信息安全管理职能方面足够的财政资金预算。同时为了推进互联网和信息网络行业的发展，俄罗斯政府相继出台了支持信息网络产业发展的资金扶持政策以及信息网络产业发展的税收优惠政策，在大力鼓励和支持信息网络产业发展的同时积极引导信息和网络行业的自律。

第二，法律基础，俄罗斯信息安全问责的法律基础主要体现在与信息安全监管保护以及问责相关的法律法规体系不断地健全和完善。俄罗斯信息安全监管和保护的法律法规体系建设始于 20 世纪中后期，1995 年实施的《联邦信息化和信息保护法》首次将信息资源作为独立资源予以保护，并严格规定了当信息被认定为机密或绝密资源时的限制性规定以及违反上述规定的惩罚性措施，这可以视为信息安全问责制的雏形。为了突破西方发达资本主义国家对俄罗斯的全面封锁政策，俄罗斯信息安全问责制立法在摸索中前进，相继出台了《俄罗斯网络立法构想》《俄罗斯联邦信息和信息化领域立法发展构想》《信息安全学说》《俄罗斯联邦因特网发展和利用国家政策法》以及《信息权法》等 20 余部法律法规，从而形成了具有俄罗斯特色的信息安全问责法律法规体系。通过信息安全问责法律法规体系的健全和完善，逐步地引导和规范俄罗斯信息和网络环境，为确保信息和网络安全提供了法规依据与制度基础。虽然俄罗斯的信息安全问责法律法规体系已经相当完善，但是随着时代的发展，对相关的法律法规内容的调整也在与时俱进，2014 年签署的《知名博主新规则法》以及 2019 年俄罗斯联邦委员批准的《主权互联网法》就是最好的体现和证明。

第三，实施保障基础。俄罗斯信息安全问责制的实施保障主要体现在三个层面：

首先，建立了强制认证机制。俄罗斯建立了专门的认证机构和认证测试实验室，将信息安全分为 A、B、C、D、E 5 个等级，只有获得认证通过的信息安全产品，才能在俄罗斯境内进行销售和使用，而且随着信息安全复杂性以及信息安全检测技术的提高，认证的标准和条件呈日趋严格的趋势，对于密码保护设备领域，只允许使用通过认证的国内产品。其次，建立了机密信息保护机制。俄罗斯对于机密信息的认定有基本的原则和前提，被认定为机密信息的要按照《机密信息清单》和《机密信息技术保护条例》执行。最后，建立了信息审核机制。相关信息安全监管部门拥有对以通信设备、移动互联网以及终端互联网媒体平台为媒介进行传播的信息进行审查的权力。同时规定政府机构、社会组织及企业应当加强信息安全的日常审核。

第四，技术保障基础。俄罗斯联邦政府历来重视信息通信技术的自主研发，以实现在信息和网络安全领域的相对技术优势。俄罗斯政府所制定的各项信息战略规划和信息安全政策中均提及信息安全技术的创新研发工作。俄罗斯政府始终强调技术知识产权的自主创新，主要是由于目前世界范围内信息和互联网行业的技术知识产权领导者是美国，而美俄关系的急剧恶化导致俄罗斯不想在信息安全和通信领域受制于人。所以俄罗斯政府通过提升信息产品的自主研发水平逐步降低对进口电子产品和信息系统的依赖程度。例如：2014 年俄罗斯宣布政府机构和国营企业将不再采购 Intel 或 AMD 处理器的计算机，转而采用以俄罗斯本国生产的处理器的计算机；采购的计算机不安装微软的 Windows 系统或苹果的 Mac 操作系统，而是安装俄罗斯专门开发的 Linux 操作系统。

第二节　俄罗斯信息安全问责制的框架体系

俄罗斯的信息安全问责框架体系主要包括信息安全问责组织机构、信息安全问责法律体系、信息安全问责主体构成以及信息安全问责实施保障制度四个组成部分。

一、俄罗斯信息安全问责组织机构

俄罗斯信息安全的监管职责分散在多个职能机构当中，在众多的信息安全管理机构中承担主要信息安全问责职责的组织机构主要包括国家技术委员会、俄罗斯联邦安全委员会、俄罗斯联邦安全局以及俄罗斯联邦保卫局等。

（一）国家技术委员会

在 20 世纪 90 年代中期，俄罗斯政府认为社会的稳定、公民权利的保障、国家法治秩序的维护以及国家安全的保证，在很大程度上取决于信息安全体系的健全和完善程度，因此俄罗斯政府在苏联原有信息安全管理机构的基础上，新设立了俄罗斯国家技术委员会，俄罗斯总统为该委员会的直接领导，该委员会有任何建议或报告，可直接向总统进行汇报并向总统负责。俄罗斯国家技术委员会承担的主要职责包括[①]：执行统一的信息技术政策，协调信息安全和保护领域的各职能部门与工作开展。同时俄罗斯国家技术委员会还对国家信息安全保障工作进行统一领导，负责确保信息安全不被外国技术侦察，同时确保在俄罗斯联邦境内信息不在技术渠道流失，通过执行有关信息安全的法律规范，保证信息保护领域的国家统一政策，同时兼顾国家、社会和个人利益的均衡。

（二）俄罗斯联邦安全委员会

俄罗斯联邦安全委员会是俄罗斯总统根据宪法和《联邦安全法》任命组建的信息安全管理机构，该机构主要承担管理与国家利益相关的信息资源、界定国家安全的信息资源的概念边界以及对个人、社会乃至国家信息资源利益免受内部和外部威胁提出政策建议。此外，俄罗斯联邦安全委员会还承担俄罗斯联邦信息安全政策的制定工作，协助总统履行宪法赋予他的在保护人权和公民权以及俄罗斯主权、独立和领土完整方面的职责。

（三）俄罗斯联邦安全局（FSB）

根据俄罗斯相关法律规定，俄罗斯联邦安全局是俄罗斯联邦政府履行信息安全职责的行政机构之一，它的主要职责是对国家区划范围内的信息资源、自然资源等进行保护以及履行俄罗斯联邦法律规定的联邦安全职责。随着时代的发展，俄罗斯联邦安全局的下设机构也在不断地调整和完善，在该机构建立初期就成立了专业信息技术研究机构，为该机构的职能履行和工作开展提供相关的技术支持和保障，尤其体现在网络恐怖袭击以及信息泄露和盗窃等领域。1998 年，为了更好地履行法律所规定的职责，联邦安全局新设立计算机与信息安全处，该部门的主要工作包括国家反间谍工作以及网络信息犯罪的治理。2004 年，计算机与信息安全处反间谍工作职责合并至俄罗斯国防部反谍报部门，而该部门的职责也调整为：规划和落实有关信息安全的国家和科技政策；组织对信息和电信系统的加密和技术工程安全的支持，保护国家机密以及俄罗斯联邦及其驻外机构的加密、涉密及其他类型通信系统，鉴定用于保护信息、电信系统和网络的设备，以及根据联邦法律用于在建筑物和技术设备中进行电子监视的技术装置以及为联邦安全局下属单位的活动制定基本方针等。

---

① 李红枫，王福强. 俄罗斯联邦信息安全立法研究（上）[J]. 信息网络安全，2007（1）：25-27.

（四）俄罗斯联邦保卫局

俄罗斯联邦保卫局主要承担履行落实国家政策法规，不断健全信息和网络环境监测体系，以确保俄罗斯联邦总统、俄罗斯联邦政府主席以及其他重要公众人物安全的一个联邦行政机构。2004 年进行机构改革后新增了特别通信和信息处。在 2004 年之前，俄罗斯负责信息安全的主要职能机构为联邦政府通信和信息局，在 2004 年该机构被撤销建制，其信息安全管理职能被分散到联邦安全局和联邦保卫局，联邦保卫局的原有职能包括确保通信安全、加密通信的密码和技术安全、收集情报和向上级机关提供信息、打击国内犯罪、反击外国谍报和其他形式的信息战工作，还新增了监测金融部门的信息安全的职责。联邦保卫局的职责不仅局限于军队和国防领域，对于国家行政系统、社会管理领域的信息安全保护均负有责任。

二、俄罗斯信息安全问责的法律法规体系

俄罗斯信息安全问责法律体系的建设遵循信息资源保护原则、利益平衡原则以及信息安全与国家安全战略相结合原则。根据上述原则俄罗斯政府制定了 20 余部与信息安全管理监管和问责相关的法律法规。根据与信息安全问责的相关程度分为以下 4 类法律法规进行主要阐述。

（一）信息安全问责的根本性法律

1993 年通过的《俄罗斯联邦宪法》是俄罗斯国家政治统治、权力运行以及行政机构设置的合法性来源。《俄罗斯联邦宪法》是俄罗斯信息安全问责法律体系的根本，同时也是信息安全问责制构建的合法性来源。《俄罗斯联邦宪法》第 29 条第 4 款规定："每一个公民都享有合法搜集、获取、传递、制造和传播信息的权利。构成国家秘密的信息清单由联邦法律规定。"[①]信息安全问责领域的所有相关法律法规都是以此条法规为根本依据，同时也是《俄罗斯联邦宪法》信息安全保护规定的具体化和拓展。

（二）信息安全问责的关键性法律

俄罗斯信息和网络安全立法领先于经济发展，1995 年，俄罗斯的信息和网络经济还处于初步发展阶段，但俄罗斯政府却高瞻远瞩地制定了《俄罗斯联邦信息、信息化和信息保护法》，该法是俄罗斯信息安全问责制所依据的关键性法律。该法律的主要适用对象为：在建立、收集、处理、存储、保存、查找、传播和向需求者提供文件信息的基础上，组建和使用信息资源时；在建立和使用信息技术及其保障手段时；在

---

① 李红枫，王福强. 俄罗斯联邦信息安全立法研究（下）[J]. 信息网络安全，2007（2）：40-42.

保护信息、参与信息流程和信息化的主体的权益时所发生的各种法律关系。该法的主要涵盖范围包括：政府在组建信息资源和信息化领域中的责任；信息资源的法律制度的基础框架；信息文件化和信息资源是财产的组成部分和所有权的客体；将国家信息资源和为形成国家信息资源必须提供文件信息以及信息资源都列入全俄国家财富；信息资源按开放程度分类；有关公民的信息（个人材料）；实现从信息资源取得信息的权益；提供信息的保证；公民和机构查询有关信息；信息资源占有者的义务和责任；在信息保护领域中诸主体的权利和义务；在信息流程和信息化领域内诸主体的权益的保护；将信息资源明确规定为所有权的客体；允许公民和其他机构在法律的基础上从国家信息资源中所获取的信息建立供商业传播的派生信息；鼓励对信息资源的充分利用；规定了个人信息资源的保护和使用限制；除依据法院判决外，不允许未经本人同意而收集、保存、使用和传播有关私人生活的信息，破坏个人隐私、家庭隐私、通信隐私的信息，电话、邮件、电报和其他消息报道；不得利用个人信息给公民造成财产和精神上的损害，给俄联邦公民权益和自由的实现造成困难；限制利用俄联邦公民的社会出身、种族、民族、语言、宗教和政党的属性的信息限制其权益，并依照法律给予惩处。

（三）信息安全问责的纲领性法律

《信息安全学说》是俄罗斯具有纲领性的法律文件和指导原则，分为 2005 年和 2016 年两个版本，本书中主要针对 2016 年新修订的《信息安全学说》进行阐述。本学说代表俄罗斯联邦保障国家信息安全的官方观点，主要涵盖信息主体、信息客体、信息系统、因特网、通信网、信息技术、主体、与信息使用和研发有关的活动、信息技术的利用与发展、信息安全保障，以及相应的社会关系调整机制等方面。《信息安全学说》中明确指出当前俄罗斯国内计算机犯罪大规模增长，在金融信贷领域尤为突出，破坏宪法赋予的权利和公民自由的犯罪数量不断增加，其中包括使用信息技术收集个人数据，这些数据涉及不可侵犯的个人生活隐私和家庭隐私，因此，这方面犯罪的方式方法和手段具有隐蔽性的特点，并指出信息安全保障人员欠缺，公民的个人信息安全保障意识不强的现实状况。提出保障公民免遭信息安全威胁，包括培养形成个人信息安全文化；实施信息安全保障工作，出台信息安全法律和相关制度，要与立法、司法、检察和其他国家机关工作相结合，并与地方自治管理机关、组织和公民相配合；保障公民和组织在信息领域的权利和利益；在解决信息安全保障任务时，提高国家机关、地方管理机关、组织和公民间相互协同的效率等。《信息安全学说》从信息安全管理机构设置、权责划分以及多元主体参与等方面都作出了详细而具体的规定，进一步推动了俄罗斯信息安全问责制的健全和完善。

（四）信息安全问责的支撑性法律

信息安全问责的支撑性法律法规主要包括《电子签名法》《个人数据法》《俄罗斯重要信息基础设施安全法》《国际信息交流中俄罗斯信息安全保障措施》以及《使用信息通信网络时俄罗斯信息安全保障措施》等，其中《个人数据法》2006 年开始施行，对于推进俄罗斯信息安全问责制度完善具有重要的意义。该法律的立法目的就是保护个人数据在存储、使用、传播和加工过程当中的合法权益不受损害以及涉及个人隐私方面的数据不被侵犯。该法中将个人数据界定为任何属于自然人的特定信息或者任何能确认自然人（个人数据主体）的信息[①]。在该法案中明确规定经营者必须在征得个人数据主体同意的前提下，才可以对数据进行分析加工以及应用，禁止收集个人涉及种族、民族、政治观点以及个人隐私生活的数据。除法律规定特殊情况以外经营者对个人数据进行使用和加工必须遵循以下基本原则，主要包括数据应用合法性原则、数据加工和应用目的一致性原则、禁止多数据关联原则、数据存储的时效性原则以及数据收集和加工的有限范围原则。该法同时对个人数据主体的数据权利进行了明确规定，个人数据主体的数据权利主要包括个人原始数据和已加工数据的获取权、修改权、被遗忘权、存储权以及使用权等。非个人数据主体除法律规定的涉及国家和公共利益的规定外，其他任何个体或组织在未征得数据主体同意的前提下对个人数据的传播和应用均属于违法行为。《个人数据法》是俄罗斯在公民个人信息隐私权保护领域的首次专门性立法，同时也是俄罗斯信息安全问责法律体系中的重要支撑性法规。个人数据保护是国家跨境数据保护的前提和基础，是实现信息和网络经济良性发展的根本保障。

三、俄罗斯信息安全问责主体构成

俄罗斯信息安全问责的主体构成包括政府内部问责、立法和司法问责以及社会问责三个方面。

（一）政府内部问责

苏联解体后俄罗斯的政体发生了改变，开始建立三权分立的政治制度。经过激烈的政治斗争后，俄罗斯确立了强总统式的政治权力格局，并在 1993 年由《俄罗斯联邦宪法》予以确认。由于俄罗斯强总统式的政治权力格局导致其形成了特殊的行政体系：总统直属会议咨询性机构体系、总统全权代表体系、总统办事机构体系和总统直属国家机关机构体系。其中尤其以俄罗斯联邦安全会议、总统全权代表和总统办公厅

[①] 肖秋会. 近五年来俄罗斯信息政策和信息立法进展[J]. 图书情报知识，2010（4）：96-101.

为最重要枢纽①。因此俄罗斯信息安全政府内部问责最高权力机构为俄罗斯联邦安全会议，俄罗斯联邦安全会议是《俄罗斯联邦宪法》明文要求成立的、隶属于总统的会议咨询机构，内部成员包括了所有俄罗斯中央核心权力机关的所有领导者，由此形成以俄罗斯联邦安全会议为核心，以俄罗斯联邦安全局，俄罗斯联邦保卫局以及俄罗斯联邦电信、信息技术和大众传媒监督局为辅助的政府内部问责体系。俄罗斯联邦安全会议除承担涉及国防军事、外交以及国家安全的事务以外，还承担着为联邦总统行使国家安全保障方面的权力提供一切必要条件、制定保证国家安全的国策并监督其实施、协调联邦和联邦主体行政机关执行联邦总统有关保障国家安全的决议的工作以及评估联邦行政机关在保障国家安全方面工作的成效、制定评估标准和指标等职责，从而赋予俄罗斯联邦安全会议在信息安全问责的权力。俄罗斯联邦安全会议主要侧重于对产生重大影响的信息安全事件或问题提出处理意见，具体的信息安全问责执行由辅助性行政机构负责完成。

（二）立法和司法问责

俄罗斯联邦议会是俄罗斯联邦的立法机关，联邦议会实行两院制，两院分别为俄罗斯联邦委员会（即上议院）和国家杜马（即下议院），其中俄罗斯联邦委员会的主要职责为立法并承担部分国家事务管理工作，而国家杜马负责起草和制定法律法规，下设包括国防委员会、信息安全委员会、经济政策委员会以及民族事务委员会等20多个委员会，承担信息安全问责职责的为信息安全委员会，但是由于俄罗斯政治权力格局的影响，信息安全委员会问责的影响力相对较弱，主要还是以俄罗斯联邦安全会议的决策为中心展开。

俄罗斯联邦的司法权由法院行使，其他可以参与司法活动的行政机关，例如司法部、内务部、联邦安全局以及联邦保卫局等称为"护法机关"。俄罗斯司法体系主要由联邦法院体系和联邦主体法院体系两部分构成，俄罗斯法院体系包括俄罗斯宪法法院和俄罗斯联邦最高法院，宪法法院负责维护宪法体制的基础、公民的权利和自由，保障宪法的效力和地位。俄罗斯联邦最高法院是审理民事案件、刑事案件、行政案件、经济纠纷等案件的最高司法机关。因此，根据信息安全案件的类型，可以划分为宪法法院问责与最高法院问责两种司法问责形式。宪法法院问责主要针对在信息安全案件中存在对宪法所规定的公民权利有损害的情况，例如，对超出现有信息安全法律法规规定的范围外的由行政机关或公共部门的行政行为对公民或社会的信息和数据权益产生实际损害的行为，无法依据现有的法律法规进行司法判决，在这种情况下需要宪

---

① 郝赫. 简析俄罗斯政治权力体系架构特点及其挑战[J]. 俄罗斯东欧中亚研究，2017（6）：17-27.

法法院依据宪法规定的基本原则和公民权利进行此类案件的审理以及对相关行政责任人进行问责。而俄罗斯联邦最高法院主要负责的信息安全问责领域主要涵盖信息安全民事案件、信息安全刑事案件、信息安全行政案件、信息安全经济纠纷等。俄罗斯实行的是三权分立，立法权独立于行政权之外，法院进行独立预算和法院法官单独任命，可以有效地提高法院判决的公正性。

（三）社会问责

俄罗斯信息安全社会问责主要包括公民问责、非政府组织问责以及舆论媒体问责三种形式。首先，公民问责。自俄罗斯总统普京执政开始，一直致力于打造具有俄罗斯特色的民主形式，因此扩大公民和社会组织在国家行政决策中的影响力就成为重要的途径和方式，而且公民参与也是宪法赋予俄罗斯公民的基本权利。《俄罗斯联邦宪法》第 33 条规定：俄罗斯联邦公民享有向国家机关、地方自治机关提出个人意愿及表达个人和集体请求的权利。基于宪法规定，2006 年俄罗斯下议院审议通过由总统批准实施的《俄罗斯联邦公民参与审查程序法》正式实施，从而赋予了公民参与权的合法性地位。在信息安全问责领域，公民参与的主要形式包括对现行信息安全法律法规中不合理条款提出质疑或修改的建议、监督信息安全管理部门的职责履行以及对社会生活中的信息安全违法案件进行及时的举报和投诉。其次，非政府组织问责。俄罗斯总统普京曾多次强调非政府组织对于国家行政权力机关调节作用的重要性，主张在非政府组织与联邦政府政策制定者之间构建畅通的沟通和合作渠道。非政府组织承担的信息安全问责职责，主要体现在对信息安全管理职能机关的监督和约束、对信息和互联网行业标准的规范性执行以及对商业领域的信息安全事件进行调查等。例如：俄罗斯非政府组织 Informational Culture 调查了政府在线认证中心 50 个政府门户网站以及政府机构使用的电子投标平台。其中有 23 个网站泄露个人保险账号和 14 个网站泄露个人护照信息。调查结果显示，这些网站可以在线获得超过 225 万俄罗斯公民的数据，包括全名、职称和工作地点、电子邮件、税号、护照号等信息。虽然一部分泄漏数据难以识别并且需要从数字签名文件中提取元数据，但可以通过谷歌搜索政府网站上的开放网络目录找到一些数据。最后，舆论媒体问责。俄罗斯舆论媒体问责可以划分为两个阶段，从苏联解体到普京执政为第一阶段，在该阶段俄罗斯的新闻媒体在参与社会事务、行政事务和国家治理方面表现相当活跃，民主政治的基本框架和《宪法》《大众传媒法》等法律制度是舆论媒体问责的重要法律保障，因此在该阶段任何行政腐败行为和违法犯罪行为都无所遁形，在国家社会治理方面发挥了积极的作用。但是随着俄罗斯总统普京执政以来，在巨大的民意支持下，普京对舆论媒体采取了威权主义的管理政策。目前俄罗斯包括传统媒体和新兴官方互联网媒体在内的所有重要信息渠道和传播工具都被国家牢牢控制，媒体对政治权力的监督和问责功能几近丧失，为数不多的新兴自媒体和非官方媒体在信息安全问责领域所能发挥的作用几乎可以忽略不计。

四、俄罗斯信息安全问责实施保障制度

俄罗斯信息安全问责实施保障制度，主要包括行政检察制度和行政救济制度等两方面内容。

（一）行政检察制度

俄罗斯行政检察包括法律执行情况检察监督和行政违法行为检察监督两个部分构成。一方面，在法律执行情况检察监督方面，又可划分为对法律执行的监督和对遵守人权原则的监督。俄罗斯检察机关主要依据《俄罗斯联邦检察院法》对俄罗斯联邦行政部门及工作人员法律执行情况进行监督，在该法案第1条第2款中明确规定检察机关拥有对行政机关及其工作人员的监督权和检察权。对法律执行的监督主要可划分为准备阶段、检查、采取措施以及监督执行四个阶段，在第三阶段采取措施的过程中，主要采用的手段包括抗告、消除违法建议、预防违法警告以及诉诸法院等。通常俄罗斯检察机关需要同时具备两个前提条件才能够正常开展监督检察活动：条件一，俄罗斯检察机关确认收到行政机关及其工作人员明显违反法定程序，法定原则明确违法信息。条件二，俄罗斯检察机关确定对于违法信息的处理不属于其他任何行政机关的权限范围。虽然明确规定只有符合上述两个前提条件，才能够开展监督检察工作，但是在当前俄罗斯检察监督面临的现实情况来看，检察机关可以出于维护公共利益和国家安全的目的开展监督检察，因此是否收到违法信息是检察机关监督检察活动的充分条件而非必要条件。对遵守人权原则的监督主要指检察机关对宪法所规定的公民的基本权利的监督。此外，联邦总检察院设有公民来信来访局，各主体检察院设置了相应的处室，负责在工作口处理公民来信来访工作，对于公民的任何一个申诉都能得到及时的处理①。另一方面，在行政违法行为检察监督方面。俄罗斯检察机关对行政违法行为的检察和监督主要法律依据为2002年实施的《俄罗斯联邦行政违法法典》，在该法案第2条第1款中明确将行政违法行为界定为：自然人或法人违反法律的、有过错的并被本法典或俄罗斯联邦主体行政违法法规定了行政责任的行为（不作为）。因此根据该法案的规定，行政违法行为的主体包括行政机关及其公务人员自然人和组织法

---

① 刘天来. 俄罗斯行政检察制度研究[J]. 北方法学，2019，13（3）：126-139.

人等。俄罗斯检察机关在处理行政违法案件中的权限主要包括提起行政违法案件诉讼、参加案件审理以及对案件提出抗诉三个方面。俄罗斯行政检察制度的特点可归结为将规范性法律文件纳入行政检察监督范围、丰富的行政检察的监督手段以及逐步加强检察机关对公民个人权利的保护三个方面。俄罗斯行政监督检察制度在信息安全问责制度的执行过程当中发挥着重要的作用，对于保证信息安全问责执行过程的合法性、公正性有着重要的监督和约束作用，能够有效地预防和控制在信息安全管理职能部门及其工作人员在信息安全管理以及信息安全问责执法过程中存在的失范行为或违法行为发生的概率。

（二）行政救济制度

俄罗斯以人的权利和自由是最高价值的宪政原则为理论指导重新构建了包括公民请愿制度、行政复审制度、行政诉讼制度以及人权全权代表制度为主要内容的行政救济体系。在信息安全问责领域，公民请愿制度和行政复审制度发挥着重要的作用。

第一，公民请愿制度。俄罗斯公民侵权制度是其现代法治化进程当中非常重要的环节和内容，是制定诉讼程序规则及其他有关权利救济规则的基础性制度。俄罗斯公民请愿制度合法理论来源为《俄罗斯联邦宪法》第33条规定的：俄罗斯公民有权亲自请愿，以及向国家机关、地方自治机关提交个人的和集体的请求。俄罗斯公民请愿制度主要包括建议、声明和申诉等主要内容。俄罗斯目前法律的基本执行原则为：法无禁止即可为，对于信息安全管理工作而言，虽然俄罗斯目前已经制定了相对健全的信息安全管理相关的法律法规体系，但是信息和移动互联网时代的新的信息安全问题在不断出现，而法律的滞后性，对于新型的信息安全问题并没有相应的规范和约束，这就造成了信息安全管理的公众诉求与现行的法律规制效果之间存在巨大的鸿沟。不断出现的新型信息安全问题，对公众造成普遍的经济损失或权益损害，而立法机关或信息管理职能部门对此没有进行相应的补充规范或监管时，公民出于保护个人权益的目的可以通过建议声明和申诉的方式向信息安全管理职能部门或相关立法机构提出完善和加快推进健全信息安全法律法规尤其是数据安全领域法律法规的建议，进而推进俄罗斯信息安全管理和数据安全管理体系的健全和完善。

第二，行政复审制度。俄罗斯的行政复审制度与我国的行政复议制度相似，既包括对法院判决案件的程序审理也包括对行政机关所作出的行政处罚的重新审查，对行政机关所作出的处罚进行重新审查就相当于我国的行政复议制度。俄罗斯对于行政复审制度的规定至今仍分散在各个具体执行性法律法规当中，并没有制定行政复审相关的专门性法律法规。俄罗斯行政复审制度是为救济公民权利和矫正行政权力所提供的重要途径和方式。《俄罗斯审理公民请愿的规则》和《对侵犯公民的权利与自由的行为和决定向法院提起控告法》两部法律对俄罗斯行政复审制度复审范围限定为抽象行政行为，除上述两部法律外其余法律法规均将具体的行政行为作为行政复审的范围。《俄罗斯联邦行政违法法典》明确规定：对合议制机关作出的行政违法案件决议，向合议制机关所在地的区法院提出申诉，对法人或者从事企业家活动但未成立法人的人实施的行政违法案件作出的决议，依照仲裁程序法的规定向仲裁法院提出申诉。根据上述规定，俄罗斯行政复审的客体为行政机关工作人员。综上，俄罗斯行政复审制度的复审范围和复审客体具有局限性和单一性的特点，而且在进行行政争议案件的复审过程中，普通法院、仲裁法院、公权力机关的上级机关以及上级公职人员四类主管机构之间缺乏统一性和协调性，从而给行政复审工作带来了阻碍和困扰。

第三节　俄罗斯信息安全问责制的特点与启示

俄罗斯在面对内忧外患的国际背景下，能够构建具有本国特色的信息安全问责制度，并且对提升俄罗斯信息安全技术自主创新能力，有效保护俄罗斯政府部门、企业以及公民的信息安全以及降低俄罗斯国内信息违法犯罪等方面发挥了重要的作用，这对于我国在构建信息安全问责制度的过程当中，具有重要的借鉴和参考价值。

一、俄罗斯信息安全问责制的特点

通过对俄罗斯信息安全问责制的发展历程以及制度框架体系的系统分析，可以将俄罗斯信息安全问责制的基本特点归结为以下四个方面：

（一）注重对信息安全概念的界定和阐释

俄罗斯政府近年来尤为重视建立具有自身特色且符合其国家和公民利益的信息安全体系，自 2000 年颁布的《俄罗斯联邦信息安全学说》开始，其所发布的涉及信息安全的政策文件和法律法规中，均对信息安全的概念进行了官方界定。2000 年《俄罗斯联邦信息安全学说》将信息安全界定为：信息安全指俄罗斯国家利益在信息领域受保护的状态，是由个人、社会和国家利益平衡后的总和决定的。由于该定义的抽象性以及边界的模糊性导致该定义并没有得到专家学者的认可和引用。2011 年俄罗斯国防部发布的《俄联邦武装力量全球信息空间活动构想》中对武装力量信息安全的定义为：保护武装力量信息资源免遭信息武器影响的状态。2014 年俄罗斯联邦委员会发布的《俄罗斯联邦网络安全战略构想》中对信息安全和网络安全的概念进行了重新界定：信息安全指国家、组织和个人及其利益免遭信息空间各种破坏和其他不良影响威胁的受保护状态；而网络安全指网络空间所有组成部分免遭极大威胁以及不良后果影响的条件总和。2016 年《俄罗斯联邦信息安全学说》对信息安全进行了概念的统一，指个人、社会和国家不受国内外信息威胁的防护状况。从俄罗斯联邦政府对信息安全概念的界定演变历程，就可以看出俄罗斯联邦政府及信息安全管理各职能部门，对于信息安全的界定尤为重视，信息安全概念的界定直接关系着信息安全管理的范围和边界，甚至会影响到信息安全监管和问责机构的设置以及权力的运行。明确的信息安全概念界定，对于信息安全监管和信息安全问责制度和权力运行具有极其重要的意义。

（二）不断健全的信息安全管理机构

俄罗斯的信息安全管理职能部门主要设置在国家安全系统内部，主要涵盖俄罗斯联邦安全委员会、俄罗斯联邦安全局、内务部、通信与信息技术部以及联邦媒体和文化管理局等主要职能部门，各职能部门职责分工明确，在俄罗斯联邦安全委员会的统一领导和协调下，共同开展俄罗斯国内的信息安全监管和问责工作。俄罗斯联邦安全委员会主要职责包括制定信息安全政策以及全国信息安全保障工作，委员会主任一般由俄罗斯总统担任。由于美国和俄罗斯在国际网络安全战略问题上存在激烈的竞争关系，在美国政府不断提高国家层面的信息安全机构建设力度的背景下，俄罗斯政府也开始调整国内的信息安全管理机构及其职能，主要体现在两个方面：一方面，俄罗斯政府通过积极修改现有的信息安全法律法规赋予信息安全管理职能部门更广泛的信息安全管理职能和相应的权力。例如 2013 年俄罗斯通过修改《国家安全法》，赋予了俄罗斯联邦安全局维护网络安全和获取网络攻击信息、监听、信息安全形势分析和预测以及协调信息资源拥有者、通信运营商和其他授权防护主体间关系等新的职能。另一方面，为了适应信息安全管理所面对的新变化和新问题，俄罗斯政府在政府和军队设置信息和网络安全常态化管理部门。例如俄罗斯联邦政府在内务部特种技术局组建了"信息和网络安全巡视小组"，该小组成员由信息和网络安全专业技术人才构成，主要负责对俄罗斯国内的通信和网络信息安全环境进行监管，通过建立常态化的巡视制度以保证在第一时间发现信息安全问题和信息违法案件。此外，俄罗斯联邦政府还组建了国家网络安全响应中心，以加强俄罗斯联邦政府各信息安全管理职能部门与互联网行业协会、私营企业以及社会公众间应对网络安全和威胁的信息共享渠道建设。

（三）注重信息安全审查制度建设

俄罗斯的信息安全审查是国家安全审查制度中不可或缺的部分，具有维护国家安全和注重信息内容审查等特点。信息安全审查制度同样可以作为信息安全问责的制度依据，对由于信息安全审查工作的疏漏，而导致的信息安全事件，需要对相关的审查负责人及相关职能机构进行追责和处罚。信息安全审查是保证国家和公众信息安全的首道关卡，同时也是信息安全问责溯源的终端。俄罗斯政府历来重视信息安全审查制度的建设，早在 2008 年就建立起全国统一的国家安全审查制度，信息安全审查的领域范围包括特种技术和产品、军事领域产品以及信息通信和互联网产品，产品分布涉及 40 多个行业类型。2012 年，俄罗斯政府以立法的形式建立了一套包括信息安全审查范围、信息安全审查程序以及信息安全审查责任等内容的信息安全审查制度。随着信息通信技术和移动互联网技术在国家和社会公众生活领域的普遍应用，俄罗斯政府认为有必要加强对该领域的信息安全审查，因此在 2014 年俄罗斯国家杜马通过的《个人数据保护法》中明确规定：各信息通信服务公司和互联网服务公司应当保存所有用户的，包括电子邮件即时通信以及社交网络数据等相关信息，上述信息和数据需要在俄罗斯境内保存 6 个月，以供相关信息安全管理部门进行信息安全审查。上述规定一经出台，便在俄罗斯国内引发了极大的争论和分歧，反对者认为上述规定严重侵犯了公民的个人隐私权益，是对公民信息和数据"被遗忘权"的挑战；支持者则认为上述规定能够有效地降低信息安全犯罪和违法行为的发生，同时能最大程度地保障国家的利益和安全。

（四）积极推进国际信息安全体系建设

俄罗斯为积极应对在信息安全领域和网络空间领域的敌对封锁，在积极推进国内信息安全管理体系完善的同时，也通过上海经济合作组织、金砖国家、G20 等不同的区域政治、经济合作组织，积极推进区域性和国际信息安全体系的建设工作。例如：2015 年 5 月，习近平主席访问俄罗斯期间，中俄外长在两国元首见证下签署了《中华人民共和国政府和俄罗斯联邦政府关于在保障国际信息安全领域合作协定》。该协定强调信息通信技术应用于促进社会和经济发展及人类福祉，促进国际和平、安全与稳定，国家主权原则适用于信息空间。指出中俄将致力于构建和平、安全、开放、合作的国际信息环境，建设多边、民主、透明的国际互联网治理体系，保障各国参与国际互联网治理的平等权利。俄罗斯在信息和网络安全合作中关注的焦点包括推动建立多边和国际层面的信息和网络安全体系，禁止发展扩散和使用网络武器，加强国际间信息安全经验交流以及增强跨区域网络犯罪的协同治理能力等。俄罗斯于 2011 年向联合国大会提交《保障国际信息安全行为规则》，建议和呼吁在全世界范围内建立透明、民主的互联网管理机制，提出在联合国的指导下制定具有国际约束力的信息和网络安全国际准则，建立联合国信息安全技术中心。

二、俄罗斯信息安全问责制对我国的启示

（一）注重信息安全国家战略的制定

俄罗斯很早就将信息安全上升到国家战略的层面，俄罗斯联邦政府会议作为信息安全战略制定的主导和核心，为俄罗斯信息安全战略的有效施行提供了坚实的政治保障。而我国近些年也在加快出台与信息安全管理相关的法律法规，积极调整和完善在信息安全和网络监管方面的政策和制度，2016 年《国家网络空间安全战略》发布，强调"没有网络安全就没有国家安全"；2017 年《中华人民共和国网络安全法》正式实施，网络安全有法可依、强制执行，网络安全市场空间、产业投入与建设步入持续稳定发展阶段。我国网络空间安全战略的发布以及《网络安全法》的正式实施标志着我国信息安全已经上升至国家战略层面。随着习近平总书记总体国家安全观、国家安全体系以及网络命运共同体等相关理论的提出，推动了我国信息安全管理理论体系的不断丰富和完善，为我国的信息安全管理战略和相关信息安全管理法律法规的执行提供了理论指导。但是我国目前还缺乏信息安全体系建设和信息安全监管与问责的具体执行策略、程序和原则。因此在我国信息安全问责制度构建的过程中，要不断汲取俄罗斯在信息安全管理体系和信息安全监管和问责制度建设过程中的经验和教训，从而为我国建立具有中国特色的信息安全问责制度铺平道路。

（二）健全信息安全问责法律法规体系

信息安全法律法规体系的完备性是信息安全问责制度有效执行的合法性基础和基本前提，只有通过法律法规赋予信息安全管理职能部门信息安全监管和问责的合法性权利，才能保证国家相关的信息安全问责政策和制度得到有效的执行。俄罗斯健全的信息安全问责法律法规体系，值得我国学习和借鉴。俄罗斯的信息安全问责法律体系包括信息安全权责划分、信息安全技术标准、信息安全认证以及信息安全监管等多项内容。而我国目前仅有《网络安全法》和《国家安全法》等单行性法律。在上述法律条文中明确规定了我国信息安全监管和问责的职能机构、职责范围以及基本程序和原则等基本内容，对于信息安全技术标准领域虽有所提及，但较为宏观并无具体的执行细则，例如，《网络安全法》第 18 条规定："国家支持创新网络安全管理方式，运用网络新技术，提升网络安全保护水平。"第 28 条规定："网络运营者应当为公安机关、国家安全机关依法维护国家安全和侦查犯罪的活动提供技术支持和协助。"我们仅列举了部分与信息安全技术和保障相关的法律规定，从上述法律规定当中我们可以看出，我国现有的信息安全法律法规对于信息安全技术领域的相关规定过于笼统

和宏观，无法直接指导信息安全监管和问责的工作开展。除了上述问题以外，我国的信息安全问责法律法规中对于信息、数据、情报和网络等相关概念存在混用的情况。鉴于此，我国应该借鉴俄罗斯对信息安全和网络安全概念界定的经验，对信息安全及其相关概念进行清晰和明确的官方界定。同时我国也应该加快信息安全管理和问责领域主导性和辅助性法律法规的制定，从而构建以信息安全为基础的系统性法律和法规体系。

（三）加强信息安全技术自主创新

俄罗斯就是在西方发达国家技术封锁的情况下，实现了本国信息安全体系和信息安全管理体系的建设和完善，而我国当前与俄罗斯面临着相同的国际环境，以美国为首的西方发达资本主义国家不断在信息安全技术领域对我国发出挑衅，例如：2018年的美国制裁中兴公司事件与2019年的制裁华为和通信核心产品的禁售政策等为我国敲响了技术自主创新的警钟。美国对于我国信息通信企业的制裁之所以有恃无恐就是依靠其具有相对优势的信息安全技术，在中兴事件中，企业采取的是委曲求全的策略，而华为则以强硬的姿态回应了美国的技术封锁，两种截然不同的处理方式体现的是技术自主创新方面的底蕴和积累。在信息安全领域亦如此，俄罗斯信息安全体系建设的经验教训以及我国当前所面临的信息安全国内和国际形势都对我国信息安全技术提出了更高的要求。我国要想在信息安全体系建设领域不受制于人，就必须不断加快和推进我国信息安全技术领域的研发以及人才的培养。以习近平同志为核心的中央领导集体将技术自主创新作为我国未来信息安全发展的基本目标。科技快速发展对信息安全提出新挑战。多学科、多领域交叉融合不断加深，科技创新的渗透性、扩散性、颠覆性特征正在深刻改变人类社会的生产生活方式。区块链、大数据、云计算等对信息安全、网络安全和金融安全带来极大挑战，技术谬用和滥用对社会公共利益和国家安全构成潜在威胁，政府、社会治理面临新的挑战。目前我国所面临的信息安全形势是外部安全与内部安全、传统安全与非传统安全交织存在。因此，只有不断加强在信息安全技术领域的自主创新，才能真正实现我国的国家安全和信息安全。

第七章 新加坡信息安全问责制的发展与启示

第一节 新加坡信息安全问责制的历史沿革

新加坡是全球互联网应用和普及较早的国家之一，新加坡严苛的法治和制度管理在全球独树一帜，是在信息和网络安全领域率先推行行政监管和问责的国家之一。根据世界经济论坛发布的《全球信息技术报告》对全球主要国家的信息科技水平进行比较，2015—2016 年新加坡蝉联首位。2017 年联合国下设机构国际电信联盟以法律、技术、组织、能力建设以及国际合作为一级评价指标对全球主要国家的网络安全指数进行排名，发布的《全球网络安全指数》中新加坡位列第一，而我国位列第 32 位。虽然新加坡无论从国土面积、人口数量还是国际影响方面与我国均无可比性，但是其健全的网络安全监管制度体系对我国信息安全监管和问责制度建设依然具有重要的参考和借鉴意义。

一、新加坡信息安全问责制构建的原因与理论基础

（一）新加坡信息安全问责制构建的原因

新加坡信息安全问责制的构建主要源于国内责任政府建设的发展与公众对于信息安全尤其是网络信息安全保护的现实需要，信息安全问责制的构建是新加坡责任政府建设到一定阶段的必然结果。新加坡责任政府建设的主要目标是提高政府部门及其工作人员的行政效率，提高社会公众对于政府的满意度，由此本书将新加坡信息安全问责制构建的原因归结为三个方面：

首先，以公众需求为中心的行政理念。新加坡的行政事务与政府工作均围绕公众需求展开，这与企业家政府理论所强调的树立公民"顾客"意识一致，政府公共服务与公共产品提供以公众需求为导向。随着互联网行业的飞速发展尤其是移动智能设备的普及应用，公民对信息安全风险的忧虑与日俱增，因此，新加坡政府为了切实保障公民的信息安全，降低公众对信息和网络安全的忧虑开始将问责理念拓展至信息安全管理领域。

其次，电子政府建设带来的信息风险。新加坡政府为了推进国内的信息化建设，提出电子政府建设规划，同时设置资讯通信发展管理局和政府首席资讯办公室等组织机构主要负责政府信息化的建设和规划。政府信息化和信息公开的推进有助于增强政

府工作的透明度，也有利于公众对政府工作的监督，但也加剧了信息安全保护风险。新加坡政府信息公开建设具有构建与公众互动的信息平台以及公开信息的广泛性两个基本特征，政府信息公开内容涉及公民的教育、医疗、住房等诸多商业和生活服务领域。政府信息服务平台还为公民提供诸如违章罚款缴纳、生活缴费等服务项目。无论是在政府信息服务平台还是政府公开信息中均包含公众的个人隐私数据，在推进电子政府建设与政府信息服务平台建设的过程中如何保证公民的隐私信息安全是政府的职责之一。目前新加坡政府信息化建设主管机构并未将信息安全监管作为主要职能，仅通过制定相关制度和标准加强政府公开信息前的审查力度以保证公众的个人隐私信息安全，因此，新加坡政府亟须建立专项制度与专门的组织机构履行信息安全管理与监管职责。

最后，提升政府资源利用效率和协作能力的重要途径。信息安全的监管涉及多个职能部门，目前对于信息安全管理的职责分散在国家信息通信安全委员会、政府首席信息办公室等 10 余个职能部门中，在信息安全监管资源分配方面差距较大，在信息安全协同监管能力方面相对较弱，因此如果要想提升信息安全监管水平就需要推进政府信息安全管理机构的建立。

（二）新加坡信息安全问责制构建的理论基础

新加坡网络信息监管和信息安全管理体系相对健全和完善。根据《2018 全球信息安全报告》统计显示，新加坡在信息防护的安全等级全球排名第一，主要得益于其信息安全监管和问责体系的系统性和规范性，而新加坡信息安全问责制度构建的基础来源于两个维度：政治维度和理论维度。

第一，政治基础。新加坡威权政治是一种现代化的集权政治体制，该政治体制奉行政府权威法制化和社会秩序系统化。在这种体制下，行政权远远高于立法权，立法机构与行政机构相互重叠，政府行政权力涵盖政治管理和社会管理。政府提倡将国家和社会利益放在首位，并以强制手段向公众灌输，获得社会的广泛认可。新加坡立法之严明、执法之公正、惩处之严厉是众所周知的，新加坡政府尤为重视对社会管理领域的控制，从在社会管理上的严刑峻法到对威胁国家安全的非法行为的逮捕或拘禁，从对互联网的严格管控到对国内外新闻媒体的严格限制，处处都体现出新加坡对网络信息安全的重视，从而为新加坡信息安全问责制的建立提供了坚实的政治基础。

第二，理论基础。学术界对新加坡政府信息安全问责制度的研究为其信息安全问责制度体系的构建提供了坚实的理论基础。Foucault（1997）从立法角度提出，网络安全监管不仅仅通过立法体系来完成，而是要通过网络技术手段的控制、行业自律和网络公民素质的提高来完成[①]；Beilock R.（2003）提出新加坡政府采用"三管齐下"的方式，即实施轻触性管理制度、鼓励行业自律与提升公众网络安全意识相结合的方式[②]；Lee T.（2001）提出新加坡网络空间治理要通过政府的约束、信息控制和自我约束的监管模式来不断完善[③]；Mahizhnan（1999）提出网络安全管理的"3C"（Compliance、Compromise、Competent）原则：政府对网络的监管通过政府管制、信息控制及用户自律等多个层次进行管理[④]。Susan（2005）提出新加坡政府采用"三管齐下"的管理方式，包括"轻触式"监管框架、行业自律及提高公民网络安全意识[⑤]；Woon（2005）提出信息安全违规行为是组织员工不遵从信息安全政策所引起的，作者从信息安全政策的制定和社会信息安全两个角度分析信息安全监管体系对组织建设的重要性[⑥]。

二、新加坡信息安全问责制的发展历程

新加坡是东南亚地区经济最发达的国家，国土面积较小，仅有710.2平方千米，人口约500万，其中华裔居民占77%，是世界主要航运、金融和经济贸易中心。新加坡在社会管理方面崇尚以法立国，因此，新加坡在各领域的立法体系相对健全，而且在长期的网络安全和信息安全监管的实践探索中形成了极具特色的信息安全保障体系。通过对新加坡信息网络建设历程和信息安全问责建设历程的梳理能够为我国信息安全问责制建设提供理论借鉴和经验教训。

（一）新加坡信息网络建设历程

互联网产生于20世纪80年代，新加坡信息网络建设也开始于该阶段，自1980年开始，新加坡先后制定6次国家级信息通信战略发展计划，进而实现国家信息化建设水平的提高，6次信息通信战略计划主要包括"国家计算机化计划"、"全国信息科技计划"、"智慧岛"计划、"信息与应用整合平台-ICT"计划、"智慧国家2015"和"智慧国家2025"计划。

第一，"国家计算机化计划"（1980—1985年）。在互联网产生初期，计算机

---

① Foucault M. Discipline and Punish：The Birth of the Prison，Trans. Alan Sheridan[M]. New York：Random House，1977.

② Mahizhnan A . Smart Cities：The Singapore Case[J]. Cities，1999，16（1）：13-18.

③ Lee T. The Politics of Internet Policy and （Auto-）Regulation in Singapore[J]. Media International Australia，2001（1）.

④ Beilock R，Dimitrova D V. An Exploratory Model of Inter-country Internet Diffusion [J]. Telecommunications Policy，2003，27（3）：237-252.

⑤ Xue，Susan. Internet Policy and Diffusion in China，Malaysia and Singapore[J]. Sage Publications，2005.

⑥ Woon，Irene. Perceptions of Information Security in the Workplace：Linking Information Security Climate to Compliant Behavior[J].Journal of Information Privacy & Security，2005：18-41 .

等互联网设备的使用量并不是很多，在新加坡国内仅有财政部和国防部两个政府部门有计算机设备。后随着计算机的优越性得到体现之后，新加坡政府出于推进信息化技术发展的需要，制订了该计划并成立了国家计算机委员会。该机构主要职责和基本目标是尽快推进政府所有部门计算机设备的普及应用以及政府办公的自动化，最终目标是提高政府部门的行政办公效率以及公共服务水平。

第二，"全国信息科技计划"（1986—1991 年）。新加坡政府在推进政府信息化建设的过程中发现国家在信息科技创新研究方面并不具备绝对优势，相反是美国、英国等国家的信息科技水平领先于全球，新加坡政府意识到信息科技水平的滞后会严重阻碍政府信息化建设的步伐，因此在 1986 年制定并出台"全国信息科技计划"，成立国家计算机局，主要负责计算机设备、信息科技技术创新等方面的研究工作，同时协助国家计算机委员会建立全国各政府部门间的共享网络，实现政府内部的网络互联和信息共享。

第三，"智慧岛"计划（1992—2000 年）。新加坡政府于 1992 年开启"智慧岛"建设计划，计划利用 10 年左右时间建成覆盖全新加坡的高速宽带网络，最终在 1996—1998 年建成世界上第一个高速宽带网络 Singapore ONE。在此期间，还制定了面向新世纪的信息发展计划"信息通信技术 21 世纪计划"，主要目标是在已建成高速宽带网络的基础上将信息网络应用至国民的日常生活和工作之中。

第四，"信息与应用整合平台-ICT"计划（2001—2006 年）。为了推进信息化社会的建设进度，新加坡政府制定"信息与应用整合平台-ICT"计划，该计划成为各行业实现产业信息技术升级和经济模式调整的重要推动力。

第五，"智慧国 2015"计划（2007—2015 年）。该计划提出创新、整合和国际化的实施理念。该计划的主要战略目标为通过提升跨区域和行业的信息资源整合能力推进新型商业发展模式的实现，主要涉及的行业领域包括社交媒体与娱乐、教育培训、金融服务、电子政府、制造业、旅游业、医疗卫生以及零售业等多个行业。

第六，"智慧国家 2025"计划（2015—2025 年）。新加坡政府于 2014 年提前完成"智慧国 2015"计划目标，因此于同年开启"智慧国家 2025"计划，计划在未来 10 年内将新加坡建设成智慧国家。"智慧国家 2025"计划侧重于对各领域、行业以及公众信息的收集和整理，通过大数据分析对各行业、组织以及公众的各种需求进行预测，进行精准化、针对性的服务，使政府的政策更具备前瞻性。同时，要在 2025 年之前实现在线公共服务平台的全覆盖，推进电子政府和电子政务服务模式的转型。

（二）新加坡信息安全问责制建设历程

新加坡的信息安全问责制发展和信息网络建设相辅相成，主要可划分为信息安全分散管理与信息安全问责制构建两个发展阶段。

第一，信息安全分散管理阶段（1980—2005 年）。该阶段是新加坡信息安全建设的成长发展阶段，并没有形成系统的国家层面的信息安全政策体系，信息安全管理工作主要集中在信息安全教育、建立信息安全管理机构以及在各类法律法规条例中增加与信息安全监管、处罚等相关的法律条文和规定。其中《内部安全法》和《互联网操作守则》等法案中对于信息安全和个人信息保护均有所涉及，对于公众的个人信息权益以及保护个人信息隐私方面予以肯定和支持，但该阶段尚未制定专门的法律制度和设置专门的组织机构对公民的信息安全进行有效保护。

第二，信息安全问责制构建阶段（2005 年至今）。随着"信息与应用整合平台-ICT"计划和"智慧国家"计划的顺利实施，国内的信息化水平在不断提升，公众对于信息网络的依赖程度也在不断提高，随之而来的信息数据风险也相应增加。新加坡政府为了保护公民信息安全和维护消费者信息权益先后制定并出台了一系列与信息侵权和信息安全保护相关的法律法规。2007 年实施的《垃圾邮件控制法案》中明确规定：未经许可，任何公司不能将电子邮件、文字或多媒体信息发送给消费者，违反者将受到 25 万~100 万新元不等的处罚。2013 年实施的《个人数据保护法》主要涵盖保护个人信息和数据不被滥用以及杜绝营销来电和信息两方面内容。2018 年新加坡保健集团健康数据遭黑客攻击导致 150 万个人信息被非法获取，该隐私数据泄露事件无形中推动着《个人数据保护法》的修订，并将问责机制引入新的《个人信息安全保护法》中，2019 年的修订案中增加非经公民同意禁止以任何形式收集公民的个人身份信息，包括身份证号码、家庭住址以及个人联系方式等，凡未经公民同意擅自复制他人身份证件或收集、使用和公开公民身份信息的行为均构成违法，对未履行信息保护职责的机构处以最高 100 万新元的处罚并追究相关负责人的法律责任。除此之外，《网络行为法》《滥用电脑和网络安全法令》《网络安全法》等法律法规中对于公民的信息和网络安全也进行了具体的规定。

三、新加坡信息安全形势

随着互联网信息产业的飞速发展，网络环境也日趋复杂，网络风险和不确定因素在不断增加，而对于新加坡而言，"高速宽带建设"计划和"智慧国家 2025"战略的实施给国民带来极大便利的同时，也对网络环境生态和信息安全带来了挑战和冲击，新加坡目前面临的信息安全形势主要可归结为四个方面：

第一，信息安全意识相对淡薄。根据网络安全企业 Imperva 的调查问卷结果显示：新加坡互联网用户中 50%左右从未对各类注册账号更换过密码，近 60%的互联网用户在多个互联网平台使用同一账户和密码。从上述调查可以很明显地看出，新加坡互联网用户的信息安全意识相对淡薄，对于账号、密码等相对重要的个人信息和数据要增强风险防范意识。新加坡信息技术专家指出：社会公众使用云服务必须要提高安全防范意识，养成良好的网络安全习惯，例如账户名和密码分别存放，避免不同密码相互关联，对不合理的问卷和网络奖品、礼品保持警惕。

第二，恶意软件泛滥。根据谷歌的 2014 年的调查报告显示，亚洲地区用户更多地使用智能手机上网。新加坡和韩国是世界上智能手机采用率最高的两个国家，分别是 85%和 80%，到 2018 年该项数据增长至 91%。目前市场上的智能手机系统包括 Android、iOS、WP 等系统，虽然各智能系统平台均有比较规范的安全机制，但由于自身架构、架构的安全机制以及平台的运营模式等方面均存在一定的不足，从而导致任何智能设备均存在被攻击的风险。目前，权限滥用、逆向分析、二次打包以及篡改数据等是智能系统平台最为常见的攻击类型，一旦发生，会导致用户的隐私等发生泄漏，对用户的切身利益等带来风险。此外，有部分软件开发商在进行软件研发过程中就内置了各种恶意程序用以收集用户信息、恶意扣费以及远程监控等非法目的。目前移动互联网恶意程序行为包括恶意扣费、信息窃取、远程控制、恶意传播、资费消耗、系统破坏、诱骗欺诈和流氓行为 8 种类别。

第三，信息泄露和侵权事件频发。2017 年，新加坡共享单车 Obike 遭黑客入侵，用户隐私信息大量泄露；2018 年，新加坡保健集团健康数据遭黑客攻击，150 万人的个人信息被非法获取；2019 年，80 多万献血者的私人信息被泄露到互联网上。上述信息泄露和侵权案例仅仅是近年来新加坡信息泄露和信息侵权案件中的一小部分，由于上述案件的波及范围较广，引发了极大的社会恐慌，对于上述案件部分已经调查出结果，将最终信息泄露和侵权归结为信息安全系统防护的不足抑或是系统的漏洞等，较少有案件调查涉及信息安全管理部门的责任或处罚，当个例不再是个例，而成为社会普遍现象的时候，系统漏洞或安全防护体系不健全等原因将不再成为信息安全管理职能部门的"挡箭牌"。

此外，新加坡政府在信息和网络安全治理方面取得了一定的成效，尤其是在互联网应用逐渐普及的形势下，能够灵活主动地调整自身的立法动向以及信息和网络安全的关注重点。例如，新加坡政府针对个人信息泄露事件频发与信息市场买卖行为，制定并实施个人信息保护的专项法案，该法案在遏制智能手机平台和移动软件信息侵权方面具有显著效果。新加坡政府在加强公民信息安全建设的同时，也将社会信息安全与国际安全相融合，充分认识到社会信息和网络安全对于国家安全的重要作用。网络和信息安全的有效治理单纯依靠政府监管需要花费高昂的行政成本，而且并未达到有效的治理效果。因此，新加坡政府提倡构建以政府治理为主导，以网络服务供应商自律为辅助，以公民和社会舆论监督为保障的信息安全治理体系，以保障国家、社会信息和网络安全。综上所述，目前新加坡的信息安全形势不容乐观，虽然在信息和网络安全防护方面处于世界领先地位，信息安全事件依然频发不止，如何应对和解决当前的信息安全困境是新加坡政府所面临的首要问题。

第二节　新加坡信息安全问责制的框架体系

新加坡信息安全问责的框架体系主要包括信息安全问责组织机构、信息安全问责法律、信息安全问责主体构成以及信息安全问责运行体系四个组成部分。

一、新加坡信息安全问责组织机构

为提高信息安全整体防护能力，更好地推进信息安全工作，新加坡建立了信息安全协调机构和信息安全问责机构。按照机构的职责划分为信息安全战略决策机构、信息安全问责与协调机构以及信息安全应急处置机构。

第一，信息安全战略决策机构。信息安全战略决策机构主要包括国家信息通信安全委员会和网络安全局。国家信息通信安全委员会主要承担国家层级的网络安全政策与发展战略制定工作，是新加坡最高信息网络安全负责机构；网络安全局主要负责国家网络安全策略的研究与制定，除了监督新加坡网络安全政策外，还负责监管全国日益发展的网络安全产业。

第二，信息安全问责与协调机构。主要包括个人数据保护委员会、公共机构数据安全检讨委员会以及政府首席信息办公室。个人数据保护委员会于 2013 年成立，是政府机构而非立法授权的独立监管机构，以管理和执行《个人数据保护法》为首要职责，该结构的主要职责包括提高公众对信息保护的关注度，保护个人信息，制定并实施与个人信息相关的政策、法规以及咨询准则，开展公民信息安全教育以及对违反《个人数据保护法》行为的监督、处罚和问责等。公共数据检讨委员会的工作职责涵盖三个方面：一是检讨政府如何全面地保护公民数据，包括服务供应商及授权第三方所应尽的职责。二是推荐技术措施、流程和能力，以改善政府对公民数据的保护和对事故的应对。三是制定立即步骤以及长远措施的行动计划，以落实委员会的建议。政府首席信息办公室的主要职责包括为政府信息化总体规划提供技术支持，为信息技术开发提供指导，制定信息技术标准、政策、指导方针及程序，开发、实施和管理整个政府的信息基础设施和应用系统；为政府各机构提供信息技术专业人才等。

第三，信息安全应急处置机构。主要包括国家网络威胁监测中心和计算机紧急反应小组等。国家网络威胁监测中心成立于 2007 年，目的是加强政府机构的信息系统与网络安全。该机构的主要职责包括：为关键信息基础安全提供网络威胁追踪；综合汇集各种威胁信息，提交深度分析报告；提供网络威胁的最新动态和发展趋势并发布预警信息。计算机紧急反应小组由新加坡资讯通信发展管理局与新加坡国立大学共同成立，主要负责检测、分辨和预防互联网威胁事件，发布预警信息和提供网络事故的解决方案等。

二、新加坡政府信息安全问责法律体系

第一，信息安全问责制度的法律基石——《内部安全法》。新加坡《内部安全法》最早缘起于马来西亚的《内部安全法》，存续于马来西亚与新加坡联邦时期，在新加坡脱离联邦独立后，《内部安全法》在议会表决通过，正式取代原有的《维护公共安全法令》成为新加坡国家安全管理的重要法律依据，后经过 1970 年与 1985 年的两次修订，将其内容扩充至 143 章并沿用至今。新加坡《内部安全法》规定：国内所有的网络运营商都应该严格遵守政府的各项规定，政府有权对危害国家信息安全、社会和谐和民族和睦的网站勒令关停，并逮捕任何涉嫌危害国家信息安全的人。同时该法律对网络中禁止出现的内容作出明确规定：危害公共和国家安全；煽动或误导公众；激发公众仇恨或蔑视政府、对政府产生不满的言论；在种族和宗教团体之间制造仇恨、宣传邪教言论；散播色情、暴力和恐怖内容等行为都会受到严厉惩罚。

第二，信息安全问责的技术标准和规范。新加坡资讯通信发展管理局在 2005 年、2008 年及 2013 年连续发布三份《信息安全通信总体规划》，旨在保护国家信息网络安全，提高公共领域在应对网络威胁时的应对能力，主要通过公共部门、私营企业和个人共同保护国家信息通信安全。2016 年新加坡发布了《国家网络犯罪行动计划》，该计划明确了打击网络犯罪的四个方向：加强对公众的网络信息安全教育；提高打击网络犯罪的能力；完善与网络犯罪相关的法律；加强与国际组织的交流与合作。从而在制度上形成"社会公众—私营企业—公共部门—国际组织"四位一体的网络信息安全合作机制。同年 10 月，出台《新加坡网络安全战略》，该战略提出要建设富有弹性的网络基础设施，建立更安全的网络信息空间，开发更稳定的网络安全生态系统和加强国际网络合作四大战略措施，其目的是打造更加灵活的且安全可靠的网络环境①。

---

① 汪炜. 论新加坡网络空间治理及对中国的启示[J]. 太平洋学报，2018，26（2）：35-45.

该战略为制定网络信息安全相关法律法规、监督管理体系、技术保障和人才培养体系提供了战略性指导文件。

第三，信息安全问责制度的支撑性法律——《网络安全法案》。2017年7月10日，新加坡在"网络安全战略"文件的指导下由通信部和网络安全局共同发布了《网络安全法案2017（草案）》该草案规范了四个主要监管领域，主要包括：关键信息基础设施及其所有者的监管；CSA管理和应对网络安全威胁事件的权力和职责；CSA共享网络安全信息框架及信息保护以及网络安全服务供应商的监督和许可工作。该法案规定设立专门的网络安全员负责国家网络信息安全的监管和维护，授予其处理网络安全威胁事件的权力。网络安全员包括网络安全委员、副委员、助理委员等[1]。另外，在特殊情况下，部长可任命临时或长期的网络安全员负责专门的工作。

第四，信息安全问责制度的保障性法律——《个人数据保护法》。计算机系统是网络信息安全的载体和基础，对这些基础设施的保护是确保网络信息系统安全运行的保障。新加坡早在1993年就制定了《计算机滥用法》，后经历反复多次的修改。该法案适用于对计算机系统未授权访问或网络攻击行为、防范计算机系统信息被滥用或泄露，维护网络信息运行安全。1996年新加坡政府颁布《互联网管理法规》，法规中对分类许可证制度内容作出明确规定，也成为新加坡"轻触式"管理的基础。新加坡政府历来重视对个人信息的保护，在2001年，新加坡政府与网络运营商共同制定的《行业内容操作守则》中体现出个人信息保护，该守则规定互联网运营商必须尊重用户的个人信息和隐私，主要内容包括公平竞争、自我监管和用户服务三个方面[2]；2013年有关个人信息保护的专项立法《个人数据保护法》由新加坡国会通过并出台，该法案中规定公司在获取个人信息时必须征得本人同意，并向其说明信息的用途；另外，法案对各类手机软件进行管控，禁止其向个人发送营销短信。除此之外，新加坡还出台了《互联网实务法则》《垃圾邮件控制法》《广播法》等保障性法律，涉及网络信息安全保护的多个方面。

三、新加坡政府信息安全问责主体

（一）政府内部问责

第一，网络安全局问责。新加坡政府信息安全问责的中心部门是隶属于总理公署的新部门——网络安全局（CSA），该机构的大部分人员和资源是由内政部所属的资讯通信科技安全局（SITSA）和通信部所属的资讯通信发展管理局（IDA）整合而成，

---

① 刘耀华. 新加坡2017网络安全法立法草案的分析[J]. 现代电信科学，2017，47（5）：50-53.
② 徐济铭. 新加坡网络信息安全管理经验研究[J]. 江苏通信，2017，33（6）：16-17.

是监督和协调全国网络信息安全的中央机构，主要负责统筹各政府部门的网络安全事宜[①]。负责监督能源、交通、水源、海事、民航、保安、金融及医药这八个关键领域的网络信息安全的 SITSA，完全归入网络安全局；IDA 除保留保证政府部门和电信公司这两个关键领域有能力抵御网络威胁的职责外，其他职责如拟定全国网络安全总蓝图、监管新加坡信息安全以及与高校合作培养专业人才等交由网络安全局负责。新加坡网络信息安全局的职责由国会通过的《网络安全法案》授予，负责预防和应对网络安全事故及制定网络安全运营者的监管体系，另外，网络信息安全局设立网络安全专员担任 CSA 的行政长官，该中心一旦发现任何网络安全威胁，立即将信息传达给安全局处理，具体调查网络犯罪以及起诉网络罪犯交由内政部和警察署执行。

第二，个人数据保护委员会问责。个人数据保护委员会是为了保证和执行《个人数据保护法》专门设置的组织机构。《个人数据保护法》首次将问责制作为信息安全保护的关键原则，并明确个人数据处理的违法行为方面发挥着重要的作用。个人数据保护委员会信息安全监管和问责过程中要能够区分合理的公民信息收集和利用与商业化的信息收集和利用的边界，前者出于公益目的，是非营利性质的，而后者出于商业目的以获取经济利益为主要目的。因此以商业为目的的信息收集和利用属于个人数据保护委员会问责的范畴。

第三，媒体发展局问责。媒体发展局（MDA）隶属于通信部和新闻部，该机构在 2003 年由新加坡三家媒体管理部门广播管理局、电影与出版物管理局和电影委员会合并而成[②]。该机构扮演着监管新加坡通信媒体业的重要角色，其主要职责包括互联网的开发与规划、网络供应商的管理、对网络传播内容的审查等，媒体安全局除了主动管控外，还督促互联网行业构建自律体系，鼓励网络服务供应商及用户根据行业准则进行自律，这种轻触式管理制度和鼓励行业自律的监管方式在一定程度上实现了维护网络信息安全的目的。

（二）立法机构问责

立法机构问责也可称为议会问责，新加坡的政治体制受英国殖民政府的影响，议会是新加坡的立法机关，同时也是制宪机关，国会的立法权基本不受其他权力机关的限制，行政权由立法权产生并向其负责，受其监督。因而议会对政府的监督是全面且不受限制的，议会通过制定一系列法律授予其对负责信息安全的政府部门及其官员监督、质询或弹劾等权力，议会上述权力对政府相关信息安全管理部门及其工作人员起

---

① 陈骞. 新加坡、美国网络安全战略举措[J]. 上海信息化，2017（9）：78-80.
② 赵雯君，马宁. 新加坡网络安全法律法规与管理体制[J]. 中国信息安全，2013（6）：70-72.

到一定的威慑作用。

第一，质询制度。新加坡的质询制度是在借鉴英国议会质询制度的基础上，同时结合新加坡国家的政治特点和具体国情建立的具有本土特色的质询制度。信息安全质询制度指议会成员或社会主要利益群体通过合法途径在议会的会议期间，对于与信息安全管理或具有重大影响的信息安全事件向具体的信息安全管理部门或高级官员提出质疑和询问的过程和行为。在新加坡对于质询制度有严格规范的程序，主要包括议员在会议之前提交质询内容，由议长通知被质询机构或高级官员对质询内容进行相应解释，以书面形式在议会会议期间进行陈述。议员提交的质询内容除了包括质疑或询问的问题，还可能包括对信息安全相关管理制度或规则的修改建议等。在议会正式会议期间，质询对象需要在规定的时限内进行陈述和回答，如提出的质询议员对陈述结果不满意可以继续补充质询问题并要求质询对象继续回答。总体而言，质询制度客观上发挥了信息安全问责的作用，但是质询制度的内容却并不仅限于信息安全管理领域，但对于政府信息安全管理部门及其工作人员行政绩效的改善和提高有积极的促进作用。

第二，国政调查。国政调查是议会调查制度的附带权利，当在质询过程中发现行政结果是由于政府部门的制度不合理、职能部门领导决策失误或相关执行主体的执行偏差所引起的且造成了负面的社会影响就需要国政调查部门的介入，即由质询阶段直接进入调查阶段，这对于信息安全管理部门的工作可以起到良好的监督效果。国政调查不设置固定的组织机构，在通常情况下由议会组织并授权部分高级官员组成调查小组对特定事件中行政行为、行政决策以及行政结果等进行系统调查，并将调查结果向议会进行汇报。由于国政调查的个案性、临时性等特点，无法对信息安全管理部门形成持久的问责威慑力，而且随着新加坡司法体系的不断健全以及调查程序的法制化，议会的国政调查也逐渐通过司法手段实现，因此，国政调查问责形式仅仅是议会问责的非主流问责形式。

第三，弹劾制度。弹劾制度普遍存在于民主制国家政治体系中，是权力运行体系的重要约束和监督制度。弹劾制度主要针对的群体是那些在行政工作中存在失职、渎职或违法行为的高级官员，对其不良行政行为或违法行政行为依法追究其行政行为主体法律或行政责任的过程。由于弹劾对象通常为政府内部的高级官员，而对于中下级官员的问责约束力相对较弱，所以此种问责方式有效性也存在局限性。

（三）司法机构问责

建立了严格的司法监督制度。新加坡司法机关由法院、检察机关和政府律政部门组成。司法审判权由法院行使，国家检察权由检察厅行使，司法行政权由政府法制部行使，三方司法权力分工合作，形成相互制约和监督的关系。新加坡法院系统由最高法院和初级法院两级法院组成，由高等法庭、初等法庭和上诉庭构成三个审判层级。新加坡实行司法独立制度，独立行使司法权，法院的独立审判权和检察院的独立检察权受到宪法和法律的保护。法官实行终身制，任职后除非失职渎职，不得随意免职和调离，这种制度保证了司法权对于其他权力的制约监督。因此，新加坡信息安全问责主要通过最高法院对信息安全事件进行责任纠察，确定责任主体，追究法律责任，对政府机构及其信息安全主要负责人作出责任认定，并作出法律制裁，从而落实信息安全责任主体，保证问责效果。

（四）社会问责

社会问责具体包括公众问责与舆论媒体问责两个层面。一方面，在社会公众问责层面，新加坡政府在信息安全问责中高度重视社会多元主体的参与，重视社会群众在信息安全问责中的重要地位。新加坡政府邀请公众参与互联网监管法律法规和政策的制定，成立了由电信行业、互联网服务机构和民众代表组成的非官方"新媒体咨询理事会"，该理事会主要职责包括研究新媒体对现有法律法规的挑战、及时将民众对网络监管的建议反馈给政府并向政府提出处理意见。与此同时，新加坡政府非常重视咨询理事会的意见，将其纳入制定相关法规和政策的考量范围，这在一定程度上缓和了信息安全监管和问责过程中的矛盾。另一方面，在舆论媒体问责层面，新闻传播媒体作为社会舆论的传播主体，担负着舆论监督和社会守夜人的角色。"负责任的新闻自由"是新加坡新闻媒体管理的思想基石，新加坡媒体传播内容不仅满足国家和政府的需要，同时以社会为先，反映社会事实，不做政府的"传声筒"。媒体和政府的关系是平等的，新加坡政府定期召开会议就国家政策、法规等与新传媒总编交换意见。只有保证新闻媒体传播自由，才能对政府起到有效的监督和制衡作用，政府才能更加廉洁高效。新加坡各大报纸、广播、电视和网站等媒体都有信息安全平台，并且在网站上设有信息安全专栏，对政府信息安全政策进行解读，并且时刻关注网络事件处理的进展，给政府在解决信息安全事件中造成舆论压力，并且受到社会各界的关注，使政府在处理事件时更加廉洁高效，促使新加坡政府信息安全问责制度更加有效运行。

四、新加坡政府信息安全问责运行体系

第一，信息安全问责执行机制。新加坡从政府层面建立了稳定的行政架构，确立

了信息安全的执行机制，其政府信息安全问责执行过程包括法律的制定、引用、运用、审查和评价五个环节。首先，网络信息安全局作为总理公署的直属部门，负责从整体上统筹信息安全各项事宜，其依据信息安全总体规划和战略制定网络安全法案，法案中将网络安全局行政长官任命为网络安全专员，负责法案的实施；再由网络安全专员任命审查人员，对网络安全风险进行评估，并向网络安全委员提交审查报告，若发现关键信息基础设施出现安全问题或隐患，网络安全委员会可直接要求关键信息基础设施执行者对关键信息基础设施进行合规性审查以及信息安全风险评估。信息安全问责执行机制下，行政、立法、司法以及社会公众都是信息安全事件揭露和监督的主体，主要由行政和立法部门确定信息安全事件的性质和问责主体，适时由司法部门介入对事件进行法律处罚或定性，从而形成问责执行机制总体流程。

第二，信息安全问责监督机制。信息安全问题的由来主要是对信息资源的不重视、对信息安全监管力度不够，导致的信息泄露或信息交易等行为。新加坡信息安全监管机制从源头出发，对公共部门所掌握的公共信息进行严格监管，防止信息泄露。新加坡资讯通信发展管理局负责新加坡 IT 行业和通信产业监管工作，审查网络信息内容，制定互联网发展规划，推动新加坡信息安全监督机制的有序发展，媒体发展总局下设网络信息中心，专门负责信息技术监管和网络域名登记注册服务，及其发展新技术体系支撑域名服务系统。新加坡负责信息安全监管的直属部门是政府信息部下属的检察署，其肩负着调查政府信息安全状况的任务，并且配合政府其他监管部门、立法机关和司法机关共同展开信息安全监管工作，及时发现安全隐患，保障新加坡信息安全。与此同时，为了推动网络信息健康发展和科学管理，确保网络信息监管政策和管理规则制定的合理性和科学性，新加坡政府还专门成立了网络与媒体资讯委员会。该委员会成员由政府机构、网络提供商、立法机构、教育机构及科学研究机构等各方组成专业咨询机构，为信息安全监管相关立法、政策制定等方面提出诸多建议，使政府部门及时了解社会公众对信息安全监管的态度及看法，推动信息安全监管相关制度和政策制定的科学性。

第三，信息安全执法审查机制。合理而有效的监管机制是维护信息安全的重要举措，新加坡除了制定严格的法律制度体系外，还采取了严格的执法审查机制。新加坡负责信息安全执法的政府机构是传媒发展管理局（MDA），其在网络信息安全执法方面的主要职责是：维持网络媒体的蓬勃发展、对网络信息传播内容进行管理、维护国家利益及公民合法权益。基于以上职责，新加坡政府在执法过程中对互联网实行分类许可制度和信息审查制度来规范信息行为，维护信息安全秩序。早在 1996 年，新加坡就开始实行网络信息分类许可制度，并颁布实施了《分类许可证制度》，并于

2004 年和 2012 年再次修订。该制度规定网络信息服务商必须在 MDA 进行登记才可运行，在运行后 MDA 根据网络信息内容的不同进行分类许可，网络信息服务商根据 MDA 的管理指导原则对自身服务信息内容进行检查，加强自身内部信息内容的控制。在信息审查制度方面，新加坡制度严格的审查程序，根据网络信息的内容、信息传播受众等对网络信息内容进行严格审查，网络信息内容涉及未成年人、家庭、社会公众等必须接受严格审查，这在一定程度上有效地防止了网络不良信息的传播。同时，新加坡在警察署还设立了专门负责网络信息安全管理的警察，对网络信息平台的内容进行监控和审查，一旦发现非法信息，立刻采取关闭网站、封锁网站账号等措施，避免信息泄露、病毒侵入或网络谣言的传播。

第四，信息安全绩效评估机制。新加坡针对政府机构信息安全行为进行系统的目标管理和绩效评估，不断深化和完善政府预算管理，包括对信息安全相关政策和政府工作人员都有相对应的绩效评估政策。新加坡政府信息安全工作人员绩效评估伴随着各部门和机构的预算管理展开，并且逐渐在预算管理上实现自治，制定出一套绩效评估体系，每个部门的预算拨款与绩效相关联，从而形成独特的政府信息安全工作人员绩效预算管理体系。信息安全各部门每年要对关键绩效指标的设定进行审核以保证与国家信息安全战略的相关性；其次绩效指标需要控制在一定范围内以确保针对性和可控性；最后各部门每隔 3～5 年要对设定的绩效指标进行分析以确保信息安全战略的长远发展。各部门依据各自的指标对应财政部制定并发放的报告卡进行部门绩效的自我评估，再将报告卡交由财政部统一对政府信息安全工作人员整体进行绩效评估。此外，近几年新加坡政府将公民满意度作为衡量信息安全工作人员的重要指标，公民可直接参与到政府的绩效评估中来，从而不断提高政府信息安全服务水平和服务质量。

第三节　新加坡信息安全问责制的评价与启示

一、新加坡政府信息安全问责制评价

（一）新加坡政府信息安全问责制特征

新加坡信息安全问责体系的特点可归结为以下四个方面：

第一，健全的信息安全问责法律体系。有效的信息安全问责制度的实施，需要相应配套法律制度的约束。新加坡有关信息安全方面的立法涉及各个方面，层次分明，可约束的范围较广，从政府到运营商再到用户，从国家层面的网络信息安全立法到地方性法令规范，同时有相应的程序法，使法律的实用性和适用性不断提高，使执法人员在具体实施过程中有法可依。与此同时，新加坡信息安全问责体系不断适应时代发展需求，不断修订相关法案，颁布新的法律条例以适应新型信息安全威胁，使信息安全问责制更加完善和高效。

第二，以政府为主导的多元化信息安全问责主体。在信息安全管理领域由政府主导，新加坡政府主张政府要强力介入互联网管理，主要体现在严格控制网站的创立及网络服务内容，控制所有电子商务以及积极推进电子政府建设，对于违反国家信息安全法规和从业标准和准则的社会组织，政府都有权依法暂停其经营活动并进行相应的惩罚，例如，新加坡个人数据保护委员会对 Toppan Security Printing 未经授权披露 CDP 账户持有人的个人数据处以 18000 美元的罚款。对 Horizon Fast Ferry 因未能制定和实施数据保护政策，未能执行合理的安全措施来保护其客户的个人数据而被处以 54000 美元的罚款。除了政府主导的信息安全问责以外，还存在包括立法、司法以及社会问责在内的多个问责主体。新加坡在立法、司法和行政各个机构都设有专门负责信息安全的职能部门，同时社会公众和舆论媒体也参与问责过程中，使问责程序更加透明高效。同时新加坡政府信息安全的执行机制、监督机制、诉讼机制和绩效评估机制构成较为成熟的问责机制，彼此之间相互配合，保证了信息安全问责机制的顺利运行。

第三，以"公众利益"为导向的信息安全监管原则。新加坡信息安全问责坚持信息公开与保护个人信息相结合，所有的信息安全法案都会规定信息公开的范围和领域，注重对个人信息安全的保护，禁止对个人信息的交易。同时加强信息安全防范和隐蔽技术，防止信息的泄露和非法窃取，从而从法律规范和技术上防范信息安全犯罪。新加坡在信息安全管理中遵循的是"轻触式"的柔性引导管理方式，指引导用户在已经达成一致意见的基础上进行自我管理，此种方式能够将公民的责任降至最低，同时也给互联网从业企业以最大的操作灵活度。在网络安全法案的制定过程中，新加坡政府会邀请公众参与法规和政策的制定，将公众意见作为政策制定的重要参考意见。在政府绩效考核过程中将公民满意度作为一项重要的指标。同时公众可大胆揭发造成网络安全威胁或个人信息泄露的公司或个人，为维护网络信息安全行使公民的权利。

第四，行业自律性强。新加坡在完善信息安全立法和设立专门管理机构的同时，鼓励网络运营商通过制定行业规范实现行业自律。这种管理方式不但可以弥补政府监管的漏洞，还可以更好地了解公众的需求，及时调整网络服务，实现更高盈利。新加坡政府鼓励互联网行业实行自治，鼓励互联网服务供应商和内容供应商联合制定行业内容管理标准或准则。2001 年，在新加坡政府信息安全管理部门的协调下，新加坡互联网知名企业根据用户调查的结果在协商一致的基础上，制定了统一行业自律规范

——《行业内容操作守则》，主要涵盖公平竞争、自我监管和用户服务三个部分。《行业内容操作守则》明确规定：任何同意守则内容的网络服务供应商和内容供应商，不得故意在网上放置不恰当的、让人反感的或是法律明确禁止的内容；要尊重用户个人信息的隐私，未经对方请求不得随意发送电子邮件或其他类型信息等。虽然上述守则并不具备法律的强制性，但互联网服务供应商和内容供应商一旦签署，就需要严格遵守守则的相关规定。

（二）新加坡信息安全问责制的反思

虽然新加坡的信息安全问责制度体系已经比较完善和健全，但是从未来发展的视角看，任何制度也都存在着疏漏和不足之处，新加坡的信息安全问责制也是如此，其不足之处可归结为四个方面：

第一，《个人数据保护法》的局限性。该法案是新加坡信息安全问责制的核心法律制度，是信息安全管理的重要法律依据，但是此法案存在诸多灰色和真空地带，主要体现在三个方面：首先，不适用于公共领域。该法案在制定初期就明确公共机构以及代表公共机构行使职权的行政主体不在该法律所规定的适用群体范围内。即便对于非公共机构该法案的适用性也会受到一定的局限，例如：除非有特殊规定，该法不适用于商业联系信息；新闻机构从事新闻活动时，可以在未经用户同意的情况下收集个人信息和数据；关于信息披露和安全保障方面的义务不适用于已经存续超过100年的记录，也不适用于死亡超过10年的个人数据。其次，数据中间商的责任和义务并未厘清。法案中对于数据供应商和数据应用商的责任和义务有比较明确清晰的界定，但是对于数据中间商，即由数据控制主体通过委托或租赁的形式将平台数据交由数据中间商处理，数据控制主体负有直接的监督责任，而法案所规定的责任和义务并不适用于数据中间商，倘若数据控制主体并未按要求履行监督责任，那么数据中间商是否按照规定对相应数据进行有效处理就不得而知，这就给数据安全带来了极大的风险隐患。最后，《个人数据保护法》的基础规则——知情同意规则也面临着诸多的例外原则。在《个人数据保护法》中规定了许多例外原则，在例外原则范围内不适用于该法律，例如：以知情同意原则的例外情况为例，出于国家利益的需求、新闻媒体活动的需要、债务偿还、出于维护公共利益的需要、公共部门的信息公开、科研目的等20余种例外情况。上述冗长且烦琐的例外情况将该法案的适用范围不断缩减，同时也给该法案的执行留下了许多灰色地带。

第二，"被遗忘权"的遗忘。在技术发展造成现有法律法规滞后的情况下，信息安全保护需要通过补充信息和数据主体权利的方式来增强信息主体对个人信息的实际控制权。而"被遗忘权"对于信息主体而言就是最有力的武器，"被遗忘权"产生于隐私权，对于该权利的起源在学术界尚存在争论，但不可否认的是学术界均认可该权利的存在。欧盟的《通用数据保护条例》首次将"被遗忘权"以法律形式呈现，虽然欧盟所规定的"被遗忘权"是以删除权为核心出现的，对于信息安全保护而言却是跨时代的进步，欧盟所规定的"被遗忘权"指：当用户不再希望个人数据被处理并且数据控制者已经没有合法理由保存该数据时，用户有权要求删除数据。"被遗忘权"的提出在西方国家引发了巨大争议，以英美为主导的国家反对和批评"被遗忘权"，认为此权利是对言论自由权的践踏，而以西班牙和法国为主导的国家支持"被遗忘权"的存在。对于新加坡政府而言，无论是支持还是反对"被遗忘权"，都不能否认"被遗忘权"在信息安全管理尤其是网络数据安全管理方面的重要作用，在数据泛滥的现代社会适当地将"被遗忘权"交由公众处理也具有可行性和合理性，因此，新加坡政府应加快推进国内对于"被遗忘权"的理论研究和实践探索，以多种形式提升信息安全管理和问责水平，最大限度地保障社会和国家的信息安全。

第三，信息和数据跨境流动的监管乏力。随着互联网应用的迅速普及尤其是信息通信技术在云计算模式上的整合，信息和数据像市场上的其他资源和生产要素一样也需要实现全球化的流动，以信息和数据作为物品进行交易的行为不断在增加。信息和数据的跨域、跨境流动对于推进经济全球化有重要的推动作用，但是信息和数据流动并非无序流动，需要建立相应制度和规则保证其流动的合法性和合理性。但是从目前国际形势来看，还尚未建立全球信息和数据流动的国际惯例机制，甚至还没有设置国际管理机构的计划和设想，这与现代社会信息和数据流动的需求不相适应。根据2018年的统计数据显示，资源的国际流动为全球GDP贡献了10%，而数据流动的贡献价值高达2.8万亿美元，因此，信息和数据的跨域、跨境流动趋势不可避免。新加坡作为全球重要的经济、金融和商业贸易中心，在资源流动尤其是数据流动方面起着关键性作用，新加坡政府出于对国内公民信息安全和国防安全的需要也应该加快制定属于本国的跨境和跨域信息数据流动的法律法规，以经济合作发展组织制定的《保护个人信息跨国传送及隐私权指导纲领》为指导，对信息数据的流入、转出等进行详细的规定，以保证信息和数据的跨境流动风险降至最低。

二、新加坡政府信息安全问责制对我国的启示

第一，进一步健全和完善信息安全问责方面的相关法律。中国信息安全立法起步比较晚，相对于发达国家来说，发展比较缓慢。尽管中国在几十年里不断完善信息安全相关立法，并且目前信息安全立法体系已初具规模，已经形成包括《网络安全法》

《个人数据保护法》等为核心的信息安全管理法律法规体系，但在信息安全问责立法方面还存在诸多问题，缺乏权威性和统一性的法律法规。对于信息安全事件的处理缺乏具体的法规，也未出台关于网络内容审查标准的法律，对网络内容管理大多依赖于行政部门。总体而言，我国的信息安全法律制度体系在不断进步和完善，但法律制度体系的建设进度与信息安全网络形式和信息安全保护的现实需求总是存在一定的时差，稍显滞后。因此，我国应该借鉴新加坡信息安全问题法律体系建设的先进经验，不断完善信息安全相关立法，同时结合我国的实际情况，使法律法规具有可操作性和可行性，做到有法可依。

第二，构建统一的信息安全问责体系。对于信息安全问责而言，信息安全问责法律制度健全是基础，完善的信息安全问责机构是重要保证，高素质的信息安全技术保障人才队伍建设是推进其可持续发展的不竭动力。在我国，信息安全管理职能分散在多个部门，主要涉及中央网络安全和信息化委员会、国家互联网信息办公室、工业和信息化部、公安部、文化部、国家保密局、国家发展和改革委员会等多个职能部门，上述职能部门分别负责信息安全管理职能中的部分职能，在这种情况下很容易造成部门权责不明晰、相互推诿的现象，对于信息安全协同治理能力的提升也造成极大的阻碍。针对上述情况，我国可借鉴新加坡在组织机构构建中的有益经验，建立统一的信息安全问责组织机构，明确信息安全问责的主体，并且对网络运营商实行分类许可制度，规范网络安全秩序，营造良好的网络信息安全环境。

第三，注重问责主体的多元性。新加坡信息安全问责主体具有多元化的特点，不仅有权威的立法和司法机关问责，还有政府内部行政机关问责、社会公众和舆论媒体的问责。而中国在信息安全问责实践中多以政府内部上下级问责为主，主体过于单一化。我国需要不断加强立法和司法机关在信息安全问责方面的职责，提高公众和舆论媒体在问责机制中的参与度和话语权，促进我国信息安全问责主体的多元化发展。

第四，发展具有活力的信息安全问责生态系统。一个充满活力的信息安全系统不仅需要法律和制度的保障，更需要不断培养信息安全人才，为应对新型网络安全威胁输送源源不断的专业人才，保障信息安全的创新发展。对此，我国政府可与企业进行创新项目合作，与高校联合培养新型人才，在高校设立专业课程为国家培养专业型人才。同时，在社会层面，政府要加强信息安全就业和相关技能培养，还需加强公众信息安全教育，提高公众的信息安全保护意识和自觉意识，鼓励网络供应商对网络内容进行过滤检查，帮助用户屏蔽不良信息，创造良好的网络安全空间。

第五，推进我国互联网产业行业自律。日常生活中我们常常能收到各种推销、诈骗的电话，所涉及的灰色产业链包括信息和数据买卖，违法的产业链信息和网络诈骗。

无论是信息买卖还是黑客攻击，抑或是网贷平台与网站之间的合作，本质上仍然都凸显了个人信息安全问题。政府监管层面也关注和重视此类问题，2015 年 7 月，由央行牵头，联合九部委联合公布《关于促进互联网金融健康发展的指导意见》中明文强调，从业机构应当切实提升技术安全水平，妥善保管客户资料和交易信息，不得非法买卖、泄露客户个人信息。政府监管的重视固然很重要，但是行业企业的自律也同样重要。现如今科技金融已经逐渐走上历史的舞台，那么在信息保护方面的科技漏洞也应该有所研究，有所弥补，有所发展。银行系统的信息和数据安全措施值得互联网行业参考和借鉴，主要包括管理层对信息安全保护的重视、资金人才和安全系统的投入、内部流程的管控、信息的加密和使用的隔离、内部工作人员的信息安全培训等。

第八章　印度信息安全问责制的发展与启示

第一节　印度信息安全问责制的历史沿革

一、印度信息安全问责制构建的原因

印度信息安全问责制度的产生和发展受到多种因素的影响，是行政问责制度发展到一定阶段的产物，是政治、经济及社会文化发展的必然选择，更是保障社会和公众信息安全的重要手段。本节从政治、经济及社会文化三个层面分析印度信息安全问责制构建的原因。

（一）政治层面

印度拥有的独立司法体系是信息安全问责制度得以发展的重要政治基础，印度民众积极参与政治生活，通过游行、集会、请愿、示威和绝食等群众运动方式向政府表达利益诉求，在一定程度上影响政府行政决策。民主政治制度的稳定发展还依赖独立的司法体系和非政治化的军队，其中司法机关独立于行政之外进行审判，最高法院进行判决确保司法公正，弥补行政缺陷和不足。民主与法制之间相辅相成，维护印度民主政治的发展。只有公民认同的政策和法规，政府才可以称之为合法，一旦政府权威受到公民质疑，就会陷入政治危机，统治就难以维持。一项关于民众对印度政府部门、公职人员和司法部门等的调查显示，公民对其满意度达到四分之三，可见社会公众对政府部门、政府机构及其公职人员有较高的信任感和满意度。随着公民隐私权利保护和信息安全意识的觉醒，隐私权逐渐发展成为信息安全权，信息安全权也逐渐得到印度政府的认同和保护，随着信息产业和信息技术创新发展，公民自身的网络行为和政府机构信息收集形成大量数据信息存储，公民不仅关注个人隐私信息保护，而且更加关注个人全部信息的保护。这是公民权利意识的成熟与进步。印度政府一直在努力防止信息安全问题的发生，通过完善相关法律法规、加强监管制度和机构建设、加强国际安全交流与合作等方式试图提高公众对政府的信任度，但是近几年来信息安全工作似乎未见成效，印度连续发生大型个人信息泄露事件，比如印度国家生物身份认证系统 Aadhaar 受到攻击，直接导致上亿条公民隐私信息泄露，还爆出此系统中公民隐私信息被低价出售现象；印度电信运营商 Reliance Jio 一亿多用户数据被泄露；在脸书

数据泄露丑闻中，几十万印度公民的信息被传播。一系列信息数据泄露事件暴露了印度在信息安全工作上存在问题，直接引起公众对印度政府工作能力的质疑。由此可见，印度政府加快信息安全问责制度的建立已经刻不容缓，通过完善信息安全问责法律体系、明确信息安全问责主体和问责内容、理顺信息安全问责运行机制、强化信息安全问责执行机制以及健全信息安全问责评估机制等对信息安全事件进行责任溯源，以此保障公民信息安全，维护公民"隐私权"等基本权利，保持公民与政府之间的良好关系，实现信息安全和政治稳定双赢的局面。

（二）经济层面

在全球信息安全问题凸显、信息安全状态堪忧的情况下，印度或将成为信息被窃大国，是信息安全问题较为严重的国家之一。印度信息安全问题产生的直接原因是信息产业的迅猛发展，相对于较为落后的社会经济，印度的信息产业一枝独秀，尤其是软件产业的发展。印度信息产业在20世纪80年代后才进入发展轨道，到90年代成为印度经济的支柱产业，拉动和带动着印度社会经济发展，并且保持着高速稳定增长。这得益于印度政府实行的经济改革，对信息互联网产业的改革历经三个阶段：首先，起步阶段。信息互联网产业自由发展，通过政策吸引国内外投资，互联网逐渐普及，扩大了本国信息互联网市场。其次，全面推进阶段。印度创造良好的信息互联网产业发展环境，调整政府服务机构设置，完善相关政策，为信息互联网产业竞争发展提供便利，这一时期使得公平竞争成为信息互联网产业发展状态。最后，深入推进阶段。进入21世纪，印度信息互联网产业已经步入发展较快的国家行列，2014年，印度政府提出"数字印度计划"，直接推动印度信息互联网产业进入新阶段，印度互联网发展快，用户数量多，普及率不断提高，信息互联网产业稳步发展。印度政府始终将信息产业作为高科技发展的重点，目前印度已经成为名副其实的信息产业发展基地，以软件产业为代表的信息产业也成为印度在世界上的形象品牌。印度信息互联网产业的发展在一定程度上促进了社会经济发展，提高了公众生活质量，增强了公众生活幸福感，但同时也引发了公众对信息安全的担忧。互联网用户数量位于世界前列的印度公民受到了来自信息安全的威胁，以企业为主的各类主体未能较好地保护公民信息，导致公民信息泄露和被侵犯的事件频繁发生，这对公众的日常生活带来不利影响，也影响了公众的正常工作。公众在享受信息互联网产业带来的便利时，也对信息安全问题产生反感甚至愤怒情绪，公众也开始重新审视信息互联网产业的发展问题，这在一定程度上对政府在信息安全领域的行政能力造成了压力。随着信息互联网产业的高速度发展，信息安全问题愈加严重，公众不满情绪愈加强烈，在这样的经济背景下建立和完善信息安全问责制度显得至关重要。通过信息安全问责制度来保证公众对信息互联网产业的支持，维护信息互联网产业的稳定发展，对印度来说是不二选择，由此，印度的信息安全问责制度应运而生。

（三）社会文化层面

古老的文明大国印度拥有悠久历史，经过历史的洗礼，文化具有多样性，印度独特的社会文化氛围为信息安全问责制度建立奠定了重要基础。印度社会文化是传统文化与现代文化相互冲击的结果，是神话与宗教相互碰撞的结果。印度位于亚洲南部，几千年前诞生了印度河文明，印度传统文化实质上属于宗教文化，其本身带有双重特征，一方面宣扬宗教的"仁爱"和"仁慈"等人文主义思想，强调"宽容"和"非暴力"；另一方面受宗教排外性影响，倡导"狭隘"和"激进"。这样的宗教文化使得政治家具有强烈的责任感和道义感，同时古印度阿育王的道德思想也深深影响着印度的国家安全战略，在国家安全战略中蕴含着浓厚的道义主义色彩。印度的现代文化主要源于西方文明，印度屡遭西方外族入侵，国土被多次分割，比如葡萄牙、英国、法国等，其中英国统治印度数百年之久。西方殖民文化深刻改变了印度古老文化的传承，印度现代文化发展中带有明显的"英国化"痕迹，西方文明中的"自由""平等"和"权利意识"也深深刻在印度人民心中，潜移默化地影响着印度人民的思想。因受殖民统治时间较久，印度人民更加渴望"自由"和"自主"。印度社会文化在传统和现代的交融中呈现多样性特征，宗教已然不再单单是印度民众的唯一精神依托，印度民众更加注重对自由精神的追求。印度公众在权利意识方面具有显著的思维优势，印度政府在 2005 年颁布《信息权利法》，保证公众充分享有信息权，确保公众的知情权，这一法案的公布充分体现了印度对公众权利的保护。随着信息互联网产业和数字经济的发展，印度信息产业涉及的领域不断拓宽，使信息安全问题日益威胁着国家、社会和个人，印度政府也逐渐意识到维护公民隐私权的重要性，公民个人的信息安全意识也渐渐觉醒，迫切要求政府维护个人信息安全和隐私权，印度政府也积极推进信息安全问责制度的建设，不断完善信息安全管理体系。现阶段，印度的信息安全问责制度正处于不断发展完善中，但是与公众的信息安全需求还存在差距，对于信息产业大国而言，印度的信息安全工作还有很长的路要走，信息安全问责制度建设还任重道远。

二、印度信息安全问责制构建的理论基础

印度政府信息安全问责制度构建的理论基础可从政治维度、学术研究维度以及实

践探索维度三个方面进行剖析：

第一，从政治维度层面看。印度在一定程度上也运用着西方的三权分立学说，即行政、立法和司法三种权力分别由不同机关掌握，三者之间相互独立又相互制约。印度是内阁制国家，总统是象征性的国家元首，不掌握行政实权，行政权力实质上由以总理为首的部长会议行使，也就是印度的内阁；立法权力由议会行使，议会分为联邦院和人民院，联邦院为上院，人民院为下院；司法权力由最高法院行使。印度作为联邦制共和国，各邦政府具有一定的独立性，充分享受着民主与自由。这样的政治结构形式是印度政治体系的重要基石，问责制度也成为印度民主政治体制的重要组成部分。从问责动因上看，问责偏向理性化和科学化；从问责主体上看，囊括政府、市场和社会等多元主体；从问责领域上看，涉及教育问责、生态问责、信息安全问责等多种类型；从问责的具体实施方式上看，主要通过信息公开、评估、认证、审计和奖惩性责任追究等方式来完成，遵循科学的问责程序，问责的客体愈加明确、精准。印度的问责体系逐渐完善，政府也在不断强化问责体系的建构，推动问责制度走向"善治"。不管是在国家层面还是在个人层面，任何领域的行为活动都产生着大量的数据信息，信息"产生—传播—存储—再处理"的每一流动链都存在着安全隐患，因此在政治层面信息安全管理显得尤为重要和紧迫，印度政府也将信息安全及信息安全问责制度作为重要工作，从各个方面维护国家信息安全。

第二，从学术研究维度层面看。学术界对于印度信息安全及信息安全问责制度的研究成果丰厚，Goodhue 和 Straub（1991）对信息安全主题做过一次定性调查，构建了一个由信息管理人员对信息安全产生各种风险看法组成的模型，以此来了解信息管理人员对信息安全的认识程度；Kajava 和 Siponen（1997）提出一个规则以最大限度地提高信息用户遵守安全规范的能力，特别是在大学的环境中；Straub 和 Welke（1998）认为印度安全漏洞比通常认为的更有规律和破坏性，这是因为信息管理人员的忽视，不了解风险的性质，因此迫切需要确保个人数据安全，确保管理信息人员在适当时间和地点的可靠性和可用性。20 世纪 90 年代对于信息安全的研究主要是定性分析信息管理人员及用户防范能力，进入 21 世纪，信息安全建设更加技术化、系统化、定量化。Atzeni 和 Lioy（2006）建议，任何组织的信息安全度量系统都应具有严格要求，这些要求包括清晰、客观、简洁和易于复制，但实际上作者发现在各种测量系统中缺少其中一些要求；Torres（2006）研究发现 76 个参数，这些参数分布在信息安全系统包含的 12 个非常重要的成功因素中，并研究发现这些因素属于三个不同的领域，即技术、人员和过程，并提供了确定参数的公式和测量标准；Stallings 和 Brown（2008）将信息安全定义为达到信息系统的机密性、可用性和完整性的目的而提供给信息系统的安全性；Doherty（2009）认为信息安全政策在促进信息安全的有效实践中起主导作用；Johnston 和 Hale（2009）调查认为，在当今企业之间高度连接的时代，组织受到各种来源的不断攻击，学者从经验上考察了包括战略层面在内的各个阶段的组织信息安全计划，试图评估信息安全计划的增值能力，研究发现信息安全治理对于成功的信息安全计划至关重要，而且，企业将信息安全问题作为一个整体来解决对公司发展更加有利，同时组织还获得了将信息安全与执行计划和战略制定相结合的人才；Kayworth 和 Whitten（2010）认为，尚不清楚组织如何使其管理信息安全的方法更具战略性，为了解决这个问题，作者采访了在 11 个组织中工作的 21 位信息安全员工，研究发现，高度注重信息安全系统包含 IT 产品以及组织和社会集成机制的管理方法更具有战略性；Kwon 和 Johnson（2013）试图研究信息安全性能和合规性如何相互影响，也试图研究安全资源如何促进数据保护以及法规遵从性；Kaushik（2014）认为印度缺乏有效的抵御网络安全攻击的能力，难以应对类似于 Stuxnet、Flame 复杂的恶意软件，使印度信息安全处于危险状态，也使得信息安全问责更加艰难。

　　第三，从实践探索维度层面看。随着数字经济发达和大数据技术发展，全球范围内都存在严重的信息安全问题，公民个人隐私和国家数据信息泄露事件频繁发生，信息安全保护成为全世界共同关注和面对的难题。印度以信息产业为经济支柱，而且其互联网用户数量位居世界前列，可想而知，印度政府面临着信息安全管理的重大挑战，印度政府对于信息安全问题具有超前的忧患意识，高度重视国家信息安全管理工作，在国家信息安全管理上作出巨大努力，比如，印度为缓解对通信安全的担忧，其国家安全机构曾要求加拿大 RIM 公司提供手机解密信息算法，如拒绝执行将在一个月内将黑莓手机清除出印度市场；印度还曾为保证国家网络安全，实现国家安全目标，实行电信安全审查措施。印度在用实际行动维护着公民的信息安全和国家的安全利益，也是公民和社会发展实际倒逼印度政府作出的回应。印度的信息安全发展现状要求建立信息安全问责制度，印度在处理信息安全事件时启动信息安全问责制度，信息安全问责制度促使国家对信息安全事件进行归责和追责，在一定程度上减轻公众数据泄露和信息安全问题威胁感。此外，印度在其他领域也较好地运用问责制度促进该领域及社会发展，比如 20 世纪 90 年代以来建立的印度公立高等教育问责体系，经历 30 年的发展，印度公立高等教育问责体系呈现出问责主体多元化、问责内容广泛化和问责方式程序化等特点，大大提高了高等教育质量和高等教育资源分配使用质量，促使印度公立高等教育高质量高水准发展，这也为印度信息安全问责制度的发展完善提供了实践参考，为健全印度信息安全问责体系提供了理论和实践基础。

三、印度信息安全问责制的历史发展

（一）印度信息安全管理的组织机构

印度政府高度重视信息安全管理组织机构建设，目前已建成相对健全的信息安全管理组织架构，总理为信息安全管理的最高领导和最终决策者，下设总理办公室、内政部、电子信息技术部和国防部，各部门下都设有专门的信息安全管理组织机构，各组织机构各司其职，共同为印度国家信息安全保驾护航。印度信息安全管理组织机构体系如图 8-1 所示。

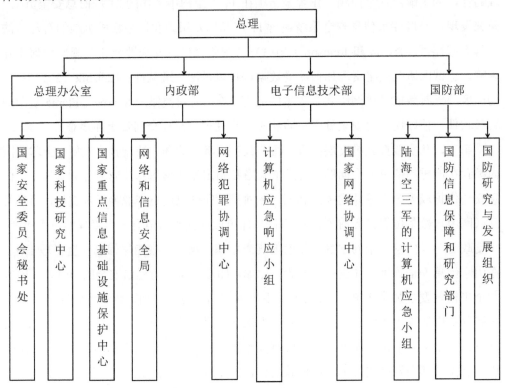

图 8-1　印度信息安全管理组织机构

第一，总理办公室。总理办公室下设国家安全委员会秘书处（NSCS）、国家科技研究中心（NTRO）和国家重点信息基础设施保护中心（NCIIC）三个信息安全管理机构。国家安全委员会秘书处（NSCS）是处理印度信息安全事务的中枢机构，其职能类似于美国国家安全委员会。2015 年，印度政府在 NSCS 下设网络安全协调官（CSC），其工作职责是沟通和协调国家层面上的政府各部门信息安全问题。NTRO作为技术部门，核心任务是负责国家网络系统监测和数据信息收集，同时也为政府部门获取情报信息提供技术支持，为政府各部门安全工作提供基础保障。NCIIC 也是技

术部门，其工作职责是保障重点信息基础设施的正常运行，对所有威胁重点信息基础设施的行为进行监控、识别并快速拦截，NCIIC与各个重点信息基础设施的网络安全官（CISO）协调工作，在基础设施出现危机的情况下，与网络安全官共同沟通和处理重点信息基础设施受到的威胁，寻求适当的解决之道。NCIIC根据《信息技术法修正案》设立，在维护印度国家信息安全中发挥重要保障作用。

第二，内政部。内政部主要负责国家内部的安全，其主要工作是负责监督掌管安全信息情报收集和协调的机构，是印度国内唯一一个在网络安全领域具有执法权力的组织机构。2016年，内政部投入巨资设立网络犯罪协调中心（CCCC），其工作是严厉打击网络犯罪行为，对国家内部网络犯罪行为形成强有力威慑。2017年年底，内政部增设网络和信息安全局（CISD），对CCCC进行合并重组，在CISD下设置网络犯罪协调中心和网络警察部队，两个组织机构共同负责国家信息安全和网络犯罪，还负责国家信息安全政策与规则的实施，并及时补充和完善国家信息安全政策与规则。网络犯罪协调中心和网络警察部门的设立扩大了内政部的权力和能力，内政部不但具有监控和督查网络信息安全犯罪的能力，还具有对网络犯罪行为进行追查和惩治的能力，不受其他组织机构干扰，由此也使内政部在工作运作中缺乏透明度，其下设机构通常在法律约束之外工作，但内政部及其管辖机构在网络犯罪、信息安全防护等领域的权威和工作成效也值得肯定。

第三，电子信息技术部。电子信息技术部是印度信息安全管理的核心组织机构，参与完成国家网络安全政策和加密政策草案的制定工作，是印度信息安全政策的发起部门，在国家信息安全管理中扮演不可或缺的角色。电子信息技术部管辖下有计算机应急响应小组（CERT-TN）和国家网络协调中心（NCCC）两个关于信息安全方面的组织机构，2004年计算机应急响应小组开始运行，根据印度《信息技术修正法案》CERT-TN被指定在信息安全领域履行相应职能，包括监测获取、分析和分享网络信息安全相关信息，及时识别和感知现有和潜在的网络信息安全威胁行为，对网络安全事件发出预测和预警；协调各部门积极响应信息安全事件，协同相关部门采取紧急措施共同处置信息安全事件，还有义务帮助在信息安全事件中受损害的单位恢复常态；发布网络信息安全预防、响应实践、程序等方面的报告、指南，发布网络信息安全白皮书，为印度国家和公众提供咨询支持，提高印度公众的安全意识，增强信息安全应对能力；通过发布建议报告和技术文档等为网络系统管理员和技术员提供技术支持，帮助各个网络信息安全操作人员进行最佳实践，减轻国家层面的压力。CERT-TN成立和运行较早，功能发展较为完善，在网络信息安全维护和防范方面发挥重要作用。为保持CERT-TN的网络安全弹性，国家网络安全协调中心应运而建立，从属于计算机应急响应小组，还受到国家网络安全协调官监督，其主要职责是熟知国家网络安全机构状况，对网络安全态势进行实时掌控，通过与各类安全机构的合作来应对网络攻击和信息泄露，减轻信息安全事件对国家安全和公众的伤害程度。

第四，国防部。国防部的根本任务是负责国家安全和国内外情报的收集工作，在网络信息安全方面的作用越来越突出，成为维护国家网络信息安全的重要力量。国防部管辖三个信息安全的组织机构，分别为陆海空三军的计算机应急响应小组、国防信息保障和研究部门（DIARA）和国防研究与发展组织（DRDO）。陆海空三军的计算机应急响应小组分别应对各自领域的信息安全，确保自身安全稳定，三军之间缺乏交流与合作。DIARA 隶属于国防参谋部（IDS），负责国防部和陆海空三军共同的网络安全事务。DRDO 是由众多实验室组成的网络，在网络安全领域承担着研发网络防御工具、检测网络系统承载能力和提供网络安全解决方案的工作，主要致力于研究保障安全的技术，DRDO 还与教育机构合作，共同开发新技术，全方位确保印度网络信息安全。国防部还资助一个自治组织机构——国防研究与分析研究所（IDSA），维护国家信息安全也是其重要的工作内容。

（二）印度信息安全问责制发展历程

印度的信息安全问责制度的发展历程以印度信息和隐私保护法律体系的完善为基础，以信息安全管理机构建设为参考，按照印度信息安全法律体系和信息安全管理机构的完善过程，本书将印度信息安全问责制度发展历史划分为三个阶段：

第一，萌芽阶段（1980 年之前）。该阶段印度敏锐察觉信息技术产业对国家发展的重要意义，以此确定重点扶持和发展以软件产业为核心的信息互联网产业。20世纪 70 年代后期，印度信息互联网产业逐渐步入发展轨道，经济基础决定上层建筑，该阶段信息安全问责制度尚未建立，专门的信息安全管理机构也尚未建立，此阶段的信息安全威胁和信息泄露事件鲜有发生，所以信息安全管理多属于被动防御，缺乏主动防御性，对于信息安全和数据隐私泄露事件的事后问责也缺乏规范性和科学性，甚至不问责。对于公民而言，因很少受到信息安全威胁和个人隐私被窃取问题，导致信息安全问责意识淡薄，即使想维护自身的隐私权，也并不熟悉问责的程序和具体渠道，这在一定程度上助长了信息安全问题的泛滥。其实早在 19 世纪 80 年代，印度就开始意识到对个人信息的保护，1885 年，印度专门研究颁布《电报法》来规范印度国家内部的通信监听，这是印度第一部为保护个人信息而制定的法律。该法律对窃听和拦截个人邮件进行严格规定，只有联邦国务大臣或其地方相关联的公职人员可以发布窃听命令，对个人邮件进行窃听和拦截，但还要确保获取的信息只能通过窃听命令获取，不能通过其他任何方式获得。该部法律在世界上处于领先地位，为印度信息安全立法奠定了基础。由于该阶段是印度经济发展起步阶段，印度还未制定其他信息安全相关法律，信息安全问责理念还未形成，是印度信息安全问责制的萌芽时期。

第二，起步阶段（1981—2005 年）。20 世纪 80 年代至 21 世纪初，印度的信息互联网产业以不可阻挡的势头飞速发展，由此带动印度社会经济进步，同时也带来了信息安全问题，信息失窃、网络被入侵、恶意软件侵害、域名被恶意滥用等事件愈发严重，经济形势日益发展的印度成为全球网络安全问题日益严重的国家之一。印度政府对于信息安全问题重视程度不断提高，已逐渐意识到被动防御的方式已经不能满足印度信息安全的需要，该阶段印度政府开始不断制定信息安全领域的法律法规，1986 年制定《计算机软件出口、软件开发和培训政策》帮助信息产业经济稳定发展。1998 年对《电子商务支持法》进行修订，对证据、刑事责任等进行具体规定，具有较强的操作性，推动问责制度发展。2000 年，印度通过《信息技术法案》，该法案对电子签名及签署者责任、处罚与裁定；网络规则上诉法庭和免责情况进行明确规定，该法律的颁布为防范和打击网络犯罪，创造良好的网络安全环境提供基本法律框架。为防止传统法律对信息技术应用、问责造成的障碍，印度根据该法案还对《印度刑法》《银行家账簿证据法》《印度储备银行法》和《印度证据法》进行修订。同年，印度政府还颁布了《信息技术（认证机构）规则》和《网络规则上诉庭（程序）规则》。除了法律建设，印度还成立网络安全管理部门，2000 年成立网络规制咨询委员会；2001 年成立第一家专门针对网络犯罪行为的网络警察局，该组织机构有权对所有运用计算机网络的设备和场所进行监控和搜查；2005 年印度在军队建立网络安全部门，确保军队作战的网络安全。该阶段在法律建设、机构建设、重视程度和主动性上的努力都远远超过上一阶段，即使这样，信息安全问题依旧严重威胁着个人隐私和信息安全。对于公众而言，信息安全保护意识有所增强，逐渐要求政府维护其隐私等基本权利，强烈要求政府加强信息安全管理，在这样的情况下，信息安全问责制度逐渐建立和发展。

第三，发展和完善阶段（2006 年至今）。21 世纪，随着信息技术产业的高速发展、互联网的逐渐普及及大数据等新兴技术的兴起，信息安全状况依旧严峻，政府和公众更加关注信息安全问题，对信息安全管理达到前所未有的重视程度。与前两个阶段相比，印度在信息安全领域的法律基本体系快速形成，信息安全相关立法达到高峰，2006 年制定《个人数据保护草案》以解决互联网生态环境下个人数据信息及隐私权保护问题，该法案明确个人拥有因未经同意个人数据信息或隐私被侵犯而获得补偿或赔偿的权利，有效保护了个人信息和隐私安全。2008 年，印度对 2000 年的《信息技术法案》进行修订，形成《2008 年信息技术法案（修正案）》，与上一阶段的法律相比，该法案弥补了法律漏洞，去掉较为陈旧的法规条款，对维护数据安全性、网络服务供应商的免责条款、网络盗取信息、个人信息被泄露等内容进行细化和严格规定；2011年再次修订该法案，形成《2011年信息技术法规》，该法规还包括四个独立法规，分别为《2011年信息技术（合理的安全操作流程及敏感的私人数据和信息）法规》《2011年信息技术（中介机构操作指南）法规》《2011年信息技术（网吧操作指南）法规》和《2011年信息技术（公共服务电子化）法规》，新法规在保护数据个人隐私权方面作出详细规定。2013年，《国家网络安全政策》问世，该政策在多方面进行努力，确保公民个人数据信息和国家网络安全。2019年，酝酿已久的《个人数据保护法案》正式颁布，这是专门用于保护个人数据的第一部法律。还有《2019年数字身份修正案》规定公民可以运用电子和物理形式自愿使用 Aadhaar 号码。这一阶段除了法律建设达到前所未有的高度，信息安全管理机构建设也从稀少发展为丰富，以致印度信息安全管理机构职能和任务出现交叉，信息安全管理机构包括国家安全委员会秘书处、国家科技研究中心、国家重点信息基础设施保护中心、网络和信息安全局、网络犯罪协调中心、计算机应急响应小组、国家网络协调中心、陆海空三军的计算机应急响应小组、国防信息保障和研究部门、国防研究与发展组织和印度数据保护局等。对于公众而言，信息安全保护意识大大增强，也在以积极的姿态维护自身信息基本权利，在政府和公众的共同努力中，印度信息安全问责制度也有了新发展并且不断完善，问责的主体多元化，社会公众在信息安全问责制中发挥着重要作用，成为不可或缺的问责主体，问责的程序也更加规范、更加透明、更加高效，印度信息安全问责制度正式进入发展和完善阶段。

第二节　印度信息安全问责制的框架体系

在本节中将对印度信息安全问责制的内容体系进行系统阐述，主要包括印度信息安全问责制的法律体系、信息安全问责制的问责主体、信息安全问责运行机制以及信息安全问责评价与启示四个方面的内容。

一、印度信息安全问责制的法律体系

印度在信息安全立法和建立政策、规章制度方面进行的努力在世界范围内处于领先水平，目前与信息安全相关的法律法规众多，印度信息安全问责方面的法律主要涉及信息安全管理、信息安全规范、个人信息保护以及国家网络安全等方面的内容。

第一，信息安全问责制度的基础——《信息权利法》。2005年，印度政府颁布

《信息权利法》（the Right to Information Act，RTI），构建了一套较为完善的信息公开体系，该法案规定了信息公开制度、信息委员会制度和权利救济制度三项基本信息制度。首先，信息公开制度对公民信息和信息权作出明确界定，确保不同来源且形式多样的信息更容易让公民知晓。公民享有的信息权利包括信息查阅权、信息摘录权、信息样本获取权和信息拷贝权四种。此外，在信息公开豁免中，该法案规定了包括政党和私人实体在内的广泛义务主体，并确定时限豁免、可分割性和公共利益优先三项豁免原则。其次，关于信息委员会制度，该法案成立了具有司法性质的信息权力监督和救济机构——中央信息委员会（Central Information Commission，CIC）和联邦信息委员会（State Information Commission，SIC），信息委员会享有裁定权、监督权、处罚权和调查权，除了高等法院和最高法院的司法审查限制，该机构可以进行最终裁定。最后，关于权利救济制度，该法案设立内部救济的第一申诉官和外部救济的信息委员会两级权利救济机构，同时设立投诉和申诉两种救济方式，形成"公共信息官—第一申诉官—信息委员会"三级的权利体系。《信息权利法》规定了公民信息基本制度，有效地保证了公民获取信息，确保公共机构的运行透明度和科学规范度，同时完善了信息问责制度，为信息安全问责奠定了制度基础。该法案确立了在信息公开法律体系中的核心地位，为相关配套措施出台提供规范性参考。

第二，信息安全问责制度的规范——《信息技术法案》。《信息技术法案》被称为印度规范互联网的"母法"，自2000年印度国会正式颁布后经历了多次修订，是印度所有法律中修订次数最多且公民讨论最广泛的法律，由此可以看出印度国家对信息安全及信息技术的高度重视。2000年的《信息技术法案》明确阐述了信息安全和个人隐私信息安全问题导致的计算机犯罪行为及惩罚，为网络犯罪设定专门的上诉法庭和主审官员司法管辖权。为适应和促进本国信息产业发展，该法案还明确规定公司可在指控他人破坏计算机网络而盗取数据信息的犯罪案件中提供证据，并以货币方式进行补救措施等。《2008年信息技术法案（修正案）》由总统许可在全国范围内适用，该法案弥补了《2000年信息技术法案》的漏洞，删除了已经过时的法律规定，更加细化法律条款，比如为维护数据安全性，在网络服务供应商的免责条款中进行严格限制，对网络盗取信息、网络攻击和个人隐私泄露等网络犯罪行为和犯罪审判进行细致和严格规定。《2011年信息技术法规》还包括四个独立的法规，涉及个人敏感信息保护、中间机构管理、网吧管理和电子政务四个领域，其中《2011年信息技术（合理的安全操作流程及敏感的私人数据和信息）法规》专门对个人隐私信息保护作出规定，对能够收集、存储和处置公民个人信息的企业和团体进行规定，包括收集信息的目的、存储时间、披露信息的要求及义务等，并明确要求掌握个人信息的组织按照

IS/ISO/IEC 20071 国际质量标准来保证个人信息安全。

第三，信息安全问责制度的关键——《国家网络安全政策》。2011 年印度发布《国家网络安全政策（草案）》（NCSP），专门对网络安全进行规定，印度高度重视网络安全，在 2013 年正式出台第一部《国家网络安全政策》，对网络安全进行整体规划。该政策提出网络安全风险对印度的组织带来了伤害，频繁发生的网络攻击和信息泄露事件威胁着印度公民信息安全、国家安全及社会经济运行，因此该政策的出台是为了建设一个安全的网络环境，政策内容包括加强维护网络信息基础设施、开发网络安全技术和产品、强化网络环境的治理和监管、培养网络安全方面的专业人才来有效阻止网络犯罪行为和建立安全的网络生态系统。该政策还促使制度、人才、技术、程序和合作五方面的努力相结合，全方位地减弱网络安全的潜在威胁性，减轻网络安全事件的危害，使个人信息泄露和网络安全的危害最小化。《国家网络安全政策》作为印度网络安全领域的第一项政策，在保护公民个人隐私和信息安全、维护国家信息基础设施和建设安全网络空间上的规划具有重要意义，该政策明确的目标任务和行动指南，为印度网络安全发展指明了方向，为印度网络信息安全描绘了一幅宏伟蓝图。

第四，信息安全问责制度的保障——《个人数据保护法案》。为顺应制定个人数据保护法的大趋势和国内严重的信息泄露形势逼迫，2017 年印度政府专门组建"数据保护专家委员会"来制定个人数据保护法；2018 年起草、次年正式颁布的《个人数据保护法案》应时而生，该法案旨在通过强有力的数据保护框架来确保印度公民"隐私和个人数据保护"的基本权利。该法案共包括以下六方面内容：一是数据保护义务和数据主体的权利，明确数据受托人对数据主体信息的保护义务，在数据使用的过程中要以不侵犯受托人利益为底线，而且要符合受托人的最佳利益，同时规定数据主体享有删除权、确认和访问权以及申诉权；二是透明度和问责措施，主要涉及信息安全保障、个人数据信息处理透明度、数据受托人申诉和补救、个人数据信息泄露报告等诸多方面的问责措施；三是个人数据跨境传输，一般个人信息在一定的条件下可传输至境外，关键个人信息不允许跨境传播，只限在印度国内使用，明确政府拥有对个人信息是否能跨境传播的自由决定权；四是个人数据处理的基本规范，任何组织在收集和处理个人数据信息时，必须征得数据主体的明确同意，数据信息主体同意是个人数据处理的基本规范；五是豁免情况，用于维护国家安全、用于新闻或法律程序等七种情况可豁免；六是处罚和罪行，对不符合个人数据信息保护的行为给予最严厉的处罚。

此外，印度还相继制定了多部辅助性法律，主要包括《印度电信管理局（访问信息）法规》《网络危机管理方案》《国家加密政策》《2019 国家电子法规》以及《2019 数字身份证修正案》等多部相关法律法规，共同构成了印度信息安全问责的法律体系。

二、印度信息安全问责主体构成

（一）政府内部问责

第一，联邦政府问责。印度政府从信息安全自主研究、全面强化信息安全监控、提升印度信息基础设施建设水平、培养信息安全人才以及加强信息安全国际合作等多方面全方位不断努力，只为减少印度国家的信息安全威胁，保护国家和个人的信息安全。印度政府投入巨资建设信息安全组织机构，印度中央政府成立印度数据保护局（DPA），还设立了上诉法庭，负责监督和推动法案的贯彻实施，DPA 在中央政府的直接管理下，拥有发布命令权、调查执行权、信息索取权和搜查扣押权，可依据调查产生的结果采取相应措施。中央政府还可以在正当程序范围内向数据保护局直接拨款，用于信息安全管理，还专门设立印度数据保护基金。印度联邦政府在 2015 年还设立了国家网络安全协调办公室，并设立 100 亿卢比基金，国家网络安全研究基金受到总理办公室牵制，信息安全问题或事件发生时，办公室会第一时间进行协调处理。印度总统即使不掌握实际权力，但也可以对信息安全问题或事件进行问责，总统不定时的信息安全问责在一定程度上也保护了国家网络安全和公民个人信息安全，联邦政府在信息安全问责中处于较高地位。

第二，行政辅助性问责。信息安全辅助问责主体包括 4 个主要国家部门及其管辖下的 10 个信息安全组织机构。4 个主要国家部门分别是总理办公室、内政部、电子信息技术部和国防部，总理办公室管辖的信息安全管理机构包括国家安全委员会秘书处、国家科技研究中心和国家重点信息基础设施保护中心，在国家安全委员会秘书处下还设置网络安全协调官，负责协调国家层面的网络安全事务；内政部管辖的信息安全管理机构包括网络和信息安全局和网络犯罪协调中心，电子信息技术部管辖的信息安全管理机构包括计算机应急响应小组和国家网络协调中心；国防部管辖的信息安全管理机构包括陆海空三军的计算机应急响应小组、国防信息保障和研究部门和国防研究与发展组织。这些信息安全管理组织机构受到政府部门直接管理，四个政府部门受到印度总理直接领导，这些组织机构会有牵制和关联，比如国家网络安全协调中心会受到国家网络安全协调官的监督，即使不属于同一部门下，也存在监督与被监督关系，各组织机构各司其职，但也有职能交叉的现象，通过他们之间的信息安全工作交流，确定信息安全问责实施情况。

（二）立法和司法机构问责

第一，立法机构问责。印度是三权分立的民主国家，立法权、行政权和司法权三者之间相对独立，所以立法和司法机构都会对政府的行为进行监督和问责。印度国会是印度的立法机构，分为联邦院和人民院，联邦院代表各邦，人民院代表人民，以总理为首的部长会议要对人民院负责，所以国会有权对行政行为进行监督。在信息安全方面，立法机构可以随时监控，保障国家及个人的信息安全，在维护信息安全问责制度中作出巨大贡献。

第二，司法机构问责。印度的司法机构也是对政府进行信息安全问责的主体之一，印度最高法院是印度的司法机构，《宪法》确认最高法院和高等法院的监督职能，司法机关独立于行政和立法机关，司法机关授权解释宪法和法律，对议会制定的法律进行合法性审查，对侵犯公民基本权利的行政行为进行打击，法官有权直接否决行政机关侵犯公民基本权利的决定。印度最高法院通过其特有的司法审查权来对信息安全事件进行问责，查找责任主体，确定法律责任，同时也处理信息安全类诉讼来维护印度信息安全。印度最高法院的法官由总统直接任命，总统也可以咨询和听取其他法官的意见，但最终由总统决定法官的人选，除此之外，法官的任职不受政党和政府的影响，除经宪法规定的弹劾程序由总统解除职务外，最高法院的法官将一直任职至退休，这样就可以避免司法机关因行政压力而影响司法审查的现象，也维护了司法公正，司法机构就可以不受任何因素影响实行司法审查，对政府的信息安全行为进行审查，一旦发现行政机关的信息安全行为违背宪法和相关法律，司法机关就有权对行政机关进行责任追究并作出相应惩处，行政机关也必须为此承担责任。

（三）第三方问责

第一，非政府组织问责。印度的非政府组织在信息安全管理中发挥不可忽视的作用，比如互联网与社会中心（CIS），它是不以营利为目的的民间社会组织，从政策角度出发，对印度互联网、数字技术、信息安全进行跨学科研究，致力于互联网稳定发展，提出互联网民主计划（IDP）倡议，该倡议主要解决互联网治理和网络信息安全等相关问题；还有观察者研究基金会（ORF）、印度基金会和协同基金会等社会组织，都是为了国家网络安全而成立。信息安全领域的非政府组织较多，这也体现了公民社会对信息安全问题的重视，注重维护个人信息安全利益，在信息安全问责制中成为重要角色。

第二，行业或学术机构。印度信息安全管理的行业和学术机构都会对信息安全进行时刻监控，对信息安全事件进行全面分析，在信息安全问责中也发挥着重要的作用。印度网络安全治理行业机构中最著名的是印度数据安全理事会（DSCI），DSCI是一家专注于印度数据保护工作的公司，隶属于国家软件和服务公司协会（NASSCOM），其主要工作内容是保护隐私和网络安全，NASSCOM将隐私问责实践应用于目前IT

支持的业务流程和国际数据流。DSCI 经历四个阶段已经成功构建了问责制框架和发展战略，第一阶段的目标是有效解决自我业务规划和监管组织的治理问题；第二阶段的目标是制定战略来确保成员准备就绪，以满足 DSCI 的要求；第三阶段的目标是对信息安全行业进行行业指导，通过采购服务提供商促进隐私和信息安全符合规定，DSCI 可通过制定不同类型的解决方案来提供成员支持，以解决信息隐私和安全问题；第四阶段的目标是建立并公开推广 DSCI 评价标准，包括透明度的好处以及获得所有利益相关者的尊重和信任等。

（四）社会公众问责

第一，公众问责。印度国家具有悠久的民主传统，印度公民拥有和行使广泛的权利，信息安全关乎印度公民的正当权利，印度宪法和相关法律都规定印度公民享有信息权利，当自身信息权利受到伤害或者任何政府组织机构有违反信息安全的行为时，公民都有权进行问责。市民报告卡（CRC）是重要的新兴问责工具，为公民问责提供便利，印度是世界上第一个实施市民报告卡的国家，市民报告卡提升了公共服务的质量，面对公民的直接质疑，政府相关机构要及时回应，并给予合适、合情、合理的解决方法。市民报告卡为政府与公民之间的互动交流提供平台，它避免了传统"垂直问责"方式的弊端，使公民能够持续有效地参与到问责过程中，也迫使政府与公民之间的权力关系发生转变，公民的声音很容易被政府部门所熟知，并且充分考虑他们的意见。问责不仅赋予公民知情权，也保障了公民的自由表达权利。印度公民在信息安全领域权利十分广泛，也为印度信息安全筑起了无形的屏障。

第二，舆论媒体问责。印度社会媒体在信息安全问题报道、舆论监督和公民政治参与方面发挥着十分重要的作用，舆论媒体敢于揭露和报道政党和政府部门的丑闻，比如被美国《时代》杂志报道的全球第二大腐败案，即印度电信腐败案，就是通过印度新闻媒体发现并报道于众的。该案也是印度最严重的腐败案，使得电信部长引咎辞职，数名政府公职人员和公司高级管理者被起诉，舆论媒体的监督有效维护了社会公平与正义。印度新闻媒体通过发布信息安全丑闻和揭露信息安全事件，在信息安全问责制度推行中起到促进作用，成为重要的信息安全问责主体。

三、印度信息安全问责运行机制

印度信息安全问责制逐渐成熟，其中信息安全问责执行机制、信息安全问责监督机制、信息安全诉讼机制和信息安全绩效评估机制构成其骨架，是印度信息安全问责制的基本运行机制。

（一）信息安全问责执行机制

印度信息安全问责执行流程明确、运行顺畅，首先由政府、司法和立法机构、第三方组织和社会构成的多元问责主体揭露信息安全事件，向相关机构举报信息安全问题，并要求给予及时回应，然后由行政和立法的相关组织机构介入，充分调查信息安全问题，确定信息安全事件的性质并登记在册继续追查，根据信息安全事件调查结果进行具体问责。如果问责对象对问责决定不满或不服，还可以继续申请行政复议和司法审查，司法部门也会适时介入，提出诉讼和审查，最后要将信息安全事件结果进行公布，对整个信息安全事件进行归档总结，还会根据信息安全问责实施情况对相关部门进行绩效评估，这就是印度信息安全问责的执行机制。

（二）信息安全问责监督机制

信息监督机制是印度信息安全问责制的重要一环，在 2005 年颁布的《信息权利法》中就对信息监督机制进行了阐述，该法案规定设立中央信息委员会（Central Information Commission）、州信息委员会（State Information Commission）和公共管理机构，履行信息监督职能。两级的信息委员会是专门的信息监督机构，具有独立性、强制性和反馈性，因此能够保障信息监督机制的正常运行，其首要任务是保障公众基本信息知情权，同时具有民事法庭的权力；公共管理机构是重要的信息监督机构，由公共信息官员代表行使。印度信息监督运行机制如图 8-2 所示，在正常情况下，公众

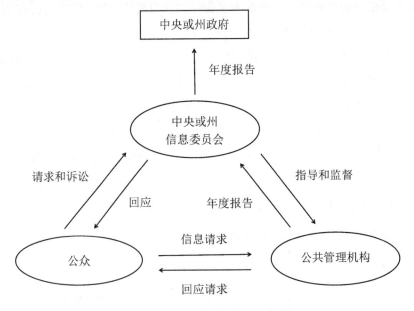

图 8-2　印度信息监督运行机制

向公共管理机构提出获取信息的申请并缴纳一定费用，公共信息官员根据不同需求在规定时间内进行受理并提供帮助，如果公共管理机构的官员拒绝接受公众请求、未在规定时间内受理和帮助、提供信息有误或不能向公共管理机构提交请求，公众就可以向信息委员会提出信息请求或提起上诉，各级信息委员会要及时对公众请求和上诉进行回复，同时信息委员会还应对公共管理机构进行监督和工作指导，公共管理机构也应每年向信息委员会提交一次报告，包括文档目录、可供公众查询信息的设施等详细内容。中央和州信息委员会还要向其政府提交年度报告，中央政府还会提交给议会进行审查，委员会自身也会对信息监督工作进行评估与反馈。完善的信息监督机制为印度信息安全问责机制的发展提供了保障，是信息安全问责制中的重要环节。

（三）信息安全诉讼机制

第一，诉讼机制。信息安全问题威胁着公众信息权利，印度社会中也有不同性质的信息安全事件，在行政机关权力范围外的信息安全事件司法机关就要介入解决，信息安全事件的受害者可以通过诉讼形式来维护自身利益，法院的诉讼机制对政府履行信息安全保护职能中产生的失职和权力寻租进行监督和问责。近年来，印度诉讼的原告主体资格越来越广泛，不仅包括公民，还包括大量的非政府组织，这样宽泛的诉讼主体资格也导致了诉讼质量降低，形成滥诉。印度最高法院要求在诉讼时起诉者要提供身份证明，还设置向相关机关申请解决的诉讼前置程序，进一步规范诉讼机制，印度法院也一直在不断简化诉讼程序，扩大信息安全事件的受案范围，最大限度维护印度国家和个人信息安全。

第二，司法审查制度。司法审查是司法机关对行政机关、立法机关的行为进行监督，保证政府和立法部门在宪法规定的职权范围内行使权力。印度的司法审查制度与美国类似，采用的是美国式的普通法院审查模式，即司法审查权由最高法院和高等法院行使，但与美国双层司法体制不同，印度的司法系统是完整统一的，类似于中央集权制国家，在中央设立最高法院，在各邦和中央直辖区设立高等法院，在县一级设立以县法院为主的下级法院，三级法院机构共同构成印度司法系统。最高法院和高等法院通过司法行为来保证信息安全领域的公平正义，在行使司法审查权过程中保障公民信息安全等基本权利。

（四）信息安全绩效评估机制

信息安全绩效评估是保障印度信息安全问责制成效的重要部分，经过数十年发展，印度在政府信息安全工作绩效和信息安全项目评估管理上逐渐成熟。印度的绩效评估具有专门的组织机构，绩效评估方法、指标体系、程序都较为健全，比如高等教育支出领域，建立了专门的绩效评估组织机构——国家高等教育支出绩效评价协会（NAAC），指标体系包括 7 个绩效评价基准、36 个绩效评价关键点和 3 个层级关键点权重明细；在科技领域，绩效评估机构包括两个内部的 DEAR 评估和应用研究部，还有一个独立的规划评估组织（PEO），该领域评估将经历准备、数据收集、数据处理和形成最终报告四个阶段，并建立定期评估—公示—反馈—调整的机制，全方面加强科技领域的绩效评估。在信息安全领域的绩效评估体系也不断发展完善，推动了印度信息安全稳步发展，在保障印度国家和个人信息安全方面贡献了巨大力量。

四、印度信息安全问责制的评价与启示

（一）印度政府信息安全问责制度的评价

印度信息化水平较高，信息安全问责制度建设效果显著，在长期的发展过程中，印度信息安全问责制既保证公民信息知情权又保护了个人隐私，也有效维护了国家和公民信息安全。首先，印度信息安全问责法律体系完善，涉及个人数据信息保护、网络安全、信息技术和信息产业发展等多个相关领域，覆盖范围广；同时，信息安全问责法律法规可操作性强，对信息安全问责、网络犯罪等进行明确具体的规定，并且大部分法律在不同部门或地区都有相应的配套法令和条例，使法律的适用范围和实用性大大增强；此外信息安全法律法规还具有前瞻性，根据印度信息安全问题发展实际和需求，印度一旦发现法律不符合时宜就进行修订，比如 2000 年的《信息技术法案》在 2006 年、2008 年、2011 年都进行了修订完善。其次，印度信息安全管理组织机构健全，不管是政府部门还是社会组织，都有大量的信息安全管理机构，这些组织机构也是信息安全问责的重要主体，也促进了信息安全问责主体多元化。印度总理管辖下总理办公室、内政部、电子信息技术部以及国防部设立的信息安全相关管理机构就有10 个，虽然有些机构职能上有所交叉，职责分工有所重叠，但也不可否认各个部门在印度信息安全管理领域都发挥了巨大作用。印度最突出的是行业信息安全问责组织，尤其是印度数据安全理事会（DSCI），在印度信息安全问责制的建设上作出巨大贡献，这也得益于印度信息产业的高速发展。最后，印度信息安全问责机制科学化和问责程序高效化。印度信息安全问责运行机制发展相对成熟，包括信息安全监督机制、信息安全诉讼机制等，还具有相应的保障机制，信息安全问责制度框架基本建立，使对信息安全事件和个人充分问责，保障信息安全问题处理透明化和规范化，问责程序逐渐科学和顺畅，形成完整准确的问责流程，信息安全问责制度建设是维护国家和个人信息安全的重要手段。

（二）对我国构建信息安全问责制的启示

第一，构建信息安全管理和信息安全问责法律体系。保障信息安全问责制度的发展离不开法律法规的保驾护航，只有在法律体系完善的前提下才能为信息安全管理和信息安全问责提供有效规范规则以及可操作性的运行机制。印度信息产业发展早于中国，在信息安全领域的立法也更加超前，在构建信息安全问责制中发挥了重要作用。而我国信息安全类立法起步较晚，在信息安全领域的法律数量还不能够适应信息安全管理和问责制度发展的需要，在信息安全问责方面的立法也略显不足，信息安全问责制度发展不成熟，针对网络与信息安全类犯罪，多采用普遍使用类法律准则，效力针对性和权威性严重不足。因此，我国应借鉴印度网络信息安全管理和问责法律体系建设的经验，结合我国国情，积极推进信息安全领域立法工作，逐步建立专门的信息安全问责制度法规，建立起完整的信息安全法律体系，使信息安全管理和问责能够有法可依。此外，还要积极宣传信息安全法律体系，使每一部法律法规家喻户晓，加强公民对信息安全法律的理解，提高公民信息安全意识，促进信息安全问责制度发展。

第二，充分发挥多元信息安全问责主体的作用。印度形成了政府、立法和司法机构、由非政府组织和行业机构构成的第三方组织、社会四个主要信息安全问责主体，各主体在信息安全问责制中都充分发挥问责作用，比如政府主体，印度政府部门中设置的信息安全管理机构数量多于中国，多个信息安全管理部门分散职责，在一定程度上在政府内部就会形成制约，问责就会更加透彻。我国也形成了政府、立法和司法机构、社会和人民群众等多元问责主体，但是我国在信息安全问责中各主体作用不太平衡，政府部门在信息安全问责中发挥的作用要更多于社会组织和人民群众，而且在政府内部，我国专门的信息安全管理机构数量少。因此我国要加强专业化的信息安全管理部门建设，加强信息安全部门改革力度，优化部门设置和职能建设，还要强化各问责主体的信息安全意识，充分发挥多元信息安全问责主体的作用，保障我国国家和个人信息安全。

第三，推进信息安全自主研究，加强信息安全监控。根据信息产业发展情况，为应对非自主研究的信息安全产品可能带来的信息安全威胁，印度一直坚持信息安全的自主研究，通过培养信息安全人才和投入大量信息安全专项资金的方式，积极支持发展自主设备和本土软件，推动网络技术、密码技术等信息安全产品自主开发，从根本上消除信息安全隐患，同时全面加强政府对信息安全的监控，包括国内之间、国内外之间的通信，并力图将新兴的网络工具如 Skype 软件也纳入政府的监控范围，并不断增强自身监控的能力。我国在信息安全产品自主研发方面也处于世界领先水平，但与发达国家还存在一定差距，我国可以借鉴印度的方式，全力培养信息安全人才并不断培训，加大信息安全领域的资金投入，早日实现信息安全的自主研究，同时也要强化政府或社会等主体对信息安全领域的监控与监督，推动信息安全问责制度实施，确保信息安全问责制度切实可行。

第四，加强信息安全管理的国际合作。印度政府一直以来都非常重视信息安全管理的国际合作，与多个国家进行合作，全面升级信息安全管理能力，比如在 2011 年，印度政府与美国签署"网络安全谅解备忘录"，促进与美国的网络安全组织的信息交流与合作，与美国开展广泛的信息安全交流，提高两国的信息技术水平和应对信息安全威胁的能力，加大信息安全问题的国际协调能力。在我国提出构建"人类命运共同体"的伟大构想下，加强信息安全领域的国际合作至关重要也非常必要，是促进我国信息安全问责制度更加符合世界信息安全发展趋势的必要举措，一方面，帮助我国在信息安全管理和信息安全问责上学习国外实践经验，引进先进信息安全保护技术，提升我国信息安全问题防御能力；另一方面，通过信息安全领域的国际合作促进"人类命运共同体"伟大构想发展，深化全球人类共同维护美好家园的意识，推进"人类命运共同体"理念凸显出现实意义和时代价值。

第三节　印度信息安全问责案例分析

近年来印度数据信息泄露和网络安全事件层出不穷，信息安全问题使国家和个人都陷入担忧状态，困扰着印度各级政府及信息安全管理部门，健全的法律体系、国家安全政策和完善的信息安全管理制度在信息安全事件面前都显得苍白无力。本书将对数据信息泄露事件进行分析与反思，同时通过经典案例的方式对印度信息安全管理以及信息安全问责制度进行经验分析，从而明确印度信息安全问责制的未来发展方向。

一、数据泄露事件及反思

在印度信息互联网产业发展影响下，信息安全问题严重，信息安全事件频发，早在 1998 年，印度原子研究中心网络就遭到黑客侵袭，国家电子邮件信息被盗取；2008 年发生在印度的恐怖袭击事件也是由于互联网等信息技术产品，比如谷歌地球、全球定位系统和 Twitter 软件，在这次的袭击事件调查中，印度发现国内的分裂势力与恐怖分子通过社交网络进行联系，这是一次造成严重损伤的信息安全事件；还有 2010 年发生在伊朗的"震网"病毒也对印度信息基础设施造成破坏；据统计，2010 年上半年就有 3000 多家网站遭到黑客侵袭，包括中央政府部门的网站，还有印度网络犯罪案件超过 600 起，印度外发垃圾邮件位于世界第二，在全球垃圾邮件中占比 7.3%，同时网络犯罪的受害者达到互联网用户的 76%。除了网络黑客攻击、垃圾邮件、计算机病毒等信息安全问题外，印度还具有严重的数据信息泄露问题，连续发生多件大规模数据泄露事件，比如在脸书数据泄露事件中，有 56 万印度公民数据信息泄露，印度在脸书数据泄露事件中成为受影响最大的国家之一。印度是一个人口大国，人口总数达到 13 亿多，有宽带互联网用户约 3 亿，移动通信服务用户约 6 亿，移动互联网用户 3 亿。据印度国家互联网数据统计估计，到 2025 年印度将有 8.5 亿用户接入和使用互联网，在此形势下，印度个人数据安全状况日益严峻，个人数据安全面临挑战。

2010 年 9 月，印度宣布启动使用国家生物身份识别系统 Aadhaar，该系统是为了方便就业、医疗、社保和教育等公共服务，为印度公民提供一个独一无二具有 12 位的身份证明编号，这在当时是世界上最复杂、最庞大的生物身份识别系统。经过几年发展，印度大多数公民已经在系统上留有个人信息，但在 2017 年，Aadhaar 系统遭到攻击，1 亿多条印度个人身份信息和银行账户信息记录泄露。到 2018 年 3 月，据统计，印度国家已经将全国 11.8 亿人口信息登记到国家生物身份识别系统，这大概是印度人口总数的 90%，数据采集包括照片、指纹和虹膜扫描等，同年，生物识别系统 Aadhaar 的数据信息再次被泄露，大概有 11.3 亿条，并被爆出系统收集的数据信息被低价出售。还有在 Reliance Jio 创建的印度电信运营商中发生的被称为印度电信史上最大规模用户数据泄露事件，据印度媒体报道，大概有 1 亿多电信用户信息被泄露在 Magicapk.com 网站，泄露的信息除了姓名、手机号、电子邮箱和电信卡激活日期外，甚至还包括国家生物识别系统 Aadhaar 号码。截至数据信息泄露事件发生，电信运营商正式运营还未满一年，但因免费提供 4G 网络服务受到广大公众的青睐，这个新兴的公司声称对用户数据信息进行最高等级加密，非常保险和安全，出现在 Magicapk.com 网站上的信息可能是不真实的。但数据信息泄露事件发生引起了印度公民的质疑，许多用户也在 Twitter 上抱怨自己的个人信息确实被曝光，后来一些印度社会媒体也确认了电信用户信息被泄露，网站上出现的数据是真实的。频繁发生的大规模数据信息泄露事件，暴露出印度在信息安全管理上存在的问题，在数据隐私保护和监管上存在的疏忽。虽然 2019 年内阁批准《2019 年数字身份证修正案》(The Aadhaar Amendment Bill 2019)，但随着印度政府不断推进 Aadhaar 系统走向世界，广泛在居民身份认证体系中应用生物识别技术，可能会发生更大规模的数据信息泄露事件，对印度法律和监管提出新的挑战。频繁发生的数据泄露事件引起印度社会的反思，要求政府部门加强信息安全监管和加大信息安全问责力度，印度政府和企业在信息安全管理和问责制度领域还存在诸多不足，比如信息安全管理组织机构职能重叠，部门职能交叉；信息安全保护政策执行效率低，执行结果与政策建立初衷存在脱节现象等。

二、印度信息安全问责实践经验分析

（一）案例：全球 IT 管理服务与咨询组织

随着全球经济发展，企业对信息的依赖程度越来越高，信息使用的方式也随着现代信息技术工具和媒介发生改变，信息技术和通信技术工具在日常业务流程中使用的增多也增加了业务信息和资产安全风险，由此在组织中创造了不可避免的信息安全需求。在早些时候，信息安全技术措施被用来满足这一需要，但是人们日益意识到仅靠信息技术无法应对组织中信息安全管理（ISM）的挑战，管理和行为方面是在组织中建立信息安全管理系统的关键，信息安全管理包括为满足组织的信息安全需求而配置资源的一组活动，在组织机构中，信息安全技术、管理和人力的平衡组合对于建立一个全面的信息安全管理系统至关重要。本部分主要研究一个来自印度的大型 IT 管理服务与咨询组织的信息安全管理实践。印度的大型 IT 管理服务与咨询组织是一个信息传递平台，它使客户能够传递、共享、处理和存储重要的业务信息。作为伦敦证券交易所上市公司，该公司在向横跨 22 个欧洲国家和美国的主要组织、中型企业和批发客户提供综合计算和网络服务方面一直处于领先地位。该公司为私营和公共部门的30000 多个组织提供网络、通信和信息技术基础设施综合管理服务和解决方案，范围涵盖跨国公司到国家公司再到行业小公司，例如金融服务、法律、媒体、医疗保健和政府组织等。该公司拥有 4.3 万千米的通信网络，其中包括 39 个欧洲主要城市的城域网和 20 个自己的载波中性数据中心，公司的各种产品和服务包括：应用托管、云服务、咨询和专业服务、交互式语音、互联网服务、基础设施托管、数据网络工作、IT 安全服务、电话和数据中心服务。该公司拥有 5200 多名遍布在全球的员工，其中有四分之一在印度工作。

本部分将从信息安全要求、最高管理层支持、信息安全策略、信息安全培训、信息安全意识、信息安全文化、信息安全审计、ISM 最佳做法、资产管理、信息安全事件管理、信息安全法规合规和 ISM 有效性 12 个信息安全管理因素来分享印度 IT 管理服务与咨询组织的实践经验。

第一，信息安全要求。数据管理是印度 IT 管理服务与咨询组织的关键业务之一，其 IT 业务主管认为：“如果安全控制没有得到适当的实施，一些关键信息被泄露并落入竞争对手手中，这对公司来说将是一个巨大的商业风险，关键业务信息包括业务计划、财务编号、客户数据、客户信息、流程细节、内部员工记录等，这些可能导致公司的财务损失，而不仅仅是损害公司的形象。”

第二，最高管理层支持。印度 IT 管理服务与咨询组织的最高管理层了解信息安全对公司的意义，他们为其实施提供必要的支持。正如信息安全主管所述："当高层管理人员作出任何决定时其头脑中时刻考虑一个信息安全因素。"高层管理层也要参与信息安全管理的相关决策和监控。

第三，信息安全策略。印度 IT 管理服务与咨询组织有一个特定的信息安全策略，即在制定任何新的安全策略时，都有一个程序来检查同一策略的可用标准，并在该策略执行后，检查这一标准的遵守情况、员工的角色和责任、员工以及承包商对公司资产和系统的预期行为，公司会每年审查其信息安全政策，信息安全策略有许多附件描述了执行该政策的机制，对资源管理、事件管理和业务连续性等各个方面进行详细规定。

第四，信息安全培训。在加入印度 IT 管理服务与咨询组织时，有一个电子学习模块和一个关于数据隐私、安全和业务连续性的在线考试练习。这种培训对公司的每一个员工都是强制性的，即使是来自供应商的受训人员和合同雇员也必须接受这一培训方案。如果任何员工因任何原因失败，都必须再次通过考试。除了在线培训外，外部机构 BSI 也举办了培训课程，每个团队或功能区的 3～5 人参加这些培训，他们回来再培训其他人，这建立了员工之间分享知识的习惯，为熟悉员工的培训要求并反馈给高层管理人员，公司有一个指导委员会，成员来自不同的职能领域。本组织设有雇员信息安全课程和知识库，大概有 5～10 张关于数据隐私、数据安全、数据保护等的幻灯片，还有一个包括 50～60 个尖锐问题的考试。

第五，信息安全意识。印度 IT 管理服务与咨询组织的员工每月通讯中，一部分信息安全政策被发布并传达给员工，如果有任何政策或程序的变化，即使在文件尚未出台的情况下，他们也必须遵循新的政策或程序，例如，不要共享密码、有敏感信息的碎纸等，当员工访问某种网站并开始下载一些东西时会被抓住，他们会被告知要非常小心，不要进入不必要的网站，如果工作需要可以向公司提出申请并被批准。

第六，信息安全文化。印度 IT 管理服务与咨询组织通过定期就各种信息安全问题进行沟通，在员工中培养了信息安全文化，有明确界定的信息安全管理程序并检查和控制。对于与他们工作相关的任何信息安全问题，员工可以提出请求。每一项此类请求都有一个周转时间，有关当局必须在此期间对这一请求作出反应。员工可以把智能手机带到办公室，但如果没有安装安全证书和 VPN 应用程序，他们就无法将其连接到公司的网络。

第七，信息安全审计。印度 IT 管理服务与咨询组织进行内部信息安全审计，以检查安全政策、程序和准则的遵守情况，还进行外部信息安全审计，审计人员对 ISM

的一般控制进行核实。该公司有一个预先确定的审计时间表，内部审计每6个月进行一次，外部审计每年进行一次。

第八，ISM最佳做法。印度IT管理服务与咨询组织有一个密码策略，即每个密码都在90天后被更改，90天是最长期限，如未修改系统会生成"您需要重置密码，它正在关闭"的警报。在某些情况下，它根本不允许用户进入，员工必须强行重置它，系统也不允许从最近使用的2～3个密码中选同一密码。还有，如果将文件从公司的网络转移到像雅虎这样的公共网络会被监控，同时有防火墙和杀毒软件在系统上运行，以此来识别和分析公司所有资产的风险，还要使用安全的文件传输协议。

第九，资产管理。印度IT管理服务与咨询组织有一个资产管理系统，在系统中所有资产都根据临界度进行记录和分类，所有权被定义，所有者有责任照顾他们的资产，员工被视为公司的智力资产或资源，并且有一种机制为每一种服务于关键角色的此类资源创建一个备份，这都是为了预防风险。业务主管将此定义为公司最优先考虑的事项之一。在建筑物的入口处有通过电子身份证的物理访问控制系统，根据数据和系统的灵敏度，建筑物的不同区域有单独的物理访问控制，同样，访问公司的网络需要有三层认证，员工根据其角色分配不同的访问权限和权限级别。

第十，信息安全事件管理。印度IT管理服务与咨询组织有一个备份策略，根据应用程序的关键程度进行备份，每天和周末都进行增量备份，对于所有关键应用程序，公司都有备份服务器。为了保证业务连续性，关键应用程序应有镜像服务器。该公司有一个记录在案的事件管理计划，在英国有一个安全操作中心，负责管理信息安全事件案件，并进行事件后分析，如违反政策或不遵守政策，员工将会被解雇，公司具有BS25999认证的业务连续性管理。

第十一，信息安全法规合规。印度IT管理服务与咨询组织有一个单独的团队来管理软件许可证，该团队按照需求批准延长或购买新的软件许可证。在书面提供之前，员工不能从互联网下载任何软件，如果有人因在信息安全小组进行的审计中使用未经许可的软件而被抓住，他们可能会面临严重的后果。第三方必须签署"数据隐私和保护协议"，保证不会将这些信息输出给其他人。

第十二，ISM有效性。印度IT管理服务与咨询组织具有有效的信息安全标准，有控制措施来持续监测组织信息安全政策和准则的有效性，定期与员工沟通信息安全政策、流程和程序，业务灾后恢复负责人认为，需要加强信息安全违约案件事后分析机制，并推动立即审查政策以作出适当的改变。

第九章　信息安全问责制国际比较研究

第一节　信息安全问责制的产生与发展比较

在前面各章对美国、英国、加拿大、日本、新加坡、俄罗斯和印度等国家信息安全问责制介绍和分析的基础上，本章着重对信息安全问责模式具有代表性的国家进行比较分析，从而归纳出对我国信息安全制构建的启示。

一、信息安全问责制形成和产生原因的比较

在前面各章对各主要国家进行安全问责制探讨的基础上，我们有必要总结归纳在世界范围内信息安全问责制度发展的一般规律，对于其中主要代表性国家信息安全问责制度的产生、发展以及变迁的内在规律性进行总结，这样有利于我们对信息安全问责制有更好的理解，因此本节主要选取英国、美国、加拿大、日本和新加坡 5 个有代表性的国家作为参照对象进行比较分析。

（一）信息安全问责制形成原因的相似性

通过对上述 5 个国家信息安全问责制形成原因的分析，我们可以将其形成的原因归结为三个方面，主要包括信息产业发展速度过快导致的信息安全问题，进而推动信息安全问责制的形成；隐私权保护法的局限性以及隐私权保护范围的拓展推动了信息安全问责制的形成；信息安全保护上升为国家战略推动信息安全问责制形成。

第一，信息产业飞速发展。虽然上述 5 个国家在信息产业飞速发展的过程当中，所产生的信息安全问题并不完全一样，但是由信息产业飞速发展所带来的社会变革以及政府管理模式的改变，却给信息安全问责制提供了形成的基础和前提条件。美国的信息安全问题直接导火索在于信息互联网产业的飞速发展，美国在信息互联网产业的发展过程中经历了膨胀期、破灭期和恢复发展期三个阶段。美国的信息产业发展在2004 年以智能手机的问世，标志着信息产业发展迎来了智能时代，智能化时代给人们的生活带来了无尽的便利，但同时也将传统信息产业时代的信息安全问题，以放大无限倍的方式呈现在政府和公众的面前，政府和公众的信息安全保护面临着前所未有的威胁和挑战。对于普通的社会公众而言，由最初进入智能时代的兴奋好奇到归于理性，回归平静，在这个过程当中社会公众开始对智能化时代的信息安全进行深度反思，开始担忧信息安全威胁和风险，在这种情况下，美国政府开启了信息安全问责制的构

建之路。日本信息产业的发展历程与美国相类似，主要是由于日本在政治、经济等方面效仿美国的发展模式。日本的信息产业在进入平稳发展期之后，尤其是进入 21 世纪之后，其所面临的网络犯罪、网络泄密、病毒泛滥和黑客攻击等信息安全问题此起彼伏，各种信息安全事件在社会公众当中引发了轩然大波，公众对于信息安全监管诉求不断增加，在这种情况下日本将本国问责制的问责范围进行了拓展，拓展到了信息安全领域，由此推动了信息安全问责制的形成。新加坡的信息安全问责制的形成，虽然不是信息产业发展直接导致的结果，但是与信息产业的发展也密切相关。随着信息产业的发展，新加坡政府开始进行电子政府的建设与政府信息公开平台的建设，在这两个项目建设的过程当中事无巨细地收集公民教育、医疗、生活以及其他等多方面的个人信息。在这种情况下，新加坡的政府信息化和电子政府建设主管机构理应承担公民个人信息安全的保护职责，但是，新加坡政府信息化建设主管机构并未将信息安全监管作为主要职能，仅通过制定相关制度和标准加强政府公开信息前的审查力度以保证公众的个人隐私信息安全，导致政府在信息安全监管方面的履职能力没有达到公众的期望和要求。在这种情况下，新加坡政府开始着手建立信息安全问责监管和问责的专门机构，以提高公众对政府信息安全监管能力的满意度和信任度。

第二，隐私权保护方面的拓展。由于隐私权保护法的局限性，以及隐私权保护范围的拓展推动了信息安全问责制形成，代表性国家包括加拿大和日本。加拿大在隐私权保护方面以立法体系完善著称，加拿大对隐私权的保护主要集中在以下领域：公众对个人信息的知情权、修改权；个人的信息和数据应用需要出于合法目的；个人信息和数据在政府信息公开信息中心的适度公开原则；对个人信息和数据的保护措施等方面。但随着信息产业的飞速发展，以及智能网络和移动网络的普及，传统的隐私权法定保护已经无法涵盖当前信息安全问题的所有领域，而对个人信息的保护也不仅仅局限于传统的隐私信息层面，例如公民在使用移动互联网或移动社交媒体的过程当中所产生的数据痕迹同样属于个人信息和数据的保护范围，但相关法律法规并未对该领域进行有效的界定和规范，因此传统的信息和隐私保护法律法规所体现出来的局限性，直接推动了信息安全问责相关法律法规和制度的形成和完善。日本的信息安全保护源于隐私权的保护拓展与完善，而日本隐私权的保护经历了由无到有、由被动保护到主动防控保护、由私法承认保护到以宪法为主导的公法的隐私权的保护的发展过程。综上所述，隐私权保护是信息安全保护当中的有机组成部分，但是传统的隐私权保护已经不能完全代表信息安全保护的内容，由此推动了隐私权保护范围的拓展以及信息安全管理体系的重构。

第三，信息安全保护上升为国家战略。在信息安全问责制度形成的过程当中，部分国家是以国家战略的形式将信息安全保护作为国家安全战略的一部分来实施的,主要代表国家包括英国、加拿大和新加坡。2009 年英国国防安全管理机构将影响英国国家安全的主要威胁划分为军事危机、恐怖主义、网络威胁以及自然灾害四类,同年英国政府提出首个国家网络安全战略,时任英国首相布朗表示要将网络安全建设与其他国防安全建设放到同等重要的位置,由此推动了英国信息安全管理体系的完善以及信息安全问责制的初步形成。虽然信息安全问责制度最初应用于国防信息安全领域,但是随着社会信息安全问题的增多以及公众诉求的增加,信息安全问责的范围由最初的国防信息安全领域拓展到社会信息安全管理领域。加拿大在推进隐私权向个人信息安全保护拓展的同时,积极制定国家信息安全战略,分别于 2010 年、2013 年和 2018 年发布了三版国家网络安全战略,从加拿大每一次实施的国家网络安全战略,就可以看出信息安全管理的范围、信息安全管理的形式,以及信息安全管理的规范性,都在不断地提高和调整。2018 年颁布的国家网络安全战略提出建立加拿大网络安全中心、设置国家网络犯罪协调部门以及开展自愿网络认证计划等一系列保护公民信息和隐私安全的重大举措,上述措施对于完善信息安全问责的组织机构、健全信息安全问责的法律法规和政策体系起着重要的推动作用。新加坡无论是信息产业的发展,还是信息安全管理体系的完善都有赖于国家各项总体规划战略的实施,主要包括"国家计算机化计划"、"全国信息科技计划"、"智慧岛"计划、"智慧国家 2015"以及"智慧国家 2025"计划,上述国家信息安全战略的制定和实施,为信息安全问责制的构建提供了坚实的政治基础和保障。

综上所述,西方主要发达资本主义国家在信息安全问责制的形成过程当中有许多相似性,但无一例外都是建立在信息产业快速发展或信息技术高度发达的基础之上,都得到了国家层面的战略支持和法律保障。因此本书将信息安全问责制形成的一般规律表述为信息安全产业和技术基础、国家层面的战略政策和法律支持以及公众对隐私权和信息安全保护的利益诉求。

(二)信息安全问责制形成原因的差异性

虽然上述 5 个国家在信息安全问责制的形成过程当中有许多共性的原因,但是由于各国在政治经济和社会文化领域的差异性,导致信息安全问责制形成原因也存在诸多的差异,主要可以归结为以下两个方面:

第一,信息安全问责制形成的理念差异。美国的政治和社会文化崇尚独立性、自主性和公平性。美国的公众和国家之间关系密切又松散、信任又质疑,公众与政府的信任关系主要体现在美国公民对于国家的行政理念高度认可,并对美国法律体系内的明确规定内容自觉地遵守和执行；而松散和质疑的关系主要体现在当国家和政府的行政行为和方式存在违反宪法精神或出现法律授权之外的行政行为或活动时，公民会运用其尚未让渡的部分权利进行示威、游行以及起诉等，以实现对危险行为或法律授权之外行政行为效果的撤销及问责。因此，美国政府即使对于单一偶发性的信息安全问题也会进行相应的规范和问责，就像当前引发美国民众极度愤慨的种族歧视事件，虽然只是一个个个例，但是却引发了美国公众对于美国政府执法行为的共同担忧，由此引发了全国性范围的游行示威和抗议活动，在信息安全领域同样也会发生类似的事情。加拿大政府与美国的信息安全问责形成理念存在巨大差异。美国信息安全个案都会推动信息安全问责制的形成，而加拿大信息安全的广泛抗议和社会压力，都无法推进信息安全问责法律体系的完善和健全，这主要源于加拿大政府谨慎和审慎的态度。加拿大政府认为在某项问题并未形成普遍性社会问题之前无须对现有法律法规和制度进行调整，一方面是出于节约成本的考虑，另一方面也出于对法律和法规权威性的维护。所以在 1986 年加拿大法律改革委员会明确提出当时的《官方秘密法》已经严重滞后于时代的需要以及公众对信息安全保护呼声日益高涨的情况下，加拿大政府依然坚持《官方秘密法》符合加拿大当前的社会现实以及国家治理的需要。新加坡信息安全问责形成理念既不同于美国的个案理念，也不同于加拿大的普遍性理念，新加坡政府坚持以公民为中心的制度建设理念，政府任何行政事务的开展，必须以公众的需求为中心，由于公民对信息安全风险的忧虑与日俱增，所以新加坡政府为了切实保障公民的信息安全，降低公众对信息和网络安全的忧虑，开始将问责理念拓展至信息安全管理领域。

第二，信息安全问责制形成的政治基础差异。信息安全问责制形成的政治基础差异主要源于各个国家政体类型的不同，由于本书当中共涉及君主立宪制政体、总统共和制政体以及议会共和制政体三类，因此分别选取美国、日本和新加坡为例进行阐述。美国是典型的总统共和制政体，确立了以总统为中心的三权分立格局，三权分立和制衡制度是美国政治体系的基石，而问责制度是美国民主宪政体制的重要组成部分。美国的问责体系较为健全和完善，根据所涉及领域的不同可划分为行政问责、教育问责、生态问责以及学术问责等多种类型，美国问责体系的客体范围涵盖所有联邦行政部门及其所属行政官员，其所承担责任亦可细分为个人责任和角色责任。美国历届政府都将信息安全及信息安全问责和管理制度作为其行政工作的重要内容。日本是典型的君主立宪制政体，日本在"二战"战败后放弃天皇制，采用"三权分立"原则，改为议会内阁制。国会是国家的最高权力机关，是国家唯一的立法机关；内阁是国家最高行政机关；最高法院是国家最高司法机关。日本政府在地方管理方面实行地方自治，其中问责制度便是日本法制宪政要求下的重要组成部分。新加坡是典型的议会共和制政体，新加坡威权政治是一种现代化的集权政治体制，该政治体制奉行政府权威法制化和社会秩序系统化。在这种体制下，行政权远远高于立法权，立法机构与行政机构相互重叠，政府行政权力涵盖政治管理和社会管理。政府提倡将国家和社会利益放在首位，并以强制手段向公众灌输，获得社会的广泛认可。新加坡立法之严明、执法之公正、惩处之严厉是众所周知的，新加坡政府尤为重视对社会管理领域的控制，从在社会管理上的严刑峻法到对威胁国家安全的非法行为的逮捕或拘禁，从对互联网的严格管控到对国内外新闻媒体的严格限制，处处都体现出新加坡对网络信息安全的重视，从而为新加坡信息安全问责制的建立提供了坚实的政治基础。

二、信息安全问责制的发展比较

通过对世界主要发达和发展中国家信息安全、问责制发展历程的梳理可以得出，无论是发达国家还是发展中国家，在信息安全问责制度构建和发展过程中，将信息安全纳入法制建设体系、制定信息安全技术标准和规范是其共同特征。

（一）信息安全问责制发展历程的相似性

在本部分我们主要比较美国、英国、日本、新加坡和印度 5 个国家的信息安全问责制度的发展历程。上述国家在信息安全问责制度发展历程中的相似性主要体现在两个方面：

第一，将信息安全管理纳入国家法制化进程。古语有云：无规矩不成方圆。现代社会的规矩即为法律法规体系，法律是国家治理手段中最直接有效的方式和手段，因此将信息安全监管和问责行为纳入法律框架是网络信息安全管理活动的基础。从美国、英国、日本、新加坡和印度的信息管理立法进程来看，美国最早的与信息安全相关的立法可追溯至 1966 年的《信息自由法》，这是美国信息安全立法的开端和标志；英国 1911 年颁布实施的《公务员保密法》是信息安全问责立法的雏形，现代意义层面的信息安全立法体现为 1998 年颁布实施的《数据保护法》，该法案中同意规则更为严格，数据的获取权、迁移权和删除权也将更为严格，执法力度将进一步加强，信息专员将有权确保消费者得到适当保护；日本 1988 年出台的《行政机关计算机处理个人信息保护法》是信息安全立法的标志性法律，但是该法律的局限性和不足也非常明显，日本政府在 1998 年开始对个人信息保护进行法制改革，并于 1999 年制定《个人信息条例》，后在 2001 年修改为《个人信息保护法》，并同时制定《独立行政法人个人信息保护法》《信息公开、个人信息保护审查会设置法》以及《行政机关个人信息保护法等施行准备法》三部法律；新加坡的《内部安全法》和《互联网操作守则》等法案中对于信息安全和个人信息保护均有所涉及，对于公众的个人信息权益以及保护个人信息隐私方面予以肯定和支持，2013 年实施的《个人数据保护法》是信息安全问责的主要法律依据，主要涵盖保护个人信息和数据不被滥用以及杜绝营销来电和信息两方面内容；印度 2000 年颁布的《信息技术法案》明确阐述了信息安全和个人隐私信息安全问题导致的计算机犯罪行为及惩罚，是信息安全问责的法制化开启的标志。

第二，制定信息安全技术标准和规范。关于信息安全技术规范，美国 2000 年制定的《联邦信息技术安全评估框架》提供了一个有效运用现有政策和指导的工具和确定改进目标的方法。英国 1996 年而实施的《三 R 互联网络安全规则》是世界上首个网络监管领域的专门性法规，其主要基于"定性—识别—举报—应对—负责"的思路。日本政府则在动态治理过程中制定了多个信息安全标准，以此强化管理，快速适应日新月异的技术发展。2000 年 7 月日本 IT 战略部及信息安全会议共同拟定出了《日本信息安全指导方针》，该指导方针成为日本政府信息安全政策的基础。2014 年，日本信息经济社会推进协会（JIPDEC）发布世界首个网络控制系统的安全管理系统（CSMS）认证制度。新加坡制定了《信息安全技术个人信息安全规范》，该标准对目前 App 强制索权、注销难等问题给出了明确的意见。当产品或服务提供多项需要收集个人信息的业务功能时，个人信息控制者不应违背个人信息主体的自主意愿，强迫个人信息主体接受产品或服务所提供的业务功能及相应的个人信息收集请求。印度 2000 年制定颁布的《信息技术（认证机构）规则》和《网络规则上诉庭（程序）规则》为印度公民和组织提供了基本的信息操作指南。如表 9-1 所示，美国、英国、日本、新加坡和印度 5 个国家的信息安全问责制度在立法进程和信息安全规范进程方面具有相似性，但具体的阶段和时间节点并不完全一致，这主要是由各国的信息技术发展水平以及各国的经济水平所决定的。

（二）信息安全问责制发展历程的差异

从对美国、英国、日本、新加坡和印度 5 个国家的信息安全问责制度的发展历程的比较来看，上述国家在信息安全问责制度的发展历程中，虽然在立法体系完善、规则制定以及国家信息安全战略方面均有涉及，但是其开展的先后顺序存在巨大差异。

美国是先进行信息安全问责相关法律体系的完善，然后进行的互联网行业和信息安全技术标准的制定。英国则属于立法进程和规范体系齐头并进的发展模式，甚至在某些信息安全管理领域信息安全规范和规则的制定要早于信息安全问责立法的出台，

表 9-1　美、英、日、新、印五国信息安全问责制发展历程比较

国家	将信息活动纳入法律框架	制定技术标准和规范	特点
美国	1966 年《信息自由法》、2002 年《联邦信息安全管理法案》、2005 年《网络安全法案》	《联邦信息技术安全评估框架》（2000 年）	信息安全问责相关法律法规种类繁多、适用范围广泛，问责主体层次鲜明，配套制度和保障措施较为完善，实用性强
英国	1911 年《公务员保密法》、1998 年《数据保护法》、2005 年《信息自由法》	《信息安全管理标准》（1995 年）、《三 R 互联网络安全规则》（1996 年）	相关法律法规较为健全，信息安全问责制度适用范围、程序和责任后果明确，问责制度呈现"轻政府管制、重行业自律"的特点
日本	1999 年《个人信息条例》，2001 年《个人信息保护法》《独立行政法人个人信息保护法》《信息公开、个人信息保护审查会设置法》《行政机关个人信息保护法》，2014 年《网络安全基本法》	《信息安全管理基准》（2000 年）、《信息系统安全对策基准》（2013 年）	信息安全问责法律体系较为健全，在动态治理中呈现更新速度快、操作性强、进程规范的特征
新加坡	1963 年《内部安全法》、2013 年《个人数据保护法》、2018 年《网络安全法》、2019 年《防止网络假信息和网络操纵法案》	《互联网操作守则》（1996 年）、《行业内容操作守则》（2001 年）	信息安全问责法律体系中对于信息安全违法行为的惩罚力度较大，问责的方向以公众的需求为主导，互联网和信息通信行业自律性较强
印度	2000 年《信息技术法案》、2011 年《信息技术法规》、2013 年《国家网络安全政策》、2019 年《个人数据保护法案》	《信息技术（认证机构）规则》和《网络规则上诉庭（程序）规则》（2000 年）	信息安全问责制度构建稍显滞后，目前法律法规体系比较健全，信息安全问责的制度和保障体系尚未健全

例如国际信息安全管理实用规则 ISO/IEC27001 的前身为英国的 BS7799 标准。日本与美国和英国相比，无论是在立法进程还是在规范制定方面都稍显滞后，但是日本在立法体系的完整程度方面却后来居上，成为世界上信息安全问责立法体系比较健全的国家之一。新加坡的信息安全制度的发展进程是典型的先进行业规范再进行立法的国家。由于新加坡 1956 年脱离马来西亚独立，保留了马来西亚政府统治期间的《内部安全法》，而《内部安全法》之中有部分条款涉及个人信息保护的内容，这可以认为是新加坡政府在信息安全问责领域的被动立法。而后随着新加坡信息产业的飞速发展，出于对信息产业规范化的需要先后制定了一系列行业标准和信息安全守则，2013年新加坡《个人数据保护法》的实施真正标志着新加坡信息安全问责立法进入主动立法时代。印度属于发展中国家，在信息技术发展水平和经济发展水平方面与西方发达国家存在明显的差距，印度在信息安全问责制度构建方面稍显滞后，法律法规体系还算比较健全，信息安全问责的制度和保障体系尚未健全。

第二节　信息安全问责制框架体系的比较

通过对各国信息安全问责制的形成原因和发展历程的比较可以看出，各国在信息安全问责制度构建和发展过程当中存在着诸多相似和差异。由于各国在政治权力的运行以及组织机构的设置等方面不尽相同，所以在信息安全问责制度框架体系内容构成方面必然存在一定的差异。

一、信息安全问责组织机构的比较

通过对各国信息安全问责制组织机构构成的研究来看，各国均设置了相应的信息安全问责组织机构，但是组织机构的类型、性质以及职权范围不尽相同。本节将对美国、英国、日本、新加坡和印度 5 个国家的信息安全问责组织机构进行比较研究。

美国的信息安全问责组织机构主要包括首席信息官、首席信息安全官以及隐私和公民自由办公室，首席信息官的主要职责是保证联邦政府部门内部之间、政府和公众之间的有效联系和沟通；首席信息安全官的主要工作是确保政府各机构在信息安全方面采取正确的政策和举措；隐私和公民自由办公室的主要职责是通过审查、监督和协调各部门隐私行动来保护美国公民的隐私和自由。英国的信息安全问责组织机构主要包括内阁办公室和政府数字服务局、信息专员办公室、政府通信总部及其下属的国家网络安全中心、网络安全办公室和网络安全行动中心。其中信息专员办公室是英国信息安全问责的主导和核心机构，英国《数据保护法》赋予了信息专员极大的行政权力，同时信息专员拥有参与制定二级行政法规和具体时间操作指南的权力、对数据保护活动的监督权以及审查权、对数据侵权案件具有独立执法权和参与司法审判的权力。日本的信息安全问责组织机构主要包括信息安全中心、内阁府、总务省和警察厅以及个人信息保护委员会。2017年日本将原本分散在各职能部门中的信息安全监管、治理和问责权全部转移至个人信息保护委员会，确立了个人信息权利保护的一体化监督体制，因此，个人信息保护委员会是日本信息安全问责的主导机构。新加坡的信息安全问责组织机构按照机构的职责划分为信息安全战略决策机构、信息安全问责与协调机构以及信息安全应急处置机构，信息安全战略决策机构主要包括国家信息通信安全委员会和网络安全局，信息安全问责与协调机构主要包括个人数据保护委员会、公共机构数据安全检讨委员会以及政府首席信息办公室，信息安全应急处置机构主要包括国家网络威胁监测中心和计算机紧急反应小组等。印度的信息安全问责组织机构主要包括总理办公室、内政部、电子信息技术部以及国防部等，其中电子信息技术部是印度信息安全管理和问责的核心组织机构，参与完成国家网络安全政策和加密政策草案的制定工作，是印度信息安全政策的发起部门，在国家信息安全管理中扮演着不可或缺的角色。

通过对各国信息安全问责组织机构的梳理可以发现，不同国家的信息安全问责组织机构构成存在较大差异。以美国、英国和日本代表的国家设置了专门负责个人信息安全管理和问责的专门性机构，同时其他的信息安全管理职能机构协同和辅助专门性机构有效履行信息安全监管和问责方面的职责，但各国在信息安全问责专门性和辅助性机构的职责划分方面存在着权责不清和责任重叠等情况。新加坡政府在信息安全问责机构设置方面与美国、英国和日本等发达国家相比，拥有组织结构设置合理化的相对优势，新加坡政府在信息安全问责组织机构的设置过程当中按照机构职责的不同划分为信息安全战略决策机构、信息安全问责与协调机构以及信息安全应急处置机构，无论从组织机构设置的完备性，还是组织机构权责分工的明晰性等方面，新加坡政府都处于世界领先地位。从印度信息安全问责组织机构的设置来看，印度的信息安全问责还没有设置专门性的组织机构，与信息安全管理相关的职责分散在已有的各职能部门当中。通过对比可以发现，发达国家和发展中国家在信息安全问责组织机构设置方面存在巨大差异，发展中国家明显处于落后的状态。虽然发达国家基本均建立了信息安全问责的组织机构，但是在信息安全组织机构的完备性、权责的明晰性以及专门性机构和辅助性机构之间的协同配合效率等方面依然存在较多的问题和不足。

二、信息安全问责主体构成的比较

通过对各国信息安全问责主体的梳理,可以将信息安全问责的主体构成归纳为政府内部问责、立法问责、司法问责和社会问责四个方面。一是政府部门问责。各个国家均为提高国家网络信息安全的整治水平、加强网络数字空间安全,设立多部门机构全方位领域内进行信息安全的监督、跟进、协调和究责,并保证信息安全问责效用。二是立法和司法部门问责。美国和日本分别受三权分立和议会内阁体制影响,立法和司法机构深入政府内部,对信息安全相关政策及议题的实施状况进行审计监督,以其司法审查权处理相关公诉和民诉,对信息安全事件及问题进行责任纠察、质询、认定和裁决。三是社会问责。美国、英国、日本、新加坡等国均有法律明确规定公民的信息知情权以及对信息安全的监督和问责义务。公民如若发现政府部门、公共机构以及个人有信息安全违规违法行为,通过多种方式有义务在第一时间向相关部门投诉举报和事实揭露,也可以提请法院就该问题进行司法审查,从而起到社会监督作用。社会问责中还包括舆论媒体问题和第三方问责两种具体的问责形式,舆论媒体问责主要指以传统媒体和新型互联网媒体为主导的对信息安全管理问题或信息安全事件进行连续性追踪报道,以形成社会舆情向政府施压,最终推进信息安全问题的有效治理和信息安全问责程序的启动。美国、日本、新加坡等国的舆论监督问责体系相对健全和完善。英国较其他国家更为注重行业自律在信息安全领域发挥的作用,注重第三方机构的协调和智囊作用。美、日两国第三方机构对有可能发生的信息安全隐患或已经出现的相关问题进行民意调查、信息收集、安全评估、实时监控、审查汇报、政务信息集成设备及维护咨询服务,起到了信息安全问责的监督和辅助作用

表 9-2 美、英、日、新、印五国信息安全问责主体比较

国家	问责主体构成	主要机构
美国	政府内部问责	联邦政府和行政辅助性机构
	立法和司法机构问责	国会和联邦法院
	第三方问责	非政府组织、企业或咨询机构
	社会问责	舆论媒体和公众

国家	问责主体构成	主要机构
英国	政府内部问责	政府通信办公室、电子通信安全组以及行政裁判所
	立法机构问责	议会
	第三方问责	行业协会或行业组织
	社会问责	公众和舆论媒体
日本	政府内部问责	内阁、总务省、人事院、财务省、经济产业省、个人情报保护委员会、国家警察厅和防卫省
	立法和司法机构问责	国会、检察机关审查委员会和日本最高裁判所
	第三方问责	独立行政法人、企业或信息咨询机构
	社会问责	舆论媒体和公众
新加坡	政府内部问责	网络安全局、个人数据保护委员会和媒体发展局
	立法机构问责	议会
	司法机构问责	法院、检察机关和政府律政部门
	社会问责	公众问责与舆论媒体问责
印度	政府内部问责	联邦政府和数据保护局
	立法和司法机构问责	国会和印度最高法院
	第三方问责	非政府组织、行业组织和学术机构
	社会问责	公众问责与舆论媒体问责

三、信息安全问责运行机制的比较

（一）信息安全问责制执行流程的比较

美国信息安全问责制的整个执行流程是首先由立法机关、行政机关判断问题，调查取证以及公众或舆论媒体监督举报，对信息安全问题整理和归类，然后由相关信息安全问责机构进行综合调查，调查过程中将信息安全事件关联主体以及事件的基本情况录入到信息安全系统；同时启动对相关责任主体的问责程序，将最终的问责结果及时向社会公布并将问责总结进行归档。日本信息安全问责的执行流程主要遵循四个动态规则，主要包括事前预防、制定解决方案、信息安全监察、建立配套保障制度。首先由国家信息安全中心依据信息安全总体战略对社会信息安全风险进行整体分析，建立信息安全风险防御性体系，根据信息安全问题的表现内容和方式制定对应的信息安全问题解决方案，然后对信息安全问题的成因以及信息安全问题应对过程进行监察，最终根据监察后的结果对责任主体进行划分，并实时对执行过程中的问责程序进行修改论证。英国在信息安全问责执行流程上注重顶层设计和战略规划，其设置核查源头代码的安全组织，这包括政府、国家安全部门、社会各行业组织和公民个人信息。总体运行程序的实施规程是首先确定问责对象及所处的范围和结构，分领域设立诸多安全机构，预设应对相关信息安全事故的标准措施，最后对问责实施总体结果鉴定与认证、录入系统并公示。新加坡从政府层面建立了稳定的行政架构，确立了信息安全的执行机制，其政府信息安全问责执行过程包括法律的制定、引用、运用、审查和评价五个环节。印度信息安全问责执行流程明确、运行顺畅，首先由政府、司法和立法机构、第三方组织和社会构成的多元问责主体揭露信息安全事件，向相关机构举报信息安全问题，并要求给予及时回应，然后由行政和立法的相关组织机构介入，充分调查信息安全问题，确定信息安全事件的性质并登记在册继续追查，根据信息安全事件调查结果进行具体问责，如果问责对象对问责决定不满或不服，还可以继续申请行政复议和司法审查。通过美国、英国、日本、新加坡和印度五国的信息安全问责制执行流程的比较可看出，各国在执行的具体流程方面并不完全相同，但都提现了信息安全问责的统一性和权力运行的流畅性等特点，这也是上述各国信息安全问责制得以有效执行的重要保证。

（二）信息安全问责绩效评估的比较

美国在世界范围内最早建立信息安全问责绩效评估机制。绩效评估机制主要包含对信息安全环境的目标激励和对具有直接安全责任的人员进行绩效考核。目标激励管理工作是建立合理的竞争激励机制、新陈代谢机制、行为规范机制等，通过制定信息安全监管目标，鼓励在信息安全监管和问责工作中从事具有技术性的、操作性安全保护的工作人员。日本针对政府信息安全行为进行系统的目标管理和绩效审核，包括对政府信息安全政策与行政机关及其员工都有相应的绩效评估政策，通过强调政府绩效评估来维护行政机构及其政策有效性。日本实施政府绩效评价的组织机构为总务省，负责审查和评估各政府机构及其政策的评价工作。英国的信息安全问责绩效评估体系以内阁办公室和政府数字服务局为核心、以信息专员办公室为主体，政府通信总部协同的跨部门信息安全问责绩效评估体系。其评估的范围包括信息安全形势分析和预测、信息安全监管与保护以及信息安全问责与评估等多项职责和任务。新加坡政府信息安全工作人员绩效评估伴随着各部门和机构的预算管理展开，并且逐渐在预算管理上实现自治，制定出一套绩效评估体系，每个部门的预算拨款与绩效相关联，从而形成独特的政府信息安全工作人员绩效预算管理体系。印度信息安全绩效评估是保障印度信息安全问责制成效的重要部分，经过数十年发展，印度在政府信息安全工作绩效和信息安全项目评估管理上逐渐成熟。印度的绩效评估具有专门的组织机构、绩效评估方法、指标体系。美国信息安全绩效评估机制建设特别注重效率与公平的协调以及多利益相关方模式的创新，信息安全问责制的目标管理所包含的机制内容比较丰富。日本强调对现已发生的信息安全实际情况进行综合且详细的考量，并严格对违法违规、扰乱信息运行秩序行为进行裁定。英国将技术管理作为信息安全问责绩效评估机制的关键和基础，通过系统化的管理方式解决网络信息安全问责的问题及困境。新加坡倾向于对具体的信息安全管理工作人员的问责，并且通过独特的政府信息安全工作人员绩效预算管理体系对工作人员的行为进行事前约束。印度在信息安全问责方面不仅设置了专门的绩效评估机构，同时还构建了信息安全问责的评价指标体系。综上所述，无论是发达国家还是发展中国家，信息安全问责绩效评估机制相对比较健全和完善，这对于保障信息安全问责的有效性和合理性有重要的作用。

（三）信息安全问责实施保障机制的比较

在信息安全问责实施保障机制的建设方面，美国建立的信息监督机制是信息安全问责制的重要实施保障制度，信息安全问题的由来就是对信息资源的不重视和监督力度的不足，从而造成信息泄露、信息失真甚至信息贩卖，美国的信息监督机制就是由内到外，由表及里对公共权力、公共部门所掌握的公共信息的安全状况进行严格监督，防范从源头的犯罪。英国建立的信息安全审查制度对于英国信息安全问责制的顺利实施有重要的保障作用。信息安全审查主要是对与国家安全相关的信息技术产品进行分析以明确其是否存在信息安全隐患的行为过程，目前英国采用的是信息技术产品的源代码审查制度。日本建立的信息安全问责行政救济制度有助于维护信息安全问责客体的合法权益。行政救济制度具体指根据日本《行政不服审查法》的相关规定对行政机关或独立行政法人的行政处分存在异议的可以提出不服申请，信息安全问责行政救济制度由信息公开及个人信息保护审查会制度和行政不服制度构成。新加坡除了制定严格的法律制度体系外，还采取了严格的执法审查机制。新加坡负责信息安全执法的政府机构是传媒发展管理局（MDA），其在信息安全执法方面的主要职责是：维持互联网媒体的蓬勃发展、对信息传播内容进行管理、维护国家利益及公民合法权益。信息监督机制是印度信息安全问责制的重要一环，在 2005 年颁布的《信息权利法》中就对信息监督机制进行了阐述，该法案规定设立中央信息委员会、州信息委员会和公共管理机构，履行信息监督职能。此外，美国和英国的信息安全人才培养机制同样是信息安全问责制度有效实施的重要保障制度。各国在信息安全问责实施保障机制的建设方面，主要集中在信息安全问责的监督、审查、执法审查以及信息安全人才培养等多个方面。各国在构建信息安全问责实施保障机制的过程当中通常会根据本国信息安全问责制实施的流程、监管的范围以及本国的政治和社会文化环境构建具有本国特色的信息安全问责实施保障机制。这对于我国进行信息安全问责制度以及信息安全问责实施保障机制的构建有重要的启示，绝不能照搬照抄其他国家信息安全问责制度建设模式，在借鉴国外信息安全问责先进建设经验的同时还要充分考虑本国的具体国情。

第三节　对我国信息安全问责制构建的启示

古语云：他山之石，可以攻玉。通过对多国信息安全问责制度的系统分析和比较研究，可以为我国信息安全问责制度的构建提供基本的经验，能够为我国在信息安全问责法律法规体系的完善以及信息安全问责制度体系的建设方面提供有益的借鉴和启示，同时也有助于我国规避国外在信息安全问责制建立过程当中所走的曲折道路和教训。

一、完善信息安全问责法律法规体系

健全的信息安全问责法律法规体系是信息安全问责制度的根本保障。首先，法律法规的制定。法律法规的制定是构建信息安全问责制度的重要法律保障。出台互联网与信息安全治理的相关法律法规，如美国先后制定了《信息自由法》《隐私保护法》《电子通信隐私法》《确保网络空间安全的国家战略》等保护国家信息安全的相关法律法规 130 余项；德国出台了《信息和传播服务法》《网络安全战略》《德国网络安全法》等；新加坡政府也出台了《反垃圾邮件法》《互联网内容法规》《广播服务法》等。信息安全管理的立法先行模式已经被多国证实是最直接且有效的信息安全问题治理方式。其次，信息安全分类监管模式。制定全国性或专门行业性监管制度，明确法律对信息安全监管的范围和重点，如德国《多元媒体法》对网络危害性言论及非法内容传播进行管控。法国《互联网宪章（草案）》将有悖于公共秩序的内容或行为，如煽动种族仇恨等危害国家安全的网络信息作为监控对象。新加坡出台《电子传播商务

法》，对"引起国家主权丧失"或"有害信息"等网络信息内容进行核查。最后，设置专门的信息安全管理机构和部门。成立专门信息安全监管和问责机构并明确主体责任，例如俄罗斯政府颁布法规，强化安全局、内务部等部门对新兴媒体的监管力度。德国内政部下属联邦刑警局对"破坏国家民主秩序"等危害国家安全的网络言论进行全面审查，青少年有害媒体审核署有权对"网页内容审核"。新加坡专门设立网络警察，根据法律赋予的职责，重点对网络论坛、社交网站和博客进行审查和监控。

二、强化信息安全风险预警

强化信息安全风险预警是降低信息安全问题产生的有效方式和手段，主要包括三方面内容：首先，构建信息安全预防预警机制。从源头上建立网络信息准入机制，对网络信息进行审查监管与预防，如英国的源代码审查制度、互联网信息内容的审查制度等。新加坡政府根据《互联网操作规则》保持对网络信息的审查权，禁止在网络上发表和交流威胁国防和公共安全、不利于团结及与主流价值观相违背的信息。上述的信息审查和信息安全审查制度均属于信息安全预警机制的范畴，有效地预防和降低了信息安全事件发生的概率。其次，搭建信息安全技术监控平台。利用互联网技术手段实现对网络信息进行实时监测是各国普遍的做法，如美国利用话题检测与追踪技术 TDT 和聚类分析技术对互联网信息传播中的热点索引及新话题的自动识别与已知话题进行持续跟踪，实现网络信息安全的监控；英国主要通过 Autonomy 互联网信息监控预警分析系统发现网络言论的态度与倾向，从而对非安全网络信息作出预判与预警。德国主要采用危机预防信息系统和内部危机预防系统两个子系统，实现危险发生时分析网络信息并与网民互动等。最后，提高信息安全应急处置能力。美国明确将国家信息安全政策作为国家安全整体战略框架的构成部分，并制定了"国家网络安全应急措施"，列出主要网络安全挑战和联邦政府及其他组织应急采取的行动。英国对谣言的治理与控制成为政府进行网络危机管理的重要内容，并设立公民咨询局，向社会答疑解惑，打击恶意制造和传播网络谣言行为。

三、构建信息和网络安全治理责任体系

构建信息和网络安全治理责任体系是推进信息安全科学、有效治理的重要途径，主要体现在三个方面：首先，推进信息安全问责主体的多元化。西方主要发达国家的信息安全问责主体均呈现多元化的特点，不仅有权威的立法和司法机关问责，还有政府内部行政机关问责、社会公众和舆论媒体的问责。而中国在信息安全问责实践中多以政府内部上下级问责为主，主体过于单一化。需要不断加强立法和司法机关在信息

安全问责方面的职责，提高公众和舆论媒体在问责机制中的参与度和话语权，促进我国信息安全问责主体的多元化发展。其次，提高信息安全问责的针对性。信息安全问责制主体以及主要目标就是找对问责对象，这也是问责制存在的意义，尤其是信息安全问责制。信息安全问责应加强对行政机关和权力主体的检察力度，对信息安全类行政行为的影响进行系统全面的评估，加强对问责对象的责任界定，同时加强问责力度，把离任审计和终身追究落实到信息安全问责之中，真正使问责发挥功效。最后，扩大政府部门在信息安全问责中的权限。在各国的信息安全问责体系中政府的作用重大，不容忽视，作为权力主体，要在明确责任的前提下，适时扩大其职权，增大工作范围，并在行政机关内部设立专门的信息安全问责机构，并且保证其财政和人事任免方面的独立性。加强政府工作的相关配套制度和保障措施，要把信息安全保护作为对地方政府进行绩效考核的重要指标，从而减少地方执法行为的阻力，确保信息安全问责制度切实可行。尽快出台环境公益诉讼制度的实施细则，确保新法的有效性和权威性以及信息安全问责的可行性，满足应对与日俱增的信息安全风险与挑战的需求。

四、加强行业自律机制的建设

与西方发达国家相比，我国在信息安全问责制建设和立法方面相对滞后，信息和网络空间作为我国社会治理的新范畴，政府尚未建立起完善的政府与社会和政府与公众间的良性沟通渠道，而且我国社会公众的信息安全保护意识和风险意识淡薄，缺乏有效维护和保障自身信息和数据安全的能力，在面对信息泄露、网络诈骗等信息安全违法行为时，对于如何处置才能将自身损失降低以及向相关信息安全监管和问责部门进行投诉和举报等不太了解。再加上互联网的特点使得政府的信息和网络安全规制存在一定的局限，这就需要互联网行业根据国家和政府的信息和网络安全的规范指导制定行业内自律规范。发达国家的互联网企业大多在政府的引导下，建立起了行业自律组织，并通过多种方式在维护国家网络空间信息安全和保护公众权益方面发挥了极其重要的作用。然而，我国的互联网协会作为网络业界的行业自律组织，在公众安全意识问题上并没有与政府的监管形成良性互动，其行业自律的职能没有得到有效的发挥。行业自律的缺失造成了某些互联网企业在个体利益驱使下的道德失范行为，存在社会责任的认知偏差。针对这些问题，需要加强行业自律，在信息安全领域加强社会责任履行意识，对于政府监管外的灰色地带借助互联网企业及其从业者的自律，达到道德上的约束效果，并与政府的监管形成良性互动。

第十章　中国特色信息安全问责制建构

第一节　中国特色社会主义信息安全问责思想

一、我国信息安全问责思想发展

我国信息安全问责思想是以毛泽东思想、邓小平理论以及"三个代表"重要思想为科学指导，在深入贯彻落实科学发展观的基础上，结合习近平新时代中国特色社会主义思想而逐步形成的；在不断加强信息安全保障能力的号召下，针对性分析目前我国信息安全工作存在的问题的基础上逐步形成的。江泽民强调指出，面对网络信息安全问题，我们必须要坚持"积极发展，加强管理，趋利避害，为我所用"的方针政策，争取在全球化信息发展的浪潮中占据主导位置。要善于抓住机遇，加强目前我国的信息技术发展水平，深入实现在经济、社会、科技、国防、教育、文化等各个方面的技术应用。并且要深刻重视网络信息化发展所带来的一系列挑战，各相关部门的领导干部要不断提升自己，坚持网络知识的提升，并且日常的一些工作比如党的建设工作、组织宣传工作等也要适应信息化的发展特点。在不断强化信息安全相关设施发展的基础上，促进网络信息安全健康发展。胡锦涛批准中央军委印发的《关于加强新形势下军队信息安全保障工作的意见》中指出，加强对信息安全的保障工作的建设是我国进入信息化时代的客观要求，提升信息安全保障水平是加强军事斗争的重要基础[①]。首先要逐步构建起信息安全保障体系，进一步深入贯彻科学和安全发展的理念，不断采取积极信息安全建设的措施。其次要保障对信息安全的组织领导工作，要求相关部门形成明确的责任意识，对于职责履行不到位的部门严格追究其责任。重视信息安全人才的培养与队伍建设，加强技术的通关，做到信息安全保障建设工作。信息安全保障工作是我国实现迅速发展的基础，落实信息安全问责制，严格执行各项信息安全法规制度，发挥好各主体在信息安全工作中的责任，不断提升信息安全意识，建立保卫信息安全就是保卫发展、保卫全局的思想。从 20 世纪起，网络技术已经开始逐步渗透至我国的政治、经济、文化、社会等各个发展领域，网络技术的发展在促进我国国民经济迅速发展的同时，另一方面也为我国的信息安全带来了威胁，在一定程度上危害人们的生命财产安全。伴随当今大数据以及智能网络的迅速发展，网络空间的发展迅

[①] 邵景均. 加快推进网络强国建设[J]. 中国行政管理，2018（9）：5.

速并且管控困难，若不能实现网络安全也就很难实现国家安全，因此将网络信息安全上升至国家战略高度是十分必要的举动。网络作为信息传播的主要载体，给世界各国带来便利的同时，也对各国的个人和政府信息安全造成了困扰。在现如今网络技术不断升级的背景下，我国的政治领域、经济领域、文化领域甚至军事等领域都与网络与信息安全息息相关。十八大以来，习近平总书记多次强调目前我国网络安全和信息化工作中存在着诸多问题，提出了一系列的决策和措施，并逐步形成了系统完整的关于我国网络和信息安全的思想体系，形成了独特的网络和信息安全治理观。深入研究和学习习近平信息安全问责思想，对加快我国网络与信息安全的发展，提升国家网络信息安全保障具有重要的指导意义。网络与生产和生活的结合以及网络本身的特性给信息安全的治理带来了新的机遇与挑战。深入领会和学习习近平关于网络信息安全治理的重要讲话，对其目前的现实背景进行分析，我国在信息安全方面面临的挑战颇多，并且我国信息安全保障体系建立的时间较晚，发展状况不理想，一些核心技术还依赖于其他国家。虽然我国目前的信息化水平程度不高，并且与发达国家之间差距较大，但是我国政府对信息安全的重要性已经有了深刻认识，我国正逐步构建网络信息安全治理体系，制定出适合本国发展阶段和本国国情的信息安全战略，来保障中国信息与网络的健康稳定发展。

二、习近平信息安全问责思想内容体系

习近平在党的十九大报告中提出：要不断丰富互联网的内容，建立起系统的综合的信息安全治理观，打造一个健康清朗的网络环境，逐步实现网络强国战略。习近平网络与信息安全治理观经过不断完善与调整，已经逐步形成了一套体系完整、内涵丰富的内容体系，可归纳为六个方面。

（一）综合统筹的总体安全观

"综合统筹的总体安全观"是习近平在中央国家安全委员会会议上首次提出的新思想。"必须坚持总体国家安全观，以人民安全为宗旨，以政治安全为根本，以经济安全为基础，以军事、文化、社会安全为保障，以促进国际安全为依托，走出一条中国特色国家安全道路。"这是总书记在会上提出的重要思想，强调国家总体安全的首要地位，同时也包括非传统安全领域的一些重要方面[①]，更加突出的是国家安全层面的宏观表现和顶层设计，也更加注重信息安全和网络安全的落实工作。综合统筹的总体安全观体现了一种辩证思维，它深刻揭示了网络与信息安全在国家总体安全中的重

---

① 程秀霞. 习近平网络社会治理观的现实逻辑与贯彻路径[J]. 电子政务，2018（10）：22-31.

要作用。在当今信息化的社会，由于网络本身具有渗透性、全域性和综合性的特征，因此，网络与信息安全是国家安全的保障。综合统筹的总体安全观是我国网络安全治理的统筹新思想，总体安全观有助于我国更加全面地掌握网络与信息安全特点与趋势，同时可以在一定程度上解决目前我国网络治理亟待解决的问题。

（二）一体两翼的双轮驱动观

"一体两翼的双轮驱动观"是习近平在中央网络安全和信息化会议上提出的新论断。"网络安全和信息化是一体之两翼，驱动之双轮，必须统一谋划、统一部署、统一推进、统一实施。"①信息化与网络安全发展二者相互推进，必须辩证看待。要实现国家网络安全，成为网络强国，就必须要经历信息化的过程，同时这也是国家总体安全观的基础。在社会信息化发展的基础上，一体两翼双轮驱动观成为推动网络强国政策实现的重要举措，并对强化国家安全治理具有重要的引领性和基础性意义。此驱动观印证了信息化对于网络强国战略的推动作用，深刻表明了信息化建设对于网络与信息安全发展的重要意义，要不断完善网络安全和信息化的协调机制，进而实现国家安全总体战略观。加强网络安全和信息化建设是网络强国思想的保障，努力完善协调好二者的关系，对实现网络安全治理具有重大的战略指导意义。

（三）建章立制的依法治理观

"建章立制的依法治理观"是习近平在中央网络安全和信息化会议上提出的重要观点，同时也是基于目前国内外网络空间发展的新形势而提出的。随着信息化时代的到来，由于网络社会本身的一些特性再加上互联网技术的不断升级，面对一些网络犯罪行为，我们不得不加强立法，更加迫切需要建立规章制度。习近平指出："要抓紧制定立法规划，完善互联网信息内容管理、关键信息基础设施保护等法律法规，依法治理网络空间，维护公民合法权益。"要营建一个健康有序的网络空间，其关键点也在建章立制，进行依法治理。虽然网络空间是虚拟的，但是我们每一位运用网络的主体是真实的，我们每一位网民都不能脱离法律而存在，营造一个健康清朗的网络空间，建设风清气正的网络空间是网络强国的必然要求。避免网络空间成为法外之地，就必须将互联网治理纳入法制轨道，全面推进网络空间治理的法治化，针对有关的网络犯罪违法行为，严格依法处理，不断进行法制建设，结合中国的特点形成符合中国国情的网络治理制度。

---

① 胡树祥，韩建旭. 习近平对网络强国战略的思考[J]. 科学社会主义，2018（4）：93-99.

（四）服务人民的贴近百姓观

习近平强调，满足人民的需求和期待是我们奋斗的目标，网络发展的目标就是要不断普及信息化服务，尽可能降低上网成本，人民都可以便捷地享受网络带来的益处，让人民共享互联网发展成果[①]。网民来自老百姓，社会中的每位公民能够实现便捷上网，国家机关的领导干部就可以更加全面地了解民意，也就是说要以互联网为媒介，通过使人民上网，可以更好地了解当前群众的要求，进而对人民提出的建议进行积极回应。国家的网络与信息安全工作的根本目标就是保障人民利益，为每位公民的幸福生活提供坚实的基础。保障网络与信息安全要始终以人民为中心，民意在网络安全治理中发挥着重大意义，我们要不断提高网络服务水准，提高优质的网络服务。带领人民创造幸福生活，是我们党始终不渝的奋斗目标。我们要利用网络带给我们的便利成果，通过发展电子政务、信息化政府，使人民足不出户就可以把自己的想法反映到政府相关部门。每位公民都可以享受便捷的网络服务，通过搭建一个信息化的网络平台，注重网络与信息安全建设中人民为中心的思想，更好地贯彻和落实网络安全治理。

（五）人才优先的创新发展观

要聚天下英才而用之，我国的网络与信息安全需要人才和技术的支撑。当今时代网络空间的竞争其实是人才的竞争。要更好地进行网络安全治理，我们就要大量引进网络技术优秀人才，人才的培养对于网络安全的治理具有重要的推动作用。人才资源是国家发展的动力，因为人才掌握着关键技术，网络空间的竞争也只有不断纳入人才和培养人才，网络技术才能进一步发展，这也就为网络安全治理奠定了基础，国家才能实现稳定。互联网作为一个新兴的行业，更需要大量的网络信息安全人才来支撑，做好网络安全的治理工作，要抓住人才的核心，培养大量的网络技术人才来推动网络强国战略的实现。当今的国际形势下，网络技术不断发展，世界上一些大国都把网络核心技术作为技术创新的重点，我国虽然在网络技术发展上取得了一系列的成绩，但是网络的关键技术仍然受制于人。要实现网络强国，我们必须不断培养网信人才，加强技术创新，只有这样才能逐步实现网络强国战略。

（六）交流共享的合作共赢观

"交流共享的合作共赢观"是习近平网络安全治理观中的重要组成部分。习近平在 2015 年 12 月第二届世界互联网大会中提出了"打造网上文化交流共享平台，促进

---

① 谢霄男，李净，李文清. 时代网络强国战略思想研究[J]. 重庆大学学报（社会科学版），2018，24（5）：173-181.

交流互鉴"的新主张①。互联网是传播人类优秀文化的重要途径，中国要不断加强交流平台的建设，让各国优秀的文化可以相互借鉴，建立起便捷的沟通桥梁，同时也加强各国人民情感的交流和心灵沟通。网络的功能要更加侧重于为全球人民提供多元优秀文化相互交流的平台，要把网络空间打造成为推动优秀文化相互交流借鉴的载体。世界上的每个国家都应该重视网络合作，开放的大门不能关闭，我们应该积极营造一个健康的网络环境，积极营造交流平台。各国在网络空间的营造中，进行优势互补，友好交流，共同发展，让更多国家享受便利的成果，搭乘网络信息化发展的便车。互联网的发展与每个国家息息相关，网络空间是人类的共同家园。我们各国都应该积极维护共同家园的建设，使网络空间更加美丽，这也是国际社会的共同责任。

同时针对网络信息安全工作的落实，习近平指出，第一，要建设综合性的网络治理格局，提升信息安全的综合治理能力，逐步形成党委带头、政府管控、社会监督、网民自律的多方主体协同共治的格局。运用经济、法律、技术等多元化的治理手段，强化正面宣传工作，以新时代中国特色社会主义思想凝聚广大网民群众，培育网民的信息安全观念，强化全体人民共同奋斗的基础。互联网企业作为主要的责任主体，一定要落实相关责任，互联网平台应是一个健康绿色的正能量便利平台，而不是传播各种有害信息、谣言肆虐的平台，加强互联网行业的自律，对违法行为有责必究，形成多主体协同治理格局。第二，应该意识到，网络安全是国家安全的基础，网络安全不实现，国家安全就无从谈起。网络信息安全是进入信息时代后首要落实的一大任务，正确的网络安全观是基本前提，并且要加强信息管理平台的硬件建设，建立起网络安全信息统一筹划机制。认真落实信息安全保护责任，互联网企业作为信息运营责任承担者要担负起主要责任，主管部门承担起领头作用和监管责任。对于网络上频发的安全问题要重视起来，切实维护人民群众的利益，不断加强网络安全知识技能在网民之中的普及度，提高广大人民的网络安全意识和技能。第三，核心技术是国之重器，因此实现核心技术的突破是当前要实现的一大任务。要不断精准识别重心，实现在技术领域的核心突破，促进技术、产业、政策三位一体齐发力。同时尊重各项技术发展规律，完善技术产业布局，实施重点突破。强化集中领导，完善制度环境和市场环境，释放各创新主体的活力，营造一个公平的市场环境，保护知识产权，打造基础和技术双重突破的绿色通道。第四，网络信息安全作为我国新的生产力和新的发展方向，要实现优先发展，围绕现代化经济建设体系逐步实现高质量、高速度发展。加快数字经

---

① 葛大伟. 网络空间命运共同体思想的内在结构和治理逻辑[J]. 重庆邮电大学学报（社会科学版），2018，30（4）：86-93.

济发展，加强技术的支撑，促进信息产业的数字化发展，将互联网、大数据等与实体经济实现深度的融合，不断实现数字化、网络化、智能化。同时，将信息化手段运用于政务党务信息公开中来，强化信息公开中的问责体制等。第五，全球性的治理体系变革就要来临，加强党中央对信息安全工作的统一规划和指导。落实到地方部门，也要高度重视信息安全工作的推进，将其作为重点工作。企业、科研院校、智库等合作主体要充分落实好自身的责任，汇聚力量推进网络信息安全工作开展。并将信息安全问责纳入重要的考核范围，对于责任落实不到位的主体及时究责。各级领导干部要提升自身信息化修养，提升对信息化的保障能力。各级党政机关要提升自身凝聚群众的能力。另外，要注重对网络安全技术人才的培养，同时系统地制订人才发展培养规划，做到有计划、有规模地促进体制改革，进而建设更强化的人才队伍，为信息安全保障工作提供坚实的基础。

第二节　我国信息安全问责制的实践探索

一、我国信息安全问责制建构动因

（一）信息安全问责制建立的必要性

从 20 世纪 90 年代开始，计算机网络技术开始萌芽发展并逐步被应用到我国的各个领域。网络信息的迅速发展在为我国人民提供便利的同时，信息安全隐患和威胁也在呈不断上升趋势。不能实现网络安全，国家安全就不能实现，个人信息安全更是无从谈起，因此建立信息安全问责机制，将网络信息安全上升到国家战略高度刻不容缓。近年来，网络信息技术的不断发展使目前网络信息安全的威胁呈现多样化，产生了一系列新的特点。伴随国家的宏观调控和管理，信息安全问责保障制度稳中推进，整体来说，我国的信息安全保障工作发展迅速，但是由于我国进入信息化建设时期较发达国家来说较晚，完整的问责体制仍未建立，相关治理保障体系不完善，法律法规不健全，我国的信息安全保障工作仍然存在很多问题亟待建立起信息安全问责机制。

1. 网络信息资源的战略化，使网络安全的形势严峻

我国进入了高速发展的信息时代，各种信息技术比如大数据、云计算等的出现和应用使得海量的信息数据变得和能源一样，逐步变成了国家性的战略资源，信息资源作为网络发展的基础性资源，其在经济领域以及军事领域的作用越来越凸显，扮演着极其重要的作用。信息资源越来越得到我国相关部门和团体的重视，以往来自互联网的攻击，将十分有可能变成有组织、有预谋的团体攻击行为，再加上网络空间的虚拟

性以及边界模糊性等特征，使得攻击行为越来越普遍，网络黑客的攻击主动性不断增强，并且采用的方法逐步多元，技术多样。目前世界各国对于信息资源的争夺也越来越激烈，这对国家安全来说已经是一个极具挑战性的威胁，网络信息安全已经是国家战略层面的挑战。我国目前的网络信息安全防护较弱，虽然我国的信息化建设不断推进，各网络企业也建立起自身的网站，并且随着政务信息时代的到来，政府上网工程也不断深入发展，现各级政府已经纷纷完善自身的网站，进行信息及时的公开，但是由于很多网站没有设立防火墙设备以及设置相关的入侵监测提醒等，使得整个网上系统存在很大的安全威胁，有着极大的信息泄露风险，这对我国的信息安全发展是极其不利的甚至威胁我国的国家安全，网络安全形势十分严峻。

2. 网络信息系统的开放化，使网络攻击的成本降低

伴随互联网的不断普及，网络建设越来越完善，覆盖面越来越广泛，网络建设愈发地多元化、模块化、开放化以及共享化，并且也逐步显现出国际化、社会化的特征，网络业务的类型多样化，种类繁多。移动互联终端的出现，使得各种设备之间的联系越来越紧密，系统之间的兼容性不断提升，使得入网条件越来越宽松，网络攻击的成本被降低，同时这也导致了网络攻击越来越频发，因此攻击行为发生后的追责行为机制亟待建立。信息网络的分割化、系统化进程，使得目前我国对网络数据的集中处理特征明显，也就是说，由以往的针对个人的攻击逐步转变为对系统以及服务器的攻击，相比以前遭受的攻击更为严重。网络空间是虚拟存在的，这无疑给对它的监管也带来了一定的困难，由于不同程度地与现实世界的脱节，针对网络空间的治理缺乏管控，问责机制落实不到位，往往存在漏洞，致使更大的威胁向我国靠近。网络威胁不断加剧，态势也越来越紧张，逐步变得复杂多样，因此建立起完善的问责机制，落实各部门的责任，对攻击入侵行为实施实时监控，对于维护网络信息安全、减少攻击具有极其重要的意义。

3. 网络信息数据的体量化，使网络甄别的难度增大

互联网已经逐步渗透到我们的生活之中，无论是日常的生活学习还是工作，网络信息无处不在，我们基于此得到了诸多便利，但是随着海量信息的骤增，信息量呈现指数级增长。根据 2018 年的统计数据显示，我国所产生的数据量为 7.6ZB，并根据相关部门预测，2025 年我国的数据量可能上升到 48.6ZB。大数据的急速发展催生了大量的信息，对数据的统计分析来说是一项巨大的挑战。现如今对信息的处理就是对数据的处理，信息的安全就是数据的安全，建立信息安全问责机制首先要理清数据的来龙去脉。目前公众接受信息的途径越来越多元化，这也给一些谣言以及一些带有攻击性的信息滋生的空间，增加了网络安全的识别难度，降低了信息安全性。同时我们

应该注意到，现如今对数据的分析能力不断增强，黑客可以凭借其技能达到窃取信息的目的。大数据共享的客观环境为黑客提供了便利的条件，使得其占据隐蔽位置对网络进行攻击，难以识别其位置，导致被非法利用的信息对国家安全产生巨大威胁，因此建立信息安全问责机制，及时围堵漏洞，对维护国家信息安全具有重要意义。

4. 网络信息技术简单化，缺乏核心技术保障能力

互联网作为一个依托先进互联网技术发展的平台，若单纯靠法律或行政手段很难保障其安全，维护信息安全还必须依靠强大的技术支撑。目前我国的互联网技术在一定程度上还依赖对国外技术软件的引进，而未对其进行严密的监测和改进，这也在一定程度上给非法窃取信息的分子可乘之机。我国的一些技术部门缺乏创新的积极性，没有建立起完善的考核评估机制，对我国目前基础信息产业薄弱现状认识不足，缺乏核心技术的支撑，尤其缺乏信息安全类自主创新产品。这使得我国的重要信息处于被窃听、干扰的威胁中，网络安全状态脆弱。由此看来，建立完善的信息安全问责究责机制对我国来说十分有必要。

（二）我国信息安全问责制建构的重要性

1. 建立网络信息安全问责制是保障国家安全的关键

伴随信息技术的不断升级应用，我国的经济发展模式发生了改变，传统的商业运作模式发生改变，大量新兴的企业逐步发展壮大，与传统的经济实体分离，并且新兴的企业逐步成为新的经济增长点，在世界经济发展中都扮演了重要的角色。但在此现状下，信息技术的不断发展也带来了一系列的负效应。国家安全遭受着前所未有的挑战。目前，我国的信息化系统不断革新，并且其作为国家发展的基础性设施，许多关键业务需要靠信息系统来完成，已经逐步和全球接轨。这也表明，信息安全问题已经成为目前急需解决的关键问题之一。信息安全问责机制的建立作为保障信息安全维护的关键措施，在其中占据了极其重要的作用。我国目前大力完善信息基础设施的建设，已经逐步建立了经济、科技、海关、铁路等多类信息网络基础设施，在一定程度上可以说，信息安全问题是国家的基础性保障问题，若国家信息安全问题不能落实，那么整个国家便处于巨大的威胁之中，国家安全就无从谈起。在网络建设逐步信息化的过程中，信息安全建设工作不容轻视，要建立信息安全问责机制，这也是保障国家安全发展的前提。保障信息的安全和网络空间的安全已经成为世界各国目前首要的保障领域。美国作为世界上最早提出对信息基础设施进行重点保护的国家，已经较早认识到信息保护的重要性，并且已经出台了一系列的具体保障政策。目前我国亟待完善信息

安全问责机制，进一步保障信息安全，维护国家健康发展。

2. 建立信息安全问责制是解决信息安全问题的前提

信息安全问责制的建立是解决信息安全问题的逻辑起点，也是解决信息安全问题的前提。建立信息安全问责制是要解决在信息安全保障工作中出现的一系列问题，并严格落实对其的究责追责行为，具体责任落实到人，避免出现钻空子的行为。保障信息安全的实现是建立信息安全问责制的目的和归属，信息安全问责能否使得信息安全工作更好地落实，就像出台一项信息安全政策，能否保障信息安全的实现。在信息系统运行的整个过程中以及整个信息安全问题保障工作的运行中，都会出现一系列的问题，而要解决问题首要就是要找出哪个环节出现了问题，找出相关责任人，这样会大大提升信息安全保障工作的解决效率。建立信息安全问责制是解决信息安全问题的基础，问责制在信息安全保障工作中的运行使用，可以解决信息安全中出现的一系列失责行为，只要问责及时公正，可以在很大程度上解决安全漏洞。

3. 建立信息安全问责制是保障最广大人民群众根本利益的基础

伴随网络信息时代的到来、信息技术的不断革新，网络信息渗透在广大人民群众生活中的各个角落，人民群众已经不能离开信息而独立生活，我们每个个体都生存在信息世界。同时，伴随信息技术的渗透，我们面临的威胁和危害也逐步增多，个人信息泄露、个人信息丢失发生得越来越频繁，给我国公民造成了很大的困扰，影响了人们的日常生活和学习。建立信息安全问责机制可以为信息使用者营造一个有利的空间保障，也是我国进入信息时代以来保障公民信息安全利益的一大举措。信息安全事关全局，事关大多数人的长期稳定的利益，不容任何人侵犯，信息安全问责机制可以在一定程度上协调信息使用流通中的各个环节，从而保障在信息安全维护中公民的利益得以实现，进而保证社会的公正和稳定。

二、我国信息安全问责制的实践探索

对我国信息安全问责制的发展历程进行梳理，可以在很大程度上帮助我们基于历史发展的角度，探析问责制在我国的兴起和发展过程。分析我国的问责制从无到有、从弱到强的过程，并分析整个发展历程中所出现的问题及原因，找寻其中的经验教训，可以帮助我们进一步完善发展信息安全问责制，保障国家的信息安全。探析新中国成立以来我国各个时期的问责制发展，根据发展的阶段性和规律性，以及信息安全的发展阶段现状，以及各个时期信息安全问责呈现出来的不同特点，将问责的发展分为1949—1978 年的"政治运动式"问责、1978—2003 年的"个案处理式"问责和2003 年至今的"制度化"问责三个阶段。

（一）1949—1978 年："政治运动式"问责

1. "政治运动式"问责的背景

在 1949 年新中国成立伊始到 1978 年改革开放前这一段时期，由于我国当时的信息水平较低，发展较慢，整体上对于信息采取的态度为"保密"。并且信息安全意识不强，面对信息保障过程中出现问题的处理方式也是掩盖、遮掩为主。新生政权的产生使人们的热情十分高涨，因此相应的问责呈现出"政治运动式"的特点。新中国成立初始，国内相关政治关系的处理是当时的重点，关注的焦点为民主制度。受到传统政治制度根深蒂固的影响，政府信息安全未得到重视。1950 年，中共中央、政务院颁布《关于加强保守党与国家机关机密的决定》《关于各级政府工作保守国家机密的指示》，这是我国首次将信息安全保密工作纳入当时的政治体系[①]。并且在第二年，政务院发布《保守国家机密暂行条例》，并将条例中的国家财政计划部分纳入国家机密范围。简言之，在这一时期我国政府对信息采取的态度是保密为主。

2. "政治运动式"问责的特点

基于当时的政治背景，问责呈现出一种"政治运动式"的特点。首先，问责的思想来源主要为领导人的意志，而不是来自系统的学术性研究的问责理论。我国第一代领导人毛泽东提出的问责思想，比如依靠广大人民群众进行监督、党内和党外相结合的监督方式，以及要求全党同志保持艰苦奋斗的优良作风等，这些思想是当时对问责实践起到重要引导作用的思想。其次，"政治运动式"问责主要是针对相关部门的缺位现象进行问责，主要是整治当时存在的作风立场问题，比如当时开展的"三反"和"五反"运动等。再次，问责的形式相对比较单一，主要以大规模的政治教育甚至批斗为主要的问责方法。如"三反"以及"五反"运动、"文化大革命"等都是以此问责方式为主。具体到对信息安全问责的方式方法，在"政治运动式"时期，面对信息安全保障工作，主要是以保密为主，由于当时对信息安全的认识不全面，未意识到其重要性，因此问责几乎没有涉及这个领域。

（二）1978—2003 年："个案处理式"问责

在我国实施改革开放后到"非典"爆发前，主要是一个中间的过渡时期，相比于上一阶段，对信息的认识相对全面，并且不再采用以往保密的处置方式，对信息的处理处于一个半公开状态。虽然对信息安全的重视有所增加，但是仍未形成制度化的问责体系。因此，此时期的问责并没有系统化，主要是以"个案处理式"问责为主要特征。

---

① 周亚越. 行政问责制度研究[M]. 北京：中国检察出版社，2006.

1. "个案处理式"问责背景

1978 年我国实施改革开放，同时这也是新中国成立以来的一次伟大转折。我国的开放力度不断上升，民主法制建设不断发展，对信息安全的重视程度也不断上升。1988 年，我国将《保密法》进行了修改，缩小了"国家秘密"的范围，在一定程度上加大了信息公开的力度，同时加强了信息安全管控。世界贸易组织（WTO）提出，对加入 WTO 的国家有信息透明性的原则要求，因此，自从 2001 年我国加入世贸组织后，在一定程度上公开了国内的相关法律法规，提升了我国信息的公开性和可预见性。2002 年，国家信息化领导小组通过了《关于我国电子政务建设的指导意见》，并指出要尽快制定电子签章，加强政府信息公开与网络信息安全建设等。因此，我国国家信息化工作办公室逐步将此项工作提上日程，起草了《政府信息公开条例（草案）》，在信息公开的基础上保障信息安全[①]。改革开放后，我国在政治、经济、文化等各个方面都逐步有了很大的提高，监督问责的思想被继承下来，并在新的条件下逐步发展。虽然在此时期没有专门的问责法产生，但对于重大失职行为以及重大事件究责等得到及时落实。

2. "个案处理式"问责的特点

1978 年我国实施改革开放政策后，国内发生了翻天覆地的变化，中国同世界各国的交流日益频繁，国内多元化的思想有了交流的平台，各项制度也得到了相互借鉴的机会。因此基于此大背景，我国现代意义上真正的问责制度在逐步形成。在这一阶段，我国的问责形式主要是呈现"个案式"问责的特征。首先，我国还没有出台一部专门性的问责的相关法律，但是有关问责的法规制度，我国相关部门已经进行了一系列的探索。针对在信息安全工作中对调查工作失责出现较大纰漏的，或进行索贿受贿、包庇事故责任者的，相关责任官员必须对此负相应责任。其次，我国对于涉及信息安全问责的案件，对涉及的问责的党政领导干部进行严厉查处，无论是省部级官员，还是底层的党政干部，都要依法被问责。总之，此阶段的问责是一个过渡时期的问责制，真正意义的问责制尚未形成。

（三）2003 年至今："制度化"问责

现阶段我国的信息安全问责已经逐步进入制度化的建设当中，伴随着网络信息时代的到来以及信息技术的不断升级，信息安全在我国的总体安全中占据了全局性的关键地位。我国信息安全逐步迈向"制度化"问责的道路。

---

① 周亚越. 行政问责制度研究[M]. 北京：中国检察出版社，2006.

1. "制度化"问责的背景

自 21 世纪初开始，我国的经济水平不断提高，进入中国特色社会主义发展的新时期，我国信息安全逐步进入制度化问责时期，同时，政府信息公开开始进入法治化轨道，并且开始从技术层面保障信息安全工作，信息技术作为保护信息安全的核心，在整个信息安全保障工作中扮演着不可或缺的作用。尤其是当信息技术开始革新，为信息安全工作问责提供了主要的技术支撑。自 2003 年"非典"暴发，其中展现出的一系列因为信息公开问题所造成的危机，使人们认识到信息透明、领导问责等的重要性。我国进入信息安全制度化问责后，对于一些信息安全事件的问责，做到了实施有序，问责明确。在新中国成立的初期，问责概念可以说是一个相对较新的提法，对当时来说是一个陌生的领域。直到 2003 年"非典"的暴发，让我国政府逐步认识到对信息的掌控的重要性，逐步开始着手建立一个信息透明、领导问责并与世界接轨的信息安全问责体系。2009 年 5 月，中共中央审议并通过《关于实行党政领导干部问责制的暂行规定》。此规定明确了在现有的行政系统中，要实施问责制，同时将党委系统也纳入问责体系，对党政干部的失责行为进行实时问责。此规定明确针对党政领导干部的一些行为需实施问责：重大决策失误、工作失职、监督不力、滥用职权等。同时规定了具体的问责方式：责令公开道歉、引咎辞职、停职检查、责令辞职、免职。在具体的问责过程中实施哪种问责方式要根据实际考察情况决定，并对积极配合者从轻处罚，对干扰调查、拒不配合者从重问责。

2."制度化"问责的特点

我国对信息安全的大范围问责起始于"非典"过后，在此事件中，大量的官员被问责，但是也正是由于此次对大量官员的问责，使我国的信息问责进入制度化问责的新进程。首先，我国的一些学者开始关注问责领域，并对其展开了一系列的研究，一大批有关问责制建立发展的学术成果产生发表，并在社会各界有了一定的影响，在全社会当中形成了问责的概念和意识。在我国对问责制的相关研究中，周亚越学者是研究问责制较早的学者，他发表了《行政问责制研究》和《行政问责制比较研究》两本专著[①]。《行政问责制研究》一书作为国内较早研究问责的专著，是我国系统研究行政问责制的鼻祖。其次，问责制从中央政府到地方政府逐步建立起来，并且有关问责的法律法规也逐步建立完善。2003 年 12 月，《中国共产党党内监督条例》和《中国共产党纪律处分条例》颁布，各级领导机关和领导干部无论职责高低，都会被作为监督的重点要依法被问责。自此之后，我国的问责制度开始逐步科学化、系统化和规范

---

① 周亚越. 行政问责制度研究[M]. 北京：中国检察出版社，2006.

化。问责不是只有当产生后果才被实施，而是日常贯彻到各级机关和领导干部中的一大任务。除此之外，问责制度的形式也逐步规范化，一整套完整的问责程序正被逐步规范。

三、我国信息安全问责制度建构的基础条件

（一）政治基础是核心

政治安全作为我国国家生存发展的核心，是保障我国主权的根本。政治安全是确保我国主权独立、领土完整、社会大局稳定的基础，同时这也是任何一个执政党的义务和目的。伴随技术的革新和时代的发展，国家政治活动逐步多样化，由以往传统的报纸、电视等方式转变为多元的传统媒体和信息网络。我国目前开展政治活动丰富有序，可以为信息安全问责制度建立提供坚实的基础。维护政治稳定将变成保障信息安全的基础。

（二）经济基础是基石

伴随全球经济一体化的发展，现如今全球各国的经济早已捆绑在一起，处于牵一发而动全身的状态，没有任何一个国家可以作为独立的个体而存在。在经济全球化的发展过程中，信息就变成了重要的交流载体，要保证信息安全问责制的完善，没有强大的经济基础是难以实现的，在政治局势稳定的基础上，经济水平的稳步提升是信息安全的重要前提。信息是生产力的软要素，随着信息技术革命的产生，现如今的信息安全要以信息技术为根本保障，而信息技术的发展升级离不开经济的支撑，可以说在一定程度上经济与信息是捆绑在一起的。目前世界各国对信息安全保障有着共同的愿景，因此国际信息安全组织应运而生，各国都在各自领域建立了相关的信息安全机构，发挥着协调各国之间信息安全的调节作用。经济安全作为一个国家正常运行中的重要基础支撑，维护着国家各项工作的正常运行，也是维护国家信息安全的重要支撑。目前，随着信息经济时代的到来，信息发展在我国的经济运行中所占的比重越来越大，无论是传统的经济运行还是新兴的经济体系，信息化比重都在逐步上升，可以说，信息安全离不开经济的支撑，经济发展也离不开信息的助力，二者互为核心推动力和催化剂。

（三）文化基础是护驾

进入网络信息技术时代，信息的传播速度迅速加快，网络空间打破原有的时空限制，使得各国的经济文化可以及时得到交流。文化不再囿于以往的国界分割，传播更

加便利。但正是由于这种便利性，文化的传播突破地域，使得一些政治经济处于弱势的国家遭受更大的威胁。保障文化的健康传承是保障信息安全实现的基础。多元化的信息技术借助互联网进行传播，各自文化在进行多元融合的同时，网络文化得以进一步发展传承，给信息安全问责建立提供了醇厚的文化积淀，但是存在于网络空间的极端、腐败文化也困扰着人类的思想，挑战人类的道德底线。现如今我国的文化环境相对稳定，对信息安全保障来说可以为其保驾护航，提供一个稳定的环境，促进人类的和平发展。作为软实力的传承，文化是具有深层次稳定作用的力量，是维护信息安全更加深远的力量。因此确保网络安全与文化传承相伴相生，是可以影响数代人维系的文化体系的力量，要确保文化系统的健康传承，为信息安全保驾护航。

（四）技术基础是保障

20世纪80年代，电子科技技术从民用领域逐步渗透到军用领域，得到了更为广泛的应用，并在很大程度上推动了整个信息技术的发展。现如今，军事领域的安全是保障信息安全的基础，一些用于军事领域的信息网络技术和卫星通信技术等的硬核实力，对于保障信息技术的安全是根本性的。现如今的战争形势早已在新的意识形态下发生了改变，以往真刀真枪的较量已经转变为网络时代的各种武器装备、信息技术的较量。现如今各国之间的竞争是智能化、网络化、信息化的竞争，信息技术和信息武器成为新的较量，信息成为新的竞争力并贯穿于整个战争中。在现如今的信息安全战争中，强大的军事技术基础是强有力的保障，同时也是建立信息安全问责制的支撑。现如今我国的信息安全技术实力雄厚，核心技术掌控完全，可以为我国的信息安全提供强有力的后盾。

四、我国信息安全问责制度建构的现实困境

（一）责任意识与问责意识缺乏

由于受传统思想根深蒂固的影响，我国的行政体制中依然存在"官本位"思想，保守落后的思想制约着目前的信息安全问责机制的形成，致使一定程度上我国的行政领导干部不能及时履行责任，只享受权利而未履行自身担负的职责，并且缺乏问责意识。这主要表现在以下几点：第一，各级政府掌握着大部分的信息资源，作为信息资源的拥有者，将信息资源作为自身财产，缺乏对信息的保护意识，并且在很多情况下，政务的暗箱操作与权力寻租效应一直存在。第二，在信息安全保障工作中，处于各级的领导干部只注重自身利益的保障，忽视国家的整体安全利益和广大人民群众的利益。在信息安全保障的具体工作中，担负不起自身应该履行的责任，相互推诿，既不

愿意放弃自身的利益，又不愿意承担责任。第三，信息安全问责行为只需对上级负责，忽视了对公众负责；对信息安全问责中责任的追究，也仅限于产生巨大安全责任事故造成重大影响后才会产生问责活动，依法进行追责。与之相对应，公众对信息安全的问责意识十分缺乏。正是由于传统禁锢思想"官本位"的存在，这在极大程度上影响公众进行政治参与的积极性，公众处于被动接受的地位，自身的想法意见很难得到重视，并且对于广大的人民群众来说，获取信息的途径十分有限，并且信息保护意识不够强，有半成以上的公众缺乏问责意识甚至没有问责意识。公众对自身的信息保护意识也相当缺乏，不能实现自身的信息需求，公众在自身利益受到侵害时如何维护自身权益以及追究事件过程中相应主体的责任，还有相当长一段路要走。

（二）问责机构缺失

依据我国目前的信息安全问责现状，可以得知，目前我国缺乏专门的信息安全监督机构对我国的信息安全保障工作进行监督与问责，并且没有定期对信息安全保障情况进行考核与监控。目前现有的信息安全的主管机构除了要进行信息安全保护的工作外，同时也承担信息安全问责职能。虽然在一定程度上说，这些部门在信息安全保障工作的过程当中履行了一定的监督和保护作用，但是在绝大多数情况下，都是在产生巨大的责任安全事故后引发了巨大的安全危机，这时才进行临时问责，没有一套科学完善的问责体制，属于事后问责，缺乏系统性和科学性。仅仅依靠政府部门来进行问责往往是不可靠的，问责的客观性和公正性也会受到影响，公平性、民主性都会大打折扣。比如当公众的个人信息受到侵害、个人隐私受到严重威胁时，公众的利益长时间得不到妥善的解决，公众依法向有关部门提出问责时，却往往长时间得不到准确答复。公众问责往往找不到方向，同时这也说明了问责机构没有承担起自身应该承担的法律责任。

（三）问责主体单一

信息安全问责的主体，也就是责任事件"由谁问"。根据对问责主体进行分类，信息安全问责主体可以分为同体问责和异体问责两类。同体问责一般是指内部问责，一般是领导上级的问责或者机构内部监督部门的问责。异体问责也称外部问责，顾名思义，是指除了内部问责的主体之外的其他问责主体，主要包括立法机关、人大、司法机关、新闻媒体及公众等。目前我国缺少明晰的问责主体对信息安全工作中的未履责等违法行为进行问责，在当前各省市的信息安全问责体制中，大部分都是内部问责，异体问责缺失。虽然有些媒体、公众已经介入一些问责案件中，但是由于主体缺乏权威性，没有启动问责程序，因此也不属于正式的外部问责。只依靠单一的内部问责显然不能满足需要，很难保障问责制度的科学化、制度化，因此"异体问责制"建立必不可少。目前的同体问责在一定程度上会造成问责缺位、问责形式化以及随意化，缺乏多主体外部问责会导致问责不全面、缺乏公正性。主要表现在以下两点：首先对于同体问责来说，上级机关对下级机关有问责的权力也有不问责的权力，因此由于这种情况的存在，如若是上级与下级都负有责任的情况下，便很容易产生包庇行为，致使问责失去原有的公平公正性。其次，缺乏异体问责容易产生情况不属实等问题。部分上级为维护自身的政治地位会回避责任追究，导致了安全问责落实不力，缺乏外部监督使得问责缺乏科学性，滋生腐败现象，致使问责制的常态化、标准化难以形成。

（四）问责客体权责不清

政府的每项行为都要有明确的责任人，这项规定对于信息安全问责行为也同样适用。由于我国政治体制本身就存在权责模糊的弊端，这也在一定程度上导致在信息安全问责中的某些责任划分不清，阻碍问责机制的实施。在信息安全的具体问责过程中，由于责任划分不清很容易导致产生误判行为，导致本应该负有责任受到处罚的一方得不到惩罚，而不该承担责任的无辜一方被迫担负责任，产生问责的不公平现象。我国信息安全保障主体为各级人民政府及政府部门，但对信息安全问责机构的范围并没有确切的规定。在我国的行政机关内部，主要实行首长负责制，由于对问责客体的权责不清，在大多数情况下，问责会偏向于对个人实施问责，甚至将问责制等同于个人责任追究制度，将行政领导作为主要的责任追究人，进而忽视了组织和集体的责任追究。在一定程度上说，虽然行政领导者担负着最终的决策权，并且需要担负自身的责任，但是整个过程都是在集体民主决策中形成的，不能单独说是由领导一方决定，因此，可能因为出现不负责的领导，产生责任推诿现象，或者出现以集体决策的名义不承担责任，导致问责过程中出现不公平现象。

（五）问责立法滞后

目前我国还未形成完善的信息安全问责体系，同时也没有正式的有关信息安全问责的全国性法律，我国建立信息安全问责机制缺乏必要的法理支撑。我国目前的问责机制主要是针对一些频发的突发事件以及行政效能的实现等，没有专门针对信息安全问责的相关规定。2009年，我国颁布实施了《关于实行党政领导干部问责的暂行规定》，但是此项规定也只是针对行政干部问责的阐述，并不是全国意义上的问责法律。目前，我国现行的一些问责主要依据一些部门规章和地方政府规章，并且针对信息安全保障领域的问责未形成统一完善的机制。针对各地方政府来说，地方信息安全保障的法规条文中缺乏统一的问责规定。虽然已经有相关的机构引入了对责任人的问责机制，但是大部分还是停留在对信息安全造成损害后果的定性描述，没有科学的定量衡量标准，同时针对信息安全问责的标准、程序、方式及结果等均不明确，在实际操作层面十分困难。

第三节　我国信息安全问责制建构的基本目标和原则

一、我国信息安全问责制建构的基本目标

（一）信息安全问责的科学化

进行科学系统的责任设计，建立统一的问责标准，实行多元化的问责方法是信息安全问责科学化目标的主要内容。也就是说，构建我国信息安全问责制，只有建立起设计、标准以及方法在内的多重信息问责服务体系，我国的信息安全工作才能不断朝着科学化的目标推进。

1. 科学的责任设计

信息安全问责制建构的科学化目标首要就是对信息安全的责任进行合理的规定设计。首先，信息安全责任是国家整体层面上的责任。此处的责任一是指行政机关与权力机关二者之间的关系，二是指国务院内部之间的关系。在进行科学问责的过程中，我们需要注意地方政府除了要对本级人大负责外，还需对上级政府负责。一定意义上说，信息安全问责是宏观层面上的责任，需要对其进行合理划分。其次，信息安全责任一定意义上是指相关部门行政人员或政府官员所担负的责任，也就是信息安全相关主管部门是否认真有效地落实了权力责任。处于信息安全保障部门的行政人员作为一种代理人，其担负的责任是多种多样的，责任内容繁杂，最直接的表现为要对其上级负责，认真贯彻落实上级任务，同时也要对其下级负责。因此在信息安全问责的设计中，要注重各责任主体需要担负的责任。

2. 科学的问责标准

要使信息安全问责机制逐步走向科学化轨道，一个重要的前提就是要建立一套科学完善的问责标准。目前，针对信息安全问责机制建设来说，我国已经建立了相关的比如信息公开问责以及政务安全问责等体制，并同时建立了一些合理性的标准。比如一些法律法规、明文规章的实施，在信息安全保障工作中出现的重大安全事故案件以及一些未及时履行责任的失职行为，都要依法被问责。可以说，将是否遵循了合理的

规章制度作为考核标准在一定程度上说是容易的，但是对信息资源的保护效率、效果进行界定则难以量化，但这同时是极其重要的一点。因此，在建立信息安全问责制度的过程中，我们同样需要界定对信息的保护效率、保护效果等，并为其设立一套比较容易考核的科学标准，这将在信息安全问责的体制建设中发挥极其重要的作用。值得注意的是，在建立信息安全科学问责标准时，要对所有的状况考虑周到。在进行具体的制度设计时，要注意对问责指标的考核。在信息安全事件的处理过程中，各级主体的表现以及采取的相关措施都可以作为问责的标准或进行裁量责任的指标。并且在多大程度上挽回了损失、在多大程度上降低了对国家安全的侵犯，这些都可以作为考核的标准。采取积极应对的责任主体和消极懈怠态度的主体在对其进行问责时要有所区分。同时要建立完善配套的绩效评估和公示体系，将相关部门以及官员的工作成效动态进行公示，也会很大程度上促进信息安全问责进程。

3. 科学的问责方法

问责方法是指当相关的责任主体出现失职渎职行为后，采取的惩罚手段。对信息安全责任必须采取赏罚分明的原则，对于责任主体的失职行为要予以惩罚。目前我国已经出台了一系列的法律对信息安全工作的问责方式进行界定，其中主要的问责方式主要有责令整改、行政处分、责令辞职或免职、引咎辞职、追究民事责任和刑事责任等。对于造成重大信息安全责任事故的，相关主体要依法被问责，并由监察机关或上一级行政机关对其进行问责，做出相关补救措施。如若造成特大安全责任事故无法挽回的，对其相关责任部门以及直接负责人依法给予处分。若构成信息安全犯罪行为要依法担负刑事责任。基于以上的问责方式，我们可以看到，目前对信息安全的问责方法规定不够细化，因此需要进一步进行相关制度改革，进而确立科学、合理的问责方式方法，使信息安全问责制真正落到实处。

（二）信息安全问责的民主化

民主作为当代发展政治的一大价值取向已经是不争的事实。信息安全问责要实现民主化，也就是让更多人可以参与到信息安全问责的过程中来。民主的基本原则主要有以下三种，同时这也是我国信息安全问责民主化应当遵循的基本规则。

1. 遵循人民主权

坚持人民主权，也就是让主权掌握在广大人民群众的手中，坚持人民当家作主的思想。信息安全问责要实现民主化也就是首先要做到坚持人民主权原则，对信息安全进行问责要分清最终权力归属问题。这主要是针对信息安全问题中的个人信息泄露、个人隐私受到侵害的情况，对于人民群众利益受到侵害的情况，人民有权对相关部门进行问责。我国是人民当家作主的国家，人民是国家的主人，人民依法享有个人信息安全的权利。保障我国人民的个人信息安全以及个人隐私不受侵犯是政府以及相关信息管理部门所必须履行的责任。也就是说，人民与机构之间的关系是负责与监督的关系。政府相关部门有责任保护人民的信息不受侵犯，人民也享有依法对相关部门进行监督问责的权利。总之，要建立完善的信息安全问责机制，就要以广大人民群众为最根本的问责主体。同时以民主化为目标的问责制所展现出来的问责理念为：广大人民群众作为国家权力的拥有者，各机关都要对人民群众负责。人民有权对职责的履行情况进行问责，有权要求政府及相关部门对违反职责的行为承担责任。

2. 遵循多数原则

多数原则，顾名思义，是指在民主化问责的形成过程中，要坚持少数服从多数的原则。多数原则作为民主化实现的基础，在问责实现民主化的过程中发挥着重要的作用。在信息安全问责中，多数原则在一定程度上回答了相关问责主体要如何合理地开展问责工作问题。在具体的问责工作实施中，要实现最大程度上的民主就要考虑大多数人所持有的态度。这一原则规范着信息安全问责主体的问责行为。也就是说，在信息安全问责的过程中，应当考虑问责主体中多数人的意见，而不是只考虑部门领导个人。这样才能较大程度上保障公平，防止人治问责并减少问责中出现不公，确保信息安全问责的公正性和严肃性。

3. 遵循平等原则

作为民主政治的一项重要原则，遵循平等的原则就是要对问责中出现的一切事务采取一视同仁的态度。对于信息安全问责来说，遵循平等的治理原则对如何确定信息安全问责对象的问题给出了解释。也就是说，所有涉及的政府官员以及相关信息管理机构在信息安全问责中所拥有的权利和义务都是对等且平等的。权利与义务对等，同样，享受权利与接受问责监督也是对等的，不存在只享受权利而不接受监督的政府机构，也不存在只接受问责而不行使权力的政府部门。所有的被问责机构和人员都是平等的，既享受平等的各项权利，又平等地承担信息安全问责的义务。所以，在确定信息安全问责对象时，要遵循平等的衡量标准，也就是是否违背了信息安全的责任，是否存在失责行为，而不应该将一些其他的指标作为衡量标准，可以逃离被问责的范围之外。

（三）信息安全问责的法治化

1. 问责法制统一化

有法可依是实施信息安全问责法治化的基础。对于信息安全问责制来说，要做到有法可依，也就是既包括国家法律同时地方性法规、规章也包括在内。进行信息安全问责的前提是首先要遵循国家法律，我国禁止一切违反国家法律的信息安全问责行为。在国家法律的统一指导下，信息安全问责要根据具体的法律法规以及规章平稳有序推进。目前我国信息安全问责的相关规定，有的是见于国家法律法规中，有的是出现在各地方规章中。总之，目前我国的信息安全问责法制仍需进一步完善，这给依法问责增加了难度，因此，我国要努力建立完善的相关法律来推进我国信息安全问责的法制化。

2. 责任划分法制化

对信息安全进行问责首先就是要明确责任，建立起责任划分明晰的问责体系，确立起依法问责的治理体系，针对不同的部门与岗位，进行具体的责任划分，避免出现责任缺位现象。责任确定困难就会造成缺位，对于各主体应该如何承担责任以及如何追究其责任就会变得十分困难。进行法制化问责的一个重要原理为，对于与法律相关的责任，要使其产生效力则必须是在法律中有所明示，这样才能产生法律效力。也只有这样，合法权利才能依法受到保护，而不会因非法"责任"而制约。对于出现的消极责任更是如此，对于合法的权力行为一般不需要对其追究责任，但是对于违法的行为，无论其责任主体是谁以及具有何种正当理由，只要是违反了相关法律那就都不能免责。针对我国目前的信息安全问责责任划分，应具体考虑以下两个层面：一是党政的职责划分。一个常规的责任事件，是由党委书记负责还是由行政首长负责，针对此问题目前还没有明确的划分依据。二是责任具体到人，也就是要建立起完善的责任划分机制，明确各主体的权责划分，如若权责不明，则会在一定程度上造成问责"弹性"加大，也就失去了问责应该具备的公平和公正。针对问责的责任划分，既要考虑到合理性也要考虑到适当性。责任范围的扩大与缩小不应该成为权力行使的界限。责任范围的扩大很容易导致社会责任感被削弱。所以明确责任，是极其重要的一点。

3. 责任追究程序化

问责过程需要程序，可以说，程序是民主存在的前提。因此，要保证在信息安全问责的过程中，要按照严格的程序来运行，也就是防止问责进入人治的误区。目前我国在信息安全问责程序方面存在诸多问题，需要继续进行一系列的改进措施。信息安全问责的程序化运行包含了问责的诸多方面，内容较为丰富。同时要注意以下几点：首先是信息安全责任的认定程序。进行了明晰的责任划分之后，紧接着需要建立一套科学的程序来进行责任认定，确定责任的具体归属以及责任严重程度等指标，否则出现责任认定不清的情况会导致问责失误。其次是信息安全问责的启动程序，也就是具有的问责将以哪种形式展开，其具体的问责方式方法程序等。最后是信息安全问责的回应程序。也就是当问责按照一定程序进行后，被问责的一方采取什么样的程序为自身进行辩护，在信息安全问责事件中，"引咎辞职"或沉默应对并不符合责任政治的要求。

（四）信息安全问责的绩效

1. 问责运行绩效化

政府信息安全问责制建构的目标之一就是提高问责的效果，也就是提升问责的绩效。实现信息安全问责运行绩效是提高信息安全问责效果的重要衡量指标，因此如何提升信息安全问责的绩效成为我们关注的一大焦点。加强对信息安全问责工作的分工协作，提升效率，逐步实现信息安全问责运行绩效化。在信息安全问责的具体运行中，既要考虑到问责质量的要求，又要考虑到问责效率问题，也就是最大化地减少资金、资源成本，并对问责的最终结果与之前预期结果做比对，处理好二者之间的关系，达到绩效最优，促使信息安全问责运行走向绩效化。

2. 合理设定问责绩效评估指标

责任的意义不单单指那些已经发生的事情，同时也包含一系列的事后评估过程。对于信息安全工作中的失责行为，如果没有一个确切的有效的工具作支撑，那么问责本身也就有失公平，进而问责绩效也不能实现。因此，为了使信息安全问责运行实现绩效最大化，首先需要对其绩效评估指标进行设定，这样一来可以大大提升问责效率。信息安全问责的绩效评估指标要综合考虑各种情况，既要考虑信息安全问责所涉及的法律法规、规章等，也要考虑相关部门在信息安全保障工作过程中各责任主体的履责情况，以及相关的领导是否认真落实了信息安全保障工作，是否在信息安全保障工作中取得实效。法律、法规、规章作为考核信息安全活动的基本依据，是考核问责客体的一大标准。考虑到目前信息安全问责中缺乏一系列的评估指标，因而设定可量化的指标体系是信息安全问责绩效化的重要内容。

3. 问责方式绩效化

基于目前信息安全的各项规章来看，目前信息安全问责方式主要包括五种：责令改正、通报批评、给予行政处分、追究纪律责任、追究刑事责任等。针对信息安全中出现的一系列问题以及造成的后果，应该采取合适恰当的方式对其进行问责，根据事件情节轻重选择合适的问责方式，避免造成资源浪费。针对一些情节轻微并且影响范围较小的，应给予劝勉谈话或批评教育，责令改正；针对影响了正常的工作或者造成群众利益损害的，应当对相关责任者通报批评、责令检查等；而针对一些情节较为严重的、影响范围较大的，则对相关责任部门通报批评，给予处分；而针对触犯我国法律的要移送司法机关处理。目前我国对于信息安全问责的方式较宽松，问责的效率低下，绩效不高，因此，问责方式绩效化更应该成为我国信息安全问责体制建设的一大目标，而这个目标的实现，就要将现有的问责机制逐步科学化、具体化，增加一些严格的问责方式规定。

二、我国信息安全问责制建构的基本原则

（一）权责一致原则

构建信息安全问责机制，基于政府角度来说，首先要遵循权责一致的原则，也就是针对掌握和拥有权力的相关主体在行使权力的同时也要担负应该承担的责任。对于信息安全保障工作中产生的消极后果，相关责任人要承担责任。主权在民的原则决定了我国的权力掌握在广大人民群众的手中，保障信息安全也是为人民负责的表现。保障人民群众的信息安全是我国信息安全机构应尽的职责。一些信息安全保障机构在信息安全工作中，往往是只行使权力而不担负责任，一定程度上造成权责不匹配的现象，信息安全保障工作出现诸多漏洞，甚至导致危害国家安全的行为产生。信息安全的问责工作实现要在权责一致的基础上进行，规范自身行为，要及时对不履行责任的相关部门和官员进行问责，使其承担起自身的责任。另外，保证问责机制的权责一致，要注意有责无权或责大权小的现象，避免因这些状况的出现造成责任无法落实。在权力越大的同时责任也越大，在信息安全问责的过程中，只要是信息安全工作未落实造成国家或公众利益损失的，都要接受问责，无论是担负间接责任还是直接责任。除此之外，为了保证信息安全问责的公平性，在进行问责方式的选择时也要遵守权责一致的原则，即对信息安全机关的惩罚形式与程度要与其掌握的职权的大小保持一致。

（二）平等原则

在法律上的平等原则的意义为：任何人、任何组织若产生违法行为，都依法平等被追究法律责任，没有特殊权力的存在可以使任何一方免除责任。任何组织和机构个人都要为自身的行为担负法律责任。平等原则具体到信息安全问责中，就是要求在信息安全问责中，所有的问责主体都享有平等的地位，都平等地享有信息安全问责权。这不仅包含同体问责还包括异体问责，各问责主体都享有对问责客体进行问责的权利。同时，平等原则还体现在，所有的问责客体在对问责主体进行问责时，要求采取一致的平等的原则，不能进行区别对待。采取区别对待原则，极易引发不满情绪的产生，进而产生一系列负面效果。从信息安全问责客体的角度讲，平等原则就是对责任必须究责，一致对待。只要在信息安全保障过程中没有履行或者未完成自身的义务，都应该平等地被问责，承担相应的责任，不能因层级的高低而区别对待，对问责客体

平等对待，不偏不倚。基于问责领域中真正意义上的平等还体现在具体的问责过程中，做到具体情况具体分析，在具体的问责实践中，针对不同的具体情况会产生不同的结果，比如，针对信息安全问责的过错责任要大于无过错责任，直接责任大于间接责任。在承担责任的形式上，一般行政责任与政治责任高于道德责任。同时，对于失职失责行为，若其产生的后果越严重往往需要承担的责任就越大。

（三）公开透明原则

信息安全问责的公开透明原则是指在有关信息安全事件问责的整个过程中，除了一些涉及国家机密等的信息不能公开外，其余的都应该通过新闻媒体或者一些正规的渠道及时向社会公众公开，并接受公众监督。信息安全问责的一个显著特点就是信息安全部门要对自身的行为作出合理的、负责的解释，征求公众的监督，进而保障整个信息安全问责活动中公平问责的实现。实现公众对相关部门的问责，首先要保证信息安全部门的法定职责信息的公开，让公众了解相关信息，这样才能顺利地进行信息安全问责行为。践行问责过程的公开透明原则，对于在具体的工作中的一些并未履行责任的行为进行公平公正问责，将问责落到实处。切实有效的问责首先应该以问责过程的公开为前提，从权力主体的责任界定到整个问责活动的程序，做到信息的完整性与公开性，可以保证监督执行的具体情况。总之，问责作为衡量信息安全服务提供的具体标准，同时也是实现信息安全保障的重要途径。

（四）依法问责原则

依法问责原则是在进行信息安全问责时应遵循的重要原则之一，具体是指在信息安全的问责过程中，一切的问责活动都应该依法进行，受到法律的正当约束。落实到问责活动的具体表现，即问责的主体客体、方式、种类等都要在宪法和法律的指导下进行。问责主体要依据现行的法律规定，在自身的职责范围内，按照问责的程序依法对问责客体进行问责。信息安全问责作为事关保障国家安全的重要措施，要做到公平公正，一定要在法律监督下进行。问责不是随意的，并不是漫无目的地随意展开，而是在特定的时间运用恰当的问责方式进行问责工作，保障问责活动的科学性、公正性和权威性，否则问责活动就会失去自身的实效性。因此，必须坚持对信息安全活动的依法问责，这样问责活动才能产生权威和效力。依法问责原则具有以下具体要求：所有的信息安全问责活动，都必须在相关法律的授权范围内进行，不得违反现有的相关法律规定。对于法律规定应该履行的义务与职责，问责主客体都应该积极履行。

第四节 我国特色信息安全问责制建构的基本路径

一、提升相关部门责任意识与公众问责意识

我国特色信息安全问责制建构的基本路径是：首先要加强信息安全保障机关的责任意识，转变现有的信息安全问责不理想的状态，同时信息安全问责的意义应更多表现为公众对信息安全保障的预期，因此，应该加强相关部门的问责意识，改变原有根深蒂固的传统思想，提高信息安全工作部门的责任意识，做到对自身行为负责、对国家负责以及对社会公众负责。转变"官本位"的传统思想，以往的传统思想是只注重对上级负责，而现在要转变思想，对公众负责。其次，提高公众对信息安全的问责意识。问责意识是产生问责行为的前提基础，公众要意识到为维护自身权利而进行问责，这样才能引发问责行为。问责就是将信息安全问责客体暴露在公众的监督之下。因此，构建合理的信息安全问责机制，前提就是要树立问责意识，所以，要完善我国信息安全问责机制，首先要培养问责客体的信息安全问责意识，明确依法问责的基本思想。对相关部门的行政人员进行思想教育，使其充分认识到信息问责思想的重要性，同时注重问责程序的公平公正性。其次要在公众心中树立信息问责的意识，现如今公众对自身的维权意识还较差，当出现相关部门不履行职责时，公众应该发挥其自身的监督问责作用，利用自身的权力要求相关问责活动进行。再次，对于信息安全保障工作中的失职行为，要按照法律规定依法对其进行问责。最后，通过新闻、报刊等方式向公众宣传问责的重要性，在全社会树立起问责的意识，促进问责活动的有序进行。

二、构建科学的问责法律制度

（一）界定问责主客体

信息安全问责本身作为一种责任追究活动，在进行信息安全问责的过程中应有特定的问责主体，并且问责主体不应单一化，应该具有多元化、多样化的特征。在具体的信息安全问责过程中，问责中除了包括内部之间的问责，也就是机关内部上下级之间的问责，同时也包括其他机关的外部问责，多样化的问责使得整个问责过程得以保持公平公正，逐步走向制度化问责的轨道。基于内部问责来说，其主要方式为机关的上级机关对下级部门的监督问责，上级领导对下级行政人员的问责，或者同级部门之间的相互问责，以及包括专门的信息管理部门对各机关以及人员的监督问责等。针对外部问责而言，问责的基本主体比较多元化，主要包括：人大、司法机关、媒体及社会组织以及社会公众等。我国作为人民民主专政国家，各部门所拥有的权力来自广大

的人民群众，是由人民群众所授予。对于涉及威胁人民公正的个人信息安全事件，或涉及人民利益的信息安全事件，公众有权对其进行问责。因此，在某种程度上来说，公众是主要问责主体，但是在实际运行中，公众将行使权力赋予了人大，同时我国的宪法和法律也规定了人大对行政机关进行问责的职责。也就是说，基于理论层面，人大是外部问责中强有力的问责主体。司法机关主要包括法院和检察院，司法机关是专门从事权力制约的机关。在具体的信息安全问责过程中，会保障公众及问责对象的合法权益不受侵害，属于一种特殊的问责主体。目前，伴随着民主政治的不断进步，新闻舆论监督问责越来越普遍，并发挥了重要的作用。目前新闻媒体的问责监督也承担着不可或缺的作用，在信息安全的问责中起着不可替代的作用。信息安全问责的客体应当是担负信息安全保障职责而未履行职责的行政主体、行政工作人员。行政主体主要包括信息安全机关等。因此，如果问责客体违反了信息安全保障的相关规定，都应根据过错的大小和危害程度对其进行问责。

（二）明确问责范围

对信息安全进行问责的最终目的并不是要惩罚过错方，而是通过对过错方惩罚进而提升相关信息安全保障部门以及工作人员的信息安全责任意识，更好地履行自身的责任义务，避免出现失职失责行为。进行信息安全问责的作用不仅是对事件发生后的事后惩罚，而应该注重将"事后惩罚性问责"逐步转变为日常工作中的严谨治理，进行"日常问责"。也就是说，问责一般是对产生的过错进行追责，一般发生在事后，是一种补救性的措施，我们要转变这种事后问责的思维，将有过问责转变为"无为"问责，扩大问责的范围，进一步提升信息安全部门的责任安全意识，并促使其有所作为。同时要对信息安全保障工作中的透明度进行问责，保障一定的知情权。除了对信息安全过失行为进行问责，还要对日常的信息安全保障具体工作进行问责；不仅对相关信息安全保障机构问责，而且要对其内部行政人员进行问责；不可遗漏任何应该被问责的主体。同时注重问责责任范围的确定，提高问责效率。

（三）优化问责程序

优化信息安全问责的程序，主要是指对问责过程的规范性保障。无论是针对有过错的问责还是无所作为的问责，在具体的问责程序中都要保持公平公正，问责的具体程序都要体现科学性、公正性、规范性，进而保障整个问责工作高效完成。在优化信息安全问责程序的过程中，要重点注意以下几点：首先，保障问责主体的多元化，对信息安全进行问责不完全等同于对其进行监督，主要还是对信息安全保障工作追究责任，本质是对未履行责任行为的一种追究。信息安全的问责主体在行使权力的同时需要承担自身的义务和责任。因此，在一定程度上来说，公众、新闻媒体等也属于问责主体，但需要注意的一点是，该类主体不能对问责客体行使直接追究责任的权力，而是通过一些间接方式比如举报、批评等方式，引起主要问责主体的问责行为，进入问责的正当程序。其次，要加快建立专门的信息安全问责受理机构，对信息安全事件进行审理问责。通过建立专门的信息安全问责机构，可以在很大程度上为公众提供一个便利的平台，避免不知何处问责现象的产生。

（四）确定问责结果

依据现行的各地方的行政问责办法可以得知，信息安全问责中的责任可以划分为很多种类，比如政治责任、行政责任、法律责任和道德责任。由于在具体的事件中需要具体分析，各主体担负的任务也不同，因此根据具体的责任性质划分，再加上遵循权责一致的原则，针对不同的问责客体要采取不同的问责方式，进而确保问责的公平公正。比如，对相关被问责机构可以采用责令公开道歉、通报批评等，对工作的机关人员可以采用告诫、通报批评等方式。总之主要的目的就是要保证问责结果的公正，同时保证问责方式的恰当公正，体现多样性和层次性，具体情况具体分析，明确不同责任主体应该承担的责任类型，保证问责方式的科学合理、问责结果的公平公正。

三、强化多元化的异体问责机制

信息安全问责重点在于异体问责，也就是外部问责，而在外部问责中，重点就是要保障问责主体的多元化。实现信息安全问责主体的多元化就是要把一切利益相关者都引入信息安全问责的程序中来。

（一）加强人大的信息安全问责力度

问责的产生是由于授权行为所产生的，权力是由广大的人民群众所授予的，一切行为都需要对人民负责，因此问责制度的正当性是由于"权为民所授"。所以在外部问责中，一个相当重要的问责主体就是人大。基于信息安全保障的角度，人大要充分担负起核心问责主体的角色，要注意强化以下几点：首先加强人大问责公开机制。比如人大常委会可以建立起专门的信息安全开问责的工作机构，规范问责的工作机制，现如今我国还没有建立专门从事信息安全问责的机构，往往导致问责不规范、不知何处问责现象的产生；分类对人大各种监督问责信息进行梳理，并及时向公众公开。还可以建立专门的调查委员会，落实问责工作。其次，建立完善的人大信息安全监督问责体系。基于目前发达的互联网网络平台，建立全国人大代表主网站，成立"人大监督"附属网站，以"信息安全问责"作为网站名称，方便公众的使用。再次，人大权力机关要对信息安全机构定期不定期地进行日常活动监督，防范非法行为的产生。

（二）重视新闻媒体问责的独特作用

在信息安全的问责工作中，各新闻媒体也发挥着独特的作用。如何加强新闻媒体对信息安全的问责力度，要着手做到以下几点：第一，保障媒体的信息知情权。要建立媒体对信息安全机构的问责监督，首先要保障媒体在一定程度上的信息知情权。目前对于信息资源的获取，由于信息安全工作本身的特殊性，公民和相关组织处于信息上的劣势，掌握相关信息十分困难，因此问责就是一句空谈。因此，要保障信息安全部门一定程度上的信息透明，新闻自由才能得以实现。在信息知情权的保障下，人民群众可以通过媒体了解事件原委，同时信息安全的相关部门也可以倾听广大人民群众的意见，更有利于完善自身的工作。第二，保证媒体对信息的报道权，将有利于进行监督。媒体报道是公众获取信息的重要来源，因此保障媒体的报道权是公众了解信息的基础。要进一步优化新闻发言人制度，保障各部门在信息发布、信息保护中的责任。

（三）维护公众信息问责主体权力

完善信息安全问责机制，构建我国特色的信息安全问责路径，就要维护公众的信息问责权力的实现，保障人民群众的知情权、参与权、监督权各项权力的实现。第一，保障公众的知情权。人民群众作为我国权力的拥有者，基于各国的信息安全保护实践来看，舆论监督实施效果的好坏很大程度上取决于公众的知情权。只有公众享有了广泛的知情权，才能获取平等的信息，对相关信息安全保障部门的工作有一个了解，其应该做什么、怎么做，是否履行了自身的责任义务等，落实好公众监督才能实现真正意义上的问责。但是基于我国的现状，虽然目前已经很大程度上进行了政府信息公开以及政务信息透明化运作，但因缺乏实践经验，公众的知情权并未很好地落实。因此应进一步加强信息公开，保障工作的知情权，使公众起到监督的作用。比如，信息安全管理部门可以定期发布一些自身最近的工作实况、会议内容等。第二，保障公众的参与权。加强信息安全部门和公众之间的信息沟通是极其重要的一点，通过及时的沟通促使各机构履行责任。目前我国针对信息安全的问责主要是集中于事后问责，都是基于事故产生后才开始追责，而对于主要的事前和事中问责往往落实得不到位。基于此情况，可以建立起一个全过程的信息安全问责体系，同时提升此过程中的公众参与，让公众积极参与到治理之中，加强对事前的预防性问责和事中的过程性监督问责，建立起全过程的完善的问责机制。或者，依据我国的特色情况，采取社区问责的模式，建立以社区为单位的问责模式。社区委员会通过定期公示、定期开展会议，征求"公众意见"。第三，保障公众的监督权的实现。监督权是保障问责实现的基础。公众行使的监督权是指对国家机关及其工作人员进行监督的权力。权力的运行要透明化，同时也是有效的监督的前提，因此加强公众对信息安全问责的监督必不可少。保证公众监督活动的独立性，切实保障公众监督权，这样才能充分将其监督作用发挥到最大，对相关部门机关进行有效问责。

（四）加强司法对信息安全的问责监督

司法机关作为国家的法律监督机关，司法问责可以说是信息安全问责的关键。一般来说，司法机关包括检察机关和审判机关两类。检察机关的问责主要是根据现行的法律，依法对一些行政机关造成的重大案件进行问责，并且将问责的一些方法以及过程程序进行适度的公开。人民法院的问责主要是对各种诉讼案件的审理。人民法院的职责主要是通过一些诉讼案件，进而实现对相关信息机关及其工作人员的监督。司法机关对于行政人员的问责，主要是通过对其具体的行政行为的合法性监督和审查来实现。要加强信息安全问责中的司法问责，将其落到实处，除了要加强对一些具体违法行为的审查力度外，还要继续制定完善相关的法律法规，将信息安全制度纳入司法监督和审查机制的范围之中。根据我国的现状，由于缺乏完善的信息安全问责的法律法规，一些相关的行政机关为了维护自身的利益，内部问责作用甚微，往往以"信息机密"或"内部信息"为理由，对其内部工作保密，因此缺少了很多监督的环节，外部主体的有效监督根本无法实现。如果司法部门将信息安全保障工作纳入司法监督和审查机制的范围，这样也可以增加公众向司法部门提起诉讼的机会，请求法院审查相关部门的不合理行为甚至失责行为，提高问责的效率。

（五）建立专门的信息安全问责机构

目前我国的信息安全问责之所以出现一系列问题导致问责效率不高等问题的原因在于缺乏专门的信息安全问责机构，导致公众对相关信息安全保障机构的了解渠道十分有限，并且当自身权益受到侵害后往往不知如何去维权，去哪儿维权。设立专门的信息安全问责机构，这样就会在一定程度上解决现有的责任不知谁来问的现状，为完善信息安全问责制提供了一个公平公正公开的透明化平台。目前一些发展中国家都成立了独立专门的问责机构，这种独立的信息安全问责机构属于一种自治性的公共机构，是独立于政府部门而存在的，职责主要是促使信息安全责任客体在特定的领域内，要接受监督与问责。如独立巡检机构,该机构的职责就是专门从事负责调查公民对政府各部门或官员控告案件的机构。对我国的信息安全问责机制构建来说,建立信息安全独立问责机构迫在眉睫,同时也是传统问责体系改革的一种必然趋势。通过建立专门的问责机构,可以促使问责工作职责更加详尽,大大提升问责的效果。

(六)充分发挥民间组织的作用

民间组织作为外部问责的一大主体,在具体的问责过程中也发挥了不可替代的作用。民间组织主要是指社会上自发组成的、具有法律地位的一些组织,是异体问责的重要力量。发挥民间组织的问责主体作用,将促进问责的公平化以及问责主体的多元化。因此,要充分挖掘民间组织的问责监督作用,并采取一系列的措施推动民间团体积极参与到信息安全的问责中来,提高公众对权力及其责任的认识。比如一些发达国家所建立的民间组织,德国的"透明国际"、法国的"透明生活委员会"等,这些组织的建立大大推动了问责的公平与效果实现。而目前根据我国的发展现状,还未成立独立专门民间组织对相关部门进行问责。因此,今后应建立专业化的民间监督问责组织,对问责工作实施监督、审视、批评。同时,民间组织要定期做出详细年度报告,并设立专门的质询处和质询电话,回答公众对相关问题的疑问。为了避免问责的形式大于责任,使问责工作流于形式,还可以建立独立的评估机构来对信息进行评价和监督。

四、建立健全多样化的问责配套制度

建立完善的信息安全问责机制,需要一系列配套的制度。建立完善的信息安全问责制度,首先要确保相关问责主体对信息的知情权以及明确的职责划分和严格的责权对等。建立健全信息的公开制度以及健全问责评估反馈制度是极其重要的两点。

(一)健全问责信息公开制度

信息的适度公开不仅是维护公民知情权的保障,同时也是问责主体对问责客体进行依法问责的关键,是各问责主体能够实现高效问责的前提。因此建立健全信息安全问责机制,首先就要逐步健全信息公开制度,信息公开对有效的监督和问责具有重要作用。目前我国信息安全保障机构的信息公开程度还非常低,问责的主体甚至对问责客体的具体工作模糊不清,导致问责工作困难。同时机构内部对官员的问责存在一定程度的暗箱操作现象。伴随电子政务的发展,营造健康透明的环境是极其重要的一点。比如在一些产生严重后果的信息安全事件的问责中,应当向社会适度公开事件中的一些问责行为,包括处理责任官员程序、过程和结果等方面的信息。

（二）健全问责评估反馈制度

建立完善的信息安全问责机制，一定要评估问责做得如何，也就是问责的效果，问责是否公平公正，达到了预期的效果，毕竟对事件主体问责不是我们的最终目的，而通过问责解决事情才是。因此在信息安全的问责过程中，离不开对问责行为的绩效评估。将信息安全问责制与绩效管理进行结合，将更进一步地有利于行政问责制的深化和发展，更有利于各部门的责任落实，避免产生责任互相推诿的现象，从而加强对相关部门的约束作用。建立有效的公开绩效评估指标体系，并加以量化，建立完善惩罚和激励机制，可以在很大程度上优化问责的程序和结果。另外，要将应对信息安全问责的绩效评估纳入法制化的发展轨道，做到绩效评估制度有法可依，提升公正性。

结 束 语

目前世界各国都已经充分认识到信息安全保护对于国家和社会经济发展的重要性，积极推进本国的信息网络安全体系建设工作。世界主要的发达和发展中国家均形成以中央政府为主导，地方政府和各职能部门协同的信息和网络安全建设组织结构。通过对各国信息安全问责制形成原因和发展历程以及框架体系的比较分析可以发现，各国在信息安全问责制的构建过程与各国信息安全立法的进程始终保持同步。而我国也已经开始重视信息和网络安全的防护工作，并在管理方式、技术手段以及法律法规体系的完善等方面作出了巨大的努力。但是仍然无法有效地降低和遏制信息安全网络当中的漏洞和隐患问题，2018 年的互联网行业报告数据显示我国是遭遇网络安全侵犯最严重的国家，其所造成的经济损失位居世界第一。对于我国而言，信息化已经深入到公众生活、学习和工作的各个领域，已经和国家的发展、社会的治理密不可分，但是社会公众和社会组织的信息安全风险意识和数据素养还不足以与信息化的发展水平相匹配。习近平同志多次反复强调信息和网络安全对于国家现代化建设的重要意义和作用，并且提出网络空间命运共同体的重要论断，这对于我国信息和网络安全法律法规体系建设和相关制度建设有重要的指导意义。由于我国在信息安全立法方面起步相对较晚，信息安全管理相关的法律法规还不健全，我国行政问责制的问责范围还没有向信息和网络安全领域进行拓展，这些都是导致我国信息和网络安全事件频发以及信息和网络安全问题屡禁不止的重要原因。

古语云：他山之石，可以攻玉。通过对多国信息安全问责制发展历程与框架体系的系统分析以及横向比较研究，可归结出信息安全问责制形成和发展的一般规律。根据信息安全问责制形成的国际经验，一个国家信息安全问责制度的形成与发展与本国的信息和通信产业发展阶段相适应，由本国的政治、经济以及社会文化制度等多种因素共同决定，其中政治制度起着决定性的作用，而经济制度和社会文化制度是信息安全问责制形成的重要推动力。各国信息安全问责制的发展完善过程都体现出两个理念，即服务理念和治理理念，服务主要指提高政府的服务水平和质量，而治理指对信息安全问题的治理方式、效率和效果。无论是发达国家还是发展中国家，在信息安全问责制的发展初级阶段通常以治理理念为主、服务理念为辅，在中期阶段则为服务和治理并重，到完善阶段以服务理念为主、治理理念为辅。从上述演变过程可以看出，信息安全问责制越趋于完善，其服务理念就越凸显。从各国信息安全问责制度框架内容的横向比较视角看，各国的信息安全问责制度框架基本涵盖信息安全问责组织机构、信息安全问责主体、信息安全问责法律法规体系、信息安全问责运行机制以及信息安全问责实施保障制度五个方面，根据各国的实际国情各组成部分的构成并不完全相同，各国在信息安全问责的主导机构和所依据的法律规范也存在较大差异。因此，在信息安全问责制度构建过程中切忌对单一国家的发展模式进行照抄照搬，要充分考虑国家信息安全管理现状以及公民的信息安全诉求，在综合考虑具体国情的基础上构建与国家发展和公民需求相契合的特色信息安全问责制度。

由于我国信息化建设与西方发达国家相比起步较晚，信息安全问责制度、信息安全管理法律法规体系以及信息安全问责实施保障机制建设相对滞后。但我国在信息安全问责领域的探索却始终在进行且取得了显著的效果，随着我国《网络安全法》和《个人信息保护法》的相继颁布实施，我国的信息安全问责法律体系正逐步完善和健全，国家信息化工作领导小组、中共中央网络安全和信息化委员会办公室以及国家互联网信息办公室等相继设立，表明我国中央政府对于信息安全问题的关注程度在不断提高，信息安全已经上升至国家安全战略层面。随着我国信息安全问责法律法规体系的不断健全、信息安全问责组织机构的不断完善以及信息安全问责职权的不断拓展，我国的信息安全问责制度的构建基础已经基本具备，未来我国信息安全管理的发展方向主要以建立信息安全问责制度为契机，推进我国信息安全管理工作的制度化、程序化和规范化，不断提高我国信息安全管理水平，最终实现社会公众在信息安全管理领域满意度的不断提升。

参 考 文 献

[1] 张秀，李月琳，章小童．"健康中国2030"规划框架下我国健康信息政策内容分析[J]．情报理论与实践，2020（5）：1-12.

[2] 张斌，杨文．数字时代我国政务信息资源治理体系优化研究[J]．图书情报工作，2020（5）：1-8.

[3] 刘崇瑞，王聪．美国防范内部威胁的信息安全管理实践及启示[J]．情报杂志，2020（6）：1-5.

[4] 吴硕娜．政府信息公开背景下档案开放对策研究——基于英国、美国、法国、瑞典政策法规的分析[J]．浙江档案，2020（5）：33-35.

[5] 黄如花，冯婕，黄雨婷，等．公众信息素养教育：全球进展及我国的对策[J]．中国图书馆学报，2020，46（3）：50-72.

[6] 张红．大数据时代日本个人信息保护法探究[J]．财经法学，2020（3）：150-160.

[7] 齐欣．基于推特的美国智库专家涉华信息源分析——以新美国安全中心为例[J]．情报理论与实践，2020，43（11）：1-10.

[8] 孟佳惠．信用冻结　大数据时代的信息保护手段——美国信用冻结制度分析与研究[J]．中国信用，2020（4）：120-122.

[9] 邓辉．我国个人信息保护行政监管的立法选择[J]．交大法学，2020（2）：140-152.

[10] 方师师．新加坡《在线虚假信息与操纵规避法》的实践——以新冠肺炎疫情期间为例[J]．青年记者，2020（10）：77-79.

[11] 高昊，郑毅．日本灾害信息传播应急机制及对我国的启示[J]．山东社会科学，2020（4）：38-43.

[12] 王叶刚．网络隐私政策法律调整与个人信息保护：美国实践及其启示[J]．环球法律评论，2020，42（2）：149-161.

[13] 赵晟．大数据时代个人信息行政法保护的域外考察与启示——以美国、日本个人信息保护为视角[J]．黑龙江省政法管理干部学院学报，2020（2）：17-21.

[14] 蒋明敏，赵春雷．大数据环境下我国政府信息公开的安全风险及其应对[J]．世界经济与政治论坛，2020（2）：93-107.

[15] 姜晓川，杨建锋，戴雅欢．美国高校对个人信息保护的经验与启示[J]．北京教育（高教），2020（3）：71-74.

[16] 张从文，江海珍. 德国"双元制"模式下网络信息安全专业人才培养改革探究[J]. 智库时代，2020（7）：103-104.

[17] 山地一祯，李颖. 日本国立信息研究所研究数据基础设施概述[J]. 情报工程，2020，6（1）：4-10.

[18] 陈宗波，张融. 我国人类基因信息的私法保护路径[J]. 西南民族大学学报（人文社科版），2020，41（2）：115-118.

[19] 胡漠，马捷，张云开，等. 我国智慧政府信息协同网络结构识别与分析[J]. 情报学报，2020，39（1）：47-56.

[20] 张韬略，蒋瑶瑶. 智能汽车个人数据保护——欧盟与德国的探索及启示[J]. 德国研究，2019，34（4）：92-113，151.

[21] 虞文梁，韩娜. 美国危害国家安全信息治理评析与借鉴[J]. 公安学研究，2019，2（6）：81-102，122.

[22] 胡正雨，黄永鑫. 大数据时代的美国信息网络安全新战略分析[J]. 网络安全技术与应用，2019（12）：2-3.

[23] 张建文，高悦. 我国个人信息匿名化的法律标准与规则重塑[J]. 河北法学，2020，38（1）：43-56.

[24] 于洁. 浅析英国关键信息基础设施保护实践[J]. 保密科学技术，2019（11）：18-23.

[25] 杨翔宇. 美国法信息盗用制度的演进及其对我国数据财产权益保护的启示[J]. 政治与法律，2019（11）：145-161.

[26] 张一涵，袁勤俭，黄卫东. 新中国 70 年我国用户信息行为研究的热点主题及演化[J]. 图书与情报，2019（5）：39-48.

[27] 马雷. 反思与借鉴：美国网络安全信息共享规制研究[J]. 河海大学学报（哲学社会科学版），2019，21（5）：76-81，107-108.

[28] 罗艺杰. 美国信息素养衔接教育研究——以俄亥俄州实践为例[J]. 图书馆建设，2020（3）：137-144.

[29] 项焱，陈曦.大数据时代美国信息隐私权客体之革新——以宪法判例为考察对象[J]. 河北法学，2019，37（11）：49-61.

[30] 杨路. 印度网络安全机制：内涵、现状与未来[J]. 南亚研究季刊，2019（3）：9-16，4.

[31] 周文泓. 我国网络空间中档案领域的缺位审视和参与展望——基于社交媒体信息保管行动的解析[J]. 档案与建设，2019（9）：13-17.

[32] 李昱，程德安. 加拿大个人信息保护法对网络信息的保护及启示[J]. 今传媒，

2019，27（9）：41-45.

[33] 涂永前，罗子越，胡夏枫. 美国人事管理中的信息安全审查制度及其启示[J]. 学术月刊，2019，51（8）：65-77.

[34] 张舒君. 印度网络安全治理视域下的美印网络安全竞合[J]. 信息安全与通信保密，2019（8）：63-74.

[35] 许莲丽. 论我国行政机关公开个人违法信息的问题与完善路径[J]. 中国行政管理，2019（8）：118-122.

[36] 段尧清，尚婷，周密. 我国政府信息公开政策十年演化分析[J]. 情报科学，2019，37（8）：3-7，37.

[37] 付新华. 我国个人信息法律保护的应然路径[J]. 人民论坛·学术前沿，2019（10）：66-69.

[38] 曾志强. 美国电子政务信息安全评估方法论（IAM）分析[J]. 网络安全技术与应用，2019（6）：2-5.

[39] 魏波，周荣增. 美国信息安全立法及其启示与分析[J]. 网络空间安全，2019，10（5）：1-6.

[40] 常宇豪. 我国个人信息保护的法律实践与检视[J]. 征信，2019，37（5）：30-35.

[41] 刘勃然，魏秀明. 美国网络信息安全战略：发展历程、演进特征与实质[J]. 辽宁大学学报（哲学社会科学版），2019，47（3）：159-167.

[42] 吴沈括，崔婷婷. 美国受控非密信息管理制度研究[J]. 中国信息安全，2019（5）：87-91.

[43] 方禹. 日本个人信息保护法（2017）解读[J]. 中国信息安全，2019（5）：81-83.

[44] 范冠峰. 我国网络信息安全法治的困境与对策[J]. 山东社会科学，2019（5）：107-112.

[45] 史安斌，叶倩. 虚假信息的多方共治：美国的经验[J]. 青年记者，2019（10）：77-80.

[46] 吕梦达. 日本个人信息保护法修改案例研究[J]. 时代金融，2019（9）：95-96.

[47] 张志彤. 日本信息公开法中知情权与隐私权的冲突与平衡[J]. 广播电视大学学报（哲学社会科学版），2019（1）：10-15.

[48] 邹焱星. 英国政府信息公开和突发事件舆情应对的做法及启示[J]. 城市管理与科技，2019，21（1）：78-82.

[49] 朱宁洁. 新加坡政府开放数据政策研究[J]. 管理观察，2019（5）：70-71，73.

[50] 谢晶仁. 美国网络安全信息共享的政策经验及其对我国的启示[J]. 湖南省社会

主义学院学报，2019，20（1）：74-77.

[51] 谢尧雯. 论电子政务中的个人信息保护：美国经验与启示[J]. 中国行政管理，2019（2）：140-146.

[52] 江悦. 论规制政府信息公开申请权滥用的美国程序弹性规制模式[J]. 河北青年管理干部学院学报，2019，31（1）：80-84.

[53] 王英，王涛. 我国网络与信息安全政策法律中的情报观[J]. 情报资料工作，2019，40（1）：15-22.

[54] 陈美. 德国政府开放数据分析及其对我国的启示[J]. 图书馆，2019（1）：52-57，94.

[55] 陈嘉音，杨悦. 美国 FDA 信息公开与保密的研究[J]. 中国药学杂志，2019，54（1）：66-71.

[56] 陈岳布. 英国信息专员办公室更新数据保护影响评估指南[J]. 互联网天地，2018（12）：57.

[57] 张航，王艺潼. 美国执法情报活动中的信息隐私保护实践及对中国的启示[J]. 河北公安警察职业学院学报，2018，18（4）：63-68.

[58] 罗勇. 论我国个人信息保护立法中"被遗忘权"制度的构建[J]. 暨南学报（哲学社会科学版），2018，40（12）：69-80.

[59] 刘勃然. 美国网络信息安全思维的演进脉络初探[J]. 内蒙古民族大学学报（社会科学版），2018，44（6）：66-71.

[60] 佟林杰，袁佳杭，盖宏伟. 日本政府信息安全问责制度体系及借鉴[J]. 信息资源管理学报，2018，8（4）：59-66.

[61] 王洁宇，张义华. 论我国个人信息权的规范体系建构[J]. 学习论坛，2018（10）：91-96.

[62] 胡文涛. 我国个人敏感信息界定之构想[J]. 中国法学，2018（5）：235-254.

[63] 李嘉宁. 印度个人信息保护法律研究[J]. 法制与经济，2018（9）：186-188.

[64] 江悦. 论我国政府信息公开申请权滥用的司法规制之路[J]. 河北法学，2018，36（10）：160-172.

[65] 顾纯钰，应海宁，陈鹏飞. 美国信息共享建设及对我启示[J]. 南方论刊，2018（9）：36-37，52.

[66] 张新宝. 我国个人信息保护法立法主要矛盾研讨[J]. 吉林大学社会科学学报，2018，58（5）：45-56，204-205.

[67] 李思艺. 信息公开与 Records 管控关系研究：基于英国信息专员任命的视角[J].

档案学研究，2018（4）：111-116.

[68] 周文泓，张玉洁，陈怡. 我国个人网络信息管理的问题与对策研究——基于商业性网络平台政策的文本分析[J]. 图书馆学研究，2018（16）：48-62，47.

[69] 陈美. 德国开放政府数据中的个人隐私保护研究[J]. 图书馆，2018（8）：11-16.

[70] 陈薇伶，黄敏. 大数据时代我国网络信息安全控制体系构建[J]. 重庆社会科学，2018（7）：95-101.

[71] 周辉. 网络隐私和个人信息保护的实践与未来——基于欧盟、美国与中国司法实践的比较研究[J]. 治理研究，2018，34（4）：122-128.

[72] 魏健馨，宋仁超. 日本个人信息权利立法保护的经验及借鉴[J]. 沈阳工业大学学报（社会科学版），2018，11（4）：289-296.

[73] 吴大明. 日本应急管理信息体系特点与启示[J]. 中国安全生产，2018，13（6）：58-59.

[74] 傅宏宇. 我国未成年人个人信息保护制度构建问题与解决对策[J]. 苏州大学学报（哲学社会科学版），2018，39（3）：81-89.

[75] 赵婷. 英国执行欧盟《网络与信息安全指令》的新法律于5月10日生效[J]. 互联网天地，2018（5）：59.

[76] 盖宏伟，宋倩. 英国网络信息安全问责制度与启示[J]. 中国集体经济，2018（15）：167-168.

[77] 盖宏伟，袁佳杭，佟林杰. 美国联邦政府信息安全问责制度体系及借鉴[J]. 情报理论与实践，2018，41（8）：149-153.

[78] 明瑶华，赵秀文. 我国征信体系建设中信息提供者的法律规制探析[J]. 南京社会科学，2018（3）：100-104.

[79] 苗琦. 英国联合信息系统委员会（JISC）资源建设探析[J]. 农业图书情报学刊，2018，30（3）：18-22.

[80] 李建人. 美国政府信息公开运动：宪法危机下的法律博弈[J]. 南开学报（哲学社会科学版），2018（2）：58-68.

[81] 邵国松，薛凡伟，郑一嫒，等. 我国网站个人信息保护水平研究——基于《网络安全法》对我国500家网站的实证分析[J]. 新闻记者，2018（3）：55-65.

[82] 周佳，崔爱菊，韩京云，等. 美国政府信息公开服务和保障措施探究[J]. 兰台世界，2018（2）：47-50.

[83] 陈美华，陈峰. 美国竞争情报系统构建的信息生态解析[J]. 情报理论与实践，2018，41（1）：9-15.

[84] 王惠莅，刘贤刚，李海东. 美国 NIST 信息安全标准探究[J]. 保密科学技术，2018（1）：19-25.

[85] 孙军. 我国政府信息公开审查机制的权重选择[J]. 档案管理，2018（1）：47-49.

[86] 李奎乐. 日本网络安全领域情报信息共享机制特点分析[J]. 情报探索，2017（12）：84-88.

[87] 刘译阳，蒋丽艳. 日本信息资源保障体系探析及对中国的启示[J]. 农业图书情报学刊，2017，29（12）：48-50.

[88] 徐济铭. 新加坡网络信息安全管理经验研究[J]. 江苏通信，2017，33（6）：16-17.

[89] 杨帆，章燕华. 英国与澳大利亚政府信息管理的数字转型：比较与启示[J]. 浙江档案，2017（11）：24-27.

[90] 朱雪忠，张广伟. 美国社交网络用户信息保护研究[J]. 新闻界，2017（11）：74-81.

[91] 杨翱宇. 我国个人信息保护的立法实践与路径走向[J]. 重庆邮电大学学报（社会科学版），2017，29（6）：42-51.

[92] 唐琼，陈思任. 美国联邦政府信息质量保障政策体系及其借鉴[J]. 情报理论与实践，2018，41（4）：155-160.

[93] 安辰. 美国法官判决个人信息遭泄露用户可以起诉雅虎[J]. 计算机与网络，2017，43（18）：16.

[94] 陈艳红，钟佳清. 美国联邦应急管理局的应急信息发布渠道研究[J]. 电子政务，2017（9）：101-109.

[95] 杨学成. 从新加坡"智慧国 2025"看大数据治国[J]. 通信世界，2017（24）：9.

[96] 李智琳. 德国信息政策的演变与启示[J]. 图书情报导刊，2017，2（8）：47-50.

[97] 陈云红，张战杰，李书明. 美国、英国与澳大利亚信息素养教育研究[J]. 软件导刊（教育技术），2017，16（8）：91-93.

[98] 董建虹，王琨，孙育刚，等. 美国个人信息安全技术和商用服务信息监管带来的启示[J]. 中国金融家，2017（8）：134-135.

[99] 宇贺克也，杨琴，余梦凝. 日本医疗领域的个人信息保护[J]. 贵州社会科学，2017（8）：53-58.

[100] 刘密霞. 美国政府信息共享：从战略到实践[J]. 中国市场，2017（17）：27-32.

[101] 刘金瑞. 我国网络安全信息共享立法的基本思路和制度建构[J]. 暨南学报（哲学社会科学版），2017，39（5）：14-23，129.

[102] 相丽玲，郝雅玲. 我国信息援助法律制度的演化及其评价[J]. 情报理论与实践，2017，40（5）：19-23，14.

[103] 周小莉. 美国《信息自由法》对我国档案工作的借鉴价值[J]. 兰台世界, 2017（10）：40-43.

[104] 郭世斌, 刘慧. 美国、欧盟个人信息保护立法改革路径与启示[J]. 华北金融, 2017（4）：60-62.

[105] 李明鲁. 从美国医疗数据泄露案谈信息安全的保护[J]. 中国检察官, 2017（8）：72-75.

[106] 耿益群, 杨濛. 国家信息安全与我国新闻媒体工作者媒介素养提升[J]. 现代传播（中国传媒大学学报）, 2017, 39（4）：153-157.

[107] 刘金瑞. 美国网络安全信息共享立法及对我国的启示[J]. 财经法学, 2017（2）：22-30.

[108] 王康庆, 蔡鑫. 日本网络信息安全战略体系实证研究及启示[J]. 辽宁警察学院学报, 2017, 19（2）：13-19.

[109] 韩秋明. 基于信息生态理论的个人数据保护策略研究——由英国下议院《网络安全：个人在线数据保护》报告说开去[J]. 图书情报知识, 2017（2）：94-104.

[110] Ｂ Ａ 科佩洛夫. 俄罗斯的信息立法问题[J]. 国外社会科学, 1996（5）：85-86.

[111] 李龙霞, 杨秀丹. 日本信息产业发展现状分析及启示[J]. 情报工程, 2017, 3（1）：119-125.

[112] 徐涛. 我国政府信息公开中个人隐私认定的司法经验及启示[J]. 安徽师范大学学报（人文社会科学版）, 2017, 45（1）：124-132.

[113] 吴昊. 日本科技情报信息机制的发展及运行特征研究[J]. 新世纪图书馆, 2017（1）：80-84.

[114] 侯芹英. 美国信息安全等级保护制度对我国的启示[J]. 农业网络信息, 2016（12）：5-7.

[115] 加小双, 祁天娇, 周文泓. 美国政府电子邮件信息管理的分析与启示[J]. 档案学研究, 2016（6）：113-119.

[116] 张军发. 我国个人信用信息安全保护研究[J]. 山西财经大学学报, 2016, 38（S2）：82-84.

[117] 马辛旻. 信息安全与信息自由的法律探讨——以美国为例[J]. 法制与社会, 2016（32）：52-54.

[118] 胡文涛. 我国个人信息隐私权保护法律存在的问题及思考——以与互联网企业利益平衡为视角[J]. 云南师范大学学报（哲学社会科学版）, 2016, 48（6）：92-100.

[119] 周丽娜，余博. 英国对互联网新闻信息的法律规范[J]. 国际传播，2016（2）：79-89.

[120] 许东阳，叶润国，蔡磊. 美国关键基础设施网络威胁信息共享研究[J]. 信息技术与标准化，2016（11）：31-34.

[121] 李慧. 印度出现史上最大规模数据泄露事件：320万借记卡信息被盗[J]. 金卡工程，2016（11）：39.

[122] 李欣倩. 德国个人信息立法的历史分析及最新发展[J]. 东方法学，2016（6）：116-123.

[123] 谢永江，李嘉宁. 我国未成年人网络信息分级制度建构[J]. 江西社会科学，2016，36（10）：195-201.

[124] 徐敏. 我国信息公开诉讼中的"信息不存在"[J]. 理论视野，2016（9）：45-48.

[125] 李梅梅，孙德刚. 论美国高安全等级信息系统与网络防护[J]. 北京电子科技学院学报，2016，24（3）：8-18.

[126] 程炜. 德国公民教育与德国的公民信息教育[J]. 继续教育研究，2016（9）：109-110.

[127] 王亦澎. 德国新信息技术安全法及其争议和评析[J]. 现代电信科技，2016，46（4）：23-27.

[128] 玛丽亚·维塔利耶芙娜·米谷廖娃，陈爱茹. 网络信息资源：美国进行心理战的武器[J]. 红旗文稿，2016（16）：36-37.

[129] 杜晟，郑志. 我国网络信息立法的几个着力点[J]. 人民论坛，2016（22）：86-87.

[130] 刘钊. 美国联邦政府信息质量保障政策实践[J]. 农业图书情报学刊，2016，28（8）：159-163.

[131] 张晓娟，唐长乐，王文强. 大数据背景下美国政府信息管理法规与政策的拓展[J]. 情报资料工作，2016（4）：26-31.

[132] 高博，谢朝阳. 美国个人征信机构间的信用信息共享经验及对我国的启示[J]. 时代金融，2016（20）：272-274.

[133] 张元. 我国网络信息监管的实践路径探索[J]. 广西社会科学，2016（6）：143-147.

[134] 宋国涛. 试析美国《网络安全信息共享法案》[J]. 保密科学技术，2016（6）：28-31.

[135] 郑海. 英国电信助力首席信息官实现"数字化潜能"[J]. 邮电设计技术，2016（5）：41.

[136] 杨震，徐雷. 大数据时代我国个人信息保护立法研究[J]. 南京邮电大学学报（自

然科学版），2016，36（2）：1-9.

[137] 骆盈旭，赵跃. 我国电子政务信息安全立法问题及对策分析[J]. 北京档案，2016（4）：26-27.

[138] 佟大柱，钱小龙. 电子政务信息安全体系建设：日本的经验[J]. 信息安全与通信保密，2016（4）：81-83.

[139] 马民虎，方婷，王玥. 美国网络安全信息共享机制及对我国的启示[J]. 情报杂志，2016，35（3）：17-23，6.

[140] 李扬. 美国应对未授权信息泄密问题的困境及归因——基于典型泄密事件的分析[J]. 档案管理，2016（2）：59-61.

[141] 陶盈. 我国网络信息化进程中新型个人信息的合理利用与法律规制[J]. 山东大学学报（哲学社会科学版），2016（2）：155-160.

[142] 廖宇羿. 我国个人信息保护范围界定——兼论个人信息与个人隐私的区分[J]. 社会科学研究，2016（2）：70-76.

[143] 王威. 美国突发事件信息发布原则[J]. 青年记者，2016（6）：96-97.

[144] 王灿平，薛忠义. 信息公开下我国责任政府的建构——借鉴英国、美国、新加坡、日本等国经验[J]. 江西社会科学，2016，36（2）：240-246.

[145] 王玥. 美国关键基础设施信息安全应急处置制度演进及启示[J]. 保密工作，2016（2）：43-45.

[146] 张政. 美国重构应急体系后加强突发事件信息工作的主要做法及特点[J]. 中国应急管理，2016（1）：78-79.

[147] 方婷，李欲晓. 安全与隐私：美国网络安全信息共享的立法博弈分析[J]. 西安交通大学学报（社会科学版），2016，36（1）：69-76.

[148] 吴沈括，陈琴. 美国参议院2015年网络安全信息共享法案分析[J]. 中国信息安全，2016（1）：129-130.

[149] 王康庆，蔡鑫. 日本网络信息安全保护的政策法规研究及启示——以日本关键信息基础设施保护的政策法规为视角[J]. 福建警察学院学报，2015，29（6）：14-18.

[150] 赵媛，管博. 我国信息获取权研究综述[J]. 现代情报，2015，35（11）：159-163，177.

[151] 马治国，张磊. 新加坡个人信息保护的立法模式及对中国的启示[J]. 上海交通大学学报（哲学社会科学版），2015，23（5）：89-97.

[152] 杨建生. 美国个人隐私信息免除公开的司法审查[J]. 行政法学研究，2015（5）：

110-119.

[153] 黄丹妮. 美国棱镜门事件引发的对我国档案信息安全的思考[J]. 黑龙江档案，2015（4）：81-82.

[154] 吕艳滨. 日本对滥用政府信息公开申请权的认定[J]. 人民司法，2015（15）：14-17.

[155] 王军. 我国政府信息公开的争议类型与解决路径[J]. 情报理论与实践，2015，38（7）：31-35，6.

[156] 赵晖，姜练琳. 日本网络地理信息安全政策建设的经验与启示[J]. 金陵科技学院学报（社会科学版），2015，29（2）：1-6.

[157] 张磊，李维杰. 美国《网络威胁信息共享指南》摘要[J]. 中国信息安全，2015（6）：86-87.

[158] 李德仁，沈欣，龚健雅，等. 论我国空间信息网络的构建[J]. 武汉大学学报（信息科学版），2015，40（6）：711-715，766.

[159] 侯富强. 我国个人信息保护立法模式研究[J]. 深圳大学学报（人文社会科学版），2015，32（3）：144-148.

[160] 王清，吴秀姣. 完善我国网络信息监管法律政策国际环境与产业需求分析[J]. 图书情报知识，2015（3）：120-128.

[161] 杨建生. 论美国政府信息公开诉讼中知情权与隐私权的冲突与平衡[J]. 河北法学，2015，33（5）：133-143.

[162] 朱丹丹. 网络时代美国国家安全框架下的信息安全与对外政策[J]. 辽宁大学学报（哲学社会科学版），2015，43（2）：155-160.

[163] 倪斌. 探究美国网络信息安全治理机制及其对我国之启示[J]. 网络安全技术与应用，2015（3）：120-121.

[164] 韩启彬. 我国信息网络传播权规制困境及破解之道[J]. 中国出版，2015（4）：48-51.

[165] 陈莹. 我国台湾地区个人信用信息保护制度及启示[J]. 南方金融，2015（2）：58-63.

[166] 周季礼. 日本网络信息产业发展经验及启示[J]. 信息安全与通信保密，2015（2）：26-30.

[167] 尹建国. 我国网络信息的政府治理机制研究[J]. 中国法学，2015（1）：134-151.

[168] 何培育. 他山之石：德国个人信息保护立法的考察与借鉴[J]. 重庆与世界（学术版），2015，32（1）：64-66.

[169] 李彬. 大数据背景下日本信息产业发展成效与问题[J]. 东北亚学刊, 2015 (1): 25-32.

[170] 王宇. 美国网络安全与信息保障研发计划简介[J]. 信息安全与通信保密, 2015 (1): 116-120.

[171] 张林华. 论我国公民档案信息权意识的嬗变[J]. 档案学通讯, 2014 (6): 15-19.

[172] 张贝尔, 闫越. 我国电子政务领域中信息安全的法律分析[J]. 上海行政学院学报, 2014, 15 (6): 65-70.

[173]. 美国、加拿大、德国、新加坡、日本的首席信息官制度[J]. 中国信息化, 2014 (20): 31-33.

[174] 宋今. 新形势下加强我国网络与信息安全的思考[J]. 河南社会科学, 2014, 22 (10): 114-116.

[175] 金鑫, 张政, 郭莉. 美国利用大数据加强信息安全建设的主要做法探究[J]. 信息安全与通信保密, 2014 (10): 54-58.

[176] 梁艺. 美国信息自由法上过程性信息的豁免公开——基于判例视角的反思与借鉴[J]. 法治研究, 2014 (10): 59-69.

[177] 乐蓓, 石红梅, 陈桂香, 等. 俄罗斯与印度的网络监控系统概览[J]. 中国安防, 2014 (19): 89-94.

[178] 宋瑞莉. 信息时代我国网络经济风险成因分析及对策研究[J]. 商业时代, 2014 (25): 56-57.

[179] 刘国辉. 英国信息安全审查及对我国的借鉴意义[J]. 中国信息安全, 2014 (8): 82-85.

[180] 韩屏. 英国网络信息资源采集对我国的借鉴和启示[J]. 兰台内外, 2014 (3): 26.

[181] 高阳, 李永先. 我国网络信息生态系统研究综述[J]. 图书馆学研究, 2014 (10): 12-17.

[182] 张晓菲, 李斌. 国外信息安全从业人员管理的几点研究体会——以美国、英国为例[J]. 信息安全与通信保密, 2014 (5): 56-57.

[183] 孙军. 我国信息权利救济途径的程序缺陷及其完善[J]. 兰台世界, 2014 (11): 14-15.

[184] 张国良, 王振波. 美国网络和信息安全组织体系透视（下）[J]. 信息安全与通信保密, 2014 (4): 59-61.

[185] 杨建生. 美国《信息自由法》的最新发展及启示[J]. 湖南科技学院学报, 2014,

35（4）：141-143，155.

[186] 程琳. 从美国"棱镜门"事件谈加强我国信息网络安全问题[J]. 公安研究，2014
（3）：10-15.

[187] 张国良，王振波. 美国网络和信息安全组织体系透视（上）[J]. 信息安全与通信
保密，2014（3）：64-69.

[188] 周玥. 浅析我国个人信息保护立法的权利基础——以美国隐私权与德国一般人
格权为例[J]. 法制与社会，2014（6）：246-247.

[189] 鹿一民. 谈德国联邦数据保护法中公共场所视频摄录的相关问题[J]. 中国外
资，2014（4）：212-213.

[190] 陈美. 国家信息安全协同治理：美国的经验与启示[J]. 情报杂志，2014，33（2）：
10-14.

[191] 董爱先. 2013年日本信息安全建设主要举措与特点[J]. 中国信息安全，2014（2）：
94-97.

[192] 闫晓丽. 美国《联邦信息安全管理法》修订思路及启示[J]. 保密科学技术，2014
（2）：46-49.

[193] 张立. 近十年来我国信息素养教育研究论文现状分析[J]. 图书馆工作与研究，
2014（1）：63-66.

[194] 周济礼. 新加坡电子商务信息安全建设举措[J]. 中国信息安全，2014（1）：94-97.

[195] 张娟. 德国信息自决权与宪法人性尊严关系述评——德国个人信息保护的法律
基础解读[J]. 安徽农业大学学报（社会科学版），2013，22（6）：45-49.

[196] 彭磊. 英国环境信息公开法律对我国立法的启示[J]. 中国地质大学学报（社会
科学版），2013（S1）：164-168.

[197] 王鹏. 美国政府信息安全标准及其启示[J]. 保密工作，2013（11）：37-39.

[198] 周济礼. 印度管控社交媒体网络的主要举措[J]. 中国信息安全，2013（10）：
88-91.

[199] 肖少启，韩登池. 论我国个人信息法律保护的制度构建[J]. 中南大学学报（社会
科学版），2013，19（4）：75-80.

[200] 张锋学. 论我国个人信息的民法保护[J]. 广西社会科学，2013（8）：101-105.

[201] 龙非. 德国《信息自由法》中的"过程性信息"保护[J]. 行政法学研究，2013
（3）：138-144.

[202] 陈正. 德国受众社交媒体获取信息情况分析[J]. 对外传播，2013（8）：42-43.

[203] 何颖，崔旭. 近10年来我国信息法学研究综述[J]. 图书情报工作，2013，57（14）：

140-145.

[204] 汪鸿兴. 英国信息安全法律保障体系及其启示[J]. 保密工作，2013（7）：50-51.

[205] 李以所. 德国政府信息传播：历史、经验和启示[J]. 国外理论动态，2013（7）：
103-110.

[206] 连志英. 美国联邦政府电子文件信息获取政策分析[J]. 档案学研究，2013（3）：
70-74.

[207] 高常水，史春腾，唐梓午. 我国信息安全产业发展态势及对策研究[J]. 科学管理
研究，2013，31（3）：70-73.

[208] 张毅菁. 大数据对我国政府信息公开立法修改的启示[J]. 图书情报工作，2013，
57（S1）：48-51.

[209] 何峰. 美国、德国纳税人税务信息保护制度的比较与启示[J]. 涉外税务，2013
（5）：57-60.

[210] 林涛. 美国近期信息安全立法及其战略思路研究[J]. 中国信息安全，2013（4）：
68-71.

[211] 汪鸿兴. 英国信息安全战略设计及其启示[J]. 保密工作，2013（4）：50-51.

[212] 卢建平，常秀娇. 我国侵犯公民个人信息犯罪的治理[J]. 法律适用，2013（4）：
25-29.

[213] 姚朝兵. 个人信用信息隐私保护的制度构建——欧盟及美国立法对我国的启示
[J]. 情报理论与实践，2013，36（3）：20-24.

[214] 尹建国. 美国网络信息安全治理机制及其对我国之启示[J]. 法商研究，2013，
30（2）：138-146.

[215] 柴晓宇. 德国个人信息保护立法的特色及对中国的启示[J]. 人大研究，2013
（3）：42-45.

[216] 德国：完善数据保护[J]. 信息系统工程，2013（2）：11.

[217] 新加坡：保护个人信息[J]. 信息系统工程，2013（2）：11.

[218] 黄道丽，何治乐. 美国信息安全立法综述[J]. 中国信息安全，2013（2）：50-53.

[219] 安会杰. 德国信息安全法律法规建设情况[J]. 中国信息安全，2013（2）：60-62.

[220] 王新雷. 英国信息安全法律法规建设情况[J]. 中国信息安全，2013（2）：63-65.

[221] 方婷. 印度网络安全法律法规与管理体制[J]. 中国信息安全，2013（2）：69-71.

[222] 张向宏，卢坦，耿贵宁. 日本信息安全产业发展及对我国的启示[J]. 保密科学技
术，2013（2）：39-44，1.

[223] 罗莹，程熙. 我国政府信息公共获取现状及对策[J]. 兰台世界，2013（2）：5-6.

[224] 姜天怡.《德国联邦数据保护法》对我国个人征信权益保护的启示[J]. 黑龙江金融, 2012（12）: 27-30.

[225] 白云. 我国公民个人信用信息保护意愿的实证研究[J]. 情报理论与实践, 2012, 35（11）: 23-28, 22.

[226] 李静. 印度信息技术立法的发展与特色[J]. 暨南学报（哲学社会科学版）, 2012, 34（11）: 83-88.

[227] 张向宏, 林涛. 美国信息安全立法概况及启示[J]. 保密科学技术, 2012（11）: 6-13, 1.

[228] 刘静, 牛红亮, 徐曦. 美国信息安全政策的内容、特点及借鉴[J]. 图书馆学刊, 2012, 34（9）: 138-141.

[229] 别具一格的英国个人信息立法保护[J]. 信息系统工程, 2012（7）: 9.

[230] 何湘, 张亚妮. 孔雀王朝的阿育王之剑——印度网络安全政策分析[J]. 中国信息安全, 2012（7）: 72-75.

[231] 李云驰. 美国、英国政府信息公开立法的比较与借鉴[J]. 国家行政学院学报, 2012（3）: 103-106.

[232] 李荣艳, 梁蕙玮, 曲云鹏, 等.我国政府信息资源元数据标准研究[J]. 图书馆学研究, 2012（11）: 42-46.

[233] 左阳, 崔旭. 我国地方政府信息法规建设研究——以陕西省为例[J]. 图书馆学研究, 2012（10）: 16-19, 24.

[234] 刘权. 信息安全的英国之鉴[J]. 中国经济和信息化, 2012（10）: 28-30.

[235] 吴雁平. 我国信息立法趋势与档案法律法规建设研究[J]. 档案管理, 2012（3）: 30-32.

[236] 青木, 陈甲妮, 孙秀萍. 德国英国日本立法保护个人信息 发垃圾短信要重罚[J]. 青年记者, 2012（13）: 81.

[237] 吴远. "动态治理"——日本信息安全制度及密级划分制度的启示[J]. 办公室业务, 2012（8）: 49-50.

[238] 郝杰. 邹议德国的信息管理专业[J]. 中小企业管理与科技（下旬刊）, 2012（4）: 248-249.

[239] 何韵, 陈炎楚, 望倩. 我国国民网络信息行为变化研究[J]. 新世纪图书馆, 2012（4）: 62-65.

[240] 马玉红. 美国政府首席信息官制度的特色与启示[J]. 情报资料工作, 2012（2）: 109-112.

[241] 张立，王学人. 印度网络安全策略探究[J]. 南亚研究季刊，2011（4）：73-77，202.

[242] 杜玉芳. 加拿大政府信息公开与公民隐私权的保护[J]. 中央社会主义学院学报，2011（6）：69-71.

[243] 王枫云. 美国联邦政府统计机构的首席信息官制度[J]. 中国统计，2011（11）：44-46.

[244] 谭安芬. 美国信息安全政策发展及其启示[J]. 计算机安全，2011（11）：2-5.

[245] 黄国威. 我国信息素质教育研究的现状与建议[J]. 图书馆工作与研究，2011（11）：104-107.

[246] 郭静，郭宏伦，袁艺. 印度加强国家信息安全的主要做法[J]. 保密工作，2011（11）：51-52.

[247] 王协舟，范琳琳. 我国政府信息公共获取行政问责的问题及对策[J]. 图书情报工作，2011，55（19）：125-129.

[248] 孙彩红. 印度《信息权利法》的实施及其启示[J]. 中国行政管理，2011（9）：96-99.

[249] 郭贵梅. 我国网络信息检索用户研究综述[J]. 现代情报，2011，31（8）：174-177.

[250] 高雷，吕文豪. 论建立我国网络信息安全保险体系[J]. 保险研究，2011（7）：86-91.

[251] 胡雁云. 我国个人信息法律保护的模式选择与制度建构[J]. 中州学刊，2011（4）：105-107.

[252] 王学人. 印度如何维护网络安全[J]. 通信企业管理，2011（7）：55-57.

[253] 夏宝君. 新加坡政府网络信息传播平台建设的策略与启示[J]. 东南亚研究，2011（3）：44-48.

[254] 周斌. 英国政府信息公开制度的立法特色与实践经验[J]. 北京档案，2011（6）：39-40.

[255] 常永新. 我国电子政务信息安全问题分析[J]. 人民论坛，2011（14）：234-235.

[256] 肖登辉. 行政法学视角下的我国个人信息保护立法初探[J]. 武汉大学学报（哲学社会科学版），2011，64（3）：41-44.

[257] 刁胜先. 个人信息网络侵权归责原则的比较研究——兼评我国侵权法相关规定[J]. 河北法学，2011，29（6）：92-98.

[258] 郭芳. 美国的信息政策及其启示[J]. 辽宁行政学院学报，2011，13（4）：25-27.

[259] 于新东，牛少凤，于洋. 美国与日本信息产业发展的比较及其启示[J]. 经济社会

体制比较，2011（2）：84-93.

[260] 张荣现，裴晓敏，李占立. 我国个人信息权保护现状及体系建构探究——基于网络侵权语境的分析[J]. 特区经济，2011（3）：255-256.

[261] 秉泽. 加拿大信息安全法：在保守与开放之间[J]. 保密工作，2011（3）：11-13.

[262] 卫红，伍湘辉，袁艺. 日本加强国家信息安全的主要做法[J]. 保密工作，2011（3）：52-54.

[263] 蒋舸. 个人信息保护法立法模式的选择——以德国经验为视角[J]. 法律科学（西北政法大学学报），2011，29（2）：113-120.

[264] 英国信息立法简史[J]. 保密工作，2011（2）：39.

[265] 郝文江，马晓明. 美国信息安全发展对中国发展战略的启示[J]. 信息安全与技术，2011（1）：3-7.

[266] 林永熙. 日本信息安全政策概述[J]. 中国信息安全，2010（12）：66-71.

[267] 韩艺. 比较法视野中的我国信息公开立法[J]. 新视野，2010（6）：75-77.

[268] 杨红梅. 我国信息资源政策法规的现状分析[J]. 情报理论与实践，2010，33（10）：38-40.

[269] 李夏. 德国数据监管机构的独立性[J]. 中国商界（下半月），2010（7）：284.

[270] 王建. 我国个人信息保护现状及完善措施[J]. 图书馆学研究，2010（11）：93-96.

[271] 安双宏. 印度信息技术人才培养的经验与不足[J]. 高等教育研究，2010，31（5）：104-109.

[272] 孟令权. 我国信息伦理理论研究现状述评[J]. 图书馆学研究，2010（10）：23-27.

[273] 马元锋. 对我国政府信息公开救济制度的思考——比较、反思与构建[J]. 云南行政学院学报，2010，12（2）：84-87.

[274] 胡磊. 我国互联网信息服务自律存在的问题及对策研究[J]. 情报杂志，2010，29（2）：153-155，152.

[275] 李春芹，金慧明. 浅论美国个人信息保护对中国的启示——以行业自律为视角[J]. 中国商界，2010（2）：303.

[276] 齐强军，齐爱民，陈琛. 论我国个人信息保护立法的权利基础[J]. 青海社会科学，2010（1）：187-189.

[277] 丁占罡. 我国信息公平问题研究述评[J]. 图书情报工作，2010，54（2）：45-49，20.

[278] 吕雪梅. 英国警务信息评估制度及其借鉴意义[J]. 江苏警官学院学报，2010，25（1）：174-179.

[279] 东方. 印度的信息获取经验及对我国图书馆的启示[J]. 图书馆杂志，2010，29（1）：60-62.

[280] 蔡翠红. 美国国家信息安全战略的演变与评价[J]. 信息网络安全，2010（1）：71-73.

[281] 北京江南天安科技有限公司. 国外关键信息基础设施保护之加拿大篇[J]. 信息网络安全，2009（12）：89-90.

[282] 马宏伟. 印度信息获取活动的思索[J]. 图书馆建设，2009（11）：99-101.

[283] 吕雪梅. 英国警务信息收集制度及其借鉴[J]. 公安教育，2009（11）：70-74，76.

[284] 日本图书馆保护个人信息细则[J]. 医学信息学杂志，2009，30（10）：64.

[285] 日本首设政府 CIO 推出信息技术战略[J]. 医学信息学杂志，2009，30（8）：45.

[286] 柏慧. 美国国家信息安全立法及政策体系研究[J]. 信息网络安全，2009（8）：44-46.

[287] 英国关键信息基础设施保护概述[J]. 信息网络安全，2009（8）：33-35.

[288] 苏海晏. 印度信息安全保障概论[J]. 信息网络安全，2009（8）：42-43.

[289] 吴晓明. 美国信息安全风险评估探析[J]. 信息网络安全，2009（8）：57-58.

[290] 孙立立. 美国信息安全战略综述[J]. 信息网络安全，2009（8）：7-10，35.

[291] 蒋天发，蒋巍，滕召荣. 对美国网络信息安全保障的思考与建议[J]. 信息网络安全，2009（8）：20-22.

[292] 国家信息技术安全研究中心. 美国信息安全标准化组织体制研究[J]. 信息网络安全，2009（8）：16-19，49.

[293] 国家统计局资料中心. 德国的数据传播和信息服务是怎样的[J]. 中国统计，2009（7）：56-57.

[294] 张菁. 印度信息权利法与信息监督机制[J]. 情报杂志，2009，28（S1）：137-138.

[295] 白晶. 日本的信息产业发展政策及对我国的启示[J]. 情报科学，2009，27（6）：957-960.

[296] 刘杰. 论日本信息公开与个人信息保护的救济制度[J]. 太平洋学报，2009（4）：15-21.

[297] 严霄凤，高炽扬. 美国联邦信息安全风险管理框架及其相关标准研究[J]. 信息安全与通信保密，2009（2）：40-44.

[298] 杜友文. 美国信息安全政策发展及对我国的启示[J]. 中国科技资源导刊，2009，41（1）：68-72.

[299] 马民虎，冯立杨. 德国联邦数据保护法的发展趋势[J]. 图书与情报，2009（1）：103-107.

[300] 杜友文. 美国信息安全政策及其对我国的启示[J]. 情报探索，2009（1）：41-43.

[301] 赵正群，宫雁. 美国的信息公开诉讼制度及其对我国的启示[J]. 法学评论，2009，27（1）：80-89.

[302] 罗洁，孔令杰. 美国信息隐私法的发展历程[J]. 湖北社会科学，2008（12）：154-157.

[303] 唐晋伟. 论德国法对信息社会下骚扰广告的规制——兼谈对我国消费者保护立法的启示[J]. 消费经济，2008，24（6）：85-89.

[304] 连志英. 美国政府信息公开中的公民隐私权保护立法研究[J]. 档案学通讯，2008（6）：30-33.

[305] 许春尧. 加拿大个人信息保护法律制度及借鉴[J]. 韶关学院学报，2008，29（11）：17-20.

[306] 于鹏，解志勇. 美国信息安全法律体系考察及其对我国的启示[J]. 信息网络安全，2008（10）：68-70.

[307] 肯·科诚，芦艳荣. 加拿大首席信息官的角色定位：交付成果给加拿大民众[J]. 电子政务，2008（9）：20-21.

[308] 王天华，王福强. 日本信息安全制度管窥[J]. 信息网络安全，2008（9）：58-60.

[309] 张晶. 美国与德国隐私信息立法与政策框架的比较[J]. 电子政务，2008（5）：123-127.

[310] 陈实，曾娅妮. 美国《信息自由法》中的"豁免公开信息例外"[J]. 新闻界，2008（2）：32-34.

[311] 黄念，郑秉文. 英国社保信息光盘丢失对我国的启示[J]. 中国审计，2008（3）：55-57.

[312] 李柯. 日本行政机关网络信息安全对策体制[J]. 国土资源信息化，2007（6）：31-35.

[313] 肖志宏，赵冬. 美国信息安全法研究[J]. 北京电子科技学院学报，2007（3）：19-23.

[314] 范文兰. 日本信息公开立法对隐私权的保护及其启示[J]. 档案，2007（4）：41-43.

[315] 郑丝琳. 我国信息公开法与美国、加拿大关于信息公开条款的比较[J]. 湖北档案，2007（7）：14-17.

[316] 赵宁. 加拿大的政府首席信息官制度[J]. 电子政务，2007（4）：13-17.

[317] 王鹏飞. 论日本信息安全战略的"保障型"[J]. 东北亚论坛, 2007（2）: 95-99.

[318] 马费成, 王海婷, 裴雷. 日本国家信息战略的发展经验及借鉴[J]. 情报科学, 2007（3）: 321-326.

[319] 刘杰. 日本宪法上的知情权与信息公开法[J]. 太平洋学报, 2007（1）: 6-12.

[320] 谢新洲, 袁泉. 新加坡网络信息管理机制分析[J]. 中国图书馆学报, 2007（1）: 85-88, 92.

[321] 谢青. 日本的个人信息保护法制及启示[J]. 政治与法律, 2006（6）: 152-157.

[322] 王正兴, 刘闯. 英国的信息自由法与政府信息共享[J]. 科学学研究, 2006（5）: 688-695.

[323] 严明, 刘琳. 加拿大电子政务中的信息安全管理[J]. 电子政务, 2006（9）: 24-28.

[324] 高瞻. 德国信息社会现状及总体发展规划[J]. 国际资料信息, 2005（10）: 15-20.

[325] 葛虹. 日本的行政程序法与信息公开制度[J]. 公法研究, 2005（1）: 234-265.

[326] 孙光明. 加拿大: 从保密法到信息安全法[J]. 信息网络安全, 2005（9）: 40-42.

[327] 田夫. 日本的信息和信息安全政策的发展[J]. 计算机安全, 2005（9）: 4-7.

[328] 王鹏. 加拿大皇家骑警情报信息建设概况[J]. 公安研究, 2005（8）: 93.

[329] 方跃平. 德国政府信息公开制度简析[J]. 淮北煤炭师范学院学报（哲学社会科学版）, 2005（3）: 60-62.

[330] 安小米, 刘静. 加拿大政府的信息管理政策[J]. 城建档案, 2004（1）: 43-47.

[331] 孙宁. 日本国家信息安全体制现状[J]. 网络安全技术与应用, 2004（2）: 50-53.

[332] 李莹. 英国信息法律及其与我国的比较[J]. 情报理论与实践, 2004（1）: 96-99.

[333] 孟强. 德国信息社会行动计划实施进展[J]. 全球科技经济瞭望, 2003（12）: 53-56.

[334] 肖永英. 英国《信息自由法》的主要内容及其影响初探[J]. 情报杂志, 2003（9）: 93-94, 97.

[335] 章鹏远. 数字信息长期保护与英国数字保护项目[J]. 图书情报工作, 2003（8）: 87-89.

[336] 陈可. 英国调整信息产业管理机制[J]. 全球科技经济瞭望, 2003（2）: 14-16.

[337] 查灿长. 浅析印度在其信息技术发展中的人才资源问题[J]. 东方论坛, 2002（3）: 111-116.

[338] 甘峰. 日本信息公开法实施与民间主导的行政目标[J]. 浙江大学学报（人文社会科学版）, 2002（3）: 139-146.

[339] 张友春. 日本信息安全保障体系建设情况综述[J]. 信息安全与通信保密, 2002

（6）：57-60.

[340] 高瞻. 德国信息产业现状及信息社会发展规划[J]. 国际资料信息，2001（9）：19-22.

[341] 朱剑平. 印度军队提高信息战能力的"举措"[J]. 国防科技，2001，22（9）：28-29.

[342] 沈懿，李瑶. 印度的知识信息计划[J]. 电子商务，2001（8）：58.

[343] 中村. 政府在网络社会中的作用——日本信息政策展望[J]. 开放导报，2001（7）：17-18.

[344] 周健. 日本《信息公开法》与行政信息公开制度[J]. 法律文献信息与研究，2001（2）：1-4.

[345] 周健. 加拿大《隐私权法》与个人信息的保护[J]. 法律文献信息与研究，2001（1）：1-3，13.

[346] 吴微. 日本《信息公开法》的制定及其特色[J]. 行政法学研究，2000（3）：97-100，45.

[347] 闫杰，苏竻，王刊良. 印度《2008年信息技术发展计划》评述[J]. 科研管理，2000（2）：49-55.

[348] 刘雪亮. 英国的信息网络化管理[J]. 中国市场，1999（10）：67-68.

[349] 钱文瑛. 德国数据保护和数据安全协会简介[J]. 上海统计，1999（4）：40.

[350] 胡慧. 日本的国家信息政策[J]. 日本研究，1998（4）：41-46.

[351] 刘尚焱. 日本的国家信息政策[J]. 图书情报工作，1998（12）：56-58，16.

[352] 赵小凡. 新加坡国家信息基础设施[J]. 信息系统工程，1998（7）：40.

[353] 贺熙炳. 新加坡的信息基础设施建设和全民网络计划[J]. 全球科技经济瞭望，1997（12）：9-11.

[354] 美国、加拿大信息网络的建设与管理[J]. 国有资产管理，1997（11）：58-60，25.

[355] 贝内特. 加拿大信息高速公路上的个人隐私保护[J]. 国外社会科学，1997（3）：86-87.

[356] 孙章伟. 新加坡信息产业的发展与启示[J]. 改革与理论，1997（2）：47-50.

[357] 布赫瓦尔德，梁俊兰. 英国的信息政策和信息基础结构[J]. 国外社会科学，1997（2）：95-96.

[358] 徐秋慧. 浅论日本信息产业发展特点[J]. 信息经济与技术，1995（9）：21.

[359] 黄史坚. 日本、韩国、台湾和新加坡的信息高速公路建设[J]. 经济与信息，1995

（8）：23-25.

[360] 北京市电信管理局赴新加坡计算机网络培训组. 新加坡电信考察报告——关于顾客服务与信息系统[J]. 北京电信科技，1995（1）：14-16.

[361] 翁清辉. 英国的信息安全管理[J]. 标准化信息，1994（3）：28-29.

[362] 刘全庚. 英国信息技术联合研究计划[J]. 国际科技交流，1990（12）：33-34，44.

[363] 刘全庚. 英国信息技术联合咨询委员会[J]. 国际科技交流，1989（12）：53-54，40.

[364] 彭春乔，孙冠文. 新加坡制定国家信息技术计划[J]. 国际科技交流，1988（5）：41-44.

[365] 徐立. 联邦德国的法律信息体系[J]. 政治与法律，1987（4）：59.

[366] 殷世聪. 印度信息技术政策及发展现状[J]. 国际科技交流，1987（1）：15-18.

[367] 瞿增敏.联邦德国的信息教育计划[J]. 教育评论，1986（1）：87.

[368] 马海群. 从《俄罗斯联邦信息安全学说》解读俄罗斯信息安全体系[J]. 现代情报，2020，40（5）：13-18.

[369] 刘杨钺. 在断网与建网间：俄罗斯网络安全战略部署[J]. 保密工作，2020（4）：60-62.

[370] 官晓萌. 俄罗斯网络安全领域最新法律分析[J]. 情报杂志，2019，38（11）：50-54.

[371] 肖军. 俄罗斯信息安全体系的建设与启示[J]. 情报杂志，2019，38（12）：134-140.

[372] 官晓萌. 解析俄罗斯网络安全领域最新法律——《主权互联网法》[J]. 情报杂志，2020（6）：1-5.

[373] 张建文，贾佳威. 俄罗斯个人信息处理中的国家监督与监察[J]. 保密科学技术，2019（8）：43-48.

[374] 由鲜举，颉靖，田素梅. 俄罗斯2018年信息安全建设综述[J]. 保密科学技术，2019（2）：42-48.

[375] 文凤. 《俄罗斯信息社会发展战略（2017—2030）》研究[J]. 农业图书情报学刊，2018，30（6）：5-10.

[376] 由鲜举. 2017年度俄罗斯信息空间安全建设回顾[J]. 保密科学技术，2018（5）：51-58.

[377] 张孙旭. 俄罗斯网络空间安全战略发展研究[J]. 情报杂志，2017，36（12）：5-9.

[378] 由鲜举. 俄罗斯信息空间建设的思路与做法[J]. 俄罗斯东欧中亚研究，2017

（5）：51-63，157.

[379] 赵晖. 俄罗斯网络地理信息安全政策建设经验与启示[J]. 金陵科技学院学报（社会科学版），2017，31（3）：36-39.

[380] 王丹娜. 2016俄罗斯信息安全态势综述[J]. 中国信息安全，2017（2）：72-74.

[381] 杨国辉. 俄罗斯联邦信息安全学说[J]. 中国信息安全，2017（2）：79-83.

[382] 班婕，鲁传颖. 从《联邦政府信息安全学说》看俄罗斯网络空间战略的调整[J]. 信息安全与通信保密，2017（2）：81-88.

[383] 刘勃然. 俄罗斯网络安全治理机制探析[J]. 西伯利亚研究，2016，43（6）：30-32.

[384] 由鲜举，高尚宝.《俄罗斯联邦信息安全学说（2016）》解读[J]. 保密科学技术，2016（12）：37-39.

[385] 王康庆. 俄罗斯网络安全法发展实证分析[J]. 中国信息安全，2016（12）：84-86.

[386] 王舒毅. 俄罗斯网络安全战略的主要特点[J]. 保密工作，2016（8）：45-46.

[387] 李淑华. 俄罗斯加强网络审查状况分析[J]. 俄罗斯东欧中亚研究，2015（6）：64-70.

[388] 周季礼. 2014年俄罗斯网络空间安全发展举措综述[J]. 中国信息安全，2015（8）：98-102.

[389] 姜振军，齐冰. 俄罗斯国家信息安全面临的威胁及其保障措施分析[J]. 俄罗斯东欧中亚研究，2014（3）：9-15，95.

[390] 肖秋会. 俄罗斯信息法研究综述[J]. 中国图书馆学报，2013，39（6）：75-85.

[391] 杨国辉. 2013年俄罗斯信息安全建设动态[J]. 中国信息安全，2013（11）：99-100.

[392] 乔丹. 俄罗斯信息安全立法和管理框架[J]. 中国信息安全，2013（2）：54-56.

[393] 杨政. 俄罗斯：建立"信息过滤"的防火墙[J]. 理论导报，2013（1）：39.

[394] 杨国辉. 2012俄罗斯信息安全建设动态[J]. 中国信息安全，2012（10）：57-60.

[395] 俄罗斯：实施"网络黑名单法"严控网上信息[J]. 保密工作，2012（9）：50.

[396] 杨国辉. 俄罗斯发布2011年度信息安全漏洞报告[J]. 中国信息安全，2012（5）：68-71.

[397] 梁炳超. 俄罗斯信息立法理论与实践探析[J]. 图书馆学研究，2011（13）：100-101，50.

[398] 马海群，范莉萍. 俄罗斯联邦信息安全立法体系及对我国的启示[J]. 俄罗斯中亚东欧研究，2011（3）：19-26.

[399] 郝凯亭，付强，袁艺. 俄罗斯加强国家信息安全的主要做法[J]. 保密工作，2011（2）：45-47.

[400] 肖秋会. 近五年来俄罗斯信息政策和信息立法进展[J]. 图书情报知识，2010（4）：96-101.

[401] 杨国辉. 俄罗斯2009内部信息安全威胁调查报告[J]. 中国信息安全，2010（2）：66-72.

[402] 王磊. 俄罗斯信息安全政策及法律框架之解读[J]. 信息网络安全，2009（8）：50-52，67.

[403] 贾乐蓉. 俄罗斯信息公开立法与实践[J]. 国际新闻界，2006（1）：51-55.

[404] 肖秋惠. 20世纪90年代以来俄罗斯信息安全政策和立法研究[J]. 图书情报知识，2005（5）：84-87.

[405] 贺延辉. 近年俄罗斯信息法研究概况[J]. 图书情报工作，2005（7）：139-142.

[406] 由鲜举. 俄罗斯联邦信息安全学说[J]. 信息网络安全，2005（5）：67-69.

[407] 尤小明. 俄罗斯国家信息政策[J]. 图书馆建设，2004（4）：79-80.

[408] 沈昌祥. 俄罗斯信息安全概况及启示[J]. 计算机安全，2003（12）：1-2.

[409] 刘助仁. 俄罗斯打造信息网络安全盾牌[J]. 国家安全通讯，2003（8）：57-59.

[410] 肖秋惠. 20世纪90年代以来俄罗斯信息立法探索[J]. 情报理论与实践，2003（1）：85-88.

[411] 冯维超. "法普西"与俄罗斯信息安全[J]. 计算机安全，2002（10）：13-14.

[412] 石军. 俄罗斯《国家信息安全学说》概要[J]. 信息网络安全，2002（2）：19-20.

[413] 刘助仁. 美国、俄罗斯网络安全战略与对策[J]. 计算机安全，2001（6）：21-25.

[414] 刘亚莉. 俄罗斯重视加强信息领域的安全保障[J]. 情报杂志，2001（9）：86-88.

[415] 刘建明. 俄罗斯面临的信息安全新形势及对策[J]. 情报杂志，1999（6）：106-107.

[416] John Soars. Cyber security and Cyber war: What Everyone Needs to Know [J]. 2014.

[417] Ben-Asher N，Gonzalez C. Effects of cyber security knowledge on attack detection [J]. Computers in Human Behavior，2015（48）：51-61.

[418] Skare P M. Method and system for cyber security management of industrial control systems [J]. 2013.

[419] Andrew J. Nathan. Cyber security and U.S. -China Relations [J]. Foreign affairs，2012，91（5）：203-204.

[420] Sommer P，Brown I. Reducing Systemic Cyber security Risk [J]. Social Science Electronic Publishing.

[421] United States. Government Accountability Office. Cyber security：National Strategy，Roles，and Responsibilities Need to Be Better Defined and More Effectively

Implemented [J]. Government Accountability Office Reports，2013：282-289.

[422] Alexander Kott.Towards Fundamental Science of Cyber Security [J]. Advances in information security，2014（55）：1-13.

[423] Fairley，Peter. Cybersecurity at U.S. utilities due for an upgrade：Tech to detect intrusions into industrial control systems will be mandatory [J]. IEEE Spectrum，2016，53（5）：11-13.

[424] Wm. Arthur Conklin，Raymond E Cline，Tiffany Roosa. Re-engineering Cybersecurity Education in the US：An Analysis of the Critical Factors [J]. 2014.

[425] Hayes S，Shore M，Jakeman M. The Changing Face of Cyber security [J]. Isaca Journal，2012（6）：29-36.

[426] Betz D J，Stevens T. Analogical Reasoning and Cyber Security [J]. Security Dialogue，2013，44（2）.

[427] U.S. Government Accountability Office. Critical Infrastructure Protection：Department of Homeland Security Faces Challenges in Fulfilling Cyber security Responsibilities [J]. 2005.

[428] United States. Government Accountability Office. Cyber security：A Better Defined and Implemented National Strategy Is Needed to Address Persistent Challenges [J]. Government accountability office reports，2013（9）：705-715.

[429] Kshetri N，Murugesan S. EU and US Cybersecurity Strategies and Their Impact on Businesses and Consumers [J]. Computer，2013，46（10）：84-88.

[430] Samuel C. Prospects for India-US Cyber Security Cooperation [J]. Strategic analysis，2011，35（5）：770-780.

[431] Min K S，Chai S W，Han M. An International Comparative Study on Cyber Security Strategy [J]. International Journal of Security & Its Applications，2015，9（2）：13-20.

[432] Dupont B.The Cyber Security Environment to 2022：Trends，Drivers and Implications [J]. Ssrn Electronic Journal，2012.

[433] Titilis D. Preconditions of sustainable ecosystem：cyber security policy and strategies [J]. Entrepreneurship & Sustainability Issues，2016.

[434] Blythe S E. Croatia's computer laws：promotion of growth in E-commerce via greater cyber security [J]. European journal of law & economics，2008，26（1）：75-103.

[435] Fonash P. Cyber security：From Months to Milliseconds [J]. Computer，2015，48（1）：42-50.

[436] Gooding D J，Mcdonald J. Method of Secure Electric Power Grid Operations Using Common Cyber Security Services [J]. 2012.

[437] Office USGA. Critical Infrastructure Protection ： Cybersecurity Guidance Is Available ， but More Can Be Done to Promote Its Use [J]. Government Accountability Office Reports，2011.

[438] Araz T，Min L H S. Governing autonomous vehicles: emerging responses for safety，liability，privacy，cybersecurity，and industry risks [J]. Transport Reviews，2018：1-26.

[439] Bendiek A ， Porter A L. European Cyber Security Policy within a Global Multistakeholder Structure [J]. European Foreign Affairs Review，2013，18（2）：155-180.

[440] Harvey J. An Economics Primer for Cyber Security Analysts [J]. 2018.

[441] Marië，n，André. Review: Insider attack and cyber security: beyond the hacker [J]. Computing reviews，2009.

[442] Shackelford，Scott. Securing North American Critical Infrastructure: A Comparative Case Study in Cyber security Regulation [J]. Canada-United States Law Journal，2016，40.

[443] Kim K.National cyber security enhancement scheme for intelligent surveillance capacity with public environment [J]. Journal of super computing，2017，73（3）：1140-1151.

[444] Arlitsch K. Staying Safe: Cyber Security for People and Organizations [J]. Journal of Library Administration，2014，54（1）：46-56.

[445] Lindsay. Inflated Cyber security Threat Escalates US-China Mistrust [J]. New Perspectives Quarterly，2015，32（3）：17-21.

[446] Benzel，Terry. A Strategic Plan for Cyber security Research and Development [J]. ieee security & privacy，2015，13（4）：3-5.

[447] Kiggins R D. US Leadership in Cyberspace ： Transnational Cyber Security and Global Governance [J].2014.

[448] Skouby K E. Cyber Security Threats to Applications and Service Domains [J]. Wireless Personal Communications，2017.

[449] Goth，Greg.News: Richard Clarke Talks Cybersecurity and JELL-O [J]. Security & privacy ieee，2004，2（3）：11-15.

[450] Usman M. A Survey on Representation Learning Efforts in Cyber security Domain [J]. ACM Computing Surveys，2019，52（6）：1-28.

[451] Gallagher. US outlines cyber security pathway [J]. Safety at Sea International，2017，51（579）：33-33.

[452] Mark Stamp. Information Security：Principles and Practice[C] Wiley Publishing，2011.

[453] Bodin L D. Evaluating information security investments using the analytic hierarchy process [J]. Communications of the ACM，2005，48（2）：78-83.

[454] Dhillon G. Value-focused assessment of information security in organizations [J]. Information Systems Journal，2006，16（3）：293-314.

[455] Tamjidyamcholo A. Information security -Professional perceptions of knowledge-sharing intention under self-efficacy，trust，reciprocity，and shared-language[J]. Computers&Education，2013，（68）：223-232.

[456] Furnell S M.Human aspects of information security [J]. Information Management & Computer Security，2013，21（1）：5-15.

[457] Abrams M D. Information Security：An Integrated Collection of Essays [M]. IEEE Computer Society Press，1995.

[458] Appari A. Information security and privacy in health care: current state of research [J]. International Journal of Internet & Enterprise Management，2010，6（4）：279.

[459] Tanaka H. Vulnerability and information security investment：An empirical analysis of e-local government in Japan [J]. Journal of Accounting & Public Policy，2005，24（1）：50-59.

[460] Bernd. Information security policies in the UK healthcare sector: a critical evaluation [J]. Information Systems Journal，2012.

[461] Hyun-Jung Lee. Analysis of Information Protection Scheme on Information Security Operation System of UK [J]. Journal of security engineering，2012.

[462] Stahl B C .Information security policies in the UK healthcare sector：a critical evaluation [J]. Information Systems Journal，2011.

[463] Lomas，Elizabeth. Information governance：information security and access within a UK context [J]. Records Management Journal，2010，20（2）：182-198.

[464] Levin A. Is workplace surveillance legal in Canada?[J]. International Journal of Information Security，2007，6（5）：313-321.

[465] Forcese，Craig. Touching Torture with a Ten-Foot Pole：The Legality of Canada's Approach to National Security Information Sharing with Human Rights-Abusing States [J]. Social science electronic publishing，2015.

[466] Donn B. Parker. Restating the foundation of information security [J]. Computer audit update，1991（10）：2-15.

[467] Rumyantsev，Andrey. Russia：Information Security Doctrine，Stricter Regulations against "Fake News" and Blocking LinkedIn [J]. Computer Law Review International，2017，18（1）.

[468] Barabanov A，Markov A. Modern trends in the regulatory framework of the information security compliance assessment in Russia based on common criteria[C] International Conference. ACM，2015.

[469] Mazilkina. Limiting the Risk of Integration in the Context of Ensuring National Information Security of Russia [J]. Published papers，2015.

[470] 浜田純.情報政策論への視点—社会情報研究の一場面[C].//東京大学社会情報研究所.社会情報と情報 環境.東京大学出版会，1994：125-146.

[471] 砂田薫.情報政策史の時代区分に関する提案—経済産業省と情報産業を中心に—[J].日本社会情報学会学会誌，2007(3)：45-57.

[472] 岡本剛和.情報通信政策論—二つの転換点と今後の論点—[J].情報学研究：東京大学大学院情報学環紀要，2013(3)：99-103.

[473] 山碕良志.我が国ICT政策の動向と展望—FTTHを中心に—[J].映像情報メディア学会誌，2006(6)：840-846.

[474] 奥村裕一.政府CIOの法的設置の内容と課題[J].行政&情報システム，2013(8)：8-13.

[475] Mazilkina，Elena，Kasaeva. Limiting The Risk Of Integration In The Context Of Ensuring National Information Security Of Russia [J]. Published papers，2015.

[476] Valery Dzutsev. Russia Ramps up Information Security to Suppress Adverse News Reporting around Sochi [J]. North Caucasus weekly，2013.

[477] Lennart Jaeger，Andreas Eckhardt，Julia Kroenung. The role of deterrability for the effect of multi-level sanctions on information security policy compliance：Results of a multigroup analysis [J]. Information & Management，2020.

[478] Anthony Vance. Effects of sanctions，moral beliefs，and neutralization on information security policy violations across cultures [J]. Information Management，2020，57（4）.

[479] Eldem. The Governance of Turkey's Cyberspace： Between Cyber Security and Information Security [J]. International Journal of Public Administration，2020，43（5）.

[480] Jennifer R. Henrichsen. Breaking Through the Ambivalence：Journalistic Responses to Information Security Technologies [J]. Digital Journalism，2020，8（3）.

[481] Dirk Snyman，Hennie Kruger. Behavioural threshold analysis：methodological and practical considerations for Applications in information security [J]. Behaviour & Information Technology，2019，38（11）.

[482] Christina Y. Jeong，Sang-Yong Tom Lee，Jee-Hae Lim. Information security breaches and IT security investments： Impacts on competitors [J]. Information & Management，2019，56（5）.

[483] Mark Evans，Ying He，Leandros Maglaras，Iryna Yevseyeva，Helge Janicke. Evaluating information security core human error causes （IS-CHEC） technique in public sector and comparison with the private sector [J]. International Journal of Medical Informatics，2019(127).

[484] Allen C. Johnston，Merrill Warkentin，Alan R. Dennis，Mikko Siponen. Speak their Language： Designing Effective Messages to Improve Employees' Information Security Decision Making [J]. Decision Sciences，2019，50（2）.

[485] Styugin. Protection from reconnaissance for establishing information security systems [J]. Information Security Journal：A Global Perspective，2019，28（1-2）.

[486] Abhishek Narain Singh，M.P. Gupta. Information Security Management Practices：Case Studies from India [J]. Global Business Review，2019，20（1）.

[487] Chun-Hsian Huang，Huang-Yi Chen，Yao-Ying Tzeng，Peng-Yi Li. Adaptive and service-oriented embedded system for information security Applications[J]. Computers and Electrical Engineering，2019(73).

[488] Niccolò Tempini，Sabina Leonelli. Concealment and discovery： The role of information security in biomedical data re-uses [J]. Social Studies of Science，2018，48（5）.

[489] V Naicker，M Mafaiti. The Establishment of collaboration in managing information security through multisourcing [J]. Computers & Security，2018.

[490] Majed Rajab，Ali Eydgahi. Evaluating the Explanatory Power of Theoretical Frameworks on Intention to Comply with Information Security Policies in Higher

Education [J]. Computers & Security，2018.

[491] Mark Evans. HEART-IS：A novel technique for evaluating human error-related information security incidents [J]. Computers & Security，2018.

[492] Takaaki Kawanaka. Information Sharing and Security for a Memory Channel Communication Network [J]. Industrial Engineering & Management Systems，2018，17（3）.

[493] Markus Naarttijärvi. Balancing data protection and privacy – The case of information security sensor systems [J]. Computer Law & Security Review：The International Journal of Technology Law and Practice，2018.

[494] Nader Sohrabi Safa. Motivation and opportunity based model to reduce information security insider threats in organisations [J]. Journal of Information Security and Applications，2018(40).

[495] Luís Almeida，Ana Respício. Decision support for selecting information security controls [J]. Journal of Decision Systems，2018，27（sup1）.

[496] Seungwan Hong. An analysis of security systems for electronic information for establishing secure internet of things environments：Focusing on research trends in the security field in South Korea [J]. Future Generation Computer Systems，2018，82.

[497] Andrew Futter. 'Cyber' semantics：why we should retire the latest buzzword in security studies [J]. Journal of Cyber Policy，2018，3（2）.

[498] Suresh Cuganesan，Cara Steele，Alison Hart. How senior management and workplace norms influence information security attitudes and self-efficacy [J]. Behaviour & Information Technology，2018，37（1）.

[499] France Bélanger，Stéphane Collignon，Kathryn Enget，Eric Negangard. Determinants of early conformance with information security policies [J]. Information & Management，2017，54（7）.

[500] V. K. Zadiraka，A. M. Kudin. New Models and Methods for Estimating the Cryptographic Strength of Information Security Systems [J]. Cybernetics and Systems Analysis，2017，53（6）.

[501] W. Alec Cram，Jeffrey G. Proudfoot，John D'Arcy. Organizational information security policies：a review and research framework [J]. European Journal of Information Systems，2017，26（6）.

[502] PalaniAppan Shamala，Rabiah Ahmad，Ali Zolait，Muliati Sedek. Integrating information quality dimensions into information security risk management （ISRM） [J]. Journal of Information Security and Applications，2017(36).

[503] He，Johnson. Challenges of information security incident learning：An industrial case study in a Chinese healthcare organization [J]. Informatics for Health and Social Care，2017，42（4）.

[504] Daniel Schatz，Rabih Bashroush. Economic valuation for information security investment：a systematic literature review [J]. Information Systems Frontiers，2017，19（5）.

[505] Fayez Hussain Alqahtani. Developing an Information Security Policy：A Case Study Approach [J]. Procedia Computer Science，2017(124).

[506] Mehdi Dadkhah，Glenn Borchardt，Mohammad Lagzian. Do You Ignore Information Security in Your Journal Website?[J]. Science and Engineering Ethics，2017，23（4）.

[507] Shropshire. Identifying Traits and Values of Top-Performing Information Security Personnel [J]. Journal of Computer Information Systems，2017，57（3）.

[508] Nattaruedee Vithanwattana. Developing a comprehensive information security framework for mHealth：a detailed analysis [J]. Journal of Reliable Intelligent Environments，2017，3（1）.

[509] Asunur Cezar，Huseyin Cavusoglu，Srinivasan Raghunathan. Sourcing Information Security Operations：The Role of Risk Interdependency and Competitive Externality in Outsourcing Decisions [J]. Production and Operations Management，2017，26（5）.

[510] L V Astakhova. About informing the leadership in an organization：Problems in the context of information security [J]. Scientific and Technical Information Processing，2017，44（2）.

[511] Alexey G Finogeev，Anton A. Finogeev. Information attacks and security in wireless sensor networks of industrial SCADA systems [J]. Journal of Industrial Information Integration，2017(5).

[512] Pil Sung Woo，Balho H. Kim. Methodology of Cyber Security Assessment in the Smart Grid [J]. Journal of Electrical Engineering & Technology，2017，12（2）.

[513] V V Arutyunov. On the training of highly qualified scientific staff in the field of information security [J]. Scientific and Technical Information Processing，2017，44（1）.

[514] Dea-woo Park. World Markets Cooperation Platform of the Information Security Industry [J]. International Conference，2016，8（1）.

[515] Gurpreet Dhillon，Romilla Syed，Filipe de Sá-Soares. Information security concerns in IT outsourcing：Identifying （in） congruence between clients and vendors [J]. Information & Management，2016.

[516] Danny Budzak. Information security – The people issue [J]. Business Information Review，2016，33（2）.

[517] Mehdi Dadkhah，Seyed Amin Hosseini Seno，Glenn Borchardt. Current and potential cyber attacks on medical journals; guidelines for improving security [J]. European Journal of Internal Medicine，2016(38).

[518] Şahika Eroğlu，Tolga Çakmak. Enterprise Information Systems within the Context of Information Security：A Risk Assessment for a Health Organization in Turkey [J]. Procedia Computer Science，2016(100).

[519] Zahoor Ahmed Soomro，Mahmood Hussain Shah，Javed Ahmed. Information security management needs more holistic Approach：A literature review [J]. International Journal of Information Management，2016，36（2）.

[520] Mijnhardt，Baars，Spruit. Organizational Characteristics Influencing SME Information Security Maturity [J]. Journal of Computer Information Systems，2016，56（2）.

[521] Ana Paula Henriques de Gusmão. Information security risk analysis model using fuzzy decision theory [J]. International Journal of Information Management，2016，36（1）.

[522] George Saridakis. Individual information security，user behaviour and cyber victimisation：An empirical study of social networking users [J]. Technological Forecasting & Social Change，2016(102).

[523] Jaehun Joo，Anat Hovav. The influence of information security on the adoption of web-based integrated information systems：an e-government study in Peru [J]. Information Technology for Development，2016，22（1）.

[524] Kresimir Solic，Hrvoje Ocevcic，Marin Golub. The information systems' security level assessment model based on an ontology and evidential reasoning Approach [J]. Computers & Security，2015(55).

[525] Lara Khansa. M& As and market value creation in the information security

industry [J]. Journal of Economics and Business，2015(82).

[526] Andrei Ioan Hohan， Marieta Olaru， Ionela Carmen Pirnea. Assessment and Continuous Improvement of Information Security Based on TQM and Business Excellence Principles[J]. Procedia Economics and Finance，2015(32).

[527]Adrian-Bogdanel Munteanu，Doina Fotache. Enablers of Information Security Culture [J]. Procedia Economics and Finance，2015(20).

[528] M.R. Fazlida， Jamaliah Said. Information Security： Risk， Governance and Implementation Setback [J]. Procedia Economics and Finance，2015(28).

[529] L.V. Astakhova. Evaluation Assurance Levels for Human Resource Security of an Information System [J]. Procedia Engineering，2015(129).

[530] Curiac，Pachia. Controlled information destruction：the final frontier in preserving information security for every organisation[J]. Enterprise Information Systems，2015，9（4）.

[531] Maisa Mendonça Silva，Ana Paula Henriques de Gusmão，Thiago Poleto，Lúcio Camara e Silva，Ana Paula Cabral Seixas Costa. A multidimensional Approach to information security risk management using FMEA and fuzzy theory [J]. International Journal of Information Management，2014，34（6）.

[532] Amanda M.Y. Chu，Patrick Y.K. Chau. Development and validation of instruments of information security deviant behavior [J]. Decision Support Systems，2014(66).

[533] John D'Arcy， Tejaswini Herath， Mindy K. Shoss. Understanding Employee Responses to Stressful Information Security Requirements：A Coping Perspective [J]. Journal of Management Information Systems，2014，31（2）.

[534] Efthymia Metalidou，Catherine Marinagi，Panagiotis Trivellas，Niclas Eberhagen，Christos Skourlas， Georgios Giannakopoulos. The Human Factor of Information Security： Unintentional Damage Perspective [J]. Procedia -Social and Behavioral Sciences，2014(147).

[535] Debra Box，Dalenca Pottas. A Model for Information Security Compliant Behaviour in the Healthcare Context [J]. Procedia Technology，2014(16).

[536] C Derrick Huang， Ravi S. Behara， Jahyun Goo. Optimal information security investment in a Healthcare Information Exchange： An economic analysis [J]. Decision Support Systems，2014(61).

[537] Hervé Cholez，Frédéric Girard. Maturity assessment and process improvement for

information security management in small and medium enterprises [J]. Journal of Software: Evolution and Process, 2014, 26（5）.

[538] Mikko Siponen, M. Adam Mahmood, Seppo Pahnila. Employees' adherence to information security policies: An exploratory field study [J]. Information & Management, 2014, 51（2）.

[539] Jemal Abawajy. User preference of cyber security awareness delivery methods [J]. Behaviour & Information Technology, 2014, 33（3）.

[540] Lotto Kim Hung Lai, Kwai Sang Chin. Development of a Failure Mode and Effects Analysis Based Risk Assessment Tool for Information Security [J]. Industrial Engineering & Management Systems, 2014, 13（1）.

[541] Hong-bumm Kim. Impact of hotel information security on system reliability [J]. International Journal of Hospitality Management, 2013(35).

[542] Eyong B Kim. Information Security Awareness Status of Business College: Undergraduate Students [J]. Information Security Journal: A Global Perspective, 2013, 22（4）.

[543] Humayun Zafar. Human resource information systems: Information security concerns for organizations [J]. Human Resource Management Review, 2013, 23（1）.

[544] C Derrick Huang, Ravi S.Behara. Economics of information security investment in the case of concurrent heterogeneous attacks with budget constraints [J]. International Journal of Production Economics, 2013, 141（1）.

[545] James Cox. Information systems user security: A structured model of the knowing–doing gap[J]. Computers in Human Behavior, 2012, 28（5）.

[546] Theodosios Tsiakis. Consumers' Issues and Concerns of Perceived Risk of Information Security in Online Framework. The Marketing Strategies [J]. Procedia -Social and Behavioral Sciences, 2012(62).

[547] Lara Khansa, Divakaran Liginlal. Whither information security? Examining the complementarities and substitutive effects among IT and information security firms [J]. International Journal of Information Management, 2012, 32（3）.

[548] Maria Margaretha Eloff. A sustainable information security framework for e-Government – case of Tanzania [J]. Technological and Economic Development of Economy, 2012, 18（1）.

[549] Jason S. Burkett. Business Security Architecture: Weaving Information Security into

Your Organization's Enterprise Architecture through SABSA®[J]. Information Security Journal: A Global Perspective，2012，21（1）.

[550] Wolter Pieters. The （Social） Construction of Information Security [J]. The Information Society，2011，27（5）.

[551] Mohamed S. Saleh，Abdulkader Alfantookh. A new comprehensive framework for enterprise information security risk management [J]. Applied Computing and Informatics，2011，9（2）.

[552] Yong Jick Lee，Robert J. Kauffman，Ryan Sougstad. Profit-maximizing firm investments in customer information security [J]. Decision Support Systems，2011，51（4）.

[553] Karin Hedström. Value conflicts for information security management [J]. Journal of Strategic Information Systems，2011，20（4）.

[554] Christos Ioannidis，David Pym，Julian Williams. Information security trade-offs and optimal patching policies [J]. European Journal of Operational Research，2011，216（2）.

[555] Wendy W Ting，David R. Comings. Information Assurance Metric for Assessing NIST's Monitoring Step in the Risk Management Framework [J]. Information Security Journal: A Global Perspective，2010，19（5）.

[556] Ganthan Narayana Samy. Security threats categories in healthcare information systems [J]. Health Informatics Journal，2010，16（3）.

[557] Ana Ferreira. Grounding information security in healthcare [J]. International Journal of Medical Informatics，2010，79（4）.

[558] Ebru Yeniman Yildirim，Gizem Akalp，Serpil Aytac，Nuran Bayram. Factors influencing information security management in small-and medium-sized enterprises：A case study from Turkey [J]. International Journal of Information Management，2010，31（4）.

[559] Sevgi Ozkan，Bilge Karabacak. Collaborative risk method for information security management practices：A case context within Turkey [J]. International Journal of Information Management，2010，30（6）.

[560] Julie J C H Ryan，Thomas A Mazzuchi，Daniel J Ryan，Juliana Lopez de la Cruz，Roger Cooke. Quantifying information security risks using expert judgment elicitation [J]. Computers and Operations Research，2010，39（4）.

[561] Ding-Long Huang, Pei-Luen Patrick Rau, Gavriel Salvendy. Perception of information security [J]. Behaviour & Information Technology, 2010, 29 (3).

[562] Oleksandr Korchenko, Yevhen Vasiliu, Sergiy Gnatyuk. Modern quantum technologies of information security against cyber-terrorist attacks [J]. Aviation, 2010, 14 (2).

[563] Mary Sumner. Information Security: A Comparative Analysis of Impact, Probability, and Preparedness [J]. Information Systems management, 2009, 26 (1).

[564] Information Security: Facilitating User Precautions vis-à-vis Enforcement against Attackers [J]. Journal of Management Information Systems, 2009, 26 (2).

[565] Ross Anderson, Tyler Moore. Information Security: Where Computer Science, Economics and Psychology Meet [J]. Philosophical Transactions: Mathematical, Physical and Engineering Sciences, 2009, 367 (1898).

[566] Anith Nelleri, Joby Joseph, Kehar Singh. Error analysis for a lens-less in-line digital holographic complex information security system based on double random phase encoding [J]. Optics and Lasers in Engineering, 2009, 47 (9).

[567] Tejaswini Herath, H R Rao. Encouraging information security behaviors in organizations: Role of penalties, pressures and perceived effectiveness [J]. Decision Support Systems, 2009, 47 (2).

[568] Suhazimah Dzazali, Ainin Sulaiman, Ali Hussein Zolait. Information security landscape and maturity level: Case study of Malaysian Public Service （MPS） organizations [J]. Government Information Quarterly, 2009, 26 (4).

[569] Andrea M Matwyshyn. CSR and the Corporate Cyborg: Ethical Corporate Information Security Practices [J]. Journal of Business Ethics, 2009(88).

[570] ommie W Singleton, Aaron J Singleton. The Potential for a Synergistic Relationship between Information Security and a Financial Audit [J]. Information Security Journal: A Global Perspective, 2008, 17 (2).

[571] Sandip C Patel, James H Graham, Patricia A S Ralston. Quantitatively assessing the vulnerability of critical information systems: A new method for evaluating security enhancements [J]. International Journal of Information Management, 2008, 28 (6).

[572] Michael Workman, William H Bommer, Detmar Straub. Security lapses and the omission of information security measures: A threat control model and empirical test [J]. Computers in Human Behavior, 2008, 24 (6).

[573] Lawrence A Gordon. The impact of the Sarbanes-Oxley Act on the corporate

disclosures of information security activities [J]. Journal of Accounting and Public Policy，2006，25（5）.

[574] Erlend Bønes，Per Hasvold，Eva Henriksen，Thomas Strandenæs. Risk analysis of information security in a mobile instant messaging and presence system for healthcare [J]. International Journal of Medical Informatics，2006，76（9）.

[575] Theodosios Tsiakis，George Stephanides. The economic Approach of information security [J]. Computers & Security，2005，24（2）.

[576] Michael S Korotka，L Roger Yin，Suvojit Choton Basu. Information Assurance Technical Framework and End User Information Ownership：A Critical Analysis [J]. Journal of Information Privacy and Security，2005，1（1）.

[577] Mukul Gupta，Jackie Rees，Alok Chaturvedi，Jie Chi. Matching information security vulnerabilities to organizational security profiles：a genetic algorithm Approach[J]. Decision Support Systems，2004，41（3）.

[578] Basie von Solms，Rossouw von Solms. The 10 deadly sins of information security management [J]. Computers & Security，2004，23（5）.

[579] Abdulwahed Mo. Khalfan. Information security considerations in IS/IT outsourcing projects：a descriptive case study of two sectors [J]. International Journal of Information Management，2003，24（1）.

[580] Karin Höne. Information security policy — what do international information security standards say?[J]. Computers & Security，2002，21（5）.